Die Hauptstädte der Deutschen

Die Hauptstädte der Deutschen

Von der Kaiserpfalz in Aachen zum Regierungssitz Berlin

Herausgegeben von
Uwe Schultz

Verlag C. H. Beck München

Das Buch ist hervorgegangen aus der
Sendereihe des Hessischen Rundfunks – hr –:
«Die deutsche Hauptstadt – Der wechselnde Regierungssitz
in Geschichte und Gegenwart»

Mit 22 Abbildungen

Die Deutsche Bibliothek – CIP-Einheitsaufnahme

Die Hauptstädte der Deutschen : von der Kaiserpfalz in Aachen
zum Regierungssitz Berlin ; [das Buch ist hervorgegangen aus der
Sendereihe des Hessischen Rundfunks: Die deutsche Hauptstadt –
der wechselnde Regierungssitz in Geschichte und Gegenwart] /
hrsg. von Uwe Schultz. – München : Beck, 1993
ISBN 3-406-37647-9
NE: Schultz, Uwe [Hrsg.]

ISBN 3 406 37647 9

© C. H. Beck'sche Verlagsbuchhandlung (Oscar Beck), München 1993
Satz: Wagner, Nördlingen
Druck und Bindung: Ebner Ulm
Gedruckt auf säurefreiem, aus chlorfrei gebleichtem
Zellstoff hergestelltem Papier
Printed in Germany

Inhalt

Anhang

Vorwort
Schwierigkeiten mit der Mitte

Deutschlands wechselnde Hauptstadt von Aachen bis Berlin

Ich bin Franzose nur dieser großen Stadt – Paris – zuliebe: groß in der Menge ihres Volks, groß in der Herrlichkeit ihrer Lage, aber groß vor allem und ohnegleichen in der Fülle und Vielfalt ihrer Annehmlichkeiten, der Stolz Frankreichs und eine der edelsten Zierden der Welt.

Michel de Montaigne: Essais

... ich weiß, sobald ich anfange, meine guten Berliner zu loben, so hat mein Ruhm bei ihnen ein Ende, und sie zucken die Achsel und flüstern einander zu: »Der Mensch wird sehr seicht, uns sogar lobt er.« Keine Stadt hat nämlich weniger Lokalpatriotismus als Berlin.

Heinrich Heine: Italien

Das Land in der Mitte Europas hat die größten Schwierigkeiten mit seiner Mitte. Länger, souveräner und glanzvoller als von Städten in seinem heutigen Innern wurde Deutschland von Metropolen aus regiert, die jenseits seiner Grenzen liegen – von Palermo, Prag, Madrid oder Wien. Der machtvolle Anfang in Aachen kann nicht darüber hinwegtäuschen, daß sich für Jahrhunderte die deutsche Regierungsgewalt in Gestalt eines Reisekönigtums entlang des Rheins und quer durchs Reich präsentierte. Die Macht in Deutschland erwies sich als gespalten oder gestundet von Frankfurt am Main über Regensburg bis Bonn – einzig Berlin war die späte Ausnahme. Das Land der Mitte ist bis heute das Land ohne selbstverständliche Mitte – es ist vielleicht sein größter Vorteil vor allen Ländern Europas.

Die Hauptstädte Europas, die früh sich zu Zentren nationaler und internationaler Politik ausformten, saugten die Substanz ihrer Länder geradezu in sich auf und schufen damit weite Regionen der politischen Bedeutungslosigkeit, der wirtschaftlichen Vernachlässigung, der kulturellen Ausplünderung – das gilt für Paris, London, Madrid, aber auch für Wien, Moskau und Athen. Zu gleichrangiger Größe und vitaler Rivalität im schnellen Wechsel von Aufstieg und Verfall, Fortschritt und Stillstand erhoben sich dagegen in Deutschland Mainz und Köln, Lübeck und Augsburg, Frankfurt am Main und Leipzig, Hamburg und Stuttgart, München und Berlin. Das Land der Mitte war und ist das Land der zahlreichen Mittelpunkte und einer regionalen Vielfalt, die den Föderalismus als politische Struktur in offensivem

Wettstreit mit dem Zentralismus zeigt. Die fehlende Mitte Deutschlands ermöglichte erst das ausgedehnte Kraftfeld seiner eigenständigen Regionen und die kunstvolle Balance seiner ehrgeizigen Großstädte.

Am Ende des 20. Jahrhunderts sucht und findet Deutschland eine neue Mitte – Berlin. Es dürfte ein markantes Zeichen für den vitalen Wechsel zwischen den Zentren Deutschlands sein, daß seine bisher letzte Hauptstadt seine späteste Großstadt ist – im Konzert der alten Zentren Europas fiel ihm deshalb die Rolle des rücksichtslosen Parvenu unter dem Einigungskanzler Otto von Bismarck und die des rabiaten Provokateurs in der kulturellen Avantgarde der zwanziger Jahre dieses Jahrhunderts zu. Das Römische Reich deutscher Nation mußte fast 500 Jahre alt werden, ehe 1251 erstmals Berlin als *civitas* urkundlich erwähnt wurde, und die Erwähnung ihres erstbekannten Bürgers, des Pfarrers Simeon, in der Schwestergemeinde Cölln am 28. 10. 1237 verschafft ihm kaum eine würdigere Anciennität. Ein Jahrzehnt bevor 1709 Friedrich I. Cölln und Berlin zu einer Gemeinde zusammenfügte, bewohnten seine Residenz 5682 Franzosen – die geflüchteten Hugenotten bildeten nicht weniger als ein Fünftel der Bevölkerung. Paris aber zählte zu dieser Zeit bereits 500 000, London sogar 700 000 Einwohner. Berlin meldet erstmals 1871 nach anderthalb Jahrhunderten schnellen Wachstums mit 824 580 Einwohnern seinen Rang einer europäischen Metropole an. Nur Athen begann ähnlich spät, erst 1834, mit 14 000 Einwohnern seinen Start als Hauptstadt Griechenlands, konnte aber mit seinem Namen den alten Rang der ersten Demokratie Europas verbinden.

Die neue Suche nach der deutschen Hauptstadt, wie sie die deutsche Wiedervereinigung im Jahre 1989 auf die politische Tagesordnung gesetzt hatte, gab Anlaß, im Jahre 1991 in die deutsche Geschichte zurückzuschauen, wie sie es mit der deutschen Hauptstadt über die Jahrhunderte gehalten habe. Die Antworten, die von Historikern und Publizisten als Analyse der verschiedensten Epochen gegeben wurden, sind vom 24. 2. bis zum 7. 7. 1991 im Programm des Hessischen Rundfunks ausgestrahlt worden – der letzte Beitrag eine Woche nachdem sich der Deutsche Bundestag mit einem Stimmenverhältnis von 338 zu 320 für Berlin und gegen Bonn als zukünftiger deutscher Hauptstadt ausgesprochen hatte.

Berlin ist nun die neue Hauptstadt eines demokratischen Deutschland. 1848/49 konnte sich in Frankfurt am Main erstmals eine demokratische Volksvertretung Deutschlands in der Paulskirche konstituieren, aber zur Legislative fehlte die Exekutive, die übrigens ganz wesentlich von Berlin ausgeübt wurde und die demokratischen Anfänge in Frankfurt am Main zerstörte. Von 1919 bis 1933 vermochte sich die Demokratie der Weimarer Republik nicht von der Last der Kriegsniederlage und ihrer ideologischen Verachtung durch die Parteien zu befreien. Am 20. 6. 1991 hat sich das vereinigte Deutschland demokratisch für seine neue Hauptstadt Berlin entschieden und zugleich für dessen demokratische Partnerschaft in einem vereinten Europa.

Uwe Schultz

Frankfurt am Main, im Januar 1993

Aachen

Residenz Karls des Großen und Krönungsort der Könige

Hartmut Boockmann

Nur von 1871 bis 1945 hat Deutschland eine Hauptstadt gehabt, und auch das gilt nur dann, wenn man übersieht, daß das im Jahre 1871 gegründete «zweite» Deutsche Reich nicht einfach Deutschland war, sondern eines von mehreren in den Jahrzehnten zuvor gedachten Deutschland, nämlich Kleindeutschland – ein von Preußen geführtes Deutsches Reich, aus dem Österreich ausgeschlossen war. Doch mit der Entscheidung von 1871 wurde die Hoffnung auf ein Österreich einschließendes Großdeutschland nicht gegenstandslos. Nach 1918 sollte sie neue Kraft erhalten – bis sie infolge der Okkupation Österreichs durch das nationalsozialistische Deutschland zerstört wurde. Die – scheinbare – Verwirklichung Großdeutschlands desavouierte die großdeutsche Idee. Bis zu diesem Zeitpunkt aber darf man neben Berlin als zweite deutsche Hauptstadt Wien betrachten, und das heißt, Deutschland hatte nie eine einzige Hauptstadt. Ob das 1945 verkleinerte, sodann gespaltene, 1990 wiedervereinigte Kleindeutschland in Zukunft eine oder zwei Hauptstädte haben wird, hängt davon ab, auf welche Weise die Entscheidung des Deutschen Bundestags, Berlin sei die deutsche Hauptstadt, verwirklicht werden wird.

Und vor 1871? Hatte das Reich mehrere Hauptstädte, oder hatte es keine Hauptstadt? Seit der Zeit des Dreißigjährigen Krieges hatten die Kaiser ihre Residenz in Wien. Doch Wien war nicht in der gleichen Weise die Hauptstadt des Reiches, wie damals Paris, London oder auch Kopenhagen und Warschau Hauptstädte waren. Zentrale Institutionen hatten ihren Sitz andernorts – der Reichstag in Regensburg und das oberste Reichsgericht, das Kammergericht, in Wetzlar. Gewählt und gekrönt wurde der Kaiser in Frankfurt am Main, aber seine Krone und die anderen Herrschaftszeichen wurden in Nürnberg aufbewahrt.

In den Jahrhunderten zuvor gab es Jahrzehnte, in denen das Reich eine Hauptstadt zu haben schien, zum Beispiel das Prag Kaiser Karls IV. Doch residierte der Kaiser in seinen letzten Jahren, von 1375 bis 1378, mehr in der Mark Brandenburg, in seiner neu ausgebauten Residenz Tangermünde, als in Prag. Und die Krönung von Karls Sohn Wenzel fand 1376 dort statt, wo die römisch-deutschen Könige seit langem gekrönt wurden: in Aachen. Dreizehn Jahre später setzten die

Kurfürsten Wenzel ab. Es blieb dabei, so zeigte sich nun, daß der König in Deutschland *gewählt* und das Reich nicht von einer *Dynastie* beherrscht wurde. Auch blieb es dabei, daß zwar einzelne Könige bestimmte Residenzen bevorzugten, jedoch keine dieser Residenzen zur Hauptstadt wurde.

Doch ganz so beweglich wie ihre Vorgänger waren die spätmittelalterlichen Könige und Kaiser nicht. Sie hatten Residenzen, in denen sie sich über mehrere Jahre aufhielten. In den früheren Jahrhunderten des Mittelalters dagegen hat man es mit einer Reiseherrschaft zu tun. Die Könige waren stets unterwegs. Pfalzen, einfachere Königshöfe, Bischofssitze und Königsklöster waren die Stationen einer immerwährenden Herrschaftsreise. Das Königtum war nicht so institutionalisiert, daß die persönliche Gegenwart des Herrschers zur Durchsetzung seines Willens nicht immer wieder nötig gewesen wäre. Weite Gebiete, die zum Reich gehörten, wurden von den Königen dennoch nicht besucht. Dazu gehörte der Norden jenseits von Goslar und Köln. Er war «königsfern» – einerseits durch konkurrierende Machthaber nicht ernsthaft gefährdet, andererseits aber nicht entwickelt genug, um den König und sein großes Gefolge ernähren und behausen zu können. Nur in den Jahren 1181 und 1385 ist ein deutscher König nahezu an die Ostseeküste – bis Lübeck – vorgedrungen.

Die Herrschaft der Könige hatte ihr Schwergewicht vor allem dort, wo der ererbte Besitz der Herrscher lag. So hielten sich die frühen deutschen Könige, die sächsischen Ottonen, vorzugsweise in Sachsen auf. Der Autor des Sachsenspiegels, Eike von Repgow, nennt im frühen 13. Jahrhundert, aus der staufischen Zeit auf die früheren Verhältnisse zurückblickend, fünf bevorzugte königliche Residenzen: «Fünf Orte, die Pfalzen genannt werden, liegen im Sachsenland, wo der König rechtmäßig Hoftag halten kann. Die erste ist Grona. Die zweite ist Werla. Die wurde nach Goslar verlegt. Wallhausen ist die dritte, Allstedt die vierte, in Merseburg die fünfte.»[1]

Grona bei Göttingen und Werla bei Goslar waren Pfalzen im traditionellen Herrschaftsgebiet dieser Könige. Wallhausen und Allstedt, beide bei Sangerhausen im heutigen Sachsen-Anhalt gelegen, gehen auf die Karolingerzeit zurück und lagen ebenso wie Merseburg in jenem Land links und rechts der Saale, in das die ottonischen Könige das Reich ausdehnten. In Merseburg wurde zudem 968 ein Bistum gegründet. Bischofssitze, wie namentlich Paderborn und Bamberg, wurden vor allem im 11. Jahrhundert Mittelpunkte königlicher Herrschaft. Als nach dem Tode des letzten Ottonen die Krone im Jahre 1024 an die Salier gelangt war, behielt Sachsen weiterhin seine hohe Bedeutung für das Königtum, obwohl der Familienbesitz der neuen Herrscher weiter südlich lag. In der Mitte des 11. Jahrhunderts war die

Abb. 1: Der Thron Karls des Großen
vom Ende des 8. Jahrhunderts auf dem Emporenumgang des
Aachener Münsters unter den spätantiken Säulen,
die Karl der Große aus Ravenna herbeischaffen ließ.

Pfalz in Goslar für die königliche Herrschaft wichtiger als alle anderen
Orte, und es schien hier am nördlichen Rande des Harzes so etwas wie
eine Hauptstadt zu entstehen. Unter den Staufern nahm das Gewicht
Süddeutschlands an Bedeutung für das Königtum zu.

Doch erbten die Könige nicht nur die Güter ihrer leiblichen Vorfahren, sondern auch Reichsgut, und zu diesem gehörten die alten, in
die Karolingerzeit zurückreichenden Königsorte wie Regensburg,
Frankfurt am Main und Aachen.

Aachen aber kam unter diesen alten wie auch den neueren bevor-
zugten Aufenthaltsorten der Könige und Kaiser ein besonderer Rang
zu. In der einstigen Residenz-Kapelle Karls des Großen wurden die
Könige nach der Wahl gekrönt und geweiht, traten sie also ihr Amt an.
Aachen wurde eine der bevorzugten Residenzen. War es, zumal mit
Rücksicht auf Karl den Großen, so etwas wie eine erste deutsche
Hauptstadt?

In strengem Sinne kann es das nicht gewesen sein. Karl der Große
war König der Franken und nicht der Deutschen, denn Deutsche oder
gar Deutschland gab es damals noch nicht. Es entstand erst aus dem
Zerfall des karolingischen Reiches. In einem langwierigen Prozeß, der
im 12. Jahrhundert zu einem Abschluß gelangte, lösten sich die Vorstellungen der das Reich tragenden Personen und Gruppen von der
eigenen kollektiven Identität aus der fränkischen Tradition, und es
entstand ein deutsches Nationalbewußtsein oberhalb der alten Zuge-
hörigkeit zu einem der Stammesreiche wie Alemannien, Bayern,
Franken, Sachsen oder Lothringen. Auf der anderen Seite war der
erste ottonische König, der 919 gewählte Heinrich I., zwar nicht der
erste deutsche König, doch begründete er die bis zum Ende des Alten
Reichs im Jahre 1806 andauernde politische und verfassungsmäßige
Kontinuität eines später als deutsch verstandenen Königtums, und das
erlaubt es, schon im Hinblick auf das 10. Jahrhundert nach einer –
sozusagen pränatalen – deutschen Hauptstadt zu fragen.

War Aachen damals die deutsche und damit die erste deutsche
Hauptstadt? Man könnte weiter fragen, was Aachen vorher gewesen
ist und was es nun war oder sein konnte.

Aachen ist erstmals, im Winter 765/766, unter Karls Vater Pippin
als königliche Residenz bezeugt – und zwar als eine Pfalz neben anderen. Karl der Große baute diese Pfalz aus, als sich Aachen infolge
der Unterwerfung der Sachsen nicht mehr am östlichen Rande des
Reichs befand. Es wurde zum bevorzugten Aufenthaltsort des Herrschers. Seit 788 verbrachte Karl die meisten Winter in Aachen; von
806 bis zu seinem Tode im Jahre 814 verließ er es kaum noch. Der
Biograph des Kaisers, Einhard, schreibt, Karl der Große habe die
warmen Quellen dort geschätzt. «Er übte sich fleißig im Schwimmen

und verstand das so trefflich, daß man ihm keinen darin vorziehen konnte. Darum erbaute er sich auch zu Aachen einen Palast und wohnte in seinen letzten Lebensjahren bis zu seinem Tode beständig darin. Und er lud nicht bloß seine Söhne, sondern auch die Vornehmen und seine Freunde, nicht selten auch sein Gefolge und seine Leibwächter zum Bade, so daß bisweilen hundert und mehr Menschen mit ihm badeten.»[2]

Aachen war nun die Hauptstadt des Karlsreichs, und dem entsprach der Ausbau der Pfalz. Karl der Große ließ einen gewaltigen Neubau errichten, der sich zwischen einer großen Königshalle am Platze des heutigen Rathauses und der Pfalzkirche über eine Länge von nahezu tausend Metern erstreckte. Der Bau folgte in Anlage und Ausstattung römischen Vorbildern, und ihm wurden Teile antiker Bauten eingefügt. Einhard berichtet über Karl und seine Bemühungen um die Pfalz in Aachen: «Da er für diesen Bau Säulen und Marmor anderswo her nicht finden konnte, ließ er sie aus Rom und Ravenna herbeischaffen.»[3]

Ähnlich sollte später Otto der Große beim Magdeburger Dom verfahren. Dabei ging es nicht einfach um die Ausbeutung der Überreste einer höherstehenden Kultur durch Herrscher, in deren Machtbereich sich solche Bauteile nicht mehr herstellen ließen. Es ging auch um Legitimation und Tradition. Karl wollte sich auf Rom berufen, aber auch auf Ravenna und damit auf den Ostgotenherrscher Theoderich. Nachdem Aachen 1794 in die Hand der französischen Revolutionsheere gefallen war, wurden die Säulen und Kapitelle aus der Pfalzkapelle ausgebaut und nach Paris verbracht. 1843 wurden die meisten wieder in Aachen eingebaut; einige befinden sich aber heute noch im Louvre. Aachen, so möchte man meinen, wurde mit diesem Raub ein letztes Mal als eine deutsche Hauptstadt ernst genommen.

Voraussetzung dafür war, daß König Otto der Große, Sohn und Nachfolger des ersten ottonischen Königs, sich 936 in Aachen zum König wählen und krönen ließ. Der sächsische Chronist Widukind von Corvey hat den Hergang anschaulich beschrieben: «Und als man dorthin gekommen war, versammelten sich die Herzöge und die Ersten der Grafen mit der Schar der vornehmsten Ritter in dem Säulenhof, der mit der Basilika Karls des Großen verbunden ist, und sie setzten den neuen Herrscher auf einen hier aufgestellten Thronsessel; hier huldigten sie ihm, gelobten ihm Treue und versprachen ihm Hilfe gegen alle seine Feinde und machten ihn so nach ihrem Brauche zum König.»[4]

Widukind berichtet weiter, wie dem König die Herrschaftszeichen übergeben werden: «Darauf wurde er alsbald mit dem heiligen Öle gesalbt und mit dem goldenen Diadem gekrönt von den Bischöfen Hildebert und Wichfrid. Und als nun die rechtmäßige Weihe vollzogen war, wurde er von eben denselben Bischöfen zum Thron geführt, zu dem man auf einer Wendeltreppe hinanstieg, und dieser war zwischen zwei marmornen Säulen von wunderbarer Schönheit so errichtet, daß der König von hieraus alle sehen und von allen wiederum gesehen werden konnte.»[5]

Otto der Große begann seine Herrschaft also mit seinem demonstrativen Rückgriff auf die Tradition. Während er aus der späteren Perspektive die Fundamente eines künftigen deutschen Reichs legte, wollte er selbst das fränkische Reich erneuern. Die Kaiserkrönung in Rom 962 erscheint uns heute als die Konsequenz dieses Herrschaftsantritts in Aachen.

Otto II. führte die von seinem Vater begründete Tradition fort, und der Enkel des großen Kaisers, Otto III., bemühte sich vollends um eine Erneuerung des römischen Reiches – renovatio Romani imperii, so lautete seine programmatische Formel – im Sinne Karls des Großen. Deshalb baute er Aachen aus und förderte es nach Kräften. Noch heute enthält die Schatzkammer des Doms einen Teil dessen, was einst Otto III. der Pfalzkapelle stiftete. Kapläne der Aachener Hofkirche durften seit der Zeit Ottos III. den Titel Kardinal führen. Rom und Aachen sollten die beiden Hauptstädte des erneuerten römischen Karlsreichs sein. Am deutlichsten sichtbar wurde der Rang, der Aachen zukommen sollte, als Otto III. im Jahre 1000 die Gruft Karls des Großen öffnen ließ, um den Leichnam des Kaisers wie den eines Heiligen zu verehren und ihm Reliquien zu entnehmen. In der Chronik des Bischofs Thietmar von Merseburg ist davon die Rede, und zwar nach einer Schilderung der Hofhaltung Ottos III. in Rom: «Der Kaiser wollte die alte römische Gewohnheit, die großenteils schon verfallen war, in seiner Zeit erneuern, und so leitete er vieles in die Wege, was Verschiedene verschieden beurteilten. So pflegte er ganz allein an einem halbkreisförmigen, erhöhten Tisch zu tafeln. Da er nicht sicher war, wo die Gebeine Karls des Großen ruhten, ließ er an der vermuteten Stelle heimlich den Bodenbelag aufbrechen und nachgraben, bis man sie auf königlichem Throne fand. Das goldene Kreuz, das an seinem Hals hing, nahm er mit einem Teil der noch unvermoderten Kleider an sich; das übrige legte er ehrfurchtsvoll zurück.»[6]

An dem römischen Zeremoniell übte der Bischof also vorsichtige Kritik. Galt das auch für den Karls- und Aachen-Kult des Kaisers? Gänzlich war Aachen als Krönungsort der Könige noch nicht etabliert. Zwar wurden die meisten mittelalterlichen Könige bis zu Ferdinand I. 1531 in Aachen gekrönt, doch waren es nicht nur zufällige Umstände wie zum Beispiel der Tod des Herrschers bald nach der Wahl und noch vor der Inthronisation, welche bisweilen die Krönung in Aachen verhinderten. Nicht zuletzt der Streit um das Krönungsrecht zwischen den Erzbischöfen von Mainz und von Köln verhinderte den Vollzug der Zeremonie in Aachen. Die beiden auf Otto III. folgenden Herrscher, Heinrich II. und Konrad II., wurden in Mainz gekrönt. Auf der anderen Seite erfährt man, daß in strittigen Situationen, zum Beispiel bei Doppelwahlen, die Legitimität eines der Konkurrenten mit dem Argument gestützt wurde, seine Krönung habe in Aachen stattgefunden.

So wurde die Bedeutung Aachens für die Legitimität des Herrschers in Deutschland im Jahre 1152 etwa bei der Wahl des Königs Friedrich Barbarossa sichtbar. Der später zu so hohem Ansehen gelangte Monarch war nach einem jahrzehntelangen Kampf um das Königtum gewählt worden. Seit 1125 hatten sich in Deutschland zwei konkurrierende Fürstengruppen, geführt von den Staufern und von den Welfen, teils feindlich, teils im offenen Krieg gegenübergestanden. Folglich war die Wahl Barbarossas höchst zweifelhaft gewesen, und so setzte der eben Gewählte alles daran, so rasch wie möglich nach Aachen zu gelangen, um einem eventuellen Konkurrenten zuvorzukommen. Am 6. März 1152 schiffte sich Barbarossa in Frankfurt ein, und zwei Tage später kam er in Aachen an. So schnell hatte noch kein Herrscher diese Strecke zurückgelegt. Der König und seine Begleiter waren Tag und Nacht unterwegs, und das war, zumal im Frühjahr, auf dem Rhein außerordentlich gefährlich. Der offiziöse Chronist, Otto von Freising, der sich alle Mühe gibt, die heiklen Anfänge dieses Königtums zu verhüllen, läßt dennoch erkennen, was damals wirklich geschah. Er schreibt, Barbarossa sei nur mit einem sehr kleinen Gefolge nach Aachen gereist und habe die vielen, die eine solche Gewalttour behindert hätten, entlassen.

Wie Otto III. bemühte sich auch Kaiser Barbarossa, Aachen über seine Bedeutung als Krönungsort hinaus Gewicht für das König- und Kaisertum zu verleihen. 1165 ließ er das Grab Karls des Großen abermals öffnen und die Gebeine des Kaisers als die eines Heiligen bergen.

Die Kanonisierung Karls des Großen erklärt sich aus der aktuellen Situation Barbarossas. Es gab zwei Päpste, und der Kaiser hatte Mühe, sich mit dem von ihm gestützten Papst gegen den anderen und dessen Verbündete zu behaupten. Doch ging es nicht nur um kurzfristige Politik. Die Kanonisierung Karls des Großen fügte sich in einen weiteren Zusammenhang.

Nicht nur in Deutschland kam es damals zu einer Sakralisierung des Königtums, weshalb seit Barbarossa das Reich als ein heiliges bezeichnet wurde. Auch in Skandinavien und Osteuropa wurden Herrscher unter die Heiligen aufgenommen. In Deutschland war König Heinrich II. wenige Jahre zuvor kanonisiert, d. h. heiliggesprochen wor-

den. Doch blieb sein Kult regional beschränkt, und auch Karl der
Große wurde letztlich kein Nationalheiliger.

Zunächst freilich bemühte sich Barbarossa darum, dem Kult des
heiligen Kaisers allgemeine Anerkennung zu verschaffen und Aachen
zu einem sakralen Mittelpunkt des Reiches zu machen. Der große
Radleuchter, den Barbarossa für die Aachener Pfalzkapelle stiftete, ein
Abbild des himmlischen Jerusalem und ein Symbol für den geistlichen
Rang des römisch-deutschen Kaisertums, läßt noch heute erkennen,
daß Aachen damals ein Wallfahrtsort werden sollte, was es – auf andere Weise – für lange Zeit auch wurde.

Ein anderes Zeugnis dafür ist der Schrein, in den die Gebeine des
heiliggesprochenen Kaisers gebettet wurden, nächst dem Dreiköni-
genschrein im Kölner Dom eines der schönsten Zeugnisse mittelalter-
licher Goldschmiedekunst in Deutschland. Im Jahre 1215 ließ Friedrich II., der Enkel Barbarossas, den nun vollendeten Schrein in einem
feierlichen Akt schließen, am Tage nach seiner Krönung zum König.
Reiner, der zeitgenössische Chronist aus dem benachbarten Lüttich,
schreibt: «Nachdem am Montag feierlich die Messe begangen worden
war, ließ der König den Leib des heiligen Karl des Großen, den sein
Großvater, Kaiser Friedrich, aus der Erde erhoben hatte, in einen aus
Silber und Gold gefügten hochansehnlichen Schrein bergen, den die
Aachener hergestellt hatten, und nachdem er einen Hammer in die
Hand genommen hatte, legte er den Mantel ab und bestieg mit dem
Meister das Gerüst und verschloß vor aller Augen den Schrein, indem
er zusammen mit dem Meister die Nägel fest einschlug.»[7]

Auf den Längsseiten des Schreins sieht man die Statuetten von sech-
zehn fränkischen bzw. deutschen Königen und Kaisern von Karl dem
Großen bis zu Friedrich II. selbst. Karl wurde als der heilige Begründer des gegenwärtigen Reiches dargestellt, eines durch Heiligkeit
legitimierten römisch-deutschen König- und Kaisertums.

Weil aber Friedrich II. auch König von Sizilien und von Jerusalem
war, wandte er einen großen Teil seiner politischen Bemühungen auf
die Mittelmeerländer. Gleichwohl wurde sein Sohn Heinrich in
Aachen zum deutschen König gekrönt, und nach dem Ende der Staufer, während des sogenannten Interregnum, legten die konkurrierenden Könige Wert darauf, ihren Herrschaftsanspruch durch die
Krönung in Aachen zu beglaubigen. Je mehr sich eine Aachener Bürgerschaft politisch zu artikulieren begann, mühte sie sich, den Rang
Aachens als eines der politischen Zentren im Reich zu bekräftigen. So
wurden am Rathaus der Stadt nach der Mitte des 13. Jahrhunderts die
Standbilder der Kurfürsten angebracht.

Wenn irgend möglich, ließen sich die Könige auch jetzt in Aachen
krönen. 1346 war Karl von Luxemburg mit Unterstützung des Papstes

gegen den von diesem abgesetzten Kaiser Ludwig zum König gewählt worden. Damals stand Aachen, wie die meisten Reichsstädte, auf Seiten des Kaisers, so daß sich Karl mit Bonn als Krönungsort begnügen mußte. Doch starb der Kaiser ein Jahr darauf, und Karl IV. konnte sich nun rasch durchsetzen. 1349 holte er die Krönung in Aachen nach. Er wurde nach Barbarossa der dritte Kaiser, der Aachen zu einer Art Hauptstadt zu machen versuchte und der Zentralfunktion der Stadt gewissermaßen Verfassungsrang gab.

In der Goldenen Bulle von 1356, jener berühmten Urkunde, welche die Königswahl durch die Kurfürsten fixierte, wird auch eine Art von Hauptstädte-Definition gegeben: «Wir wissen auch aus den eindeutigen Berichten und Überlieferungen der Altvordern, daß seit einer Zeit, die solange zurückliegt, daß man sich an das Gegenteil nicht mehr erinnern kann, von denjenigen, die uns glücklich im Amt voraufgingen, fest beachtet wurde, daß die Wahl des römischen Königs und künftigen Kaisers in Frankfurt begangen wurde und die erste Krönung in Aachen und in der Stadt Nürnberg sein erster königlicher Hoftag gehalten wurde. Deshalb erklären wir mit guten Gründen, daß das auch in Zukunft gehalten werden soll, wenn dem allen oder einem Teil davon nicht ein rechtmäßiger Grund entgegensteht.»[8]

Die erste Hauptstadt des damaligen Reiches, Prag, wird in der Goldenen Bulle nicht erwähnt. Doch stehen sich damit nicht etwa Schein und Wirklichkeit gegenüber. Frankfurt am Main und Aachen behielten ihre in der Goldenen Bulle bezeichnete Aufgabe, und Nürnberg erhielt tatsächlich einen ähnlichen Rang – auch wenn der erste Reichstag eines neuen Königs nicht regelmäßig dort abgehalten wurde. Dieser Rang Nürnbergs wurde auch an einem bestimmten Bauwerk sichtbar. Auf Betreiben Karls IV. wurde nach der Zerstörung des Judenviertels auf dem nun geschaffenen Nürnberger Hauptmarkt eine Marienkapelle errichtet, die als eine Wiederholung der Aachener Pfalzkapelle gemeint war. In Prag hatte Karl die Karlshofer Kirche in Anlehnung der Aachener Pfalzkapelle erbauen lassen.

Doch hat Karl IV. seinen Namenspatron nicht nur dergestalt verehrt, daß er Aachen sozusagen in die anderen Mittelpunkte des Reiches verlegte. Die Stadt selbst wurde von ihm gefördert und reich beschenkt, wie der Aachener Domschatz noch heute ausweist. Seit 1355 wurde die Kapelle Karls des Großen um jenen hohen gotischen Chor erweitert, der ähnlich wie Karls Bauten in Prag und Nürnberg seinerseits einem bedeutungsvollen Vorbild folgte, nämlich der Saint-Chapelle in Paris.

Die Sakralisierung des Königtums in Frankreich, die namentlich seit der Aufnahme König Ludwigs IX. unter die Heiligen viel deutlicher ausgeprägt war als im Reich, wurde von Karl als Vorbild benutzt – und das sollte Folgen für Aachen haben. Nachdem schon vor der Mitte des 13. Jahrhunderts erste Wallfahrten nach Aachen stattgefunden hatten, wurde die Stadt seit 1349, dem Jahr der Krönung Karls und der großen Pest, zum bedeutendsten Wallfahrtsort nördlich der Alpen. Zwar war der Anlaß der alle sieben Jahre veranstalteten großen Aachenfahrt die Präsentation der vier Aachener Hauptreliquien – der Windeln und des Lendentuches Christi, des Kleides der Maria und jenes Tuches, das Johannes dem Täufer zugeschrieben wurde. Doch war davon die Wallfahrt zu Karl dem Großen, zu dessen Reliquien und demzufolge zu den Reichsheiligtümern nicht zu trennen.

Auf der anderen Seite ging der Rang Aachens im ausgehenden Mittelalter zurück. Nachdem der Habsburger Albrecht II. in seiner kurzen Regierungszeit 1438/1439 seine Erblande nicht verlassen hatte und demnach auch nicht in Aachen – aber auch nicht andernorts – gekrönt worden war, fügte sich sein Nachfolger Friedrich III. dem alten Brauch. Bei seiner Krönung 1442 wurde sichtbar, daß Nürnberg nun eine neue Hauptstadtfunktion besaß und die Königskrönung im Zusammenwirken von Nürnberg und Aachen erfolgte.

1442 hatte König Siegmund den Reichsschatz mit der Krone und den anderen Herrschaftszeichen aus dem hussitischen Böhmen nach Nürnberg verbracht. Nun mußten die Herrschaftszeichen in einem umständlichen Verfahren entliehen werden. Es wirkt auf den heutigen Leser fast kurios, wenn er in den Nürnberger Akten liest, wie restriktiv diese Leihe 1442 gehandhabt wurde: «Diese Kleinodien gebrauchte seine Gnade zu der Krönung, und die geschah in Aachen am Sonntag nach dem Tag des heiligen Veit in dem oben erwähnten Jahr, und man ließ unsere beiden Ratsmitglieder in den Chor ganz dicht an den Altar heran, wo die Krönung geschah, so daß sie die Kleinodien aus ihren Händen darreichten und, wenn man sie benutzt hatte, wieder in ihre Hände nahmen. Auch kam es später, als der König einigen Kurfürsten und Fürsten ihre Lehen unter der Fahne verlieh, dazu, nämlich in Aachen und Köln, daß der König begehrte, ihm Kaiser Karls Krone und das Szepter zu leihen, weil die (eigenen) Kleinodien seiner Gnade noch nicht fertiggestellt waren, und daß unsere Ratsmitglieder ihm darin zu Willen waren. Und sobald er sie zu solchen Zeremonien genutzt hatte, gab er die Stücke sofort unseren Ratsmitgliedern zurück, so daß sie nie über Nacht in seiner Verfügung blieben.»[9]

Daß bis zur nächsten Krönung, 1486, 44 Jahre vergehen sollten, lag nur an der langen Lebenszeit Friedrichs III. und nicht etwa daran, daß die Residenz des Königs und Kaisers nun im äußersten Südosten des Reiches lag. 1486 wurde Maximilian I. nach seiner Wahl in Frankfurt am Main gemäß dem Wortlaut der Goldenen Bulle in Aachen gekrönt.

Nachdem es dem König gelungen war, die burgundische Erbschaft anzutreten und sich zum Herrn der Niederlande zu machen, lag Aachen keineswegs an der Peripherie des Reiches und der habsburgischen Besitzungen. So wurden denn auch die beiden ersten Nachfolger Maximilians, Karl V. und dessen Bruder Ferdinand, 1520 und 1531 in Aachen gekrönt.

Als 1562 Ferdinands Nachfolger, Maximilian II., in Frankfurt gewählt worden war, führte eine zufällige Gegebenheit, wie sie die Goldene Bulle als begründete Ausnahme anerkannte, dazu, daß auch die Krönung in Frankfurt stattfand: Der Kölner Erzbischof, der die Aachener Krönung hätte vornehmen müssen, war kurz zuvor gestorben.

In der Folgezeit wurden jedoch Prag und dann Wien so eindeutig zum Mittelpunkt des Kaisertums, daß auch die künftigen Krönungen im unmittelbaren Anschluß an die Wahl in Frankfurt stattfanden. Die Aachener fügten sich und stellten ebenso wie die Nürnberger die von ihnen verwahrten Krönungsinsignien zur Verfügung.

Aachen war nun nur noch insoweit eine Hauptstadt des Reiches, als es sich dabei um den Ort handelte, an dem einige Insignien aufbewahrt wurden: das Evangeliar Karls des Großen, auf das der König den Eid leistete, der Säbel Karls des Großen und die Stephansburse, ein Reliquiar. Säbel und Burse wurden Karl dem Großen jedoch nur zugeschrieben. 1794 wurden diese drei Insignien vor dem französischen Heer gerettet und zusammen mit den in Nürnberg verwahrten Herrschaftszeichen nach Wien gebracht. Andernfalls wären sie wohl nach Paris überführt worden – wie die antiken Säulen und Kapitelle aus der Karlskapelle, die damals diesen Weg gingen und so ein letztes Mal bezeugten, daß Aachen ein Jahrtausend lang eine Hauptstadt des Reiches gewesen war.

Die Reichsregierung reist

Die deutschen Kaiser von den Ottonen bis zu den Staufern ohne festen Regierungssitz

Peter Moraw

Die deutsche Geschichte begann im zehnten Jahrhundert. Fast unmerklich löste sie sich aus den karolingischen Lebensordnungen des achten und neunten Jahrhunderts. Erst nach und nach, in der Breite kaum vor dem elften Jahrhundert, setzte sich auch im Bewußtsein der Zeitgenossen die Vorstellung von einem nicht mehr karolingischen Gemeinwesen durch. Gleichwohl blieben viele Merkmale des früheren Zustands bestehen. Wie in fränkischer Zeit war der König die Mitte des «Staates», wie schon Karl der Große wurden die meisten Könige des zehnten, elften und zwölften Jahrhunderts in Rom zu Kaisern gekrönt.

In vieler Hinsicht verhielten sich zwar die ottonischen, salischen und staufischen Herrscher in politischen Einzelfragen anders als ihre Vorgänger. Genauso wie diese verhielten sie sich aber dann, wenn sie mit dem Grundgefüge ihres «Staates» umgingen. Dieses Grundgefüge war nach wie vor aristokratisch, agrarisch und von Mündlichkeit geprägt. Für die verantwortliche Mitte, die zentrale Gewalt des Königs und Kaisers, bedeutete dies: Man mußte sich mit starken Adelsgewalten abfinden, die nur innerhalb ihrer jeweiligen Region zu beeindrucken waren; es fehlten herausragende nichtagrarische, also städtische Zentren, mit deren Hilfe man Macht an einem Punkt hätte konzentrieren und dauerhaft behaupten können; und es fehlte eine wirkungsvolle schriftliche Verwaltung.

Solange sich an diesem Grundgefüge nichts Wesentliches veränderte, konnte sich der mittelalterliche Herrscher nicht vorstellen, daß man ein Reich von einem fixierten und stabilisierten, funktionsfähigen Zentrum aus zu durchformen vermöchte; ihm hätte ein solcher Mittelpunkt auch nicht zu Gebote gestanden. So gab es nur einen Weg und Ausweg: die Reichsregierung reise.

Mit dem Zeitalter der Ottonen, Salier und Staufer, die vom zehnten Jahrhundert an aufeinanderfolgten, verbindet man im allgemeinen Bewußtsein bis heute die Vorstellung von einer besonders ansehnlichen Periode der deutschen Vergangenheit – in vieler Hinsicht gewiß zu Recht. Die Herrschaftspraxis dieser Dynastien hat daher viel Aufmerksamkeit auf sich gezogen. Das gilt auch für die Frage nach den räumlichen Aspekten und Problemen dieser Praxis. Man kann sie ungeachtet einzelner Wandlungen als ein einheitliches Ganzes betrachten. Die wichtigste Aussage zum Thema wird man paradox formulieren. Sie lautet: So gewiß Deutschland als ein herrscherlich geformtes Gebilde, also konkret-politisch, ins Leben getreten ist und nicht aus geheimnisvollen Urtiefen geboren wurde, so gewiß waren die Gestaltungsmöglichkeiten jener formenden Herrscher sehr beschränkt. Fast alles, was sie taten, kann man als ein Reagieren auf komplizierte Macht- und Regelsysteme verstehen, die sie selbst nur wenig, jedenfalls nicht tiefgreifend und langfristig, zu verändern vermochten. Vielerlei Zwangsläufigkeiten, deren Problematik den Zeitgenossen oft genug kaum bewußt war, erwiesen sich als stärker denn die meist kurzfristig wirksamen Willensakte der Handelnden.

Von den zahlreichen Voraussetzungen und Rahmenbedingungen solcher Art seien vier besonders wesentliche hervorgehoben:

1. Blickt man auf ganz Europa, so wird man den Raum des entstehenden und entstandenen Deutschland als ungefähr mittelmäßig entwickelt bezeichnen. Es blieb zivilisatorisch hinter Italien und Frankreich zurück, war aber moderner als Ost- und Nordeuropa.

2. Das deutsche Königtum teilte viele Merkmale mit anderen europäischen Monarchien, in einer Hinsicht aber stand es allen Nachbarn voran: Nur der deutsche König konnte Kaiser werden und damit die Tradition des römischen Imperiums der Antike in legitimer Form aufgreifen. Damit sah er sich auch berechtigt und verpflichtet, intensiv mit dem Papsttum, das immer mehr als die einzige wirklich universale Kraft galt, und mit Norditalien, der modernsten Region Europas, in Kontakt zu treten. Dadurch wurde er stärker herausgefordert und schwerer belastet als alle anderen Herrscher.

3. Mächtiger wohl als in jedem anderen Land Europas war in Deutschland der große Adel. Bei allem prinzipiellen Respekt vor der Monarchie glaubte er, auch aus eigenem Recht zu herrschen, und baute seine regionale Herrschaft immer stärker aus. Auch die deutschen Bischöfe waren zumeist adelig und übten bald – als einzige in Europa – im vollen Sinne Herrschaft aus; auch sie wurden Reichsfürsten.

4. Vom zehnten bis zum dreizehnten Jahrhundert wandelte sich die gesellschaftliche Umwelt in Deutschland beträchtlich. Die Städte entfalteten sich auch abseits von Rhein und Donau vom zwölften Jahrhundert an; etwa gleichzeitig entstand die Gruppe der Ministerialen, zunächst unfreier Dienstleute des Königs und der Fürsten, woraus nach und nach ein neuer, seinerseits machtsammelnder Adelsstand hervorging.

Bedenkt man die Konsequenzen dieser und anderer Sachverhalte, so wird man resümieren: Die Aufgaben der mittelalterlichen deutschen Könige waren von Anfang an schwierig und wurden immer schwieriger, je weiter die Zeit fortschritt. Die Machtmittel des Herrschers wuchsen aber bei weitem nicht im gleichen Maße. Darüber hinaus stieß der Monarchie aus ganz anderen Zusammenhängen immer wieder Negatives, ja Krisenhaftes oder gar Katastrophales zu. Am schlimmsten waren die Krise des sogenannten Investiturstreits im späten elften und frühen zwölften Jahrhundert und die Endkrise der Staufer um die Mitte des dreizehnten Jahrhunderts. Beide Male kann man darin Folgen tiefgreifender »moderner« Veränderungen bei dem einen Hauptpartner des Königs«staates», bei der vom Papsttum organisierten Kirche, sehen.

Die Feststellung, man dürfe die räumlichen Aspekte der Regierungspraxis von Ottonen, Saliern und Staufern im großen und ganzen einheitlich betrachten, schließt deshalb ein durchaus kritisches historisches Urteil ein. Denn was im zehnten Jahrhundert zweckmäßig und erfolgversprechend war, mochte sich in der veränderten Welt des dreizehnten Säkulums als unangemessen und veraltet darstellen. Tatsächlich erhoben sich seit dem zwölften Jahrhundert im modernen Westen Europas kritische Stimmen. Sie stellten das Auseinanderklaffen von Ansprüchen, wie sie Kaiserwürde und kaiserliche Kirchenpolitik darlegten, und Realitäten mitleidlos fest. Denn die Nachbarmonarchien im Westen hatten ungefähr um 1200 begonnen, ihre Regierungsmittel in den gerade entstehenden Metropolen ihrer Länder zu konzentrieren, in Paris und in London. Innerhalb des Reiches machten die Fürsten durch ihren heimischen Landesausbau ungefähr vergleichbare Fortschritte innerhalb kleinerer Räume. Je weiter die Zeit vorrückte, um so mehr stand den deutschen Herrschern, besonders den späten Staufern und ihren Nachfolgern, Schwieriges bevor; denn gerade sie haben ihre eigene Regierungspraxis nicht durchgreifend zu modernisieren vermocht.

Wie suchten nun die hochmittelalterlichen Kaiser den zu beherrschenden Raum zu bewältigen? Ottonen, Salier und Staufer haben im Umherziehen regiert. Eine Hauptstadt, das heißt einen festen Sitz der führenden Behörden, und eine feste Residenz, das heißt einen einigermaßen beständigen Aufenthaltsort des Königs und seines Hofes, gab es nicht. So regierten alle europäischen Monarchen, als – vor allem im 10. Jahrhundert – jene Königreiche ins Leben traten, die das politische Europa der Zukunft ausbilden sollten. Anders verhielt sich nur der Kaiser von Byzanz mit seiner aus dem Römerreich der Antike herrührenden und damit in viel höherem Maß staatlich zentralisierten Regierungsform. Das werdende deutsche Reich wurde bald besonders groß

Abb. 2: Die Kaiserpfalz zu Wimpfen am Neckar

und besonders vielgestaltig und verblieb so – von seinen modernsten Landschaften westlich des Rheins und am Rhein und von einigermaßen modernen Gegenden im Südwesten und Süden bis zu eher urtümlichen Gebieten an der Ostsee und insgesamt in Richtung Osten. Eine natürliche geographische Mitte, wo der Herrscher auf überzeugende Weise hätte länger verweilen können, besaß Deutschland nicht. Die Dauer der Königsaufenthalte an bestimmten festen Punkten, zuerst in den Pfalzen, dann auch in Bischofssitzen und Reichsklöstern, war verschieden lang. Normalerweise währte sie aber niemals viele Monate oder gar Jahre, häufig nur wenige Tage. An allen diesen Orten wurde regiert, durch einzelne schriftliche Maßnahmen und viel öfter durch den mündlichen Verkehr mit den betroffenen Machthabern oder Untertanen überwiegend aus der Region.

Zwei besonders wichtige Ursachen brachten diese Situation hervor, zu der offensichtlich lange Zeit eine Alternative gar nicht gedacht werden konnte: Das erste Motiv war die Notwendigkeit, in einer adelig bestimmten Welt wenigstens im Prinzip von Angesicht zu Angesicht zu regieren. Ob daraus, wie man heute denken könnte, für die zentrale Gewalt infolge ihres ständigen Wanderns praktische Schwierigkeiten erwachsen mochten, bedachte man unter diesem Gesichtspunkt nicht im mindesten. Das Regieren in die Ferne, durch Beauftragte oder durch zugestellte schriftliche Befehle, erschien eher gegenüber Kirchen oder später Städten als angemessenes Handeln, jedenfalls für Leute mit deutlichem sozialen Abstand zum König und zu den führenden Magnaten. Den Kern des politischen Lebens machten die persönliche Verbundenheit unter den Machtträgern ersten Ranges und der persönliche Umgang dieser Leute miteinander aus. Dieser Umgang vollzog sich nach mündlich fortgeerbten, normalerweise streng beachteten Regeln. Nach dem Herrscherideal der Zeitgenossen sollte sich dabei der König auf den Dienst der Fürsten stützen können. Doch diese folgten vielfach anderen Interessen, schon weil ihnen das Eigene, Nahe und Überschaubare verständlicherweise mehr am Herzen lag als das Entfernte und Ungewisse. Die Effektivität des Gemeinwesens als Ganzes war somit kaum schon ein Gesichtspunkt des Handelns, eher noch der Gesichtspunkt der Ehre und Würde des Reiches. Aber so zu denken war abstrakt, der konkrete Eigennutz war überzeugender. Legitimes Ziel aller Beteiligten war die Mehrung des eigenen Ansehens und der eigenen Macht, schon weil der Gefolgschaftsadel, von dessen Loyalität der Große abhängig war, beeindruckt werden mußte. Außenpolitik in einem moderneren Verständnis des Wortes gab es noch nicht, vielmehr bestenfalls das Zusammenstehen der Führenden gegenüber besonders gefährlichen Bedrohungen. Jeder einzelne Machtträger war bei alledem zwar schwächer als der König, alle zusammen aber waren stärker, manchmal weitaus stärker als dieser. Unter den verschiedenen Mitteln, die zu dem daher so schwierigen Ausgleich der Interessen im Reich führen mochten, war das persönliche Erscheinen des Königs in der entsprechenden Region eines der wesentlichsten.

Wollte der Herrscher aus einem gutbegründeten Anlaß längere Zeit an einem Ort verweilen, so stand diesem Bestreben ein Moment entgegen, das als Motiv der Reiseherrschaft kaum weniger wichtig war als das gerade erwähnte Ursachenbündel: die Notwendigkeit, König und Hof zu versorgen – und das in einem Zeitalter, in dem der Transport von Grundnahrungsmitteln und anderen Bedarfsgütern des Lebens über weite Entfernungen hinweg schwierig, manchmal unmöglich war. Getreide ist schwer. Die Kaiserstadt Rom samt dem Kaiserhof hatte man in der Antike zu Schiff versorgt. Vergleichbares funktionierte auf dem mittelalterlichen Kontinent mit seinen schlechten Landstraßen nicht. Vorratswirtschaft war nur in sehr begrenzter Form möglich. Am einfachsten war es daher, die vorhandenen Erträge an Ort und Stelle zu verzehren und nach dem Verzehr nach wenigen Tagen weiterzuziehen. Sonst konnte der Besuch des Königs für den Gastgeber zum Alpdruck werden. Mehrere hundert Personen, in besonderen Fällen mehrere tausend, mit noch mehr Pferden und vermutlich mit weiteren ungeladenen Begleitern, die sich erlaubte und unerlaubte Vorteile erhofften, stellten in einer sehr dünn besiedelten agrarischen Welt mit ganz knappen Ernteüberschüssen ein beträchtliches Versorgungsproblem dar. Das Geldwesen und das Transportgewerbe wuchsen erst langsam heran. Die neu entstehenden Städte des zwölften und dreizehnten Jahrhunderts erbrachten zweifellos manche Erleichterung, aber keinen prinzipiellen Wandel; denn auch noch das spätmittelalterliche Reich war mindestens zu vier Fünfteln ein agrarisches Gebilde.

Der Hof Ottos des Großen (936–973) benötigte, wenn man einer etwas späteren Nachricht Glauben schenken kann, täglich tausend Schweine und Schafe, zehn Fuder Wein und ebensoviel Bier, tausend Malter Getreide, acht Ochsen und nicht gezählte Hühner und Ferkel samt Fischen, Eiern und Gemüse.[1] Auch wenn heute nicht mehr festgestellt werden kann, ob dies ein Durchschnittssatz oder eher ein Extremfall war, geben die Zahlen einen Eindruck von den zu bewältigenden Problemen. Am wenigsten durfte man beim Essen und Trinken sparen; denn der Glanz des Hofes war wie die Freigebigkeit, ja Verschwendung des Königs eines der wichtigsten Regierungsmittel in einer durch und durch aristokratischen Welt.

Wen suchte der Herrscher auf seiner Reise durch das Reich auf? Im zehnten Jahrhundert waren es vor allem die Komplexe des eigenen Besitzes, des Königsgutes, deren Mittelpunkte die Herrscherpfalzen bildeten – Gebäudegruppen, die König und Hof aufnehmen und versorgen konnten. Normalerweise reiste man von Pfalz zu Pfalz. Zu diesen Pfalzen gehörten unter Heinrich I. (919–936) und seinem Sohn Otto dem Großen Magdeburg, Quedlinburg, Werla bei Goslar, Frankfurt am Main, Ingelheim und Worms, aber auch Duisburg, Köln, Aachen und Nimwegen. In der Königspfalz waren die Erträge der umliegenden Grundherrschaften, soweit sie dem König gehörten, zusammengeführt worden.

Nicht minder wichtig ist die Frage, innerhalb welcher Teile des weitgedehnten Reiches sich der Herrscher auf diese Weise zu bewegen vermochte. Hier unterscheiden sich die einzelnen Könige am deutlichsten voneinander. Man kann aus ihrem Verhalten gut fundierte Schlüsse auf ihre politischen Möglichkeiten und Absichten ziehen. Unter Heinrich I. und Otto I. bewegte man sich im Normalfall in Niedersachsen,

am Mittelrhein und am Niederrhein, also in den damaligen Herzogtü-
mern Sachsen, Franken und Lothringen. Sachsen war Familienerbe der
Ottonen, die Karolinger hatten Franken und Lothringen hinterlassen.
In Süddeutschland war das karolingische Königsgut praktisch verlo-
rengegangen. Dies hatte zur Folge, daß Heinrich und Otto nur dann in
die Herzogtümer Schwaben und Baiern zogen, wenn außergewöhnliche Umstände es notwendig machten. Dies mochte zum Beispiel ein
Kriegszug nach Italien sein. Nach Schwaben und Baiern wurde auch
viel weniger vom König hineinregiert. Denn Anwesenheit und Intensität des Regierens und Herrschens bedingten einander am Anfang des
Hochmittelalters am meisten.

Ausgeglichener verhielt es sich schon unter dem Enkel Ottos des
Großen, Otto III. (983–1002), und unter dessen Nachfolger Heinrich II. (1002–1024). Zwar hatten die in spätkarolingischer Zeit entstandenen Herzogtümer von Anfang an das Königtum einzuschränken
vermocht, ebenso wie später, seit dem zwölften Jahrhundert, die zumeist aus kleineren Einheiten neu erwachsenden Fürstenterritorien. Die
öfter wechselnden Konstellationen der Öffnung und Schließung solcher
Herzogtümer für den König hatten zur einheitlichen Folge, daß von
einer gleichmäßigen Regierung des Reiches im ganzen Mittelalter keine
Rede sein kann. Franken mit seinem Kern am Rhein, das gemäß der
karolingischen Tradition wichtigste Herzogtum, hatte zum Beispiel erst
Otto der Große, noch nicht aber sein Vater Heinrich zu durchdringen
vermocht. Aber auch Otto hatte sich in dieser Hinsicht der karolingischen Tradition nur genähert und sie nicht wirklich aufgegriffen. Denn
er unternahm keinen Versuch, Aachen, die Hauptresidenz Karls des
Großen, zu einem Zentrum nach dessen Vorbild auszubauen.

Eine erste wichtige Veränderung im Verhalten des Königs zeigte sich
um das Jahr 1000. Es wurden viel stärker als bisher die Bischöfe als
Gastgeber beansprucht. Was in den eigenen Pfalzen etwas Selbstver-
ständliches war, forderte man nun von den geistlichen Hirten als «Königsgastung»: das kostenfreie Beherbergen und Beköstigen des Herrschers und seines Gefolges. Mit dem Anspruch auf bischöfliche und
klösterliche Königsgastung zogen Otto III. und Heinrich II. die Konsequenzen aus einem Prozeß, der schon unter Otto I. begonnen hatte.
Viele Kirchen waren nämlich durch Schenkungen aus königlichem Besitz besonders gefördert worden. Solange die Bischöfe gehorsame Diener des Herrschers blieben, kann man von der sehr zweckmäßigen Ver-
lagerung eines Teils der Wirtschaftsbasis der Monarchie sprechen.
Denn dabei ließen sich mindestens zwei Vorteile erhoffen: Bischöfe
schienen weniger familienbezogen und weniger selbständig zu handeln
als Laienadlige; Kirchen verwalteten ihre Grundherrschaften normalerweise moderner und effektiver als weltliche Herren. Bald aber erwies

sich das Vorgehen des Herrschers als problematisch. Rasch mochte nämlich der Ausgangspunkt, die königliche Schenkung, vergessen sein; was blieb, war die als drückend empfundene Last. Sie schien auch unter dem Aspekt der im elften Jahrhundert immer häufiger propagierten Freiheit der Kirche, als Frucht der strengeren Beachtung religiöser Ideale durch reformerisch gesinnte Gruppen, immer weniger leicht erträglich. Zunächst freilich, vor der zweiten Hälfte des elften Jahrhunderts, galt der König selbst als Person in sakraler Stellung und war der Papst noch schwach und wenig beachtet.

Für das Hervortreten der Bischofsstädte läßt sich noch ein zweites Motiv anführen. Es war die nachdrückliche Ausweitung der königlichen Reisewege über den frühottonischen Bereich hinaus. Dafür standen naturgemäß Pfalzen aus eigenem Besitz nicht zur Verfügung. Damit hat sich nebenbei auch eine erste Modernisierung der Regierungspraxis eingestellt, nämlich die Verringerung des Gewichts eher ländlicher Zentren, der Pfalzen, zugunsten von mehr oder weniger entwickelten frühen Städten, wo die Bischöfe zu Hause waren. Von den Zentralräumen der Königsherrschaft bis zu ihren Fernzonen kann man alles in allem ein nach damaligen Regeln vernünftig abgestuftes politisches Gefüge erkennen.[2] Innerhalb dieses Gefüges vollzog sich das Regieren in entsprechend unterschiedlich dosiertem Maß, das heißt in sich nach außen hin im großen und ganzen verringernder Intensität.

Dem jeweils wichtigsten Gebiet, als welches zum Beispiel unter Otto dem Großen das Umland des Harzes bezeichnet werden kann, lassen sich geradezu gewisse Hauptstadteigenschaften zuschreiben. Denn zahlreiche Kraftlinien des politischen Systems liefen auf dieses Zentrum in verhältnismäßig dauerhafter Form zu. Eine andere Neuerung um die Jahrtausendwende war der sogenannte Umritt des Herrschers. Damit ist gemeint, daß der neu erhobene König sogleich nach dem Regierungsantritt die wichtigsten Teile des Reiches aufsuchte, um sich überall anerkannt zu wissen, um seine Rechte wahrzunehmen, sich darzustellen und auch um Land und Leute besser kennenzulernen. Brauchbare Landkarten gab es noch lange Zeit nicht, nicht vor dem Ende des Mittelalters; alles geographische und landeskundliche Wissen beruhte auf eigener Kenntnisnahme oder auf der Auskunft von Gewährsleuten.

Der Wechsel von den Ottonen zu den Saliern, die am Mittelrhein zu Hause waren, bedeutete zunächst eine Verbreiterung der politischen Möglichkeiten der zentralen Gewalt. Der erste salische Kaiser Konrad II. (1024–1039) setzte fort, was Heinrich II. eingeleitet hatte, und steigerte die zentrale Gewalt. Bayern, Schwaben und das Elsaß rückten nun näher an den Herrscher heran, ohne daß die ottonischen Positionen beeinträchtigt worden wären. Der Norden und der Süden

Deutschlands wurden damit – als Nebenprodukt und leider nur vorübergehend – besser verbunden als zuvor. Nicht weniger wichtig war ein zweites: Die weiterhin wachsende Herrscherautorität, die man Konrad II. und dem Sohn Heinrich III. (1039–1056) zusprechen kann, kam viel weniger in der größeren Rolle zentraler Orte als in der Erweiterung der bereisten Gebiete zum Ausdruck. Anders formuliert: Auch besonders starke Herrscher des elften Jahrhunderts veränderten nichts in Richtung auf die unbekannte moderne Zukunft von Residenzen und Hauptstädten, sondern verstärkten das Gewohnte. Dieser Tatbestand sollte in Deutschland noch lange Zeit gültig bleiben. Auch der bedeutendste Herrscher des späten Mittelalters, Kaiser Karl IV. (1346–1378), wird ein noch weiter ausgedehntes Reisen hergebrachten Stils betreiben. Nur gleichsam danebengestellt, pflegte er ein für Deutschland ziemlich neuartiges System von Zentren, in denen er sich jeweils auch längere Zeit aufhielt. Dieses zusätzliche Handeln reagierte auf die nun gebotenen Möglichkeiten der Geldwirtschaft und des Transportwesens und noch mehr auf die gestiegene Bevölkerungsdichte und auf größer gewordene Städte. Das altgeübte Reisen antwortete wie bisher auf die Erwartungen der Fürsten und des Adels. Im Ergebnis zeigt sich, daß auch das Reich des ausgehenden Mittelalters ein aristokratisches Gebilde gewesen und geblieben ist.

Indessen kann man schon an die Salier die Frage nach besonders hervorgehobenen Orten stellen, die sich durch Hoftage und Synoden, also durch die Treffen der weltlichen und geistlichen Großen, und durch das Feiern von kirchlichen und weltlichen Festen auszeichneten. Konrad II. wies mehr Hauptorte dieser Art auf als Otto der Große. Die Stärke des salischen Königtums kommt dadurch zum Ausdruck, daß seine Zentren auch außerhalb der königlichen Kernbereiche lagen: etwa in Straßburg und Basel, Ulm und Augsburg sowie in Regensburg. Nicht nur weil man hier schöner feiern konnte als in den ländlichen Pfalzen, traten die Bischofsstädte nach vorn, sondern weil sich das kaiserliche Reich hier besser darstellen ließ.

Einen tiefen, krisenhaften Einschnitt brachten dann die Regierungszeiten Kaiser Heinrichs IV. (1056–1106) und Kaiser Heinrichs V. (1106–1125) mit sich. Dies geschah zunächst wegen der langdauernden Minderjährigkeit Heinrichs IV. und sodann wegen des innenpolitisch höchst gefährlichen Konflikts mit dem Reformpapsttum, des sogenannten Investiturstreits. Die Reisewege der beiden letzten Salier waren in vieler Hinsicht irregulär, das heißt durch politische Notlagen verformt. Ein schwerer Rückschlag traf damals vor allem die Harzposition im Norden. Sie wurde zwar von Kaiser Lothar (1125–1137), der zuvor Herzog von Sachsen gewesen war, einigermaßen wiederhergestellt, jedoch nicht mehr auf Dauer. Immer deutlicher war das Herrschertum seit der zweiten, der staufischen Hälfte des zwölften Jahrhunderts auf das südliche Deutschland vom Mittelrhein an ostwärts beschränkt; denn die alten Positionen an der Rheinstraße nach Norden zu, am Niederrhein, wiesen ebenfalls bedenkliche Schwächezeichen auf.

Hatte sich schon im elften Jahrhundert vieles bei den Regierten, im ganzen Gesellschaftsgefüge, in Deutschland verändert, so beschleunigte sich dieser Wandel hin zum immer Komplizierteren noch im zwölften Jahrhundert, dem Zeitalter der Staufer. Zugleich war keine Dynastie politisch so überlastet und überfordert wie diese. Denn die Staufer machten mit der Nachfolge des Imperiums der Antike, das heißt mit der Wendung nach Italien, vollen Ernst und wußten auch, je weiter die Zeit fortschritt, immer mehr die unvergleichlich moderneren Lebensverhältnisse und Erträge des Südens zu schätzen. In der ersten Hälfte des dreizehnten Jahrhunderts war Deutschland nicht nur von den verhängnisvollen Folgen des Thronkampfes der Staufer mit den Welfen gezeichnet, der nach dem jähen Tod Kaiser Heinrichs VI. (1190–1197), des Sohnes Friedrich Barbarossas (1152–1190), ausgebrochen war. Hinzu trat die entschiedene Hinwendung Friedrichs II. (1212–1250), des Sohnes Heinrichs VI., nach Italien, wo er geboren worden war. Deutschland sank nun zum Nebenland der Dynastie herab.

Am Beispiel Barbarossas, der trotz seiner italienischen Verpflichtungen noch wie irgendein Ottone oder Salier in der Mitte der deutschen Geschichte gestanden hat, läßt sich der Stand der Reiseherrschaft in hochstaufischer Zeit am besten charakterisieren. Auch Barbarossa hat das Gewohnte fortgesetzt und seine Autorität durch weitgespanntes Unterwegssein zum Ausdruck gebracht. Zwischen Mainz und Basel, Würzburg und Nürnberg sowie in Augsburg, Regensburg und Erfurt findet man ihn am häufigsten. Die Reichskirche mit ihren Bischofsstädten war nicht weniger wichtig als unter den Saliern. Neu geschaffene Stauferpfalzen wie in Frankfurt am Main, Gelnhausen, Hagenau, Kaiserslautern, Wimpfen und Eger waren nun mit den Städten gleichen Namens verbunden.

Aber nicht das Zusammenwirken mit einer eindeutig führenden Stadt oder Pfalz oder mit ganz wenigen von diesen, also irgendein Weg zur Hauptstadt- oder Residenzsituation, kennzeichnet die Haltung der Staufer. Vielmehr verstand man die Städte insgesamt als neues Phänomen, als fiskalisch und fortifikatorisch nützliche, aber eben abermals weit verstreute und nur reisend verwertbare Stützpunkte. Auch das war schon etwas Herausforderndes. Denn zwischen dem «modernen» Versuch solcher Herrschaftsintensivierung – auf der gleichen Ebene wie es die Fürsten taten – und dem alten Ideal, daß der König gleichsam oberhalb dieser Fürsten nur auf seine Autorität und auf seine alten Güter und Rechte gestützt wirken sollte, öffnete sich ein tiefer Zwiespalt. Um vieles bemühten sich die Staufer auf diesem neuen Feld, und gewiß war nicht weniges davon vielversprechend und erfolgreich. Aber im konkreten Machtkampf des dreizehnten Jahrhunderts zugleich gegen den Papst und gegen die eifersüchtigen Fürsten blieben die Feinde am Ende die stärkeren. Daher kam das Neue, das die Stauferzeit auch in Deutschland mit sich brachte, den Herrschern und ihrem Reich am wenigsten zugute. So ist auch aus dem dreizehnten Jahrhundert, das anderswo in Deutschland und noch viel mehr anderswo in Europa ein «modernes» Zeitalter gewesen ist, zum Thema «deutsche Zentralgewalt» wenig Neues zu berichten.

Man beurteilt diese Situation am besten, wenn man noch einmal die Mitte Europas seinem Westen gegenüberstellt. Auch der französische und der englische König durchreisten ihr Land in diesen Generationen und noch lange danach, doch ließen sich um 1200 in beiden Ländern Teile des Hofes, die man schon fast Behörden nennen kann, in Paris und in London nieder. Paris und London waren um 1200 ökonomisch und verkehrstechnisch gesehen schon anerkannte Landesmittelpunkte, die nun durch die zentrale Verwaltung noch gestärkt wurden. Die zweckmäßige, erfolgreiche und ortsgebundene Verwaltungsarbeit in den beiden großen Städten ließ immer mehr Instanzen diesem Beispiel folgen. So reiste der König nur noch mit gleichsam privatem Gefolge. Der moderne Staat war damit auf den Weg gebracht.

Es war wohl nicht unbedingt zwangsläufig, daß demgegenüber die Entfaltung der zentralen Gewalt in Deutschland zuletzt stagnierte. Aber es war – wie wir schon sahen – aus geographisch-entwicklungsgeschichtlichen und dann auch aus politischen Gründen immerhin wahrscheinlich, daß das Land der Mitte zurückbleiben würde. Zwar hatte Barbarossa noch kaum verspätet nachzuholen versucht, was man zuerst in St. Denis bei Paris 1144 und dann in Westminster bei London 1163 geschaffen hatte: ein neues geistliches Zentrum der Monarchie oder des ganzen Landes. Der Kaiser hat im Jahr 1166 die Heiligsprechung Karls des Großen zugunsten von Aachen durchgesetzt. Aber Aachen war exzentrisch gelegen, es wurde nie zu einem gleichsam natürlichen Mittelpunkt Deutschlands, wie man es bald von Paris und London sagen konnte. Ebensowenig Erfolg hatten spätere Ansätze. Deutschland war damals einfach zu groß und politisch zu uneinheitlich und ökonomisch nicht modern genug, seine Städte waren vergleichsweise zu klein, und es hatte zuletzt auch mancherlei dynastisch-politisches Pech. Gewiß hat die unerhörte Kontinuität der französischen Königsdynastie größten Anteil an der so stabil gewordenen Einheit Frankreichs. Auch ohne seine konkurrenzlose Hauptstadt Paris konnte und kann Frankreich nicht gedacht werden. Vergleichbar günstige Konstellationen waren den Deutschen nicht beschieden.

Herrschen aus der Ferne

Die Staufer in Italien

Theo Kölzer

Am 20. November 1194 war Kaiser Heinrich VI., der Sohn Barbarossas, am Ziel seiner Wünsche: Im Triumph ritt er nach der Eroberung des Königreichs Sizilien in die Hauptstadt Palermo ein. «Haupt und Stolz von ganz Sizilien» hatte wenige Jahre zuvor ein anonymer Chronist die Metropole genannt und mit Bangen den Tag erwartet, «da vielleicht gar die Fußspuren der Barbaren den Boden der edelsten Stadt entweihen, die über alle Teile des Reiches strahlend emporragt».[1]

Zu solchen Befürchtungen bestand 1189 aller Anlaß: König Wilhelm II. war soeben kinderlos gestorben; legitime Thronerbin war seine Tante Konstanze, die seit drei Jahren mit dem deutschen Thronfolger, eben Heinrich VI., vermählt war. Hatten die deutschen Herrscher, gestützt auf die Italienpolitik Karls des Großen und der ottonischen Kaiser, Unteritalien stets als Teil des Kaiserreiches betrachtet und die normannischen Könige folglich als Usurpatoren angesehen, so schienen sich die staufischen Herrschaftsträume nunmehr auf friedlichem Wege zu verwirklichen. Es bedurfte freilich noch zweier Kriegszüge, um die kaiserlichen Ansprüche und das Erbrecht Konstanzes gegen den von sizilischen Großen erhobenen König Tankred durchzusetzen. Ende 1194 stand der Staufer also vor den Toren der Hauptstadt, wo er am Weihnachtstag zum sizilischen König gekrönt wurde.[2]

Den Ankömmlingen aus dem Norden muß sich beim Anblick der farbenprächtigen Mischkultur Palermos eine Märchenwelt eröffnet haben. Denn selbst den weltläufigen Araber Ibn Ǧubayr, der gewiß hohe Maßstäbe anlegte, schlug die Hauptstadt Siziliens in ihren Bann, als er sie 1184/85 besuchte: «Palermo ist die Hauptstadt Siciliens und vereinigt die beiden Vorteile der Bequemlichkeit und der Schönheit. Sie bietet alles Gute, was man sich nur wünschen kann... Alt und elegant, prachtvoll und angenehm, durch ihren Anblick verführerisch, stellt sie sich stolz zwischen ihren Plätzen und ihren Ebenen dar, welche nur einen einzigen Garten bilden. Hervorragend durch ihre geräumigen Alleen und breiten Straßen, blendet sie durch die ausgezeichnete Schönheit ihres Anblicks. Sie ist eine bewunderungswür-

dige Stadt, im Stile von Cordoba, und ganz aus Steinen ... erbaut. (...)
Der König hat diese Stadt, welche eine ganze Welt bildet, zur Haupt-
stadt seines christlichen Königreiches ... gemacht. Die Schlösser des
Monarchen sind in der Umgegend dieser Stadt gereiht wie ein Hals-
band, welches eine Schöne sich umgelegt hat, so daß der König, indem
er immer durch Lust- und Vergnügungsorte schreitet, nach seinem
Belieben von dem einen nach den anderen Gärten und Lustplätzen der
Stadt wandert.»[3]

Zur Bewunderung all dieser Schönheiten blieb dem Stauferkaiser
nicht viel Zeit, denn die Probleme stellten sich erst jetzt, nachdem alles
gewonnen schien: Wie ließ sich dieses Königreich aus der Ferne be-
herrschen und wie eine dauerhafte Vereinigung der beiden heterogenen Staatswesen ohne ständige Reibungen erreichen?

Man sollte meinen, daß die Staufer aus dem Erfahrungsschatz der
Vergangenheit effiziente Möglichkeiten des Herrschens aus der Ferne
hätten gewinnen können, denn die enge Verbindung des fränkisch-
deutschen Reiches mit Italien und der römischen Kirche bestand
schließlich schon seit den Karolingern. Aber seit dieser Zeit stellten
sich die gleichen Probleme immer wieder neu: Königsherrschaft manifestierte sich traditionell im Reisekönigtum, in der periodischen
Präsenz zur persönlichen Herrschaftsausübung, aber eben das war in
einem Reich dieser Ausdehnung nicht möglich. Eine gegliederte, flä-
chendeckende Verwaltungsstruktur, die diesen Mangel hätte kompensieren können, gab es weder nördlich noch südlich der Alpen. Die
Beauftragung von Stellvertretern blieb eine Behelfslösung, die jedoch
Königsherrschaft in eigener Person niemals völlig ersetzen konnte. In
karolingischer Zeit hatte man es mit Königssöhnen als Unterkönigen
des italischen Teilreiches versucht, aber dies erbrachte auf Dauer ähnliche Reibungen mit der Zentrale, wie sie auch 400 Jahre später noch
Friedrich II. gewärtigen mußte: Das Unterkönigtum verschleierte nur
unvollkommen, daß Italien als Nebenland von außen regiert wurde,
und dabei sollte es bis in die staufische Zeit bleiben.

So sah sich der fränkisch-deutsche König und Kaiser – gemessen
an dem universalen Anspruch und den zur Verfügung stehenden Mitteln – permanenter Überforderung ausgesetzt, mochte er sich persönlich auch noch so engagieren, wie z. B. Barbarossa. Aber erst das
19. Jahrhundert hat dieses Bemühen aus tagespolitischer Perspektive
grundsätzlich in Frage gestellt und anachronistische Alternativen diskutiert, für die die Zeitgenossen kein Verständnis gehabt hätten.
Kaisertum: das bedeutete einen geschichtlich begründeten, prestige-
trächtigen Vorrang im Abendland, bedeutete auch einen festen Platz
im Rahmen christlicher Geschichtsdeutung, barg freilich auch zusätzliche Pflichten, etwa als berufener Schützer der Papstkirche – mit allen

Abb. 3: Die Rückseite der Kaisergoldbulle Heinrichs VI.
zeigt eine stilisierte Darstellung der Stadt Rom.
Innerhalb des Mauerrings mit Türmen und kuppelbedachtem Toreingang
ist ein mehrstöckiges Gebäude, das Koloseum, zu sehen.

sich daraus ergebenden Konsequenzen. Verzicht auf das aufwendige italische Engagement und statt dessen etwa Förderung des deutschen Landesausbaus oder der Ostkolonisation: das waren neuzeitlich geprägte, keine mittelalterlichen Alternativen.

Die Gesamtbilanz fränkisch-deutscher Präsenz südlich der Alpen, und das gilt zunächst vor allem für Ober- oder Reichsitalien, spiegelt unterschiedliches Interesse und zunehmende Schwierigkeiten.[4] Rechnerisch ergibt sich in ottonisch-salischer Zeit ein Intervall von rund zehn Jahren, doch nimmt die Präsenz innerhalb dieser Spanne deutlich ab. Überdies dauerte nur die Hälfte dieser Italienzüge länger als

ein Jahr. Für die Zwischenzeiten wurden keine geregelten Regent-
schaften bestellt: Es fehlte weitgehend an einer gesicherten Herrschaftsbasis, folglich auch an Elementen einer beständigen Herr-
schaftsorganisation, die die in Personalunion verbundenen Teilreiche
hätte enger verklammern können. In dieser Situation setzte man auf
die beharrende Kraft, den Episkopat, vergrößerte damit aber zugleich
die Distanz zu den damit konkurrierenden dynamischen Kräften des
Adels und der Städte, dem wichtigsten und für die Staufer schicksal-
haften Machtfaktor der Zukunft.

Ein wirkliches Interesse an Süditalien hatten nur die Ottonen bekundet, bevor die vernichtende Niederlage Ottos II. gegen die Saraze-
nen hochfliegende Herrschaftsträume nachhaltig gedämpft hatte.
Nach 982 blieb Unteritalien bis zum Beginn der staufischen Epoche
im wesentlichen sich selbst überlassen; man begnügte sich mit einer
lockeren Oberhoheit über die Fürstentümer Capua und Benevent.

Einen krassen Umschwung markiert das Jahrhundert der Staufer,
die insgesamt die Hälfte ihrer Regierungszeit in Italien und später
auch in Sizilien verbrachten.[5] In staufischer Zeit ist Italien demnach
alles andere als ein Nebenland, doch von wo aus wurde es regiert?[6]

Man möchte vielleicht an Rom denken. Aber Rom lebte vornehmlich von der Erinnerung an seine große Vergangenheit und blieb als
Ort der Kaiserkrönung eng mit ihr verknüpft. Bis auf den schwärme-
rischen Plan Ottos III. an der Jahrtausendwende, die antike Tradition
wieder mit Leben zu füllen, blieb Rom als «Hauptstadt der Welt» ein
in der Vergangenheit wurzelndes Trugbild, das man gleichwohl in le-
gitimierender Funktion beschwor: Reich und Kaiser trugen das Attri-
but »römisch«, und auf dem Revers der salischen und staufischen
Kaisersiegel prangte eine stilisierte Darstellung der «Ewigen Stadt»
mit der bezeichnenden Umschrift: «Roma caput mundi, regit orbis
frena rotundi» («Rom, das Haupt der Welt, lenkt die Zügel des Erden-
runds»).[7] Ähnlich empfand es noch Goethe, der 1786 in sein Tagebuch
notierte: «Ja, ich bin endlich in dieser Hauptstadt der Welt angelangt».[8] Reale Substanz hatte dies damals wie heute allenfalls im
Hinblick auf die papstchristliche Kirche.

Rom, dazu die ostgotische Metropole Ravenna und die langobardi-
sche Hauptstadt Pavia – das waren spätantik-frühmittelalterliche
Hauptstädte zentral organisierter Staatswesen.[9] Aber diese Funktion
hatten sie längst verloren, weil sich mit dem Herrschaftswechsel auch
die Herrschaftsformen geändert hatten. Das Reisekönigtum der Karolinger und ihrer Nachfolger beließ den ehemaligen Hauptstädten
fortan allenfalls den Rang von Vororten, und nur Pavia konnte andeu-
tungsweise seine Stellung wahren: Hier wurden bei Bedarf eigene
Königskrönungen für das «regnum Italiae» vorgenommen. Monza

oder Mailand dienten gelegentlich als Ersatz, konnten daraus jedoch nicht auf Dauer Nutzen ziehen. Noch im 10. Jahrhundert sind in Pavia Absteigequartiere italienischer Bischöfe und Äbte bezeugt, was den Hauptstadtcharakter unterstreicht. 1024 zerstörten jedoch die Pavesen den Königspalast und damit zugleich die letzten Reste zentraler königlicher Verwaltung.

Die bevorzugten Aufenthaltsorte wechselten. So stand in salischer Zeit Verona weit vor allen anderen, unter Friedrich Barbarossa erneut Pavia vor Lodi, Turin und Ravenna. Die Wahlmöglichkeiten wurden zunehmend eingeschränkt, denn parallel zu dem Zerfall der Kaisermacht erwachte in Oberitalien das Autonomiestreben der miteinander rivalisierenden Kommunen, unter denen Mailand die führende Rolle spielte. Kaiserliche Parteinahme für die eine Stadt bedeutete fortan meist automatisch die Feindschaft einer anderen. Aber so «regierte» man, weil sich kaum andere Möglichkeiten boten: Man berücksichtigte und nutzte die lokalen und regionalen Machtverhältnisse zwischen Adel, Kommunen und Kirche, förderte gezielt einzelne gegen konkurrierende Dritte und überließ dies alles in Zeiten der Abwesenheit Beauftragten, die direkt dem Kaiser verantwortlich waren.[10] Erst nach dem endgültigen Friedensschluß des Jahres 1183 wurde der lombardische Städtebund unter Führung Mailands als inneritalischer Ordnungsfaktor und damit gleichsam als Zwischeninstanz anerkannt. Mailand wandelte sich von der früheren Protagonistin des antistaufischen Kampfes zur wichtigsten Vertreterin kaiserlicher Interessen, um die eigene führende Stellung innerhalb des Bundes zu wahren.

Bis dahin aber bedeutete «herrschen» ein ständiges Abwägen und Lavieren, letztlich auch immer wieder militärisches Engagement, für das man in staufischer Zeit auch Söldnertruppen anwarb. So sehr sich auch ein Barbarossa um die Schaffung bleibender Verwaltungsstrukturen, um die Ausrichtung des gesamten Herrschaftsgefüges auf die Person des Kaisers und um die Erhebung regelmäßiger Abgaben und Steuern bemühte, die in gewisser Weise die Verklammerung mit dem Kaiserreich durch persönliche Präsenz ersetzen mochten – regiert hat er in Italien im wesentlichen vom Feldlager aus. Aber was er auf diese Weise gewann, drohte jenseits der Alpen verlorenzugehen, wie schon Otto von Freising, sein Zeitgenosse, erkannte: «Während der König sich in Italien aufhielt, bekam nämlich fast das ganze transalpinische Reich die Abwesenheit des Herrschers zu spüren; es wurde durch Aufstände erschüttert und durch Feuer und Schwert und öffentliche Kämpfe zerrüttet (...) Als der Kaiser in das Land jenseits der Alpen zurückkehrte, gab er zwar den Franken durch seine Gegenwart den Frieden zurück, den Italienern aber entzog er ihn durch seine Abwesenheit.»[11]

Das Reich war durch die Abwesenheit des Königs paralysiert; es fehlte die Kontinuität herrscherlichen Handelns, und es fehlte jeglicher institutionelle Unterbau für ein Handeln ohne König. Allein in dem Jahrhundert zwischen 961 und 1056 wechselten, so hat man ermittelt,[12] die tatsächlichen Inhaber der Regierungsgewalt im Reich über 40mal, davon 14mal anläßlich von Italienzügen. Das Königtum erlitt Einbußen an Hoheitsrechten und Besitz zugunsten jener, auf deren überdurchschnittlichen Einsatz es angewiesen war; aber – so paradox das klingen mag – mangelnde Freigebigkeit schwächte die Königsmacht in gleichem Maße!

Zurück zu Kaiser Heinrich VI. in der Stunde seines größten Triumphes in der Hauptstadt Siziliens! Ein längerer persönlicher Aufenthalt im Königreich kam für ihn wegen der labilen Lage in Deutschland nicht in Betracht; für eine militärische Besetzung fehlten die Kräfte. Machiavelli hat 1513 für solche Fälle geraten, was jahrhundertelang herrscherliche Praxis gewesen war,[13] und auch Heinrich VI. handelte entsprechend: Er exilierte die Königsfamilie und ihre Berater, besetzte wichtige Ämter mit Vertrauensleuten und verstärkte die militärischen Brückenköpfe an der Grenze in Mittelitalien. Im übrigen beließ er es zunächst bei der Regentschaft seiner normannischen Gemahlin. Die kaiserlichen Beauftragten, Herzog Konrad von Spoleto als Reichsvikar und Bischof Walter von Troia als Kanzler, haben ihre neuen Funktionen offenbar nicht mit Inhalt füllen können. Dagegen zeigte es sich sehr bald, daß die Finanzverwaltung nicht ohne den exilierten Experten auskam: man brachte ihn schleunigst ins Königreich zurück.

Die erste Phase der Vereinigung von König- und Kaiserreich währte nicht lange. Nach dem Tod des Kaisers und der Kaiserin (1197/98) versank Sizilien unter dem minderjährigen Friedrich II. für ein Jahrzehnt in Anarchie, strebten König- und Kaiserreich unter päpstlicher Ägide wieder auseinander. Es war freilich derselbe Papst Innozenz III., der im Jahre 1211 dem jungen Friedrich II. den Weg in das Reich seines Vaters ebnete.

Anders als das Stauferreich besaß Sizilien mit Palermo ein konkurrenzloses politisch-administratives und geistiges Zentrum, das zugleich die ethnisch-religiöse und kulturelle Vielgestalt des Königreiches wie in einem Brennspiegel bündelte. Palermo war die feste Residenz der normannischen Könige, die sie allenfalls kurzzeitig, in der Regel nur aus militärischen Gründen, verließen. Daneben erlangte Messina eine gewisse Bedeutung, ohne jedoch jemals als «Hauptstadt» bezeichnet zu werden. Diese Ortsfestigkeit des Königshofes war der Ausbildung zentraler Verwaltungsorgane und der personellen Kontinuität in der Umgebung des Königs förderlich, führte dazu, daß die hohen geistlichen und weltlichen Würdenträger Haus- und Grundbesitz in der Hauptstadt erwarben.

Dieser Vorrang Palermos war das Ergebnis der arabischen Eroberung der Insel im 9. Jahrhundert. Bis dahin hatte die Stadt im Schatten
des alles überragenden Syrakus gestanden. Als Sitz des Emirs und
seiner Verwaltung war Palermo eher eine Verlegenheitslösung, denn
Syrakus hatte sich den Eroberern erst nach langem Widerstand erge-
ben. Fortan hieß Palermo wie die Stadt des Propheten: al-Madînah,
die Stadt, die als einzige ehedem christliche Stadt der muslimischen
Welt diesen Ehrentitel trug und von arabischen Besuchern zu deren
Zentren gerechnet wurde.

In die Fußstapfen der Araber traten Ende des 11. Jahrhunderts die
Normannen. Wie schon auf dem unteritalienischen Festland erwiesen
sich die neuen Herren auch hier als gelehrige Schüler ihrer Vorgänger,
wußten sie bestehende Verwaltungsstrukturen in angepaßter Form zu
nutzen. Eine ausgeprägte religiöse Toleranz gegenüber den Muslimen
und Juden und die Förderung auch der griechischen Kirche erleich-
terte die Beherrschung des Landes mittels einer nur sehr dünnen
Schicht normannischer Ritter. Neben die bislang vorherrschenden
Verkehrssprachen Arabisch, Griechisch und Hebräisch traten jetzt die
lateinische Amts- und die französische Hofsprache. Nichts kennzeichnet deutlicher den kosmopolitischen Charakter der Insel und
ihrer Hauptstadt als Brücke zwischen Ost und West als dieses Nebeneinander der Sprachen, Religionen und Kulturen, deren Spuren noch
heute überall in der Stadt erkennbar sind.

An der straffen Zentralverwaltung hielten auch die neuen Herren
fest und bedienten sich dabei griechischer und arabischer Experten,
die in hohe Verwaltungsränge einrückten, vor allem in die zentrale
Finanzverwaltung, die «doana», was als Lehnwort in die italienische
und französische Sprache eingegangen ist.[14]

Die Ausbildung dieser Verwaltungsstrukturen setzte eine Konsoli-
dierung der normannischen Herrschaft voraus, die mit der Königserhebung Rogers II. 1130 in Palermo einen vorläufigen Abschluß fand.
Erst jetzt kann man erneut von Palermo als Hauptstadt sprechen,[15]
denn die normannischen Heerführer hatten mehrere bevorzugte Aufenthaltsorte auf der Insel bzw. auf dem Festland; die kontinuierliche
Kriegführung hatte andere Lösungen gar nicht zugelassen. Jetzt aber
wurde Palermo zur *urbs regia*, zur königlichen Stadt, und an diesem
Status hat sich bis zum Ausgang der Stauferzeit nichts geändert. Dieser Vorrang wurde seit der Mitte des 12. Jahrhunderts auch im kirchlichen Bereich durch die Sicherung der Metropolitanstellung Palermos
untermauert. Unter den Staufern setzte sich die Kathedrale zudem
endgültig als Königsgrabkirche gegen die Konkurrenz der normannischen Gründungen Cefalù und Monreale durch, nachdem hier schon,
wenn auch gegen seinen Willen, der Reichsgründer Roger II. bestattet

worden war. Noch heute gehört die eindrucksvolle Gruppe der Porphyrsarkophage zu den touristischen Hauptattraktionen der Stadt, und manche stellen den Dom – vielleicht doch etwas übertreibend – in eine Reihe mit Königsgrablegen wie Saint-Denis und Westminster Abbey.[16]

Der noch in Teilen bestehende Königspalast, errichtet an der Stelle des alten arabischen Alkazar, war eine sehr komplexe Anlage.[17] Er beherbergte die eindrucksvolle Hofkirche (die Cappella Palatina) sowie zahlreiche Höfe, Türme, Wohnungen und Säle, daneben auch jene Werkstatt, aus der der berühmte Krönungsmantel König Rogers II. stammt, der heute zusammmen mit den deutschen Reichsinsignien in der Wiener Schatzkammer aufbewahrt wird. Das Palastareal war gegen die Stadt durch eine bewachte Mauer gesichert; ein überdachter Weg führte zur nahegelegenen Kathedrale.

Mit Haupt und Körper verglich ein Zeitgenosse das Verhältnis von Palast und Stadt,[18] aber dieses Bild ist schief, denn der Königspalast bildete eine eigene Welt, abgeschirmt von der Stadt und der Bevölkerung, die den König nur bei feierlichen Gelegenheiten zu Gesicht bekam. Der König war gleichsam entrückt und doch über seine Beamten überall präsent. Diese fiktive Allgegenwart des Herrschers gewann in der Zeit Friedrichs II. normative Kraft[19] und nährte das gegnerische Vorurteil von der «pharaonischen Unterdrückung».[20]

Der Hof selbst war alles andere als eine heile Welt. Ein Augenzeuge schildert mit spitzer Feder die Intrigen der Hofleute, das Buhlen um die Gunst des Königs, die Bestechlichkeit der Beamten, ihr herrisches Auftreten gegenüber Bittstellern usw.[21] Über solche Interna erfahren wir normalerweise nichts; das Funktionieren des Hofes ist in der Regel nur in seiner Außenwirkung faßbar, während intern mündliche Kommunikation vorherrschte, die natürlich keine Spuren hinterlassen hat.

Seit der Mitte des 12. Jahrhunderts beobachtet man am Königshof eine zunehmende innere Differenzierung in verschiedene Funktionsbereiche.[22] Der Hof antwortete damit auf die sich konsolidierende lokale und regionale Verwaltung, die in griechisch-arabischen Institutionen vorprägende Strukturen besaß. Es entstand ein hierarchisch gegliedertes System sich überlappender Kontrollen, die am Königshof zusammenliefen. Von hier aus wurden die Beamten in der Provinz schriftlich angewiesen, dorthin erstatteten diese schriftlich Bericht und legten sie regelmäßig Rechenschaft ab über ihr Handeln in eigener Kompetenz, und dies alles wurde am Hof sorgfältig registriert. Diese enorme Zunahme an Schriftlichkeit ist zunächst die auffälligste Begleiterscheinung des Ausbaus der Zentralverwaltung, die unter Friedrich II. behördenartige und damit aus deutscher Sicht sehr moderne

Züge trägt. Vieles wurde bereits im Geschäftsgang von den zuständigen Beamten entschieden und erledigt, ohne dem Kaiser selbst vorgelegt zu werden. In sozialgeschichtlicher Perspektive beobachten wir die Ausbildung einer Expertenaristokratie, die zunehmend auch gelehrten bürgerlichen und kaufmännischen Kreisen den Weg zum Hof und in höchste Ämter öffnete. Die 1224 von Friedrich II. in Neapel gegründete Staatsuniversität leistete einem neuen, gleichsam nivellierten Typ des Staatsdieners Vorschub, der durch Besoldung, Diensteid, Rechnungslegung, Schadenshaftung und normative Vorgaben eng an sein Amt und die Interessen des Herrschers gebunden war.

Die Ausbildung dieser «despotischen Bürokratie»[23] folgte nur anfangs planerischem Willen; insgesamt war sie das Ergebnis ständiger Anpassungsversuche auf den von den Normannen gelegten Fundamenten. Wenn man immer wieder die Modernität dieses «Modellstaates»[24] hervorgehoben und ihn mit Staatsformen in Renaissance und Absolutismus verglichen hat, so bleibt doch – neben anderen Vorbehalten – zu betonen, daß dies selbst im fortschrittlichen Sizilien der Zeit Friedrichs II. Verwaltung von einem wandernden Zentrum aus bedeutet.

Die Abwendung von Palermo hatte sich schon 1212 abgezeichnet, als der junge Friedrich II. unbekümmert dem Ruf in das Reich seines Vaters folgte und damit die zweite Phase der Vereinigung von König- und Kaiserreich einläutete, diesmal unter umgekehrten Vorzeichen: Seine mit der Regentschaft betraute Gemahlin residierte bis zu ihrer Abreise nach Deutschland in Messina. Nach der Kaiserkrönung des Jahres 1220 beseitigten die zahlreichen politischen Verwicklungen und Kriege faktisch – nicht ideell – die Vorrangstellung der Hauptstadt Palermo und sogar der Insel Sizilien, die der Kaiser nach 1234 nicht mehr betreten hat. Statt dessen weilte er seit 1236 überwiegend in Oberitalien, unablässig bemüht, sich gegen die Phalanx der oberitalienischen Städte und das Papsttum durchzusetzen. Zwischenzeitlich bildeten Apulien, Campanien und die Basilicata die zentralen Regionen herrscherlichen Handelns: Foggia, Capua und Melfi waren zunächst die bevorzugten und neu ausgebauten Residenzen, an denen auch Hofbeamte Haus- und Grundbesitz ihr eigen nannten. Der jeweilige Aufenthaltsort des Herrschers bestimmte zugleich den Sitz der Zentralverwaltung, und erst 1240 wurde – kriegsbedingt – mit dem Rechnungshof in Melfi eine zentrale Instanz stationär außerhalb des Kaiserhofes etabliert. Der Wechsel des Herrschaftsschwerpunktes auf das unteritalienische Festland erfolgte vor allem aus praktischen Gründen, denn die alte Hauptstadt Palermo lag nun an der südwestlichen Peripherie eines Kaiserreiches, das sich von der Nordsee bis nach Sizilien erstreckte.

Formal blieb Palermo auch weiterhin Hauptstadt, wenngleich nach
Friedrich II. kaum noch Königsaufenthalte zu verzeichnen sind: Konrad IV. und Konradin haben Sizilien nie betreten, Manfred hat Palermo nur zweimal besucht; hier wurde er 1258 gekrönt. Ansonsten
wurde die bisherige Praxis beibehalten: Foggia und Lucera sowie
Melfi und Umgebung waren und blieben die bevorzugten Aufenthaltsorte. So kann man in gewisser Weise seit der Kaiserzeit Friedrichs II. von einer Rückkehr zum Reisekönigtum sprechen. Gewiß ist
dieses Reisekönigtum nicht so extrem angelegt wie nördlich der Alpen, aber die Ortsfestigkeit des Kaiserhofes war doch weitgehend
aufgebeben, und mit dem Kaiser reisten auch die zentralen Verwaltungsorgane. Dieser von den allgemeinen politischen Verhältnissen
erzwungene Rückgriff auf ältere Regierungsformen läßt sich in den
letzten Jahren Friedrichs II. auch beobachten, als der Kaiser versuchte, Oberitalien enger mit dem Südreich zu verbinden: Die im
Norden flächendeckend eingesetzten Generalvikare rekrutierte der
Kaiser vornehmlich aus der eigenen Verwandtschaft. Dieses gleichsam
dynastische Prinzip hatte 100 Jahre zuvor bereits Roger II. prakti-
ziert, als er die Teilreiche des Königsreichs seinen Söhnen übertrug.

Wie unter seinem Vater stellte sich auch für Friedrich II. das Problem des Herrschens aus der Ferne, wenn auch mit anderer Blickrich-
tung:[25] Jetzt wurde Deutschland zum Nebenland, regiert durch
minderjährige Königssöhne und Regenten, die sich immer wieder mit
unmittelbaren kaiserlichen Eingriffen und Direktiven konfrontiert sahen. Eine Kompetenzabgrenzung gab es nicht, so daß sich Widersprüche und Unausgewogenheiten fast zwangsläufig einstellten. Es ist
erstaunlich, wie viele Petenten aus allen Teilen des Reiches den weiten
und beschwerlichen Weg an den Kaiserhof im Süden machten, um
Privilegien zu erbitten. Der Autorität des Kaisers stellt dieses Verhalten das beste Zeugnis aus, wie es andererseits das Ansehen der Söhne
und Regenten unterminierte; Friedrichs Sohn Heinrich ist an diesen
Konflikten zerbrochen, dessen Bruder Konrad sah sich mit zwei Ge-
genkönigen konfrontiert.

Dabei wäre es gerade in dieser Zeit auf Kontinuität und Zielgerich-
tetheit angekommen, eine Zeit, in der das deutsche Königtum sich in
einem verspäteten territorialpolitischen Wettstreit mit den werdenden
Landesherren befand und infolge des evidenten Rückstandes kleinteili-
lig und geduldig zu operieren gezwungen war. Friedrich II. hat sich
auch aus der Ferne im Rahmen seiner Möglichkeiten bemüht, war
deutschen Belangen gegenüber keinesfalls interesselos, wie man lange
geglaubt hat. Und dennoch – die riesige Ausdehnung des Reiches mit
seinen heterogenen Komponenten und nördlich der Alpen noch alter-
tümlichen, vor allem auf persönlichen Bindungen beruhenden Herr-

schaftsstrukturen stellten den Kaiser vor kaum lösbare Probleme: Die Überwindung und Beherrschung großer Räume war mit den zur Verfügung stehenden Mitteln nicht oder doch nur sehr unvollkommen möglich. Deutschland, Italien, Sizilien, dazu Burgund, das Friedrich II. nie betreten hat, sowie das nur nominell beherrschte Königreich Jerusalem (seit 1225) – das waren sehr verschiedene Welten, die sich einer wirklichen Erfassung, geschweige denn Harmonisierung widersetzten.

Bezeichnenderweise scheiterte der Versuch Heinrichs VI., das Kaiserreich nach sizilischem Vorbild in ein Erbreich zu verwandeln. Selbst bewährte sizilische Institutionen ließen sich nicht einfach in den Norden verpflanzen: Der 1235 in Deutschland neu eingeführte ständige Hofrichter hat mit seinem sizilischen Vorbild zwar manches gemein, aber an Wirksamkeit konnte er in einem anders gearteten Umfeld dieses Vorbild nicht erreichen. So machte das nach wie vor unabdingbare Erfordernis persönlicher Herrschaftsausübung durch den deutschen König das Herrschen aus der Ferne auf lange Sicht zur Illusion. An diesem Dilemma sind alle fränkisch-deutschen Dynastien gescheitert, aber bei keiner wurde die Diskrepanz «zwischen regionaler Begrenzung und universalem Horizont»[26] offenbarer als bei den Staufern. Sie haben sich ohne Zweifel bemüht, den an sie gestellten Ansprüchen gerecht zu werden, aber – so sieht es der Historiker Arno Borst: «Sie zahlten dafür den höchsten Preis, indem sie sich und andere überanstrengten. Sie verkörperten selbst noch einmal die impulsive, allen Leidenschaften offene Adelswelt des Frühmittelalters. Sie nahmen auch die alte persönliche Autorität über Gefolgschaftsverbände mit hinüber in die neue Rationalität institutioneller Flächenstaaten. Deshalb unterlagen sie trockenen Haushältern und deren effizienten Behörden...».[27]

Positiver mag man vielleicht aus italienischer Sicht urteilen. Italien bedeutete im geschichtlichen Ablauf durchaus Unterschiedliches und deckte sich selten mit dem geographischen Begriff. Die Stauferzeit liegt etwa in der Mitte zwischen dem neuzeitlichen Einheitsstreben und der im Ostgotenreich, im Übergang also von der Spätantike zum Frühmittelalter, letztmalig behaupteten politischen Einheit. So läßt sich bilanzierend festhalten, daß die Staufer erstmals wieder – wenn auch unter dem Stigma des «furor teutonicus»[28] – Nord und Süd verklammerten, während sich als Ergebnis der «epoca sveva» die Bindung Italiens an das Reich lockerte.[29]

Die leere Mitte

Das erste Auftreten der Habsburger

Josef Riedmann

Die Wahl des Grafen Rudolf von Habsburg zum römisch-deutschen König in Frankfurt am Main und seine Krönung in Aachen im Oktober des Jahres 1273 gelten vielfach als Beginn eines neuen Abschnitts der deutschen Geschichte. Das Ende des Interregnums, einer de facto herrscherlosen Zeit, scheint tatsächlich nicht nur in der Analyse späterer Historiker, sondern auch in den Augen der Zeitgenossen eine Wende bedeutet zu haben. Erstmals seit ungefähr einem Vierteljahrhundert stand nun wiederum an der Spitze des Reiches ein Herrscher, der nahezu allgemeine Anerkennung gefunden hatte. Mit der Formulierung «Und ein Richter war wieder auf Erden» traf Friedrich von Schiller in seiner Ballade «Der Graf von Habsburg» ein halbes Jahrtausend nach der «kaiserlosen, der schrecklichen Zeit» gewiß ein zentrales Verlangen der Menschen im weiten Bereich zwischen Nord- und Ostsee im Norden, der Toskana und Lombardei im Süden, Lothringen und Burgund im Westen sowie Brandenburg, Böhmen und Österreich im Osten. In Gestalt des Sacrum Romanum Imperium, des Heiligen Römischen Reiches – einer Bezeichnung, die sich eben damals allmählich einbürgerte –, bestand in der Mitte Europas nun bereits seit langer Zeit ein politisches Gebilde von ganz eigenartiger Ausprägung. Machtbefugnis und Entscheidungsgewalt des Reichsoberhauptes waren nach dem Aussterben der staufischen Dynastie vor allem im Süden und im Südwesten des Imperiums, in Italien und Burgund, weitestgehend erloschen, und auch im sogenannten engeren Reichsgebiet, im *regnum Teutonicum*, das im Süden bis vor Verona reichte, hatte das Königtum nach der Mitte des 13. Jahrhunderts entscheidende Einbußen an Rechten und Einnahmen und damit auch an Möglichkeiten und Ansehen hinnehmen müssen.

Rudolf von Habsburg ist als nüchterner Realpolitiker in die Geschichte eingegangen, der in kluger Zurückhaltung auf hochfliegende Pläne und spektakuläre Taten verzichtete, hingegen jedoch die Kunst des Möglichen beherrschte und auf diese Weise wenigstens einen Teil jener Positionen und Befugnisse des Reichsoberhauptes wiedererlangte, über die einst seine staufischen Vorgänger verfügt hatten. Die Revindikation, die Wiedergewinnung des Reichsgutes, das seit dem

Endkampf Kaiser Friedrichs II. mit dem Papsttum auf unrechtmäßige Weise in den Besitz von hohen und niederen geistlichen und weltlichen Herren und bisweilen auch unter die Kontrolle aufstrebender Städte geraten war, bildete ein zentrales Motiv der Politik des ersten habsburgischen Königs.

Der Weg, den Rudolf bei diesem Bemühen einschlug, war in gleicher Weise von den aktuellen zeitlichen und örtlichen Voraussetzungen wie auch von dem von ähnlichen Bedingungen bestimmten Vorbild früherer Kaiser und Könige geprägt. In diesem Sinne fand unter Rudolf zunächst das Reisekönigtum der Ottonen, Salier und Staufer eine weitestgehende Fortsetzung. Auf die Wahl in Frankfurt folgte die Krönung in Aachen, von wo den Herrscher der «Krönungsumritt» über Köln rheinaufwärts über Worms zum ersten großen Hoftag nach Speyer führte. Hagenau, Straßburg, Colmar, Basel und Zürich bildeten die nächsten Stationen, die noch im Jahre 1273 aufgesucht wurden. Die folgenden Wintermonate zu Beginn des Jahres 1274 verbrachte Rudolf dann in Hagenau. Im März ging es sodann über Oppenheim nach Mainz, Gelnhausen, Würzburg und Rottenburg, Dinkelsbühl und Ulm – eine Reise, für die man ungefähr einen Monat benötigte. Seit Ende April residierte der König abermals im Elsaß, vornehmlich in Hagenau. Von dort unternahm der Herrscher Ende August einen Kurzbesuch in Oppenheim und Kaiserslautern, um dann wieder nach Hagenau zurückzukehren. Im Oktober 1274 läßt sich Rudolf in Oberwesel, also am Mittelrhein, und bald darauf in Schwäbisch-Gmünd und Rottweil nachweisen. Noch einmal suchte der König Hagenau auf, von wo er dann zum ersten großen Reichstag nach Nürnberg eilte, der dort nach dem 15. November stattfand. Bis Mitte Januar 1275 weilte Rudolf nun in Nürnberg.

Diese detaillierte Rekonstruktion des Itinerars, des Reiseweges, in der ersten Regierungsperiode des Habsburgers[1] mag zur Illustration des Regierungsstils des neuen Herrschers genügen, der so wie seine Vorgänger vornehmlich als reisender Herrscher in Erscheinung trat. Doch gewiß nicht eine unreflektierte Nachahmung älterer Vorbilder war für Rudolfs Verhalten maßgebend. Die Abfolge, Wahl in Frankfurt, Krönung in Aachen und erster großer Reichstag in Nürnberg, scheint damals bereits einer weit verbreiteten verfassungsrechtlichen Vorstellung entsprochen zu haben. Zumindest etablierten sich diese drei Etappen seit den Tagen Rudolfs als die üblichen zentralen Stationen am Beginn der Regierung eines neuen römisch-deutschen Herrschers. In dieser Form fanden sie schließlich auch in der Goldenen Bulle von 1356 offizielle Anerkennung, wobei man sich auf altes Herkommen berief.

Wenn der habsburgische Monarch die nicht zu unterschätzenden Strapazen ausgedehnter Reisen auf sich nahm, darf dabei ein eminent

politischer Beweggrund nicht außer acht gelassen werden: Auf diese
Weise gewann das Reichsoberhaupt direkten Kontakt mit weiten
Kreisen der Bevölkerung. Er sicherte sich damit gleichermaßen die
Anerkennung durch geistliche und weltliche Große, die ihm bei dieser
Gelegenheit ihre Huldigung leisteten und Gunsterweise entgegenneh-
men konnten, wie auch die Bewunderung und Zuneigung der «ge-
wöhnlichen» Untertanen. Von keinem früheren römisch-deutschen
Herrscher und von kaum einem seiner Nachfolger sind so viele zeit-
genössische und glaubhafte Zeugnisse von direktem und ungezwun-
genem Umgang mit dem «Volk» überliefert.[2]

Rudolfs Regierungspraxis, in der sich offenbar majestätisches Auftreten und Leutseligkeit in geschickter Weise verbanden, gewinnt
noch entscheidend an Bedeutung vor dem Hintergrund der Verhältnisse in den vorhergehenden Jahrzehnten. Von den beiden um die
höchste Würde im Reich rivalisierenden Herrschern Alfons von Kastilien und Richard von Cornwall hatte Alfons den Boden des *regnum
Teutonicum* nie betreten. Richard war zwar zwischen 1257 und 1269
einige Male nach Deutschland gekommen, doch die Besuche in seinem
Reich zeichneten sich meist durch eine kurze Dauer und einen be-
schränkten räumlichen Horizont aus.

Dabei muß man dem Habsburger kein populistisches Werben um
die Gunst der Untertanen unterstellen, wenn er seine Route den Rhein
und Main entlang lenkte – Gebiete, die damals die höchste Bevölkerungsdichte im *regnum Teutonicum* aufzuweisen hatten. Hier kon-
zentrierten sich auch seit der salischen Epoche die Rechte des
Reichsoberhauptes in Gestalt von Reichsstädten, Reichsministerialen,
Königspfalzen und Reichsgut. Die alte Reichslandschaft im Elsaß mit
der Pfalz Hagenau als Zentrum – einst schon der bevorzugte Aufenthaltsort Friedrichs II. nördlich der Alpen – bildete auch für den
Habsburger die dominierende Region für ein längeres Verweilen und
für den Rückzug in jenen Jahreszeiten, die aus klimatischen Gründen
für Reisen kaum in Frage kamen. Wahrscheinlich konnte man in Hagenau nicht nur die von den Staufern prunkvoll ausgebauten Anlagen
der Pfalz weiter nutzen; auch das System der auf diese Pfalz hin aus-
gerichteten Abgaben an Geld und Naturalien aus den umliegenden
Reichsgütern dürfte zur Zeit König Rudolfs noch bzw. wieder funk-
tioniert haben. Insgesamt nahm Rudolf mindestens 22mal in Hagenau
Aufenthalt; er war aber auch 12mal in Nürnberg, wo er ebenfalls in
der alten Kaiserpfalz Logis nehmen konnte. Die staufischen Pfalzen in
Kaiserslautern, Wimpfen und Gelnhausen, Eger und Altenburg in
Thüringen dienten Rudolf hingegen nur sehr selten als Quartier.

In Nürnberg trat zur Kaiserpfalz auch die Stadt als finanzieller
Rückhalt für das Reichsoberhaupt. Offenkundig zog der Habsburger

*Abb. 4: Das Grabmal Kaiser Rudolfs I. von Habsburg
im Dom zu Speyer.*

dann aber mehr als die Staufer die Reichsstädte und auch die Bischofsstädte zu Zahlungen heran, insbesondere für die kostspieligen Hoftage. Schauplatz dieser Versammlungen der Großen des Reiches unter
dem Vorsitz des Herrschers waren nun nicht mehr die Pfalzen, sondern verschiedene Reichsstädte. Insbesondere Bischofsstädte hatten
offenbar aufgrund der dort eher vorhandenen Infrastruktur im Beher-
bergungswesen die Ehre, dem Reichsoberhaupt und einem entsprechenden Gefolge sowie mehr oder weniger zahlreichen weltlichen und
geistlichen Fürsten mit ihrer Begleitung abwechselnd in ihren Mauern
Unterkunft bieten zu dürfen. Bei den etwa 20 größeren Hoftagen, die
König Rudolf während seiner Regierungszeit einberief, bildeten Speyer, Nürnberg und Augsburg je dreimal, Würzburg und Ulm zweimal,
sowie Boppard, Mainz, Frankfurt am Main, Basel, Eger und Erfurt einmal den Schauplatz. Die Reihe dieser Namen läßt wiederum kein be-
vorzugtes Zentrum, sondern abermals das Hervortreten von Reichs-
landschaften entlang des Rheins und Mains sowie generell des Südwe-
stens des Reiches erkennen. Es fehlt völlig – vom Sonderfall Erfurt abgesehen – das Gebiet nördlich des Mains; es fehlt aber auch der weite
Bereich des bayerischen Stammesherzogtums östlich des Lechs.

Diese Beschränkung gilt weitestgehend nicht nur für die Tagungs-
orte der Reichstage, sondern generell für die von König Rudolf im
Zuge seiner Regierung aufgesuchten Städte. Der Südwesten des *regnum Teutonicum* bildete jenen Bereich, in dem sich der Habsburger
bevorzugt aufhielt: Basel, Hagenau, Mainz, Straßburg, Speyer,
Worms, Colmar, Konstanz, Ulm und zahlreiche andere Orte dieses
Bereiches begegnen immer wieder als Ausstellungsorte königlicher
Urkunden. Hier beging der Herrscher die hohen kirchlichen Festtage
und empfing die Abgesandten fremder Mächte sowie die Bittsteller,
die tatsächlich aus dem gesamten Reich seinen Hof aufsuchten. In
dieser Hinsicht reichte der Aktionsradius des Habsburgers bis Lübeck
im Norden und Florenz im Süden.[3]

Keiner der namentlich erwähnten bevorzugten Aufenthaltsorte kann
jedoch als Hauptstadt im Herrschaftsbereich König Rudolfs und schon
gar nicht als Hauptstadt Deutschlands gelten. Eine derartige Vorstellung
von einer stabilen Residenz oder zumindest einer eindeutig dominie-
renden, bleibenden Stätte im Wirken des Herrschers hätte völlig den in
Jahrhunderten gewachsenen Strukturen und der Praxis in der Regentschaft des römisch-deutschen Reichsoberhauptes widersprochen. Auch
war bei der damaligen Organisation der Verwaltung und des Abgabe-
wesens ein stabiler Regierungssitz kaum sinnvoll. Und doch erfolgte
unter Rudolf von Habsburg erstmals – unter ganz besonderen Vorzeichen – eine intensive, längerdauernde Verbindung zwischen dem
Reichsoberhaupt und einer – zumindest künftigen – Hauptstadt.

Der historische Zufall – oder wen immer man dafür verantwortlich machen will – führte Rudolf im Rahmen seiner Politik der Wiedergewinnung der Reichsrechte in den Südosten des *regnum Teutonicum*, wo König Ottokar II. Přemyzl von Böhmen die Gunst der kaiserlosen Zeit genutzt und einen gewaltigen Herrschaftsbereich aufgebaut hatte, der vom Fichtelgebirge im Norden bis zur Adria im Süden reichte. Als unterlegener Bewerber bei der Königswahl des Jahres 1273 war er gegenüber Rudolf nicht bereit, seine Ansprüche auf verschiedene Reichslehen, wie etwa die Herzogtümer Österreich und Steiermark, in Frage stellen zu lassen. Der Habsburger gewann nach einem entsprechenden gerichtlichen Verfahren die Unterstützung bedeutender Fürsten zum Reichskrieg gegen den unbotmäßigen Vasallen, und vor dieser Übermacht mußte der Böhmenkönig im Jahre 1276 kapitulieren. Eine neuerliche Erhebung Ottokars gegen König Rudolf endete zwei Jahre später mit der vollständigen Niederlage des Böhmen, der in der Schlacht den Tod fand.

Bereits aufgrund der Unterwerfung Ottokars im Jahre 1276 war Rudolf in den Besitz der Herzogtümer Österreich und Steiermark gelangt, die er zunächst selbst im Namen des Reiches verwaltete. Nach einer kurzen Belagerung hatte der Habsburger Ende November 1276 seinen Einzug in Wien gehalten, und seit damals residierte das Reichsoberhaupt mehr als dreieinhalb Jahre lang bis zu Pfingsten des Jahres 1281 in der Stadt an der Donau. Dieser kontinuierliche Aufenthalt in Wien wurde nur durch Reisen und Feldzüge unterbrochen, die den König in die weite Umgebung der Stadt, nach Mähren, Böhmen und in die Steiermark führten.[4] Insgesamt dürfte aber kein Vorgänger Rudolfs je dermaßen lang am selben Ort verweilt haben wie der Habsburger in Wien. Hier wurde etwa ein Viertel der heute noch bekannten Urkunden König Rudolfs ausgestellt; von hier aus gingen Schreiben nach England, Frankreich, Sizilien, Rom und Venedig und in alle Teile des Imperiums; hierher an den Königshof kamen nicht nur zahlreiche Reichsfürsten und Ministerialen, Abgesandte von Städten und geistlichen Gemeinschaften, auch offizielle Gesandte vieler auswärtiger Mächte fanden sich in der Stadt an der Donau ein. Rudolf führte in Wien den Vorsitz im Hofgericht, und Hofkanzler, Protonotar und andere Angehörige der königlichen Hofkanzlei standen ihm zur Seite, soweit sie sich nicht in besonderen Missionen unterwegs befanden.

Dabei besaß Wien im ausgehenden 13. Jahrhundert bereits eine gewisse Tradition als Hauptstadt – allerdings, dies muß sogleich mit Nachdruck betont werden, nicht als Metropole des *regnum Teutonicum* oder Deutschlands, sondern als natürliches Zentrum eines wesentlich bescheideneren Länderkomplexes. Bis zur Mitte des 12. Jahrhunderts hatte die Siedlung an der Donau kaum eine Rolle gespielt.

Erst mit der Erhebung Österreichs zum Herzogtum im Jahre 1156 schlug auch die Stunde von Wien, denn seit damals begründeten die Babenberger, das von 976 bis 1246 in Österreich regierende Geschlecht, ihre Residenz an diesem Ort, nachdem sie vorher als Markgrafen verschiedenen Orten und insbesondere Klosterneuburg den Vorzug gegeben hatten. Als *civitas metropolitana* der Babenberger wird Wien bereits in der 2. Hälfte des 12. Jahrhunderts bezeichnet.[5]

Kaiser Friedrich I. Barbarossa nahm in der Stadt an der Donau zwei Wochen lang Aufenthalt, als er 1165 den Südosten des Reiches besuchte, und als Anführer des 3. Kreuzzuges weilte Barbarossa 1189 noch einmal in der Stadt Wien, die bei dieser Gelegenheit vom Chronisten Arnold von Lübeck als *maior in terra*, also doch auch als Hauptstadt dieser Gegend charakterisiert wird. In der unmittelbaren Umgebung Wiens fiel 1192 der englische König Richard Löwenherz auf der Rückkehr vom Kreuzzug in die Gefangenschaft des österreichischen Herzogs. Ein Teil des von den Engländern geleisteten Lösegeldes zur Freilassung ihres Königs kam nach Österreich und wurde unter anderem zur Ummauerung der Stadt Wien verwendet. Um 1200 dürfte vor allem das rege kulturelle Leben am Hofe der Babenberger den Ruf der Stadt weiter verbreitet haben. Hier wirkte Walther von der Vogelweide, und der möglicherweise österreichische Urheber des zu dieser Zeit niedergeschriebenen Nibelungenliedes verlegte in die «stat ze Wiene» die Hochzeit von Kriemhild mit Attila. Zu Beginn des 13. Jahrhunderts betrieb der Babenbergerherzog mit Nachdruck – wenn auch ohne Erfolg – die Errichtung eines Bistums in seiner Residenzstadt, deren ältestes überliefertes Stadtrecht aus dem Jahre 1221 stammt.

Eine neue Epoche für Wien schien sich sodann Anfang des Jahres 1237 anzubahnen, als Kaiser Friedrich II. durch vier Monate in der Stadt Aufenthalt nahm. Der Staufer hatte dem gleichnamigen Babenbergerherzog wegen dessen angeblicher oder wirklicher Verbrechen die Herzogtümer Österreich und Steiermark aberkannt, und der Kaiser wollte offenbar beide Länder unter seine direkte Kontrolle stellen. Ein überaus stattliches Gefolge von hohen Reichsfürsten gab damals dem Reichsoberhaupt das Geleit an die Donau, was sich in einer zeitgenössischen österreichischen Quelle in der Bemerkung niederschlug: «sie aßen und tranken, aber etwas Nützliches haben sie nicht geleistet». Immerhin ließ Kaiser Friedrich in Wien seinen Sohn Konrad IV. zum König wählen, und die Stadt erhielt vom Reichsoberhaupt ein Privileg, durch das sie vorübergehend in den Rang einer kaiserlichen Stadt erhoben wurde. Doch der Babenberger gelangte wiederum in den Besitz seiner ihm zeitweise aberkannten Lehen, und Wien wurde damit wieder ein dem Landesfürsten unterstehendes Gemeinwesen, in dem Herzog Friedrich II. bis zu seinem Tod 1246 residierte.

Mit ihm erlosch das Geschlecht der Babenberger, dessen Erbe König Ottokar II. Přemyzl, Herr über Böhmen und Mähren, antrat. Er förderte weiterhin nachdrücklich den Aufstieg der Stadt, die in seinem rasch nach Süden expandierenden Herrschaftskomplex – dazu zählten bald auch Krain, Kärnten und Friaul – eine geographisch zentrale Position einnahm. Wien war im ottokarischen Reich wesentlich günstiger gelegen als Prag, und die maßgebliche Schicht der Wiener Bevölkerung zeigte sich mit der neuen Obrigkeit durchaus einverstanden. Sie unterstützte ihren Herrn finanziell und militärisch. Dieser erwies sich großzügig mit wirtschaftlichen Privilegien, unter anderem auch beim Neubau des Stephansdomes, und er ließ die alte babenbergische Residenzburg in der Stadt weiter befestigen. Auf Dauer nahm Ottokar aber nicht in Wien Quartier, wenngleich er die Stadt regelmäßig aufsuchte.

König Rudolf dürfte, nachdem er zunächst bei den Wiener Dominikanern abgestiegen war, die vom Přemyzliden erweiterte Burganlage benutzt haben. Man identifiziert das urkundlich 1279 bezeugte *castrum* Rudolfs heute mit einiger Wahrscheinlichkeit als Vorläuferbau der späteren kaiserlichen Wiener Hofburg. Von hier aus mag der Habsburger jene Vorzüge der Stadt genossen haben, die sein Zeitgenosse, ein Mönch des Klosters Heiligenkreuz im Wienerwald, etwa folgendermaßen beschreibt: Wien braucht den Vergleich mit anderen Zentren Germaniens, Galliens oder Italiens nicht zu scheuen. Die wunderbare Lage der Stadt an den Ufern der Donau, die von Weinbergen bedeckten Berghänge gegen Norden, deren Produkte einen hervorragenden Ruf genießen, die für die Jagd ausgezeichnet geeigneten Wälder im Westen, während sich nach Osten und Süden fruchtbare Ebenen öffnen, weckten die Begeisterung des Geistlichen, der in Wien alle Vorzüge anderer Städte zusammenkommen sah und diesen Ort insbesondere als Stätte der internationalen Begegnung und des überregionalen Handels pries.[6]

Aus der Perspektive der späteren Entwicklungen könnte der Eindruck entstehen, daß Wien in den Jahren 1276 bis 1281 nicht nur die Funktion einer mehr oder weniger dauernden Residenz, sondern auch den Charakter einer Hauptstadt des deutschen Königreiches eingenommen habe. In der Folge eines erfolgreichen politisch-militärischen Schachzuges wäre demnach der Schwerpunkt des Reiches vom Südwesten in den Südosten gewandert, wobei insbesondere die Mitte jegliche Bedeutung eingebüßt hätte. Die Haltlosigkeit einer derartigen Betrachtungsweise liegt auf der Hand. Abgesehen vom generellen Anachronismus einer deutschen Reichshauptstadt in dieser Zeit spricht auch das Verhalten König Rudolfs in Wien gegen die Annahme, der Habsburger habe hier planmäßig das neue Zentrum seiner

Herrschaft im Reich etablieren wollen. Es existieren keinerlei Hinweise auf eine entsprechende Bautätigkeit des Herrschers in der Stadt; Wien bildete nie Schauplatz eines Reichstages unter Rudolf. Offensichtlich lag dem langen Aufenthalt des Herrschers an der Donau in erster Linie die konkrete Absicht zugrunde, die Kontrolle in dem einst babenbergischen Länderkomplex nach außen und innen auszubauen. In dieses Bestreben ordnet sich auch die Bestätigung der Reichsunmittelbarkeit Wiens durch den Herrscher im Jahre 1278 ein. Doch bald zeichneten sich auch die weiterreichenden Pläne des Habsburgers mit Österreich und der Steiermark ab: Beide Länder sollten als Reichslehen in die Hände der Söhne des Königs übergehen. Als die Voraussetzungen für eine derartige Entscheidung einigermaßen gesichert zu sein schienen, verließ König Rudolf im Juni 1281 seine langjährige Residenz, und er kehrte nie mehr nach Wien zurück. Die offizielle Belehnung seiner Söhne Albrecht und Rudolf mit Österreich und Steiermark zu Weihnachten des Jahres 1282 beendete die direkte Präsenz des Reiches in diesem Gebiet. Wien verlor bald seine Reichsunmittelbarkeit und wurde wiederum zu einer landesfürstlichen Stadt. Es begann die Herrschaft des Hauses Habsburg an der Donau, die bis 1918 währen sollte.

König Rudolf nahm nach seinem Abschied aus Österreich die gewohnte Regierungspraxis – sozusagen im Sattel – wieder auf. Abermals lag der Schwerpunkt seiner rasch wechselnden Aufenthalte im Südwesten des Reiches bis hinüber nach Fribourg, am Rhein bis Boppard, im Norden und am Main bis Nürnberg und Eger im Osten.

Nur einmal erfuhr diese nahezu hektische Reisetätigkeit Rudolfs eine neuerliche Unterbrechung: Von Weihnachten 1289 an war der König durch mehr als zehn Monate ununterbrochen im thüringischen Erfurt, wo er im Peterskloster logierte. Als Friedensstifter und gerechter Vorsitzender im Gericht blieb der leutselige Herrscher bei den Bewohnern Thüringens in lebendiger Erinnerung. Der lange Aufenthalt in Erfurt führte auch hier zu Erscheinungen, wie sie die Residenz eines Reichsoberhauptes auszeichnen: Zahlreiche Fürsten aus der Umgebung, aber auch aus entfernten Gebieten des Reiches erschienen selbst oder durch ihre Vertreter in Erfurt. Man beging in feierlicher Form die hohen kirchlichen Festtage und erfreute sich an ritterlichhöfischen Darbietungen. Nachdem aber die wichtigsten Angelegenheiten in Thüringen im Sinne einer allgemeinen Friedenssicherung geregelt schienen, verließ Rudolf auch dieses Gebiet, das er vorher nie aufgesucht hatte und nachher nie wieder besuchte.

Ähnlich wie am Beginn seiner Regierungstätigkeit hinsichtlich der Krönungsstadt Aachen trug der Habsburger am Ende seines Lebens noch einmal der Vorstellung von der besonderen, zentralen Funktion

einer Stadt in seinem Reich Rechnung. Als Rudolf seinen Tod heran-
nahen fühlte, ritt er selbst nach Speyer, wo seine königlichen Vorfahren bestattet lagen. Damit erneuerte Rudolf eine salische Tradition, die
unter den Staufern in den Hintergrund getreten war. Eine offizielle
Grablege des Herrscherhauses hätte entsprechend den Parallelen im
westeuropäischen Raum durchaus ein Element eines stabilen Zentrums des Herrschaftsbereiches bilden können. Aber auch dieser
Ansatz, gewiß von Rudolf nicht in diesem Sinne initiiert, sollte mehr
oder weniger eine Episode bleiben.

In der Zeit der Regierung Adolfs von Nassau von 1292 bis 1298
stellte sich das Problem einer Hauptstadt des Reiches ebensowenig
wie unter seinen Vorgängern. Adolf führte der gewohnte Weg vom
Wahlort Frankfurt am Main zur Krönung nach Aachen. Angesichts
der Herkunft des neuen Herrschers überrascht es nicht, wenn er sich
öfter und länger als Rudolf am Mittelrhein bis hinauf nach Köln aufhielt. Aber auch Adolf besuchte mit Vorliebe die alten Reichsland-
schaften am Oberrhein und die Reichsstädte im Südwesten. Die
zunächst erfolgreiche Hausmachtpolitik Adolfs beim Erwerb von
Thüringen und Meißen ließ aber keine Stadt in diesen Regionen in
besonderem Maße hervortreten. Leipzig, Erfurt, Eisenach, Chemnitz
begegnen zwar in diesem Zusammenhang als Ausstellungsorte königlicher Diplome; doch logierte das Reichsoberhaupt nicht längere Zeit
in diesen Städten. Ein thüringischer Hoftag fand in Mühlhausen statt.
Sehr selten ist Adolf in seinen eigentlichen Stammlanden, in der mit-
telrheinischen Grafschaft Nassau, bezeugt.

Mit der Erhebung Herzog Albrechts I. von Habsburg-Österreich
zum neuen Reichsoberhaupt und seinem Sieg über Adolf von Nassau
im Jahre 1298 hätte die Frage einer weitgehend stabilen Residenz,
wenn auch noch nicht einer Hauptstadt des Reiches, einen neuen An-
stoß erhalten können. Erstmals verfügte der neue römisch-deutsche
König bereits bei seiner Wahl nicht nur über eine ansehnliche Hausmacht in Gestalt der beiden Herzogtümer Österreich und Steiermark
sowie der alten habsburgischen Rechte und Besitzungen in der heutigen Schweiz und am Oberrhein, sondern der Kern seiner Herrschaft
wies in Wien auch ein natürliches Zentrum mit einer entsprechenden
hauptstädtischen Tradition auf. Doch es war keine Liebe auf den ersten Blick gewesen, die Albrecht seit seiner Belehnung im Jahre 1282
mit seinen neuen Untertanen im Südosten und insbesondere mit den
Wienern verband. Das im Gegensatz zu seinem Vater Rudolf wenig
einnehmende Wesen Herzog Albrechts und vor allem die «Schwaben»
in seiner Begleitung hatten eine heftige Reaktion gegen die habsburgische Herrschaft bei Adel und Bürgern hervorgerufen. Albrechts
Klugheit und Strenge ließen jedoch diese Opposition überwinden,

und die Habsburger wurden seit etwa 1300 mehr und mehr zu einer österreichischen Dynastie, die in Wien ihren dauernden Sitz nahm. Die ursprünglichen Stammlande des Geschlechts traten demgegenüber zunehmend in den Hintergrund. Auf Wien konzentrierte sich auch die von Albrecht als Herzog planmäßig ausgebaute landesfürstliche Verwaltung.

Doch dieser mögliche Ansatz zu einer Reichshauptstadt Wien, der sich mit dem Aufstieg Albrechts zum römisch-deutschen König abzuzeichnen schien, endete bereits im November des Jahres 1298, als der Herrscher seine Söhne zu gesamter Hand mit Österreich, Steiermark, Krain und anderen Rechten im Südosten belehnte und diese Bereiche damit wiederum aus der unmittelbaren Verfügungsgewalt des Reichsoberhauptes ausschieden.

Als römisch-deutscher Herrscher schwenkte auch Albrecht I. ganz in die Tradition des Reisekönigtums seiner Vorgänger ein. Die ersten Jahre seiner königlichen Regentschaft führten ihn wieder auf der nun bereits festgelegten Route von Frankfurt nach Aachen und nach Nürnberg, sodann an den Oberrhein und in den Südwesten. Noch einmal bildeten die alten Pfalzen Hagenau, Gelnhausen, Boppard, Ingelheim, Wimpfen und Eger sowie – als isolierter Einzelfall – Nimwegen Stationen der königlichen Regierungstätigkeit. Wesentlich öfter als Pfalzen beehrte der Herrscher jedoch Städte mit seinem Besuch. Wiederum reicht der Radius von Köln im Norden bis in die heutige französische Schweiz im Süden, wobei Speyer besonders häufig aufgesucht wurde. Mehr als bisher tritt ferner das schwäbische Esslingen als bevorzugter Aufenthaltsort in den Vordergrund, während das bayerische Gebiet sowie der Norden von Königsferne geprägt sind. Nach Österreich und insbesondere nach Wien kehrte der Herrscher nur zweimal zurück – offenbar um hier den Winter zu verbringen.

Der Tod durch die Hand seines eigenen Neffen Herzog Johann ereilte Albrecht am 1. Mai 1308 in unmittelbarer Nähe der Stammburg seines Geschlechtes, der Habsburg. Doch hat Albrecht nach seiner Erhebung zum Reichsoberhaupt die habsburgischen Stammlande offensichtlich nicht mehr allzu häufig besucht. Auch sie zählten zu den den Söhnen übergebenen Besitzungen und Rechten. Albrechts Nachfolger, der Luxemburger Heinrich VII., sorgte dafür, daß der Habsburger wie auch dessen Vorgänger, König Adolf, in Speyer beigesetzt wurden. Albrecht von Habsburg war der letzte römisch-deutsche Herrscher, der in der seit den Salierherrschern traditionellen Begräbnisstätte seine letzte Ruhe fand. Damit verlor einer der wenigen Orte, der im Reich über längere Zeit hinweg eine zentrale Funktion besessen hatte, diese Bedeutung. Dieses Faktum beruht auf keinem Zufall und ist durchaus kein isoliertes Phänomen: Seit dem 14. Jahrhundert lag

nicht nur der Schwerpunkt der Regierungstätigkeit der jeweiligen Könige und Kaiser in den Territorien ihres eigenen Geschlechts, sondern
auch als Tote fanden die Könige und Kaiser ihre letzte Ruhe nun in
oder bei ihrer regionalen Residenz in einer dynastischen Grablege und
nicht mehr in Speyer.

Möglicherweise hatte Heinrich VII. von Luxemburg, der 1308 auf
Albrecht von Habsburg als Reichsoberhaupt folgte, die Absicht, der
salisch-habsburgischen Tradition weiter zu folgen. Seine kurze Regierungstätigkeit in Deutschland bewegte sich – wörtlich und im übertragenen Sinne – sehr stark auf den Spuren seiner unmittelbaren
Vorgänger. Der Westen des Reiches und insbesondere die Gebiete am
Oberrhein, aber ohne jegliches deutlich hervortretendes Zentrum, bildeten den Schauplatz seines Reisekönigtums, bis er im Herbst 1310
nach Italien zog, wo er zwar die Kaiserkrone gewann, aber 1313 sein
Leben verlor. Im Dom von Pisa fand der Luxemburger seine letzte
Ruhe.

Die Antwort auf die Frage nach der Hauptstadt des Heiligen Römischen Reiches oder auch des *regnum Teutonicum*, das man etwas
großzügig mit Deutschland gleichzusetzen pflegt, kann und muß in
der Zeit der ersten Könige aus dem Geschlecht der Habsburger, also
um 1300, sehr kurz und eindeutig ausfallen: Es gibt keine Hauptstadt;
es existierten höchstens einige Örtlichkeiten im Reich, die bei bestimmten Anlässen wie Wahl, Krönung oder Bestattung des Herrschers eine zentrale Funktion gewonnen hatten. Im übrigen erledigte
das jeweilige Reichsoberhaupt seine Regierungsgeschäfte, indem es
seine Lande durchreiste und in Königspfalzen sowie nun auch in zu-
nehmendem Maß in Städten Quartier nahm. Diese Herrschaftspraxis,
so anachronistisch sie in den Augen sehr viel späterer Betrachter erscheinen mag, hatte sich in Jahrhunderten entwickelt und bewährt.
Für die Zeitgenossen war sie gewiß nicht mit der Vorstellung von
Rückständigkeit oder ähnlichen negativen Werturteilen behaftet.

Entscheidend wirkte sich in dieser gesamten Problematik des Reiches ohne Hauptstadt wohl die Tatsache aus, daß in der Mitte Europas
neue, zukunftweisende Tendenzen in der Herrschaftspraxis, insbesondere die systematische Ausbildung von zentralen Behörden für
Finanzen und Verwaltung und damit engstens verbunden die stabile
Residenz des Herrschers, nicht auf der höchsten Ebene des Reiches,
sondern im Bereich des Landesfürstentums erfolgten. Gerade in der
zweiten Hälfte des 13. Jahrhunderts, nach dem Aussterben der Staufer
und im sogenannten Interregnum, verstärkte sich in den großen weltlichen und geistlichen Territorien innerhalb des *regnum Teutonicum*
jener entscheidende Konsolidierungsprozeß, der in weiterer Folge
nicht nur die zahlreichen, weitgehend selbständigen Länder im Rah-

men des Reiches entstehen ließ. In diesem Zusammenhang erwuchsen auch die zahlreichen Residenzen in vielen Hauptstädten Deutschlands, und diese gerade für das kulturelle Leben in der Mitte Europas faszinierende Vielfalt kann man durchaus als Alternative ansehen gegenüber dem bisweilen mit einem gewissen Bedauern konstatierten Fehlen der Hauptstadt in der Geschichte Deutschlands.

Die endgültige Weichenstellung auf diese Vielfalt hin, für die das Fehlen einer Hauptstadt nur eines von vielen, wenn auch ein besonders sinnfälliges Symptom ist, dürfte um 1300, zur Zeit der ersten Habsburger an der Spitze des Heiligen Römischen Reiches, vorgenommen worden sein.

München und die Reichsstädte

Ludwig IV. im Kampf mit dem Papsttum

Elsbet Orth (†)

Im Oktober 1314 befahlen Bürgermeister und Rat von Frankfurt am Main, die Tore der Stadt vor den heranziehenden Kurfürsten zu schließen. Mit dieser Anweisung verweigerte das Stadtregiment die Erfüllung seiner vornehmsten Pflichten: Seit mehr als hundertfünfzig Jahren war Frankfurt der rechte Ort für jede deutsche Königswahl. Und eben zu diesem Zweck wollten sich damals die Kurfürsten, nämlich die Erzbischöfe von Mainz, Köln und Trier, der Pfalzgraf bei Rhein und die Regenten des Herzogtums Sachsen, der Markgrafschaft Brandenburg und des Königreichs Böhmen, in Frankfurt versammeln.

Der moderne Betrachter könnte die Aussperrung der Kurfürsten für einen Verfassungsbruch halten. Doch die Frankfurter Entscheidung wurde damals von niemandem getadelt, und sie war nach Lage der Dinge vernünftig: 1314 gab es keine Chance für eine friedliche, einhellige Wahl. Die Kurfürsten waren sich in langwierigen Vorverhandlungen nicht einmal darüber einig geworden, wer berechtigt sei, die Kurstimmen für Sachsen und für das Königreich Böhmen zu führen. Beide Stimmen waren doppelt besetzt.[1] So gab es also neun statt sieben Kurfürsten. Gescheitert waren auch die Bemühungen, sich vor dem Wahlakt auf einen gemeinsamen Thronprätendenten zu einigen. Unversöhnlich standen einander im Kurfürstenkolleg die Befürworter und die Gegner einer habsburgischen Erbmonarchie gegenüber.

Da man aber das Mehrheitsprinzip zur Entscheidung weltlicher Angelegenheiten noch nicht anerkannte, mußten aus dieser Wahl zwei Könige hervorgehen, und militärische Auseinandersetzungen zwischen beiden Königen waren unausweichlich. Zur Entscheidung über ihren Thronanspruch würden sie das Kriegsglück suchen müssen wie ein Gottesurteil. Beide Parteien waren zum Kampf gerüstet. Vor den erwarteten Gewalttätigkeiten verschloß man in Frankfurt die Tore.

Gerade weil eine Doppelwahl bevorstand, kam es aber den Kurfürstenparteien darauf an, die Rechtmäßigkeit ihrer Wahl und Königserhebung gegen jeden Zweifel abzusichern. Denn es galt, für den eigenen Kandidaten möglichst breite Anerkennung zu finden, ihm viele Anhänger zum Kampf gegen den Konkurrenten zuzuführen. Als

Kriterien rechtmäßiger Erhebung galten seit langem die Formalien und Umstände von Wahl und Krönung. Zumal der Wahlort Frankfurt und der durch vielhundertjährige Tradition ehrwürdige Krönungsort Aachen bei jeder Königswahl als Vororte des Reiches ins Licht des öffentlichen Interesses traten. Nach Doppelwahlen wuchs ihnen unweigerlich auch politischer Einfluß zu. Die Obrigkeiten der Städte konnten, nein, sie mußten sich zugunsten eines Thronprätendenten entscheiden und setzten damit wirksame Akzente. So zum Beispiel 1314.

Beide Parteien wählten damals außerhalb der Mauern der Stadt – aber dennoch in Frankfurt. Den günstigeren Schauplatz hatte der mächtige Erzbischof Peter von Mainz der antihabsburgischen Partei verschafft. In der Vorstadt, in unmittelbarer Nachbarschaft zum Zentrum der Altstadt, wurde am 20. Oktober der damals zweiunddreißigjährige Herzog Ludwig von Oberbayern aus dem Hause Wittelsbach gewählt. Tags zuvor waren die vier anderen Kurfürsten jenseits des Mains in Sachsenhausen zusammengekommen und hatten in diesem Stadtteil von Frankfurt für Herzog Friedrich den Schönen von Österreich gestimmt. Beide, Ludwig und Friedrich, konnten demnach behaupten, am rechten Ort gewählt zu sein. Allerdings waren die Wahlvorgänge noch unvollständig ohne die übliche geistliche Zeremonie. Wieder war ein Entschluß des Stadtregiments erforderlich. Bürgermeister und Rat ließen nach der Wahl Ludwigs drei Tage verstreichen und befahlen dann die Öffnung der Tore für den Wittelsbacher. Als König begrüßt, hielt Ludwig Einzug in die Stadt, und die Kurfürsten bekräftigten ihre Wahl im Frankfurter Dom durch die althergebrachte Altarsetzung des Königs. Um dieselbe Zeit mußte Friedrich der Schöne wegen Versorgungsschwierigkeiten die Gegend bereits verlassen. Mit der Mächtegeographie des Mittelrheingebiets offensichtlich wenig vertraut, hatte er den Nachschub zu Schiff vom Rhein her mainaufwärts befördern lassen und damit die Leute des Erzbischofs von Mainz geradezu eingeladen, die Transporte abzufangen. Wie das Frankfurter Stadtregiment verhielt sich dann auch die Aachener Obrigkeit: Nicht Friedrich dem Schönen, sondern Ludwig IV. gewährte man Einlaß und damit die Möglichkeit, sich am rechten Ort salben und krönen zu lassen.[2]

Die klare Stellungnahme der beiden Reichsstädte für Ludwig IV. wurde von vielen Chronisten als ein gewichtiges Argument für sein Königtum herausgestellt und von ihm selbst später in seinen Auseinandersetzungen mit der Kurie immer wieder vorgebracht. Die Frankfurter und die Aachener Entscheidung beeinflußte und spiegelte auch die in weiten Teilen des deutschen Reichs unter Fürsten, Adel und Städten herrschende Einstellung.

*Abb. 5: Die Vorderseite des Siegels Ludwigs des Bayern,
römisch-deutscher Kaiser (1314–1347).*

Von Anbeginn an konnte sich Ludwig IV. also nicht nur auf sein eigenes Herzogtum Oberbayern stützen. Auch nieder- und mittelrheinische, fränkische und einige schwäbische Reichs- und ehemalige Bischofsstädte standen ihm als Aufenthaltsorte offen. Aus denselben Regionen strömten Angehörige des niederen Adels zu seinem Heer. Friedrich der Schöne dagegen fand Anerkennung in seinem Herzogtum Österreich, außerdem bei einigen Bodenseestädten, bei den elsässischen und auch manchen schwäbischen Reichsstädten.

Die militärische Entscheidung zwischen den beiden Königen fiel dann nicht in einer der Kernlandschaften des Reichs, sondern bei Mühldorf in Ludwigs Herzogtum Bayern. Acht Jahre lang waren die Heere der beiden Könige einander mehrfach begegnet, aber immer wieder voreinander ausgewichen. Endlich sagte Ludwig für den 28. September 1322 dem habsburgischen Gegner und seinen nach Bayern eingedrungenen Truppen die Schlacht an. Friedrich der Schöne erlitt eine vernichtende Niederlage und wurde als Gefangener

vom Schlachtfeld geführt. Noch waren damit seine Ansprüche und die
des Hauses Habsburg auf die Krone nicht erledigt, doch brachte der
Sieg die Anerkennung Ludwigs im Reich – und 1325 gelang auch der
vertragliche Ausgleich. Ja, 1326 wurde Friedrich der Schöne auf Vorschlag Ludwigs sogar Mitkönig und blieb dies bis zu seinem Tod im
Jahr 1330.

Doch was war damit gewonnen? Ein anderer, weit mächtigerer und
entschlossenerer Gegner stand bereit, die Rechtmäßigkeit von Ludwigs Königtum zu bestreiten: Papst Johann XXII., der zweite Papst,
der in Avignon residierte. Als sein Hauptwerk gilt die Neuordnung
des Finanzwesens der Kirche. Indem er bestehende Abgabenforde-
rungen systematisierte und neue einführte, sicherte er der Kurie
regelmäßige Einnahmen. So nützlich das für die Kirche auch war, der
Schaden überwog: Bei Laien und bei Theologen provozierten die
Geldforderungen heftigste Kritik, und schließlich lieferten sie nach
zwei Jahrhunderten einen Anlaß für die Reformation.

Mit demselben Durchsetzungswillen, den er auf Geldfragen
wandte, kämpfte Johann um die weltlichen Rechte des Papsttums.
Schon 1317, bald nach seiner Inthronisation, hatte er die Theorie entwickelt, das Imperium Romanum sei Karl dem Großen einst vom
Papst übertragen worden. An den Papst falle das Reich deshalb in
königloser Zeit zurück. Während Thronvakanzen müsse der Papst
Reichsvikare einsetzen, die die Herrschaftsaufgaben wahrzunehmen
hätten. Zugleich gab Johann zu erkennen, daß er den deutschen Thron
für nicht besetzt erachtete. Denn im Schutze seiner neuen Theorie
ernannte er einen Reichsvikar für Italien.[3]

Dort kollidierten dann auch zuerst die Interessen des Papstes und
des Königs, genau gesagt, in Ober- und Mittelitalien, in Gebieten also,
die zwar zum Imperium Romanum der deutschen Herrscher gerechnet wurden, in denen aber schon immer auch die dortigen Städte mit
ihren großen Geschlechtern und das Papsttum um Einfluß und Herrschaft stritten. Erst als Ludwig IV. 1323 seinerseits Reichsvikare nach
Italien entsandte, als er dort Reichsrechte geltend machte und Mailand
erfolgreich gegen päpstliche Truppen unterstützen ließ, ging Johann XXII. zu feindseligen Handlungen über.

Johanns Waffe war die Verfügungsgewalt über das Kirchenrecht
und über die Kirchenstrafen. Er eröffnete einen Prozeß gegen Ludwig. In der Anklage beschuldigte er ihn, in Italien, zumal in Mailand,
verurteilten Ketzern, den Feinden der Kurie, beigestanden zu haben.
Außerdem bestritt der Papst ihm das Recht, den Königstitel zu führen. Er behauptete, ohne die sogenannte Approbation und Konfirma-
tion, ohne päpstliche Billigung und Bestätigung sei die Königserhebung nichtig.[4] Folgerichtig nannte der Papst Ludwig IV. nicht König,

sondern nach seinem Herzogtum: Ludovicus Bavarus, Ludwig den Bayern. Zugleich sprach er alle Reichsuntertanen von den Eiden und Verpflichtungen frei, mit denen sie Ludwig verbunden waren. Ludwig selbst sollte im Reich und in Italien auf alle Amtshandlungen als König verzichten, seine früheren Regierungshandlungen für ungültig erklären und sich binnen dreier Monate vor dem päpstlichen Gericht in Avignon verantworten.

Der von Johann vorgebrachte Approbationsanspruch der Kurie war nicht vollkommen neu, jedoch noch niemals durchgesetzt worden. Schon früher hatten Päpste Einfluß auf die Königserhebung gefordert, denn dabei bestimmte man zugleich den Kandidaten für das Kaisertum, für die höchste weltliche Würde, die das christliche Abendland kannte. Die Kaiserkrönung aber wurde seit den Tagen Karls des Großen in Rom gefeiert. Sie ließ sich nicht denken ohne die Mitwirkung des Papstes[5] – und übrigens auch der Stadtrömer. Kein Wunder also, daß die Päpste bei der Auswahl des Mannes mitwirken, den Kandidaten prüfen wollten, den sie später zum Kaiser krönen sollten.

Anklage und Ladung sandte Papst Johann nicht an den Hof Ludwigs IV., er ließ die Urkunde lediglich am Portal des Doms von Avignon anschlagen. Sobald Ludwig davon erfuhr, bemühte er sich über Gesandte um Verständigung und nahm erst nach dem Scheitern dieses Versuchs «den Kampf um das Reichsrecht auf».[6] In zwei Schreiben protestierte er gegen Ladung und Anklage. Den Approbationsanspruch des Papstes lehnte er ab und beharrte auf dem Grundsatz, kurfürstliche Wahl und Krönung an den rechten Orten legitimiere einen König vollkommen und ausreichend. Neu war seine Behauptung, auch eine Mehrheit der Stimmen des Kurkollegs genüge, einen rechtmäßigen Herrscher zu bestellen.

In Avignon erzielte dieser Einspruch keine Wirkung. Johann XXII. verurteilte den König im März 1324 wegen Mißachtung des Papstgerichts und belegte ihn mit dem Bann. Ludwig sollte also von den Sakramenten ausgeschlossen sein, nicht einmal eine Kirche betreten dürfen. Das christliche Begräbnis war ihm zu verweigern. Dieselbe Strafe sollte alle treffen, die darauf beharrten, das Königtum des Bayern anzuerkennen und ihm weiterhin Gehorsam zu leisten. Über das ganze Reich verhängte der Papst das Interdikt, das heißt, es sollte nirgendwo Gottesdienst gehalten werden dürfen.

Ludwig IV. antwortete auf das Urteil mit der berühmten, meisterlich stilisierten Sachsenhäuser Appellation. Darin wies er abermals den Approbationsanspruch des Papstes zurück und klagte nun seinerseits Johann wegen ungerechter Entscheidungen an, beschuldigte ihn sogar der Ketzerei. Mit seiner Gegenklage zielte Ludwig darauf, den

Papst aus der Rolle des Richters in die Position der gegnerischen Pro-
zeßpartei zu drängen. Als Kontrahent im gemeinsamen Streit dürfe er
nicht das Urteil über die beiderseitigen Klagepunkte fällen. Der König
verlangte deshalb, alle zwischen ihnen strittigen Fragen einem Gene-
ralkonzil oder einem Schiedsgericht vorzulegen.

Papst Johann entzog sich diesen Beschuldigungen und Forderungen auf die einfachste Weise: Er überging auch die neue Appellation
mit Schweigen. Am 11. Juli 1324 fällte er ein noch schärferes endgül-
tiges Urteil. Er verlangte, Ludwig solle sich vom Bannspruch lösen,
indem er den Königstitel ablegte und die anderen Bedingungen des
früheren Urteils erfüllte. Bliebe er aber unbußfertig, so sollte er nicht
nur das Königtum, sondern auch sein angestammtes Herzogtum Bayern verloren haben.

Im rhetorischen Streit gaben Johann und Ludwig einander nichts
nach. In hoher Selbsteinschätzung wechselten sie große Worte und
versuchten, einander zu demütigen mit gar nicht durchsetzbaren Forderungen. Denn sowenig der König ein allgemeines Konzil einberufen
und es über den Papst zu Gericht sitzen lassen konnte, sowenig
konnte der Papst den König absetzen. Es war auch kein Rechtsstreit,
den beide im Schutze rechtsförmiger Prozeduren und Erklärungen
ausfochten. Sie führten vielmehr einen Propagandakrieg gegeneinan-
der. Nicht irgendeine der ins Spiel gebrachten Urteilsinstanzen, sondern die Adressaten der Propaganda hatten die Macht, über das
Königtum Ludwigs zu entscheiden, es anzuerkennen oder ihm den
Gehorsam zu verweigern. Die Großen des Reichs – Fürsten, Adel und
Städte – waren diese Instanz. Ihre Zustimmung und Gefolgschaft
suchten König und Papst auf verschiedenen Wegen.

Johann verlangte die unbedingte Befolgung seiner Urteile. Schriftlich und durch Gesandtschaften forderte er zunächst die Einhaltung
des Interdikts, später von den Kurfürsten sogar die Neuwahl eines
Königs.[7] Für den Verweigerungsfall drohte er Strafen an und verhängte sie auch. Gehorsam fand er dennoch nur bei den politischen
Gegnern Ludwigs IV., denn der Respekt vor den Kirchenstrafen war
im 14. Jahrhundert weitgehend geschwunden. Sie waren zu oft ausgesprochen, zu oft für die Verfolgung durchsichtiger Ziele eingesetzt
worden, zumal zum ökonomischen Vorteil der Kurie. Auch das Interdikt hatte seine Schrecken verloren. Aus ihm war früher betroffenen
Städten großer Schaden erwachsen, weil fremde Kaufleute Orte mie-
den, an denen, wie die Quellen sagen: «nicht gesungen» wurde.
Neuerdings aber besaß der Franziskanerorden das Privileg, auch
während eines Interdikts predigen zu dürfen. Und da ein Teil der
Angehörigen dieses Ordens ebenfalls Gegenstand päpstlicher Verfolgung war und deshalb von Ludwig geschützt und gefördert wurde,

fehlte es nicht an Priestern, die im Interdikt Gottesdienst hielten und dabei auch gegen den Papst polemisierten.

Ludwig IV. versuchte zunächst, seine Herrscherstellung dem päpstlichen Einfluß zu entziehen, indem er dem Königtum den Kaisertitel hinzufügte. Bald nach der endgültigen Aussöhnung mit Friedrich dem Schönen brach er zur Italienfahrt auf. Die Stadt Rom, damals vom Papst abgefallen, war begeistert bereit, den deutschen Herrscher aufzunehmen. Ohne jede geistliche, geschweige die – von einer über fünfhundert Jahre alten Tradition geforderten – päpstliche Mitwirkung ließ Ludwig sich am 17. Januar 1328 von dem Volkskapitän Sciarra Colonna zum «Kaiser der Römer» krönen. Plan und Zeremonie für diese revolutionäre Erhebung stammten wohl von Marsilius von Padua, dem bedeutendsten politischen Philosophen der Epoche.[8] Der Gewinn für Ludwig war gering. Zwar führte er hinfort den Kaisertitel, doch wurde der Approbationsanspruch des Papstes durch die Kaiserkrönung nicht besiegt. Und auch im deutschen Reich stieß das Krönungsverfahren auf Ablehnung gerade bei demjenigen, der sich beharrlich und klug um die Wahrung des Reichsrechts mühte – bei Erzbischof Balduin von Trier.

Dier Kaisertitel löste Ludwig IV. nicht aus dem Geflecht von Abhängigkeiten und Zwängen, und die Situation ließ ihm keine Wahl, auf welche Weise er sein Herrscheramt wahrzunehmen hätte. Vor allem andern mußte er die Unabhängigkeit des Reichsrechts verteidigen gegen immer neue Angriffe und Urteile Papst Johanns XXII. und seiner Nachfolger Benedikts XII. und Clemens' VI. Dazu brauchte er die Unterstützung möglichst aller Stände des Reiches; er brauchte diese Unterstützung auch für die Verträge, die er 1338 mit Eduard III. von England schloß, für Verhandlungen, die er danach mit Frankreich führte in der trügerischen Hoffnung, über den französischen König sei der Papst zur Versöhnung zu bestimmen. Zustimmung mußte der Kaiser für seine zielstrebige, wenn nicht rücksichtslose Hausmachtpolitik suchen, durch die er die Wittelsbacher Territorien 1323 um die Mark Brandenburg, 1342 um Tirol und 1345 um die Grafschaft Holland-Hennegau vermehren konnte. Er wollte sich aber auch im Reich behaupten gegen die politischen Pläne der konkurrierenden Dynastien der Häuser Habsburg, Luxemburg und der Wittelsbacher Verwandten, und schließlich wollte er das Zusammenspiel der Bündnisse und Gegnerschaften von Kurfürsten und Fürsten kontrollieren oder doch beeinflussen.

Von einer festen Residenz her ließen sich diese einander oft widersprechenden Ziele nicht verfolgen. Königsherrschaft gehorchte noch immer anderen Gesetzen als Landesherrschaft. Als Herzöge von Oberbayern übten Ludwig und sein Bruder Rudolf schon seit 1294 ihre Territorialherrschaft allein von München her aus. Hier erhielt die herzogliche Kanzlei ihren festen Sitz, und hier konnte man ein Archiv einrichten zur Aufbewahrung wichtiger Akten und Urkunden. Daß man jederzeit auf Unterlagen zurückgreifen und früher getroffene Entscheidungen beiziehen konnte, bescherte einen erheblichen Fortschritt: Die schriftlich geführte Verwaltung gewann Übersichtlichkeit und Folgerichtigkeit. Sie war der bis dahin dezentralen Regierungs- und Verwaltungspraxis an Wirksamkeit weit überlegen.

Die Frage, die Königsherrschaft durch Konzentration der Regierungstätigkeit an einem Ort zu modernisieren, stellte sich Ludwig IV. nicht. Mit Selbstverständlichkeit übte er sein Herrscheramt im Reisen aus. Wie die ottonischen, salischen und staufischen Herrscher lebte, wirkte, repräsentierte und feierte auch er an vielen Orten im Reich; wo immer Ludwig sich aufhielt, erteilte er Privilegien, führte Verhandlungen, saß zu Gericht und präsidierte Reichstagen. Dieses mittelalterliche Reisekönigtum, so unbequem und beschwerlich es wegen der unaufhörlichen Ortswechsel und der harten Reisebedingungen war, bewährte sich als sichtbare und erlebbare und deshalb anerkannte «Herrschaft im Raum». Indem Ludwig in altertümlicher Weise im Reich gegenwärtig war, konnte er sich auch immer neu seiner Anhänger versichern. Insbesondere gelang es ihm, das gute Verhältnis zu den Reichsstädten bis an das Ende seiner Regierungszeit aufrechtzuerhalten. Viele dieser Städte hatte er wirkungsvoll gefördert. Sie wahrten dafür auch dann noch die Treue, als die Kurfürsten 1346 nach fast dreißig Jahren der Auseinandersetzung mit der Kurie der Aufforderung Papst Clemens' VI. folgten und einen neuen König wählten. Vor Karl IV. verschlossen sich die Stadttore bis nach Ludwigs Tod im Oktober 1347.

Wenngleich es also unter Ludwig IV. im deutschen Reich noch keine Hauptstadt gab und er im Verlauf seiner Regierungszeit mit Sicherheit mehr als einhundertfünfzig Orte ein- und mehrmals aufsuchte, so nahm er doch einige Städte vorrangig in Anspruch. Beispielsweise bevorzugte er vor allen anderen Aufenthaltsorten seine Herzogsresidenz München. Weit über hundertmal machte er hier Station, öfter als an jedem anderen Ort, meist allerdings nur für einige Tage oder wenige Wochen; keine zehnmal blieb er einen oder zwei Monate. Und trotz der häufigen Aufenthalte machte Ludwig München nur ausnahmsweise zum Schauplatz eines reichspolitischen Ereignisses.

Das ist nicht verwunderlich. Wollte Ludwig die Unterstützung von Fürsten, Adel und Städten für seine Entscheidungen und Erklärungen gewinnen, so mußte er sie alle an den vorbereitenden Verhandlungen beteiligen. Reichstage boten die Bühne dafür. Man veranstaltete

sie gerne in Reichsstädten. Als Stadtherr konnte der König dort von
den Bürgern, meist auch von den Bewohnern nahegelegener Dörfer
Dienste und Naturalienlieferungen einfordern. Für die anderen Besucher bot eine Reichsstadt die Annehmlichkeit neutralen Bodens.
Kein Fürst oder Adliger konnte sich hier im vorhinein politische
oder verhandlungstaktische Vorteile vor den anderen Gästen verschaffen.

Die beiden bedeutendsten Reichsstädte, Nürnberg und Frankfurt,
nahm Ludwig geradezu als Vororte seiner Königsherrschaft in Anspruch.[9] Vierundsiebzig zum Teil langfristige Aufenthalte sind in
Nürnberg bezeugt, fünfundfünfzig in Frankfurt oder Sachsenhausen,
wo er bei den Deutschordensherren unterkam. Mit Vorliebe aber
wohnte er in beiden Städten bei bestimmten wohlhabenden Bürgern,
die dem immer Geldbedürftigen auch finanziell halfen. Er nannte sie
seine «lieben Wirte» und dankte ihnen für ihre Dienste mit reichen
Vergünstigungen, zum Beispiel mit Lehen aus dem Reichsgut.

Andere Reichsstädte, die Ludwig seltener aufsuchte, boten unzwei-
felhaft die gleichen logistischen Vorteile wie Nürnberg und Frankfurt.
Doch waren diese beiden Städte besonders günstig gelegen. Für
Nürnberg sprach die Nähe zum bayerischen Herzogtum. Nur zwei
Tagesreisen trennten München und die fränkische Reichsstadt. Die
notwendige Pause auf halbem Wege konnte Ludwig bequem im bayerischen Ingolstadt einlegen. – Und Frankfurt blieb in der alten politischen Kernlandschaft des Mittelrhein-Main-Gebietes auch unter
Ludwig der wertvollste Stützpunkt im Reich.

Nicht zufällig veranstaltete der Kaiser Ende der dreißiger Jahre des
14. Jahrhunderts Reichs- und Ständetage bevorzugt in der Stadt am
Main. Von hier aus konnte er ohne Umstände mit den Kurfürsten
verhandeln. Seit der zwiespältigen Wahl von 1314 waren sie nie in den
Hintergrund getreten; als Königswähler blieben sie jederzeit berufen,
sich über die Legitimität von Ludwigs Königtum zu äußern oder
Schritte zu seiner Ablösung zu unternehmen. Gerade 1338 bezogen
sie nachdrücklich Stellung in diesem nicht endenwollenden Streit. In
einem Rechtsspruch, einem sogenannten Weistum, erkannten sie nun
auch ihrerseits das Mehrheitsprinzip an und definierten als Reichsrecht, ein von den Kurfürsten einstimmig oder mit der Mehrheit der
Stimmen gewählter König sei ohne päpstliche Approbation befugt, im
ganzen Reich, auch in Italien, die Reichsrechte auszuüben, das
Reichsgut zu verwalten und den Königstitel zu führen.[10] In diesem
wesentlichen Punkt stimmten Ludwig und die Kurfürsten also über-
ein, und diese Position konnte auch endgültig behauptet werden.
Nach dem Tode Ludwigs des Bayern lebte der päpstliche Approbationsanspruch nie wieder auf.

Ihr Weistum über die Wirkung der Königswahl verfaßten und ver-
kündeten die Kurfürsten an denkwürdiger Stelle – in einem Obstgarten bei Rhens. Rhens, ein Besitztum des Erzbistums Köln, lag in
Sichtweite dreier kurfürstlicher Burgen am Rhein: des Trierer Stolzen-
fels, der pfälzischen Marksburg und des Mainzer Lahneck. Durch ein
Trompetensignal konnte der Erzbischof von Köln die drei anderen
rheinischen Kurfürsten zur Beratung rufen lassen. Die Gunst der Lage
hatte den Obstgarten bei Rhens schon lange zum Vorort kurfürstlicher Politik gemacht. Seit 1273 hatten sie hier alle Königswahlen
vorbereitet, und 1346 wählten sie an dieser Stelle – in gewünschter
Verborgenheit – Ludwigs Gegenkönig Karl IV.

Im Rhenser Weistum beschrieben die Kurfürsten 1338 das nach
ihrer Auffassung gültige Recht des deutschen Reiches. Mit Schweigen
übergingen sie die Person Ludwigs des Bayern und seine hochgemut
behaupteten Ansprüche auf ein vom Papst völlig unabhängiges Kaisertum. Aus dem Reichsrecht ließen sich diese Ansprüche auch nicht
begründen. Auch der Kaiser, der sich selbst gelegentlich einen einfachen Ritter nannte, hatte die ausgreifenden Forderungen auch nicht
selber aufgebracht. Diese Argumente lieferten ihm die hervorragenden Köpfe der geistigen Opposition gegen Johann XXII., und sie
verfaßten auch seine Proklamation, seine Rechtsgutachten und Reden.

Es war eine illustre Versammlung, die auf der Flucht vor der päpstlichen Verfolgung bei Ludwig dem Bayern Schutz gesucht hatte und
von ihm in München aufgenommen worden war. Hier lebte Marsilius
von Padua, der seine große, an Aristoteles orientierte Verfassungslehre
«Defensor Pacis» dem Kaiser gewidmet hatte. Zu ihm gesellte sich
William von Ockham, der Oxforder Theologe und politische Philosoph; dann auch Michael von Cesena und Bonagratia von Bergamo,
ehemals Inhaber der höchsten Ämter des Franziskanerordens. Diese
Männer prägten seit den späten zwanziger Jahren den Charakter der
bayerischen Residenzstadt.[11]

Der Landkarte des damaligen deutschen Reiches aber geben sie eine
eigentümliche Note: Auf ihr erscheinen nicht nur Frankfurt, Aachen
und Rom als die Hauptorte zeremonieller Tradition, nicht nur Nürnberg, Frankfurt und Rhens als die Vororte der alltäglichen Politik.
Dort erscheint auch München als ein Zentrum bedeutender politischer Publizistik und hoher theologischer Gelehrsamkeit – als eine
erste geistige Hauptstadt.

Die Krone auf dem Hrądschin

Karl IV. bündelt die Macht in Prag

Ferdinand Seibt

Das Goldene Prag – jeder kennt die Silhouette. Moldau, Karlsbrücke, Brückentürme und darüber die lange Gebäudefront der Schloßanlagen, bekrönt von den gotischen Zieraten des Veitsdoms. Die Stadt Kaiser Karls IV.!

Wer die Stadt ein bißchen besser kennt, kann sagen, daß nicht die ganze Postkartensilhouette das Werk des kaiserlichen Bauherrn aus dem 14. Jahrhundert gewesen ist. Aber er weiß vielleicht, daß auch zu Füßen des Burgberges und auf der anderen Moldauseite, in der Altstadt, und im gesamten Grundriß der Prager Neustadt die Handschrift des Kaisers im Stadtbild zu finden ist.

Er weiß vielleicht überhaupt, daß dieser Kaiser Karl IV., 1316 in Prag geboren und auf den alten böhmischen Namen Wenzel getauft, in Paris erzogen und nach seinem Firmpaten, seinem Onkel, dem König von Frankreich, fortan in seinem Leben mit dem alten Kaisernamen Karl bedacht, einer der größten Bauherren in der Geschichte Europas war. Das historische Antlitz der Stadt Prag ist sein Werk.[1]

Das soll nicht heißen, daß dieser Herrscher, dessen Vater ein geborener Graf von Luxemburg und dessen Mutter die Erbin des eingesessenen böhmischen Herrschergeschlechtes der Przemysliden war, die Stadt Prag etwa erst geschaffen hätte. Prag entstand schon in der böhmischen Sagenzeit. Der Ort ist verbunden mit der Seherin Libussa. Die Entstehung der Prager Burg hängt zusammen mit dem Mythos einer böhmischen Frauenherrschaft, und alles ist entrückt und vernebelt durch fabelhafte Zusammenhänge der alten böhmischen Märchen.

Schon vor mehr als tausend Jahren war Prag, die Burg, nicht die Stadt, der böhmische Fürstensitz. – Nein, anders: Es war die böhmische Hauptburg, wo seit dem 9. Jahrhundert die Przemysliden lebten, die «angestammten» Herren der Tschechen mit dem für deutsche Zungen so schwierigen Namen. Die Herren und auch die Frauen, die am Ursprung der Geschichte wie Amazonen erscheinen.[2]

Wir wissen nicht recht, wie das Volk der Tschechen damals unter den Przemysliden zusammenfand und in welchen Regionen es siedelte. Aber Ausgrabungen haben in den letzten Jahrzehnten neben vielen anderen Einzelheiten gezeigt, daß am linken Moldauufer inmitten des Landes auf einem Bergsporn ein großer Burgwall den Sitz ihrer Fürsten schützte und daß dort, nachdem sie im späten neunten Jahrhundert das Christentum angenommen hatten, eine Kirche und bald ein Frauenkloster als Grablege der Fürsten und ein Fürstenthron unter freiem Himmel stand, der als Unterpfand der Herrschaft im Lande galt.[3]

Thron und Altar auf engstem Raum hinter ein und derselben Mauer! Eine solche Fürstenburg findet nicht leicht Beispiele im westlichen Europa. Vielleicht, weil im Westen die Kirchenorganisation älter ist als die Fürstenherrschaft und deshalb von vornherein auch Distanz zu Fürsten und Königen wahren konnte – kritische Distanz.

In der alten polnischen Königsstadt Krakau, an den slawischen Fürstensitzen von Meißen und Havelberg und in den noch älteren mährischen Herrschaftszentren bei Nikolsburg und Neutra findet man dagegen ähnliche Kombinationen oder hat sie ergraben. Es handelt sich dabei sozusagen um die archaische Akropolis, wo Fürst und Priester beisammenwohnten.

Richten wir auch schnell einen Seitenblick nach dem Westen, zum besseren Verständnis der slawischen, der östlichen Hauptstadtposition: Auch der Frankenherrscher Karl, der große und mächtige erste Kaiser des Abendlandes, hatte an seiner Pfalz in Aachen um das Jahr 800 ein herrliches Münster gebaut – noch heute erhalten und bestaunt. Aber die Kirche richtete sich eben nicht nach der Struktur seines Reiches. Die Bischöfe blieben seinem Thron fern, sie blieben in Reims und in Mainz. Es gab keinen Bischof des heiligen römischen Reiches in Aachen![4]

Doch zurück nach Prag. Prag hieß zuallererst die Burg, noch ehe es eine Stadt zu ihren Füßen gab. Von hier regierten also die böhmischen Herzöge, seit dem 13. Jahrhundert zu Königen erhoben. Sie reisten weit weniger umher als die Könige und Kaiser des Westens. Denn sie hatten ihren Sitz treffend im Zentrum des Landes gewählt und seinen Rang mit dem Ansehen des Christentums erhöht: Vier, fünf Kirchen entstanden nebeneinander auf dem Burgberg, die der Gottesmutter Maria, dem heiligen Georg, dem Sachsenheiligen Veit, dem Reichsheiligen Mauritius zugedacht waren, und in ihnen fanden auch die ersten böhmischen Heiligen ihren Platz: Ludmilla, die heilige Ahnfrau der Przemysliden, erdrosselt auf Befehl ihrer Schwiegertochter. Und Wenzel, der heilige Herzog, der einem Brudermord zum Opfer fiel – Fürstendramen von antiker Düsterkeit. Schließlich wurden noch 1039 die sterblichen Reste des heiligen Adalbert aus Gnesen hierher gebracht, ein Prager Bischof, der in Preußen zum Märtyrer geworden war.

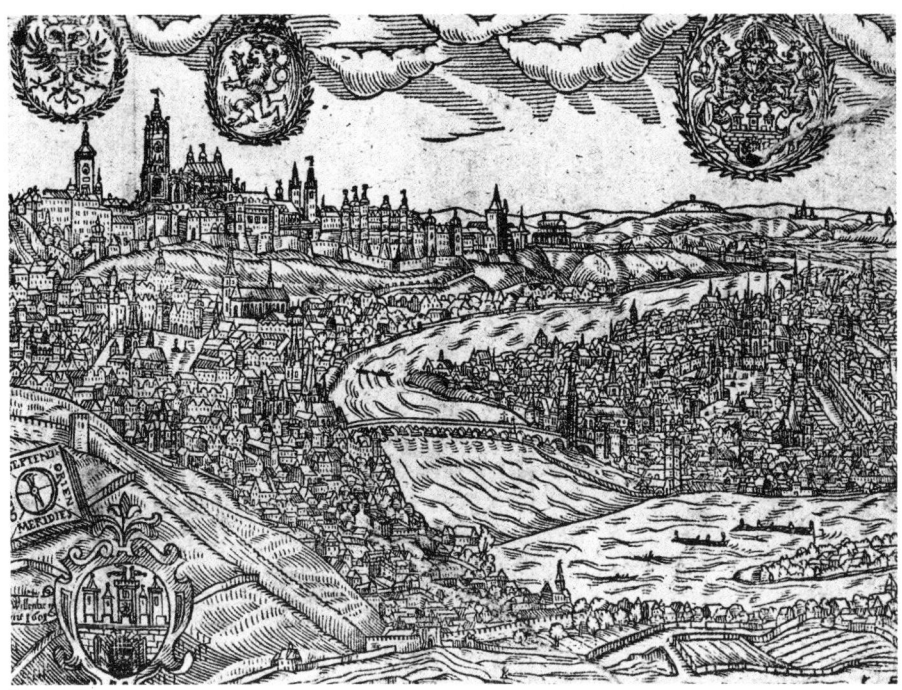

Abb. 6: Teilansicht Prags mit dem Hrądschin.
Holzschnitt von Johann Willenberg, 1601.

Muß man sich wundern, daß bei dieser Anhäufung von Kirchen und Heiligengräbern schon im 11. Jahrhundert vom heiligen Prag gesprochen wurde? Dieser Beiname ist aber sehr wichtig für das Verständnis der Gedankenwelt jener Zeit: Zwar herrschten die Herren jener Tage mit dem Schwert und, wenn es sein mußte, mit rücksichtsloser Grausamkeit. Aber sie herrschten nicht nur mit der Furcht vor ihrer Macht, sondern auch mit dem Schauder vor der Heiligkeit des Ortes, der Gräber, der Nähe des Numinosen. Insofern hat der Prager Herrschersitz Gemeinsamkeiten mit dem heiligen Aachen und mit dem französischen Königssitz auf der Seine-Insel, mit Westminster und auch mit dem um vieles jüngeren Escorial bei Madrid. Aber wieder anders als dort wurde die gesamte künftige Stadt Prag in den heiligen Herrschaftssitz mit einbezogen.[5]

Praga sancta civitas, caput regni – heilige Stadt Prag, Haupt des Königreichs![6] – Zunächst galt diese Bezeichnung der Burg selbst. Zudem gab es auch eine Ansiedlung links der Moldau direkt unter dem

Burgberg. Da führte eine Furt über den Fluß, und auf der anderen Seite, im Moldauknie, war reichlich Platz für die Entfaltung der künftigen Hauptstadt. Hier siedelten Fischer und Bauern, auch Handwerker. Auf dieser, der rechten Moldauseite bauten die Fernkaufleute, Juden, Wallonen und Deutsche, feste Häuser, denn es lief eine der alten Fernstraßen von Westen nach Osten über Regensburg und Prag nach Krakau und Kiew. Schon im 10. Jahrhundert beschreibt ein jüdischer Sklavenhändler den Weg und die Stadt – den befestigten Platz, der es in Wahrheit nur war – und hebt seine Steinbauten hervor, da Steinbauweise in jener Zeit selten war: man wohnte in Holzhäusern.[7] Außer mit Sklaven aus dem heidnischen Osten – eine Ware ohne Transportprobleme, weil sie von selber lief – handelte man mit Pelzen und Leder, Honig und Gewürzen und mit Salz aus Bayern. Das Privileg für die deutschen Kaufleute, vor 900 Jahren geschrieben, ist noch erhalten: «Ihr sollt wissen, daß die Deutschen freie Leute sind»!

Man hat diesen Satz über die ersten Prager Deutschen oft mißverstanden. Nicht weil sie Deutsche waren, galten sie als frei, sondern weil sie Gäste waren, wertvolle Gäste für den böhmischen Herrscher. Deshalb durften sie nach ihrem eigenen Gesetz unter ihrem Richter hier leben.[8] Dasselbe Recht genossen auch die Juden. 1096 wurde die Judensiedlung zum erstenmal geplündert. Später traf sie dieses Schicksal noch mehrmals. Dennoch bestand in Prag bis zum Jahr 1941 eine zahlreiche und angesehene jüdische Gemeinde mit der ältesten Synagoge Mitteleuropas. Und auch hier, wie auf dem Burgberg und bald in den Prager Städten, zeigt sich die Heiligkeit des Ortes an der Häufung der Heiligtümer: Drei Synagogen stehen noch heute auf dem Boden der Prager Judenstadt nahe beieinander.[9]

Was aber meint die Rede von den «Prager Städten»? Man muß unterscheiden zwischen den alten Siedlungen, die sich unterhalb der Burg, auf beiden Seiten der Furt über die Moldau und besonders jenseits, im Moldauknie, gebildet hatten, und zwischen den Städten im Sinn der Bürgerfreiheit mit Marktrecht und Mauer, wie sie die westlichen Nachbarländer kannten. Solche Städte gab es in Prag erst seit dem 13. Jahrhundert – dann aber immerhin gleich zwei: die eine am rechten Ufer der Moldau, die alte oder die große, und die andere am linken Ufer, die neue oder die kleine Stadt Prag. Altstadt und Kleinseite heißen sie noch heute. Vereint worden sind sie erst in unserer Zeit.

Zumindest die Altstadt war beherrscht vom Fernhandel und damit von deutschen Kaufleuten. Eberhard Welfl, dem Namen nach zu schließen ein Süddeutscher, sorgte für Zuzug aus Deutschland. Das Stadtrecht von Nürnberg wurde zum Vorbild, und bis in die Mitte des 14. Jahrhunderts gab es nur deutsche Namen im Stadtrat. Die kleine

Stadt Prag, unterhalb der Burg, wurde kurioserweise aus Norddeutschland besiedelt. Deshalb galt dort auch das Stadtrecht von Magdeburg als Modell.[10]

Während nun also die beiden Prager Städte entstanden, in einer Zeit der Zuwanderung von Bauern und Bürgern aus der tschechischen Nachbarschaft, aus Bayern und Sachsen, auch aus Schwaben und Schlesien, um die Mitte des 13. Jahrhunderts, stieg die Burg selber zu einem der glänzendsten Königshöfe in Mitteleuropa auf. Nun wechselten auch die Namen: Prag, bisher hauptsächlich der großen Burg zugedacht, wurde zum Städtenamen. Die Burg hieß fortan «der Hradschin» und schloß vom Nordwesten her mit dem Vyschehrad im Südosten die beiden Städte ein – zu ihrem Schutz und auch zu ihrer Beherrschung.

Seit 1172 gab es eine steinerne Brücke über die Moldau, die etwa in Prag so breit ist wie die Donau bei Regensburg. Wahrscheinlich war sie auch nach dem Vorbild der Regensburger Donaubrücke gebaut. Sie galt als ein Wunderwerk. Wer die Technik der Zeit bedenkt, wird dieses Urteil verstehen. Jedenfalls war sie ein wichtiges Glied auf der langen Straße von Regensburg bis Kiew. Die Regensburger Brücke steht heute noch. Die Prager Steinbrücke mußte nach einem Hochwasser von Karl IV. im 14. Jahrhundert ersetzt werden.[11]

Das 14. Jahrhundert war eine entscheidende Zeit für die Prager Städte und ihre beiden Burgen. Man muß sich das Leben und Treiben ein wenig vorstellen, um die Wandlungen zu begreifen: Da war etwas in den inzwischen aus Fachwerk und Stein gebauten Straßen von der Enge der Mittelmeerstädte, aber an den Händlern und Fuhrleuten auch etwas von der Weite Osteuropas. Lärm herrschte in den Straßen und Gestank in der Uferregion. Es gab trotzige Wohntürme und riesige Lagerkeller, es gab Handelshöfe für Pferde, Fuhrleute und Waren, aber auch karge Hütten im Mauerbereich unter Strohdächern.

Zum Straßenbild gehörten ebenso die Reichen in Putz und schweren Gewändern wie die Armen vor den Kirchtoren, die Kranken und Krüppel, die nicht immer auf christliche Barmherzigkeit stießen. Eine der Königstöchter, Prinzessin Agnes, suchte sie auf, übte aktive Sozialpflege, Nachfolge des heiligen Franziskus, und gründete 1233 in Prag das erste Krankenhaus und ein Klarissenkloster.[12] Am Königshof lebten deutsche Minnesänger,[13] während in den Kneipen, wie in allen Städten, die Schreihälse grölten.

Ein neuer König aus der Fremde, Johann von Luxemburg, hatte 1310 französische Dichter mitgebracht, doch zum Leidwesen der Prager nicht nur Dichter. Man war nicht gut zu sprechen in Prag auf seine «rheinischen Hänneken». Zwanzig Jahre später klagte man, der «König Fremdling» habe die Hauptstadt Prag mißachtet, das Land mit

Steuern beschwert, gar die Kirchenschätze geplündert und alles in
hoher Politik, Spiel und Turnier vertan. Das war nicht ganz gerecht.
Johann hatte Schlesien hinzugewonnen und damit die Größe des böhmischen Königreiches verdoppelt.[14] Gleichviel – man setzte auf seinen
Sohn, auf Karl, der eigentlich Wenzel hieß.

Damit sind wir zurückgekehrt zu unserem Helden, zu Karl IV., der
als König und Kaiser in Prag von 1346 bis 1378 residierte und der
größte Bauherr des gesamten Mittelalters gewesen ist.[15] Mit sieben
Jahren hatte er sein Geburtsland verlassen. Als Achtzehnjähriger
kehrte er zurück. Doch war es eine traurige Rückkehr, da ihn keine
Verwandten mehr zuhause erwarteten. Er fand auch das Land selber
trostlos und verwaist. So schrieb er: «Schließlich kamen wir nach
Böhmen, von dem wir elf Jahre abwesend waren. Hier erfuhren wir,
daß unsere Mutter Elisabeth vor einigen Jahren gestorben war. (...)
Und so fanden wir bei unserer Ankunft in Böhmen weder Vater noch
Mutter, weder Bruder noch Schwester, noch irgendeinen Vertrauten.
(...) Dieses Königreich trafen wir derart verwahrlost an, daß wir keine
einzige freie Burg fanden, die nicht schon verpfändet war. Die Prager
Burg war so verwahrlost, verfallen und heruntergekommen, weil sie
seit der Zeit König Ottokars völlig zugrundegerichtet worden war.»

Doch Karl verzagte nicht, sondern ging sogleich an den Wiederaufbau: «An ihrer Stelle ließen wir unter hohen Kosten von Grund auf
einen großen und schönen Palast errichten, wie er noch heute dem
Betrachter erscheint.»[16] Karl kehrte 1334 zurück. Fünfzehn Jahre später entschloß er sich, die ganze Stadt Prag von Grund auf zu verändern. Es handelte sich um das größte Unternehmen dieser Art, das je
in den mittelalterlichen Jahrhunderten, ja, bis in die neueste Zeit geplant und planmäßig umgesetzt worden ist.

Karl von Luxemburg, inzwischen zum römisch-deutschen König
gewählt und Nachfolger seines Vaters im böhmischen Königreich, erweiterte die Hauptstadt Prag um zweieinhalb Quadratkilometer. Er
ließ Mauern ziehen, die insgesamt links und rechts der Moldau sieben-
einhalb Quadratkilometer umschlossen: Altstadt, Neustadt und
Kleinseite. Es gab kein größeres Stadtareal in jener Zeit nördlich der
Alpen, und südlich davon sind nur Rom und Konstantinopel mit größeren Flächen bekannt.

Natürlich gab es volkreichere Städte – in Deutschland vielleicht
Köln, in Frankreich jedenfalls Paris, in Flandern Brügge und in der
Toskana Florenz. Aber Prag, und besonders die von Karl gegründete
Neustadt, wuchs im Lauf der nächsten zwanzig Jahre und mag wohl
gegen Ende des Jahrhunderts die meisten Menschen in Mitteleuropa
in seinen Mauern beherbergt haben – genaue Angaben fehlen uns, wie
übrigens auch für alle anderen Städte.

Karl sorgte auch für Zuzug. Er gewährte jedem, der in der Neustadt Grund erwarb und dort ein Haus baute, groß oder klein, zwölf Jahre Steuerfreiheit. Danach sollte der Hauseigentümer nicht entsprechend der Größe des Hauses, das er gebaut hatte, also auch nicht nach der Zahl der Kamine oder der Zahl der Fenster, wie das manchmal üblich war – unvollkommene Steuergerechtigkeit der alten Zeit! –, sondern nur gemäß dem zugewiesenen Grund seine Abgaben zahlen. Das war ein besonderer Anreiz für die Bauwilligen![17] Jeder neue Bürger sollte binnen 18 Monaten sein Haus bauen. Durch diese klugen Bestimmungen gab der Herrscher rasch wirksame Impulse und setzte eine enorme Wirtschaftskraft frei. Sind hier nicht Hauptstadtprobleme mit Händen zu greifen?

Zudem beschäftigte er selbst für seine verschiedenen Bauvorhaben in Prag wohl vier-, fünftausend Bauarbeiter zur gleichen Zeit, und allein das gab große Anreize für alle Handwerker, für Kaufleute, Krediteure und für die Habenichtse, die als Tagelöhner in die Stadt strömten.

Sie alle kamen in Scharen. Mit Ausnahme der Juden übrigens, die Karl ausdrücklich in die neue Stadt eingeladen hatte. Doch zogen sie es vor, in ihrem Viertel in der Altstadt zu bleiben. Die insgesamt jedenfalls höchst attraktive und erfolgreiche Politik Karls im Zusammenhang mit dem Bau der Prager Neustadt müßten wir unter modernen Gesichtspunkten als ein gelungenes Beispiel von Investitionshilfe betrachten – ein aktuelles Problem!

Karl ließ Pfarrkirchen für die Neusiedlung bauen – aber auch Fleischbänke, Markthallen und -plätze, das heißt, er sorgte für Substrukturen. Die große Außenmauer der Neustadt, dreieinhalb Kilometer lang, mit Türmen und Toren, entstand in zwei Jahren.

Karl hatte in jungen Jahren mit wachen Augen die Welt gesehen und in der Fremde für seine Regierungszeit gelernt. Er war zum Beispiel wiederholt in Avignon gewesen, jener kleinen Stadt an der unteren Rhône, die unvermutet um 1310 zur Residenz der Päpste geworden war: wieviel Baulärm, wieviel Wirrwarr, wie wenig Planung hatte der Reichtum der Päpste nach Avignon gebracht!

Prags Rolle als Hauptstadt war deshalb mit Umsicht geplant worden. Karl sprach davon: «Nachdem wir die größere Stadt Prag» – gemeint ist die Altstadt – «zur Hauptstadt des ganzen Königreichs erhoben haben und wahrnehmen, daß sie die Menge der Einwohner, welche täglich zunimmt, nicht wird alle in sich fassen können, so haben Wir beschlossen, sie auf folgende Art zu erweitern...»

Man muß freilich noch mehr von der neuen Stadtgründung berichten: Es war Reißbrettarbeit, im wörtlichen Sinn, Holztafeln spielten dabei eine Rolle. Straßen und Plätze waren genau geplant und vermes-

sen, und niemand durfte beim Hausbau die Baulinien verletzen – ganz
wie auch heute noch.

Einmal freilich gelang es den Neusiedlern, die Aufsicht zu überlisten, und sie stellten, wie es heißt, den König bei einem Rundgang durch das Neubauviertel vor vollendete Tatsachen, weshalb noch heute eine Gasse in der nördlichen Neustadt «die Ungeplante» heißt.[18]

Doch lockte Karl nicht nur durch investitionsfreundliche Steuergesetze den Zuzug an und förderte die Baulust, sondern planmäßig förderte er auch die Bedeutung der Stadt selbst. Bedenken wir nur die zeitgemäßen Hauptstadtprobleme und -notwendigkeiten: Das Königreich war soeben in seinem Umfang verdoppelt worden – eben durch die Eingliederung der schlesischen Herzogtümer. Die Schaffung neuer Einrichtungen brachten der Hauptstadt Ämter und Würden und nicht minder auch Zulauf: 1344 wurde das Bistum Prag auf Betreiben Karls zum Erzbistum erhoben. In einer Zeit, in welcher der Himmel tiefer hing als heute, wurde damit nicht etwa nur Glanz, sondern handfester Zuwachs an Geld und Einfluß in die Stadt gebracht.[19]

1348 gründete Karl in Prag die erste Universität in Mitteleuropa. Das war nun ein Anziehungspunkt ganz besonderen Ranges! Fünftausend Studenten mögen, freilich nach dreißig, vierzig Jahren schwieriger Anfänge, die Prager *alma mater* bevölkert haben, brachten Geld in die Stadt oder doch wenigstens Ansehen – ähnlich wie heute.

1346 und noch einmal, nun mit allgemeiner Anerkennung, 1349 war Karl selber zum römisch-deutschen König und künftigen Kaiser gekrönt worden. Das machte Prag nicht nur zur böhmischen, sondern eben auch zu einer deutschen Residenz.

Doch bei aller städtischen Prachtentfaltung können wir gleichwohl nicht von einer Hauptstadt im Sinn der modernen Zentralisierung sprechen. Denn 1356 verfügte Karl, kurz nach seiner Krönung zum römischen Kaiser, daß seine Nachfolger in Frankfurt am Main gewählt werden, in Aachen gekrönt und in Nürnberg die erste große Reichsversammlung abhalten sollten.

Vielleicht hat diese Spaltung von Funktionen, die wir an einem Ort zusammenzusehen gewohnt sind, noch eine besondere Aktualität für unser gegenwärtiges Hauptstadtproblem. Doch wieder zurück zur historischen Situation:[20] Die Zeit kannte keine Verwaltungsbehörden, keine Ministerien und kein Parlament, das man in der Hauptstadt hätte ansiedeln müssen. Auch war der römisch-deutsche Herrscher im allgemeinen archaischen Verständnis seines Königtums noch immer ein reisender König gewesen. Die böhmischen Herrscher waren in dieser Hinsicht sozusagen «moderner» und residierten seit langem in Prag.

Immerhin entstanden nun einige seßhafte Ratsgremien, nachdem Karl sich nach böhmischer Sitte trotz vieler Reisen um seine neue Hauptstadt bemühte.

Es gab ein Hofgericht, ein Gericht für die böhmischen Stände, aber auch ein Kronarchiv und vor allem die älteste und einzige beständige Institution des alten Königtums, die Kanzlei. Es gab einen Hofrat, der den Herrscher umgab, und es gab nicht wenige Fürsten, die nun in Prag nach Hausbesitz ausschauten, um in der Nähe des Kaisers zu leben. Die Universität war so etwas wie eine Institution für das ganze Reich. Es gab auch einen Finanzmann, Dietrich von Portitz, der im Dienste Karls gleich einem Minister seine Mitarbeiter in Prag installierte. Es gab, wie Peter Moraw vor kurzem konstatierte, «nirgends im deutschen Mittelalter einen hoffnungsvolleren Ansatz für ein wirkliches, tendenziell Paris oder London vergleichbares Zentrum.»

Karl scheiterte. So geschickt er disponierte, große und kleine Schwierigkeiten zu handhaben verstand und die große Krise der Monarchie in Europa zeit seines Lebens von Böhmen und vom Reich fernhalten konnte, so wenig konnten seine Söhne das väterliche Werk erhalten.

Es war die Tragik der Monarchie, die zumindest zu jener Zeit tatsächlich von persönlichen Begabungen abhing. Sein unfähiger Sohn verlor nicht nur die römisch-deutsche Krone. Er ließ auch, während der großen Krise der Christenheit um 1400, die hussitische Reformbewegung zur Revolution umschlagen, mit gewaltigem politischen Elan, aber mit wenig Gewinn für die böhmische Hauptstadt.

Karl wollte eigentlich die neue Gründung nach seinem eigenen Namen benennen, doch das hat die Nachwelt nicht akzeptiert. Es ist keine Karlsstadt geworden. Es blieb bei der Prager Neustadt. Aber der Hauptplatz in dieser Stadt, dort, wo noch heute das zu Zeiten Karls erbaute Neustädter Rathaus steht, trägt seinen Namen, und dieser Platz ist tatsächlich bis heute der größte Platz in allen Städten Europas geblieben.

Die entrückte Macht

Karl V. regiert vom fernen Spanien

Alfred Kohler

Im frühneuzeitlichen Reich gab es lange Zeit keine feste Residenz des Reichsoberhauptes. Frankfurt am Main hatte lediglich als Ort der römischen Königs- bzw. Kaiserwahlen, Aachen als Krönungsstadt Bedeutung erlangt. Diese beiden Reichsstädte gehörten auch nicht zu jener Gruppe von Reichsstädten, in denen traditionellerweise die Reichstage stattfanden. Dazu zählten vielmehr Augsburg, Nürnberg, Speyer und Worms.

Die Residenzen der Habsburger lagen am Rande des Reiches. Kaiser Friedrich III. residierte in Wien und in Wiener Neustadt. Erst seit der Heirat seines Sohnes Maximilian I. mit der burgundischen Erbtochter Maria im Jahre 1477 wuchsen dem Hause Habsburg neue Aufgaben in Westeuropa zu, und für Maximilian rückten die niederländischen Städte Gent, Brügge und Mechelen zeitweise in den Mittelpunkt seiner Regierung und Herrschaft. Erst seit Philipp der Schöne, Maximilians Sohn, dort die Herrschaft übernehmen konnte, kehrte Maximilian nach Oberdeutschland und Tirol zurück. Als er seinem Vater im römischen Königtum und in den österreichischen Ländern 1486 bzw. 1493 nachfolgte, stieg Innsbruck zur wichtigsten Residenz Maximilians im Rahmen der österreichischen Erbländer auf. Trotz allem war Maximilian jedoch ein reisender Herrscher – sein Nachfolger Karl übrigens in noch stärkerem Maße.

Die sogenannte spanische Heirat des Hauses Habsburg von 1496/97, die eigentlich eine Doppelhochzeit zwischen Philipp dem Schönen und Johanna der Wahnsinnigen sowie Juan, dem Erbprinzen der Katholischen Könige Isabella von Kastilien und Ferdinand von Aragon, und Margarete, der Tochter Maximilians, war, bereitete die habsburgische Nachfolge in den spanischen Königreichen vor.

Schon im Jahre 1500, im Geburtsjahr Karls, des ältesten Sohnes von Philipp und Johanna, schien ein einmaliger dynastischer Zufall Wirklichkeit werden zu können, denn zu diesem Zeitpunkt waren die spanischen Erben Juan und dessen Schwester Isabella und deren Sohn Miguel bereits tot. Damit rückte die Vereinigung eines weitläufigen, über West-, Mittel- und Südeuropa verstreuten Herrschaftsbesitzes in der Hand eines einzigen Herrschers in den Bereich der Möglichkeiten.

Zu diesen Herrschaftsgebieten gehörten neben den Niederlanden vor allem die spanischen Königreiche, einschließlich der dazugehörigen Königreiche Neapel und Sizilien, ferner auch Westindien.

In dieser Anhäufung von Herrschaftsgebieten bestand die Einmaligkeit der Herrschaft und des Kaisertums Karls V. Keiner seiner Nachfolger hat diese Größenordnung wieder erreicht, und kein künftiger Kaiser hat über eine so große Macht- und Herrschaftsbasis außerhalb des römisch-deutschen Reiches verfügt.

Seinen Aufstieg vom Herzog von Burgund im Jahre 1515 zum Herrscher der spanischen Königreiche 1517 und zum römisch-deutschen Kaiser 1519 beschrieb Karl V. in der Retrospektive: «Einige von Euch werden sich erinnern, daß am letztvergangenen fünften Januar 1555 vierzig Jahre seit dem Tag vergangen waren, wo ich hier (in Brüssel) in demselben Raume, fünfzehn Jahre alt, von meinem Großvater väterlicher Seite, dem Kaiser Maximilian, die Obergewalt über die belgischen Provinzen empfing. Der bald hernach erfolgte Tod meines Großvaters mütterlicher Seite, Königs Ferdinand des Katholischen, übertrug mir die Obhut über ein Erbe, zu dessen Verwaltung der Gesundheitszustand meiner Mutter zu schwach war. Siebenzehn Jahre alt ging ich daher über's Meer, um von dem Königreiche Spanien Besitz zu nehmen. In meinem neunzehnten Jahre wagte ich es, beim Tode des Kaisers um die kaiserliche Krone mich zu bewerben, nicht um meine Besitzungen auszudehnen, sondern um nachdrücklicher für das Wohl Deutschlands und meiner anderen Königreiche, namentlich der belgischen Provinzen wirksam sein zu können und in der Hoffnung, unter den christlichen Völkern den Frieden zu erhalten und ihre Streitkräfte zu vereinigen zur Vertheidigung des katholischen Glaubens gegen den Türken.»[1]

All diese Ziele kosteten ungeheure Anstrengungen. Doch zunächst zurück zu den ersten und entscheidenden Phasen der Herrschaft Karls V. Sie waren durch den Antritt des spanischen Erbes im Jahre 1517 und durch den Erwerb der Kaiserwürde gekennzeichnet. Diese Ereignisse folgten rasch aufeinander. Kaum hatte Karl die ersten wichtigsten Verhandlungen in den spanischen Königreichen hinter sich gebracht, trat das Reich ins Zentrum seiner Überlegungen.

Karl wäre wohl die nächsten Jahre in Kastilien und Aragon – in Valladolid, Burgos, Toledo, Saragossa und Barcelona – geblieben, hätte nicht Maximilians Tod im Januar 1519 seine Zukunftsperspektiven völlig verändert. Die Bewerbung um das Kaisertum konnte jedoch von Spanien aus in Angriff genommen werden. Der habsburgische Kandidat hatte dadurch sogar Vorteile; denn welcher Reichsbewohner kannte Spanien schon, wer wußte schon Bescheid über die Stellung des Königtums und den Einfluß der Cortes, der Stände? So konnte die

*Abb. 7: Karl V., römisch-deutscher Kaiser und König von Spanien,
auf einem Gemälde von Bernart van Orley, um 1516.*

habsburgische Propaganda Karl zum Gegenkandidaten Franz' I., des französischen Königs, in überzeugender Weise aufbauen. Mit großer Umsicht stilisierte man den habsburgischen Kandidaten zu einem deutschen Fürsten hoch. Das war keineswegs einfach, gab es in Karls Ahnenreihe doch nur die Linie seines Großvaters Maximilian, die nach Deutschland führte. Aber Karl, der damals wie übrigens auch später der deutschen Sprache nicht mächtig war, scheute nicht davor zurück, an die Kurfürsten, seine potentiellen Wähler, kurzgefaßte deutsche Schreiben richtiggehend abzumalen und zu versenden.

Die habsburgische Wahlpropaganda präsentierte Karl als jungen und hoffnungsvollen Fürsten, der gegen Frankreich und gegen den Papst auftreten würde. In geschickter Weise knüpfte sie an die antifranzösischen Affekte aus der Zeit Maximilians I. an, was nichts anderes bedeutete, als die Zurückdrängung Frankreichs in Oberitalien zu propagieren. So hieß es in einer habsburgischen Flugschrift: «Nun ist die kgl. wirde von Hispani als ain geporner ertzhertzog zu Osterreich nit das wenigst glid des hailigen Reichs und Teutscher nation, des vordern vom loblichen hauß Osterreich denselben Reich und Teutscher nation alzeit getruwlich (sic!) angehangen, hilff und beistand gethan, so haben seiner kgl. wirde vordern der Hispanischer und Cicilianischer Küngreich und sonderlichen seiner kgl. wirde anherr Kg. Ferdinand, loblicher gedechtnuß, den unglaubigen mercklichenn widerstand und abpruch gethan in der aller fustapffen und regierung getretten und sich bisherr dartzu mit darstreckung alles vermugens wie seine vordern Cristenlich und Fürstlich erzaigt und gehalten.»[2]

Auch die Kurfürsten erblickten in Karl von Spanien einen potentiellen «Mehrer des Reiches». So konstatierte der Mainzer Erzbischof und Erzkanzler des Reiches: «Item das reich ist in sich selbst erschopft und unvormoglich. – Item kein furst hat daz vermogen, daz reich für sich selbst oder von dem seinen zu erhalten. – Item daz reich werd dovon auch nicht mechtiger denn itzunder auch. – ... Darum ist von noten, daz man ein hern haben moge, der geforcht.»[3]

Für den Fall der Wahl von Franz I. befürchtete der Mainzer: Der kriegerische König «wurd nu mer anheben als vor und sonderlich mit Hispanien, der dan an im selbs mechtig, ich wil gesweigen seins anhangs. Was daraus schadens und blutvergissens dem reich entsteen wurde, ist leichtlich zu gedenken. – Item Osterreich und waz daran henget, wurd vom reich abgezogen und het daz reich stets unfrieden.»[4]

In dieser Stimmung wurde der spanische Kandidat von den Kurfürsten am 28. Juni 1519 in Frankfurt am Main zum neuen Reichsoberhaupt gewählt. Karl sollte im Reich nie mehr so populär sein wie damals. Symptomatisch dafür war der volkstümliche Liedertext: «Ich hoff, die Sach soll werden gut, wo Carolus, das edel Plut, die Sach tut für sich nehmen.»[5]

Der Gedanke einer übergreifenden politischen Einheit Europas war in weiten Teilen der europäischen Öffentlichkeit, namentlich im Reich, sehr populär. Die negativen Auswirkungen des folgenden jahrzehntelangen französisch-habsburgischen Konflikts waren damals schwer abzuschätzen. Die treibende Kraft am Hofe Karls, die sich für die Erringung der Kaiserkrone und die Realisierung des Programms einer «Monarchia universalis» nachdrücklich und erfolgreich eingesetzt hatte, war der aus Piemont stammende Jurist Mercurino Gattinara, der seit 1518 das Amt des Großkanzlers bekleidete.

Natürlich gab es auch Gegner dieser Pläne, besonders in Spanien, wo man sich an die Zeiten von Karls Vater, Philipp dem Schönen, erinnert fühlte, der nur kurze Zeit geblieben war und vornehmlich an den Einkünften Interesse gehabt hatte. Als nun Karl 1517 nach Spanien kam, wurde auch sein Hof argwöhnisch betrachtet, und sein Großkämmerer Guillaume des Chièvres und sein Kanzler Jean de Sauvages bekamen die Abneigung der spanischen Aristokratie sehr zu spüren. Die Person Karls blieb davon weitgehend ausgenommen. Was ihm insgeheim vorgeworfen wurde, war seine Unkenntnis der kastilischen Sprache. Er tat gut daran, von seinem wichtigsten kastilischen Regierungssitz Valladolid aus seine regierungsunfähige Mutter Johanna im Schloß Tordesillas zu besuchen, um sich ihrer Loyalität zu versichern. Im übrigen standen die Verhandlungen mit den Cortes von Kastilien und Aragon im Mittelpunkt seiner ersten Tätigkeiten in Spanien. Zu Recht befürchtete man hier die Besetzung der wichtigsten und lukrativsten Ämter mit Burgundern. Das betraf auch den Bereich kirchlicher Pfründen; so vermerkte man den Vorschlag Chièvres', seinen Neffen zum Erzbischof von Toledo zu wählen, sehr übel. Nicht zufällig brachen in Toledo schließlich die Aufstände in dem Moment los, als Karl V. von Valladolid aus nach La Coruña eilte, um in die Niederlande zu segeln und um von dort aus die Herrschaft im Reich anzutreten.

Die hochgeschraubten Erwartungen im Reich zu Beginn der Herrschaft Karls V. konnte die habsburgische Seite nicht erfüllen. Schon während des Reichstages von Worms im Jahre 1521 sollte dies deutlich werden. Es bahnte sich das an, was für die gesamte Regierungszeit Karls V. typisch werden sollte, nämlich daß unter den tonangebenden Reichsfürsten, selbst unter den katholischen, nie eine Klientel zu finden war, die die Politik des Kaisers nachhaltig unterstützt hätte. Auch lief das Reich Gefahr, im Rahmen einer universalistisch angelegten und auf ganz Europa gerichteten Politik Karls V. an Bedeutung zeitweilig sehr zu verlieren und in Gegensatz zu Karls Offensivpolitik, vor allem im Hinblick auf Frankreich, zu geraten. Karls Position auf dem Wormser Reichstag in dem Streitfall Martin Luthers setzte in dieser Hinsicht erste Signale. Der Kaiser kündigte scharfe Maßnahmen gegen Luther an.

Er habe sich entschlossen, «alles in dieser Sache daranzusetzen: meine Königreiche und Herrschaften, meine Freunde, meinen Leib, mein Blut, mein Leben und meine Seele. Denn es wäre eine große Schande für mich und für Euch, die edle und gerühmte deutsche Nation, die wir durch Privileg und einzigartiges Prestige berufen sind zu Verteidigern und Schutzherren des katholischen Glaubens, wenn zu unserer Zeit nicht allein Häresie, sondern schon Häresieverdacht oder eine Minderung der christlichen Religion nach uns bleibt in den Herzen der Menschen, zu unserer und unserer Nachfolger ewigen Unehre.»[6]

Vergleicht man jedoch diese Erklärung mit der weiteren Politik Karls V., insbesondere mit dem ohne viel Nachdruck durchgeführten Wormser Edikt gegen Luther und seine Anhänger, so erkennt man ganz klar eine deutliche Diskrepanz zwischen der verbalen Selbstverpflichtung im Wormser Edikt, die darin bestand, alle Machtmittel gegen den Reformator einzusetzen, und deren praktischer Durchführung. Der Kaiser bereitete sich in Worms schon auf den bewaffneten Konflikt gegen Franz I. vor und fand damals keinen wirklichen Zugang zum Reich, seinen politischen Kräften und Problemen. Er unterschätzte die aktuellen Fragen gerade deshalb, weil seine Vorstellungen eines universalistischen Kaisertums über die Zielsetzungen einer königlichen Gewalt im Reich weit hinausgingen und weil seine Herrschaftsbasis und die damit verbundenen Machtmittel außerhalb des Reiches lagen. Spanien kam dabei eine besondere Bedeutung zu, und dafür war bezeichnend, wenn Karl V. 1521 so rasch wie möglich auf die Iberische Halbinsel zurückkehrte.

Für die folgenden, «spanischen», Jahre des Kaisers trifft die Charakteristik von Royall Tyler zu: «Karl eroberte Spanien in der Tat; aber Spanien hat auch ihn erobert, und zwar so sehr, daß er sein Leben als Spanier endete.»[7]

Der Hispanisierungsprozeß begann während der 20er Jahre und setzte sich in den 30er Jahren intensiv fort. Karl V., in Spanien «Carlos primero», der Erste seines Namens, genannt, erlernte das Kastilische und residierte in der Regel in kastilischen Städten und Schlössern. Valladolid, Toledo und Burgos, aber auch Segovia, Ávila und Madrid wechselten einander in der kaiserlichen Gunst ab. Da und dort entfaltete der Kaiser auch eine rege Bautätigkeit, so in Toledo, wo er 1537 das Stadtschloß, den Alcázar, nach Plänen seines Hofarchitekten Alonso de Covarrubias erneuern ließ, oder in Granada, wo er an die berühmte Alhambra einen Palast anbauen ließ. In Madrid wohnte er in jenem Gebäudekomplex, wo seine Tochter Juana später ein königliches Barfüßerkloster (das «Monasterio de las Descalzas Reales») errichtete. Das sind nur einige Beispiele für die vielfältigen Spuren, die Karl V. in Spanien hinterlassen hat. Ein Blick in sein Itinerar, die Aufzeichnung der Orte seiner Reisen, macht ferner deutlich, daß Karl V. mit seinem Hofstaat im Land auf und ab reiste.

Der Prozeß der Hispanisierung fand seine konsequente Fortsetzung mit der Entsendung gebürtiger Spanier in die zentralen Behörden; so gelangte die Leitung des Finanzrates an den begabten Aufsteiger Francisco de los Cobos. Überhaupt erforderten die spanischen Finanzen die sorgfältigste Aufmerksamkeit des Kaisers. Die Liquidität Spaniens und seiner Überseegebiete wurde immer mehr zum finanziellen Rückhalt seiner europäischen Politik. Ohne die kastilischen Steuergelder hätte der Kaiser seine Kriege wohl kaum finanzieren können. Seit den 20er Jahren stiegen auch die amerikanischen Silberimporte an und lieferten Karl Zahlungsmittel von ungeheurem Umfang. Der Zugriff auf diese Edelmetallressourcen ermöglichte eine Ausgabensteigerung und die kurzfristige Finanzierung durch Anleihen. Doch verleitete diese Sachlage auch zur Übersteigerung der Staatsausgaben: Seit der Mitte der 40er Jahre waren die Staatskassen erschöpft, und seit dem Herbst 1555 drohte täglich der Staatsbankrott, der 1557 schließlich eintrat. So spiegelt sich Aufstieg und Rückzug Karls aus der Politik am Zustand der finanziellen Möglichkeiten der spanischen Königreiche samt deren Überseegebieten.

Die Finanzierungsangelegenheiten zählten gewiß zu den vordringlichsten, aber keineswegs zu den einzigen Problemen. Allein die Kommunikationsprobleme stellten große organisatorische Anforderungen an die kaiserliche Regierung und Verwaltung. Die große räumliche Distanz der einzelnen Herrschaftsgebiete voneinander und der Kompetenzvorbehalt des Kaisers, der im Grunde jeder wichtigen politischen Entscheidung galt, hatten gewaltige Kommunikations- und Entscheidungsprobleme zur Folge. Lange Post- und Reisezeiten zu den wechselnden Residenzen Karls V. und die via Brief oder Gesandtschaft geführten politischen Erörterungen, die einer Entscheidungsfindung vorausgehen konnten, erschwerten Kommunikation und Koordination zwischen dem Kaiserhof in Spanien und dem Reich, den Niederlanden oder Italien.

Gesandtschaftsreisen dauerten Monate und waren überdies recht kostspielig. Die gut organisierte Taxissche Post beförderte Briefe aus den Niederlanden (etwa aus Brüssel) über Paris und Lyon nach Toledo in 12 bis 14 Tagen (im Sommer); im Winter dauerte die Beförderung länger; in Kriegszeiten konnte man für diese Strecke auch über einen

Monat brauchen. Sicherer, aber langsamer als die französische Transit-route waren die kombinierten Land- und Seerouten von Ober-deutschland oder Österreich aus über die seeländischen Häfen nach Bilbao oder Santander und über Genua und Barcelona. Diese Postbe-förderung konnte bis zu einem Monat dauern. Spezialkuriere waren schneller als die reguläre Post, aber sie waren ungleich teurer. Bei wichtigen Dokumenten wählte man zwei oder drei Routen gleichzei-tig. Dies diente der Verringerung des Risikos, das heißt, das Abfangen von einem einzelnen Schreiben ließ sich dadurch kompensieren, daß ein inhaltsgleiches Schreiben auf einer anderen Route an den Adressa-ten gelangte.

Der Kommunikationsaufwand war jedenfalls enorm, und ein gut funktionierender Postdienst war eine wesentliche Voraussetzung für die organisatorische, politische und auch militärische Schlagkraft der «Monarchia universalis» Karls V. Das, was von den Historikern seit geraumer Zeit als politische Korrespondenz Karls V. bezeichnet wird, verdankt diesem Aufwand seine Entstehung.

Der Kaiser ließ sich in jenen Reichsteilen, von denen er gerade ab-wesend war, nicht nur durch Ratskollegien oder Regimenter vertre-ten, sondern er sorgte auch immer dafür, daß seine monarchische Gewalt durch Mitglieder seiner Familie repräsentiert wurde: In den Niederlanden ließ er sich durch seine Tante Margarete in den Jahren 1521 bis 1530 und später durch seine Schwester Maria von 1530 bis 1555 vertreten, in Spanien 1528 erstmals durch seine Gattin Isabella, 1543 durch seinen Sohn Philipp und während dessen Abwesenheit durch seine Tochter Maria und seinen Neffen Maximilian (II.).

Als Karl 1520 Spanien das erste Mal verließ, war ihm dort eine Vertretung durch ein Familienmitglied nicht möglich, was Kritik her-vorrief. Als er 1528 Spanien zum zweiten Mal verließ, um sich in Italien zum Kaiser krönen zu lassen, nahm er möglichen Einwänden den Wind aus den Segeln, indem er erklärte: «Noch weniger schreckt mich die Sorge, daß diese Königreiche (Spanien) sich während meiner Fahrt nach Italien erheben könnten, wie früher bei meinem Abzuge nach Flandern (1520). Denn damals war ich jung, geleitet durch (den Burgunder) Chièvres; die Verhältnisse dieser Reiche waren mir noch nicht vertraut, ich war unverheiratet und ohne Erben. Jetzt dagegen lasse ich, Gott sei Dank, die Kaiserin und die Kinder im Lande.»[8]

Im Reich traf Karl V. für die Zeit seiner Abwesenheit Vorkehrun-gen: Indem er die bei den Reichsständen geschätzte Idee eines Reichs-regiments aufgriff, es aber ablehnte, eine ständige Einrichtung daraus zu machen, funktionierte er das Regiment zu einem brauchbaren Herrschaftsinstrument um, denn es war vom persönlichen Willen des Kaisers abhängig und in seinen Amtshandlungen beschränkt, ohne

Exekutivgewalt und ohne Geld. Gleichzeitig wurde Ferdinand als kaiserlicher Statthalter eingesetzt; er sollte als Vollstrecker der Politik
Karls V. im Reich fungieren. Die Rolle seines Bruders hat der Kaiser
im September 1524 so charakterisiert: «Denn es gibt keine Person auf
der Welt, die ich so liebe und der ich so vertraue wie Euch, als mein
zweites Ich.»[9]

An diesem Kompetenzvorbehalt der Jahre 1521 bis 1530 hat sich
auch nach der Wahl Ferdinands zum Römischen König, am 5. Januar
1531, nichts geändert. So heißt es in der geheimen Regierungsinstruk-
tion aus diesem Jahr unter anderem: «Ebenso verläßt sich der Kaiser
darauf und will dahin verstanden sein, daß alle Maßnahmen und Erle-
digungen, die er veranlaßt, eingehalten werden und daß der König
darauf achtet, wie es sich gebührt... Auch wird der König, wenn
keine dringende Notwendigkeit dafür besteht, keine Bünde oder
Bündnisse, die von Wichtigkeit sind, im Namen des Kaisers oder des
Reichs eingehen, ohne sich vorher mit dem Kaiser zu besprechen und
seine Einstellung hierzu vernommen zu haben.»[10]

Der Kaiser war auch stets darauf bedacht, daß seine Familienmit-
glieder in den ihnen zugewiesenen Positionen blieben und keine
Initiativen an «Nebenfronten» entwickelten. Bezeichnend für diese
Haltung ist Karls Auftreten gegen die italienischen Ambitionen seines
Bruders, den er im Juli 1526 warnte: «Wenn Sie Deutschland verlassen, bleibt das Reich in großer Verwirrung und Gefahr zurück, wegen
der Zusammenrottungen und Unruhen der lutherischen Sekte. Und
wenn der Türke während Ihrer Abwesenheit in Ungarn einfällt, so
wird nicht nur das Reich aufs Spiel gesetzt, sondern auch Ihre eigenen
Herrschaften.»[11]

Karls Abwesenheit vom Reich in den Jahren zwischen 1521 und
1530 hatte weitreichende Folgen vor allem für die politisch-religiöse
Entwicklung. In diese Zeitspanne fallen die sogenannten Sturmjahre
der lutherischen Reformation in den Reichsstädten wie in den Territorien und der Bauernkrieg. Wegen seines Engagements in Italien
konnte der Kaiser an ein entschiedenes Vorgehen gegen die kirchlichen Neuerungen im Reich nicht denken. Der Speyrer Reichstag von
1526 reagierte auf die kaiserliche Aufforderung, das Wormser Edikt
unbedingt einzuhalten, mit der Kompromißformel: soweit es gegenüber Gott und dem Gewissen vertretbar sei. Damit war der Weg für
den kirchlich-religiösen Pluralismus gewiesen, der auf dem fürstlichen
Optionsrecht beruhte. Es waren entscheidende Jahre der Reichsgeschichte, die auch von der ständig steigenden Osmanengefahr geprägt
waren. Im Jahre 1526, als Ungarn das erste Mal von den Osmanen
erobert wurde und die österreichischen Erblande zum Grenzland
wurden, und als sich in Italien die Oppositionskräfte unter der Füh-

rung Frankreichs gegen Habsburg sammelten, feierte der Kaiser mit Isabella von Portugal in Sevilla Hochzeit und blieb bis Jahresende in Südspanien, und zwar im klimatisch angenehmeren Granada.

Selbst den Mitgliedern des Staatsrats dauerte dieser südspanische Aufenthalt zu lange. So heißt es in dessen Gutachten vom November desselben Jahres: «E. Mt. muß mit Gottes Gnade von hier (Granada) abreisen, und zwar so rasch wie möglich. Die geeigneten Örtlichkeiten, wo E. Mt. Aufenthalt nehmen sollte, sind Toledo und Valladolid. Doch sollte die Reise nach Valladolid gehen, weil die Haushaltsführung in Toledo sehr kostspielig ist.»[12]

Aber auch in den Jahren 1529/30 hatte Karl V. wenig Lust, ins Reich zurückzukehren, um die Religionsfrage persönlich in die Hand zu nehmen. Überliefert ist seine Reaktion auf die immer dringlicheren Hilferufe seines Bruders Ferdinand, als Karl auch nach seiner Kaiserkrönung in Bologna, am 24. Februar 1530, noch immer unschlüssig war. Sollte er nicht zuletzt seinen süditalienischen Gebieten – Neapel, Sizilien – einen Besuch abstatten, wenn Italien schon einmal befriedet war? Er erwog: «... ob ich meine Kronen außerhalb Roms bald in Empfang nehmen soll, um mich im Anschluß daran sofort nach Deutschland zu begeben, oder ob ich sie mir in Rom aufsetzen lassen soll und meine Fahrt nach Deutschland bis Mai oder Juni aufschieben soll, oder <ob ich>, wenn die Sachlage in Deutschland es zuläßt beziehungsweise der Friede es gestattet, das Königreich Neapel (...) besuchen soll, was recht notwendig wäre, um zu späterer Jahreszeit nach Deutschland zu gehen und von dort aus meine Rückkehr nach Spanien durch Flandern anzutreten, ohne bei der Rückreise durch Italien aufgehalten zu sein.»[13]

Schon damals wurde jene Linie der kaiserlichen Mittelmeerpolitik sichtbar, die ihre Wurzeln in der aragonesischen Politik hatte und deren Ziel die Sicherung der maritimen Überlegenheit im westlichen Mittelmeer gegenüber Frankreich, den nordafrikanischen Barbareskenstaaten und der osmanischen Flotte war. Zweimal sollte Karl V. großangelegte koordinierte Flotten- und Landemanöver an den nordafrikanischen Küsten durchführen. Einmal erfolgreich in Tunis 1535 und einmal ziemlich erfolglos und verlustreich in Algier 1541. In Tunis sah sich der Kaiser als triumphierender Feldherr auf dem Kreuzzug nach Jerusalem: «In Anbetracht des Sieges, den Gott uns über die besagten Feinde verliehen hat und in Hinblick auf die Flucht Barbarossas (des Herrschers von Tunis) und die prekäre Lage, in der er und seine Leute sich wieder zusammengefunden haben, hätten wir sehr gewünscht, unsere Unternehmung auf das Königreich Algier auszudehnen»,[14] schrieb Karl V. am 16. August 1535. Aber dazu reichte es nicht. Was er machen konnte und auch tat, war die Sicherung der spanischen und italienischen Küsten, um die besagten Feinde in ihre Schranken zu verweisen. Karl hielt auch in den folgenden Jahren an der Bekämpfung der Osmanen im Mittelmeer fest, während er die kontinentale Türkenabwehr weiterhin seinem Bruder übertrug.

Für das Reich war diese Aufgabenteilung mit erheblichen Nachteilen verbunden, denn auf allen Reichstagen seit 1530 standen einerseits die Religionsfrage, andererseits die Ansuchen um Türkenhilfe durch die Habsburger in einem wechselseitigen Verhältnis. Nach dem Scheitern der kaiserlichen Religionspolitik in Augsburg im Jahre 1530 mußte Karl V. auf den Kurs eines religionspolitischen modus vivendi einschwenken, zumal der Kaiser rasch nach Spanien zurückkehren wollte. Damit legitimierte er den religiösen Status quo im Reich; dies bedeutete konkret die Anerkennung des protestantischen Kirchenwesens und Aufhebung der Kammergerichtsprozesse in Religionssachen, wodurch die säkularisierten Kirchengüter vorerst nicht weiter eingeklagt wurden. Damit hatte Karl V. einen höchst problematischen Verfahrensweg eingeschlagen, dessen er sich auch später bediente und der ihm zwar die Revision stets offenließ, der im Reich aber den Zustand eines verfassungsrechtlichen Provisoriums begünstigte. Denn der Kaiser machte den Protestanten in geheimen Absprachen Zugeständnisse, die die schärferen Bestimmungen der Reichsabschiede entkräfteten. Damit schob der Kaiser jedoch nur Entscheidungen so lange hinaus, bis sie überhaupt nicht mehr rückgängig zu machen waren.

Bezeichnenderweise scheiterte Karls Politik seiner «Monarchia universalis» im Reich. Triumph und Niederlage der kaiserlichen Politik lagen eng beisammen, bedenkt man, daß der Kaiser den Schmalkaldischen Krieg der Jahre 1546/47 zwar gewonnen, diesen Sieg aber politisch nicht umsetzen konnte, um seine Macht im Reich nachhaltig zu stärken. Statt dessen mußte er einige Jahre später vor einer Fürstenopposition zurückweichen, die das Durchsetzungsvermögen des Territorialfürstentums im Reich bestätigte. Ferner mehrten sich innerhalb seines Hauses die Zeichen, daß die transpersonale Einheit seines Hauses nicht werde aufrecht erhalten werden können, nachdem es Karl V. nicht gelungen war, die Nachfolge seines Sohnes Philipp in der Kaiserwürde gegen den Widerstand Ferdinands, seines Bruders, und Maximilians, seines Neffen, aber auch gegen die Reichsstände durchzusetzen.

Die Niederlage gegen Frankreich vor Metz im Jahre 1552, das Scheitern der englischen Heirat Philipps – die Ehe blieb kinderlos – und der sich abzeichnende Religionsfriede im Reich von 1555 anstelle eines neuerlichen religionspolitischen Provisoriums leiteten schließlich jene bedeutungsvolle und außergewöhnliche Entwicklung ein, die zur Abdankung des Kaisers führte. In seiner Brüsseler Abschiedsaudienz im Oktober 1555 richtet Karl V. an seinen Sohn Philipp folgendes Vermächtnis: «Wärest Du durch meinen Tod in den Besitz dieser Provinzen gelangt, so würde eine so schöne Erbschaft mir wohl einen gerechten Anspruch auf Deine Dankbarkeit gesichert haben. Jetzt aber, wo ich sie Dir freiwillig übergebe, zu Deinem Vortheil gleichsam vor der Zeit sterbe, erwarte ich, dass mich die Liebe und Sorge, die Du Deinem Volke widmest, in solchem Masse belohnen werde, wie ich es um einer solchen Gabe willen verdiene. Andere Könige schätzen sich glücklich, wenn sie in ihrer Todesstunde ihre Krone ihren Kindern auf's Haupt setzen können, ich will dieses Glükkes mich freuen und Dich regieren sehen. Meine Handlungsweise wird wenig Nachahmer finden, wie sie wenige Beispiele hat, aber sie wird gepriesen werden, wenn Du mein Vertrauen rechtfertigst, wenn Du in der Weisheit beharrst, welche Du seither bekundet hast, und wenn Du fortfährst, der eifrige Vertheidiger des katholischen Glaubens und des Gesetzes und der Gerechtigkeit zu sein, welche die Kraft und das Bollwerk der Herrschaft sind. Mag auch Dir ein Sohn beschieden sein, dem Du in gleicher Weise Deine Macht übertragen kannst.»[15]

War es nicht konsequent, wenn der Kaiser sich nach seiner Abdankung nach Spanien zurückzog? Auf diese Weise entschwanden alle jene Herrschaftsgebiete, die zu Karls Rückzug Anlaß gegeben hatten. Aber auch in Spanien suchte der Kaiser einen Ort aus, der nicht in Kastilien gelegen war. San Yuste, ein einsamer und klimatisch milderer Ort in der Estremadura, in den südwestlichen Ausläufern der Sierra de Gredos, mit Blick auf das Tal von Plasencia gelegen, war dem Kaiser schon früher aufgefallen, als er diese Gegend von Toledo aus besuchte. Doch die Vorliebe des Kaisers für diesen Ruhesitz teilte niemand aus seinem Gefolge, am wenigsten die Ärzte, denn das Klima trug nur noch zur Verschlimmerung des kaiserlichen Gichtleidens bei. Ein gutes Jahr nach seiner Übersiedlung nach San Yuste starb Karl V. hier am 21. September 1558.

Die nationalgeschichtlich geprägten Historiker des 19. Jahrhunderts haben oft die Frage gestellt, wie die religiöse und politische Entwicklung im Reich des 16. Jahrhunderts unter einem «national» geprägten Kaiser wohl verlaufen wäre. Auf diese zu eng gefaßte hypothetische Frage läßt sich vielleicht mit folgenden Hinweisen eine Antwort versuchen: Mit dem vergleichenden Blick auf Beginn und Ende des «supranationalen» Experiments Karls V. wird der Kontrast zwischen den universalistischen Erwartungen der Deutschen als Kaiservolk und der Dominanz der fürstlichen Partikulargewalten und einer Schwächung der Institution des Kaisertums im Reich deutlich.

In zeitlicher Parallele hat die Geltung Spaniens in Europa bedeutend zugenommen. Karl Brandi hat dazu bemerkt: «... durch die Verlegung des Schwerpunktes seiner (Karls V.) eigenen Herrschaft aus Deutschland und Burgund in das werdende und wachsende Spanien begründete er innerhalb der Familie die Vormacht der spanischen Habsburger für anderthalb Jahrhunderte. Nicht von Deutschland, aber von Spanien aus konnte er seiner Herrschaft die alten Reichslande Mailand und Toskana, erst recht Neapel wieder sichern und damit die Achse des Kaisertums aus der nordsüdlichen Richtung auf die Linie Madrid – Rom verlagern, Italien auf geraume Zeit dem französischen Zugriff entziehen.»[16]

Für Karls Nachfolger Philipp II. stand fortan Spanien im Mittelpunkt seiner Reiche und seiner europäischen Politik, und zwar von einer aufstrebenden Hauptstadt und einer festen Residenz aus: In Madrid und im Escorial wurde nun über das Schicksal Italiens und der Niederlande entschieden. Doch verblieb die Kaiserwürde im römisch-deutschen Reich bis auf weiteres bei der österreichischen Linie des Hauses Habsburg. So gewannen dessen mitteleuropäische Residenzen eine neue Bedeutung.

Die Geburt der Donaumonarchie

Wien: Das Zentrum verschiebt sich nach Osten

Christiane Thomas

Wien im Zeitalter Ferdinands I. – ist das überhaupt der Rede wert? Überträgt sich nicht bei den meisten von uns die allgemein gängige Vorstellung von dem großen, übermächtigen Karl V. und dem kleinen, stets von ihm abhängigen Bruder Ferdinand auf die Einstufung Wiens als eines im Schatten der blühenden reichen Reichsstädte gerade eben existierenden Gemeinwesens? Wohl sind Augsburg, Nürnberg, Speyer nicht Residenzen des Reichsoberhauptes, das immer seltener mit einem riesigen Hofstaat alle nur verfügbaren Wohnungen während eines Reichstages füllt, aber mit diesen Namen verbinden sich markante, die Geschichte des Heiligen Römischen Reiches deutscher Nation bis zu seinem Ende 1806 prägende Ereignisse, denen Wien nichts entgegenzusetzen hat. Es macht Schlagzeilen mit der ersten abgewehrten Türkenbelagerung 1529, die der Gesamtheit des Reichs vor Augen führt, daß Widerstand zahlenmäßig unterlegener Verteidiger Erfolg haben kann, den Zeitgenossen wäre aber mit Wiens Fall nicht der Verlust der Hauptstadt des Reiches bewußt geworden.

Zum Zeitpunkt der zweiten türkischen, knapp vor der Stadt zum Stillstand gekommenen Bedrohung 1532 ist Wien bereits eine *königliche* Stadt als Aufenthaltsort des ein Jahr davor zum Römischen König gewählten jüngeren Habsburgers Ferdinand. Nach Böhmen und Ungarn vereint er damit die dritte Königswürde auf sich. Wenn wir jedoch den Worten eines der besten englischen Kenner (R. Evans) habsburgischer Geschichte glauben sollen, stellt Wien nur einen Stützpunkt für die zahlreichen Reisen Ferdinands dar – nichts weiter!

Selbst wenn wir nur *eines* der zahlreichen Merkmale für den Charakter einer Haupt- und Residenzstadt herausgreifen, nämlich die permanente oder zumindest langandauernde Anwesenheit des Herrschers und seines Hofes an einem bestimmten Ort, ergibt sich sofort ein anderes als das eben angedeutete Bild. Seit fast 150 Jahren kennen wir die geographischen Stationen des Lebens Ferdinands, und es genügt ein Durchblättern dieser jahrweise angelegten Aufenthaltslisten, um eine Konzentration nicht *nur* für Wien, aber *auch* für Wien festzustellen, – und dies nicht zuletzt für Ferdinands letzte Lebensjahre als allein regierenden Oberhauptes des Reiches nach der Abdankung des Bruders Karls V. Die andererseits nicht zu leugnende Reisetätigkeit beruht aber nicht ausschließlich auf der Erfüllung von römisch-königlichen oder kaiserlichen Pflichten, sondern auf der Tatsache, daß Ferdinand den Anforderungen eines böhmischen und ungarischen Königtums gerecht zu werden trachtet. In eben dem Maße, in dem er seine *persönliche* Teilnahme an monatelangen Reichstagsverhandlungen für notwendig erachtet – erinnern wir uns nur daran, daß der Augsburger Religionsfriede 1555 durch seinen unermüdlichen Einsatz abgeschlossen werden konnte –, ist er als König von Böhmen überzeugt, in Prag präsent sein zu müssen. Und dasselbe gilt für die Landtage in den Hauptstädten seiner österreichischen Erblande.

Halten wir daher fest, daß die Jahrzehnte Ferdinands im Vergleich mit dem Reisekönigtum des Mittelalters und dem *einen* kaiserlichen Zentrum des Absolutismus die Mitte halten: Der Anzahl höchster weltlicher Würden entsprechen zentrale Orte für die Ausübung der Herrschaft.

Wien als Hauptstadt im 16. Jahrhundert: Dies verlangt von uns die Aufgabe aller herkömmlichen Vorstellungen, die sich heute mit dem Namen Wien assoziieren. Wir müssen uns lösen von einem Synonym für strahlenden Barock mit zahllosen abwechslungsreichen Palästen, Kirchen und Bürgerhäusern, die einen breiten Kranz um den gotischen Kern, den Dom von St. Stephan, legen. Wir müssen die Sommerschlösser an der Peripherie vergessen, die die horizontale Ausdehnung der Stadt mitbedingen, wir müssen uns einzig und allein konzentrieren auf das Bild einer riesigen Festung, deren Teile fast zur Gänze verschwunden sind. Die Stadt schließt sich vom Umland ab, baut Hindernisse auf, die den leichten Zugang abschneiden, isoliert sich als in die Höhe, in die Vertikale strebende Steinmasse von der dörflichen Umgebung. Mit der starren Grenze der Bastionen, der Gräben und Wehrgänge, denen das Glacis, das flache unbebaute Vorfeld, vorgelagert ist, ist ein Wachstum verhindert, – wie ein Igel, der die Stacheln aufstellt, kriecht die Stadt in sich zusammen, richtet ihre steinernen Stacheln gegen den ständig von Osten drängenden Feind, die Türken: Wien sei eine der bedeutendsten Städte Europas, nicht nur, weil es als Residenz des Herrschers und seines Hofes den Mittelpunkt verkörpert, der alle anzieht, sondern weil es nach dem Verlust Ungarns die einzige Grenzsperre der Christen gegen die Türken sei, berichtet der venezianische Gesandte Giovanni Michele 1563 und 1571. Und das sei gut so, denn ohne Wien wäre ganz Deutschland schutzlos dem Feind ausgeliefert![1]

Damit hat Michele knapp und klar die Doppelfunktion Wiens hervorgehoben: Neben seiner militärischen Aufgabe bestimmt der Souverän mit seinem Hofstaat, mit allen Behörden, die er um sich

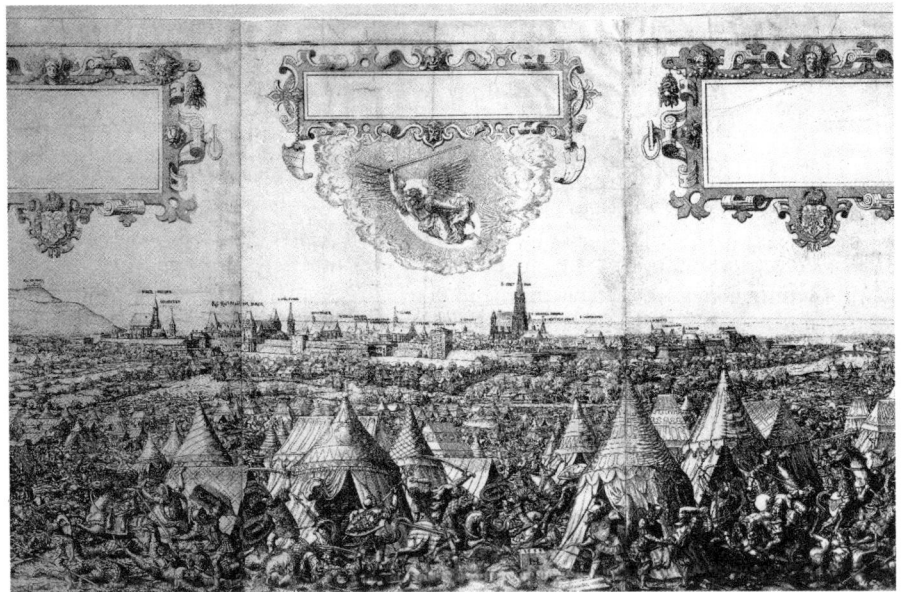

Abb. 8: Wien während der Belagerung durch die Türken im Jahre 1529.
Radierung von Hans Lautensack, 1558

sammelt, Charakter und Leben der Stadt als einer Festungsresidenz
mit nüchterner zweckgebundener Bauweise. Mit anderen Worten: Re-
duktion auf zwei wesentliche Momente und extremer Gegensatz in
der städtegeschichtlichen Entwicklung gegenüber den großen, nach
außen strebenden bürgerlichen Handelsstädten des Reiches.

Zu Beginn des Jahrhunderts hatte die Situation noch ganz anders
ausgesehen. Vom Standpunkt der rechtlichen Stellung ließ sich Wien
nicht mit den süddeutschen Reichsstädten vergleichen, der Status
einer Kaiserlichen Reichsstadt gehörte längst der Vergangenheit an.
Hingegen schufen die Bestrebungen des Universitätsgründers Rudolf IV. Mitte des 14. Jahrhunderts weitgehend alle Voraussetzungen
für die *landesfürstliche* Residenz Wien. Die Zurückhaltung Kaiser
Maximilians I. mag, abgesehen von der für ihn charakteristischen ru-
helosen Lebensführung, auf Ressentiments zurückgehen: Hatte die
Bevölkerung nicht den kaiserlichen Vater 1462 in der Wiener Burg
belagert und sich in den Jahren der ungarischen Besetzung ab 1485 zu
wenig Habsburg verbunden gefühlt?

Immerhin verlegte Maximilian die Regierungs- und Finanzbehör-
den der niederösterreichischen Ländergruppe nach Wien, das voll in

die wissenschaftlich-künstlerischen Ambitionen des Kaisers einbezogen wurde: Die humanistischen Gelehrten und Dichter verschafften Wien europäische Geltung, die Hofmusikkapelle stand mit niederländischen Komponisten auf der Höhe der Zeit, und die Universität hatte bis 1520 die höchste Studentenzahl im deutschen Sprachraum. Der Zenith der kulturellen Blüte war mit den Festlichkeiten des Ersten Wiener Kongresses 1515 erreicht: Das Monarchentreffen zwischen dem Kaiser und den Königen von Böhmen-Ungarn und Polen sollte eine gemeinsame Front zur Sicherung der Christen vor den Türken schmieden. Zukunftsbestimmend waren die habsburgisch-böhmisch-ungarische Doppelhochzeit und die gegenseitigen Erbverträge, die schon ein Jahrzehnt später mit Niederlage und Tod des letzten Ungarnkönigs 1526 im Kampf gegen die Türken Wien eine neue Dimension eröffneten. Mochte es auch vom Reich her gesehen abseits an der östlichen Grenze liegen, mit der Vereinigung der österreichischen Erblande, Böhmens und Ungarns in habsburgischer Hand rückte es in den Mittelpunkt eines unglaublich erweiterten geographischen Bereichs.

Nur zögernd nähert sich der Erbe Maximilians, der in Spanien geborene und aufgewachsene und mit 15 Jahren von seinem Bruder Karl V. in die burgundischen Niederlande abgeschobene Enkel Ferdinand I. der Stadt. In Wien tobt nach dem Ableben Maximilians der Aufstand gegen dessen Regiment, das nach Wiener Neustadt ausweichen muß. Erst, als der junge Erzherzog im Wiener Neustädter Blutgericht, das seinem Ansehen jahrelang schaden wird, die Rädelsführer hinzurichten befiehlt, ist der Weg nach Wien frei. Diese Konstellation macht verständlich, warum Wiener Neustadt noch 1524 als künftige «ständige Behausung» des Fürsten gehandelt wird. Dies muß nicht unbedingt Ferdinands Intentionen widerspiegeln, der den venezianischen Gesandten Carlo Contarini in der *Wiener Burg* zur Antrittsaudienz empfängt. Die Schönheit und Größe des ummauerten, ca. 20000 Einwohner zählenden Wien und die Sauberkeit des Burgareals entzücken den Diplomaten ebenso wie die gotische Kathedrale, die zahlreichen Kirchen und die mit Palästen geschmückten Straßen mit ihrem regen Geschäftsleben. In der Burg, die ja gleichzeitig den Palast darstellt, bewundert er die prachtvollen Wohnräume, die mit Kupfer gedeckte Loggia, von der man in den in drei Terrassen abfallenden Garten blickt, und den aus Eisendraht verfertigten Käfig für Vögel aller Art. Seine Schlußworte «Man muß wissen, daß die Bevölkerung morgens, mittags, abends und mitten in der Nacht singt» stellen der Musikalität der Wiener das beste Zeugnis aus.[2]

Mag manches an dieser Schilderung cum grano salis zu verstehen sein, so wird doch ein anschauliches Bild fürstlichen und städtischen

Lebens ein Jahr vor der ersten Katastrophe vermittelt: Mitte Juli 1525 vernichtet ein Brand, «die gross prunst», mindestens 400 Häuser, d. h. fast ein Drittel des innerstädtischen Häuserbestandes. Bis zum nächsten Verhängnis, der Türkenbelagerung 1529, sind keineswegs alle Schäden behoben und Handel und Gewerbe kontinuierlich zurückgegangen.

Eine deprimierende Bilanz für den jungen Erzherzog, der knapp davor gewaltige Rückschläge auf dem politischen Sektor hinnehmen muß. Was wäre geschehen, hätten sich die Informationen Contarinis von Anfang 1526 bewahrheitet? Ferdinand bemühe sich deshalb so sehr um das Herzogtum Mailand, damit er die österreichischen Erblande verlassen könne![3]

Der Stellenwert dieser Gerüchte sollte nicht überschätzt werden, denn um dieselbe Zeit leitet Ferdinand die letzte Phase für den Aufbau der politisch-administrativen Organisation in den Erblanden ein. Geheimer Rat, Hofrat, Hofkammer und Hofkanzlei sind keine neugeschaffenen Zentralbehörden, hingegen werden maximilianeische Versuche zur Vereinheitlichung nun durch straffere Strukturierung auf Dauer zu einem Instrument der Herrschaftsausübung. Wien als Sitz dieser Institutionen gewinnt ein Kriterium mehr für seinen Charakter als Residenz. Bezieht sich all dies in erster Linie auf eine Hauptstadt des Herrn der Erblande, so schwingt bereits das Moment eines Zentrums für das Reich um diese Zeit mit: Sofern Ferdinand nicht an Reichstagen teilnimmt, ist er als *Statthalter* des noch nicht zum Kaiser gekrönten Karl V. in Wien anzutreffen. Der türkische Sieg über Ungarn bei Mohács 1526 konfrontiert den ehrgeizigen Habsburger mit fast unlösbaren Problemen in den aufgrund der Erbverträge beanspruchten Königreichen Böhmen und Ungarn – und Wien sieht sich der ärgsten Bedrohung seiner Existenz ausgesetzt: dem Ansturm der Türken.

Viel zu spät beginnt man mit der Verstärkung der Verteidigungslinien und weiß sich nicht anders zu helfen, als die Taktik der verbrannten Erde anzuwenden. Die Vorstädte werden niedergebrannt, die Tore mit Erdanschüttungen unpassierbar gemacht, Dächer in der Stadt wegen der Feuersgefahr abgetragen. Die Stadt vernichtet einen Teil ihrer selbst, um überleben zu können – und hat damit Erfolg. Der neuen türkischen Waffe der pulvergeladenen Minen begegnen Bergknappen durch das Graben von Gegenstollen, von denen aus in einer Nacht 16 Tonnen Pulver sichergestellt werden. Noch 1538 entdeckt man einen 26 m langen, von den Türken angelegten Gang, der die Senkung der Zimmer Ferdinands verursacht hatte.

Dem Sultan ist bewußt, daß er das «himmelähnliche berühmte Schloß» nur vor Einbruch der Kälte und vor dem Eintreffen der

Reichstruppen erobern kann. Als vier Angriffsstürme vergeblich sind, bricht er nach drei Wochen die Belagerung ab: Da König Ferdinand sich nicht in der Festung aufhalte, lasse er dem Volk all seinen Besitz.[4] Wie in allerjüngster Vergangenheit wird der mißglückte Feldzug zum Sieg uminterpretiert.

«O Wienn, dir ist ein Feder zogn, bist mehr dann halb gen hymel gflogn», klagt Wolfgang Schmeltzl in seinem Lobspruch auf Wien mit deutlicher Anspielung auf die verheerende Wirkung der Minenexplosionen.[5] Und der berühmte Diplomat Sigmund von Herberstein ist erschüttert, als er Wien wiedersieht, «das mir gegen der vorigen gestallt frembd anzusehen was. Alle vorstet ... warn all geschlaipfft unnd ausgeprennt, damit der veindt sein bequemlichait darinn nit haben möcht... darzue das lanndt derselben enden aller durch den veint verprennnt unnd selten uber aines armbrust schuss weit, das nit ain todt mennsch, phärdt, schwein oder khue gefunden.... Es ward erbärmlich zu sehen».[6]

Kaum hat man Atem geschöpft, stehen 1532 die Türken 16 km vom Stadtkern entfernt, ziehen sich aber zurück, bevor das riesige Reichsheer eingreifen kann. Verwüstungen durch türkische Reiterscharen und meuternde christliche Söldner tun ein übriges: Die Stadt ist auf dem absoluten Tiefpunkt angelangt. Zum ersten und einzigen Mal hatte Karl V. an der Spitze der Reichstruppen Wien besucht – es kann ihn kaum positiv beeindruckt haben.

Hatte diese Stadt noch eine Chance zu überleben? Da Groß- und Fernhandel sich längst andere Routen gesucht hatten, war ein Aufschwung durch den bürgerlichen Handel nicht zu erwarten. Die Chance bot der Souverän, der vom Statthalter im Reich zum *Römischen König* aufgestiegen war. Eine dezidierte Äußerung Ferdinands, Wien zu seinem Regierungssitz zu machen, wie allgemein behauptet wird, gibt es nicht. Doch sprechen die zahlreichen Anweisungen ab 1533 eine deutliche Sprache: Mit dem Wiederaufbau soll die Stadt einerseits den türkischen Offensiven standhalten und andererseits den König, seinen Hof und seine Beamten aufnehmen können. Beide Vorhaben verwandeln Wien zu Lebzeiten Ferdinands in eine ewige Baustelle, vergleichbar dem U-Bahn-Bau der modernen Großstadt. Der ständige Geldmangel läßt oft keinen zügigen Ausbau zu, die Stadt ist finanziell überfordert. Nur in einer Gemeinschaftsleistung von König, Wiener Bürgern, Land- und Reichsständen – letztere kommen z. B. für die Bastei beim Burgtheater auf – ist dieser enorme Baukomplex realisierbar. Die niedergebrannten Vorstädte werden nicht in den Festungsgürtel einbezogen und sind von der steingepanzerten Stadt durch das 100 m breite unverbaute Glacis abgeschnitten. Zunächst läßt Ferdinand einzelne gemauerte Festungswerke, Bastionen, hoch-

ziehen, die in den freien Raum vorragen und die Geschütze tragen.
Zwischen diesen «Armen der Stadt» wird allmählich die alte Stadtmauer durch Kurtinen ersetzt. Die Gräben werden verbreitert und am
Innen- und Außenrand durch Eskarpen und Kontreescarpen verstärkt. Davor verläuft der «gedeckte Weg» als vorderste Linie einer
offensiven Verteidigung. Vor die Kurtinen werden die Ravelins, spitz
zulaufende Außenwerke, gesetzt.[7]

Für den venezianischen Gesandten ist 1548 weiterhin die Schwach-
stelle erkennbar: Die strategisch ungünstige geographische Lage
Wiens sei durch die noch unvollendete Befestigung bisher nicht aus-
geglichen worden.[8] Aber im Todesjahr Ferdinands 1564 ist der Befe-
stigungsring mit 10 Basteien im wesentlichen geschlossen.

Weniger erfolgreich sind seine Bemühungen um eine Donauflotte.
Beeindruckt von der Effektivität der ungarischen Nassaden, flachen
Ruderbooten aus Eichenholz, läßt er in Oberösterreich von Schiff-
bauern, die vor den Türken geflohen waren, Nassaden fertigen, die
von Matrosen vom Bodensee und aus Triest gerudert werden. Die
schlechte Qualität der Boote ist darauf zurückzuführen, daß man statt
des Eichenholzes aus dem an die Türken verlorenen Slawonien auf
Fichtenholz angewiesen ist. Kein Wunder, wenn Leonardo Mocenigo
1559 skeptisch den Erzählungen des Kaisers zuhört, der angeblich 400
Nassaden mit 12 000 Bewaffneten aufstellen kann.[9] Trotz aller Mängel
hält Ferdinand an der Donauschiffahrt fest. Bei dem schlechten Stra-
ßenzustand fungiert das Schiffsmeisteramt als zentrale Transportlei-
tung für den Heeresnachschub und das Material für den Brücken-
bau.

Zehn Jahre nach dem Tod des Kaisers ist der Venezianer Giovanni
Correr überzeugt, daß die Türken gegen die Festung den kürzeren
ziehen würden.[10] Vertrauliche Gespräche des Vertreters Venedigs in
Konstantinopel bestätigen allerdings das ungebrochene Selbstbewußtsein der Türken, die «diesen armen Ferdinand» verspotten, weil er
ohne Geld und Verbündete ins Feld ziehen möchte und den Krieg
immer wieder verlöre.[11] So Unrecht hatten die Türken damit nicht:
Kein Fingerbreit des türkisch besetzten Teiles von Ungarn war zu
Lebzeiten des Kaisers zurückzugewinnen. Aber sie unterschätzten
«diesen armen Ferdinand», der mit einer bis ins Alter gleichbleiben-
den Hartnäckigkeit Wien, die «porta di tutta Germania»,[12] für sie
versperrt hielt.

Die zweite ewige Baustelle ist die Hofburg, wo die deutschen und
italienischen Baumeister der Festungswerke ununterbrochen adaptie-
ren, ergänzen, erweitern, neu bauen oder auch abstützen und unter-
fangen, wenn späte Türkenschäden aufbrechen. Zunächst gilt Ferdinands Sorge der Wiederherstellung der Altane, die den Blick auf den

Garten freigibt. Hier müssen Kräuter, Sträucher und junge Bäume, die der König aus Ferrara beziehen will, neu gepflanzt werden, Tiere – wohl Vögel – sollen die Anlage beleben. Auf der unteren Terrasse erhebt sich ein neues Ballhaus, eine Stiege führt in den oberen Garten. Die Wappentafel des Hofgärtners am Eingang zum Garten ist heute noch im Burghof über den Schatzkammerräumen zu sehen. Für das niederländische Gestüt werden Stallungen, für die Falknerei ein Falknerhof außerhalb Wiens eingerichtet. Noch vor Inangriffnahme größerer Neubauten muß die Frage des Trinkwassers gelöst werden: Nur für die königliche Burg und ihre Bewohner werden zwei Wasserleitungen vorerst in durchbohrten Fichtenstämmen, später in Bleirohren verlegt. Als es immer schwieriger wird, Wasser unter den steinernen Bastionen durchzuleiten, werden Pumpwerke als «Wasserkunstbastei» installiert.

Das größte Problem stellt sich mit der Unterbringung der königlichen Familie, des Hofes und der in der Kaiserzeit vermehrten Behörden, die bei einem Wechsel in andere Amtsstuben darüber klagen, daß Glockenklang und Pferdegetrappel ihre Arbeit störten.

Ferdinands unermüdlicher Eifer als einer der größten Bauherren im Burgbereich ist für uns nur an wenigen erhaltenen Bauten zu erahnen: so z. B. an dem Renaissancegebäude der Stallburg, 1558 für den ältesten Sohn Maximilian II. geplant, heute als Stallung der Lipizzaner jedem Wienkenner ein Begriff, oder an dem Schweizertrakt, dessen dekorativ in Rot und Schwarz bemaltes Tor von jedem Schatzkammerbesucher durchschritten wird. Verschwunden sind der Westtrakt, der einen Streit zwischen deutschen und italienischen Baumeistern entfacht, der Wohnbau der fünfziger Jahre auf der Burgbastei für die königlichen Kinder und der kostspieligste Bauteil, der auf das Doppelte vergrößerte Osttrakt. Mit dem Wiederaufbau des ehemaligen Arsenals, von dem – gegenüber dem heutigen Bundeskanzleramt – 1525 der verheerende Brand ausgegangen war, entsteht ein von Burgteilen umrahmtes Geviert, die «Rennbahn», die für Turniere und Festlichkeiten gedacht ist. Dennoch kann das intensive Bauen den Raummangel nicht wirklich beheben, und so werden Adelshäuser in unmittelbarer Nähe für die älteren Prinzen und Prinzessinnen adaptiert, denen schon ein eigener Hofstaat zusteht.

Nur aus Rechnungen und Gutachten wissen wir Bruchstückhaftes über die Innenausstattung. Zweifellos wirkt die festungsartige Außenarchitektur nüchtern, daher sollen die malerische Ausgestaltung von Stiegen und Saaldecken, die von außen beheizten grünen Kachelöfen und vor allem die niederländischen Tapisserien, die «Landschaften-Tücher», die Ferdinand stets an die vertäfelten Wände hängen läßt, eine Atmosphäre königlichen und kaiserlichen Gepränges vermitteln.

Einem Vergleich mit kaiserlicher oder französischer Prachtentfaltung kann Wien natürlich nicht standhalten, – doch sind Loireschlösser nicht in erster Linie als waffenstarrende Bollwerke konzipiert. Aber die ständigen Gesandten Venedigs und des Papstes, der Nuntius, wollen wie der Kurfürst von Sachsen, der zum Lehensempfang nach Wien reist, mit dem entsprechenden Decorum empfangen werden, die zu habsburgischen Hochzeitsfeierlichkeiten geladenen Gäste müssen die Annehmlichkeiten einer Residenz genießen, vielleicht auch deren *Schätze* bewundern können.

Denn dieser König und Kaiser ist ein echter *Sammler* um des Sammelns willen, der in seiner Hauptstadt zusammenträgt, was in den bisherigen Aufenthaltsorten verstreut gewesen war. Vorbei sind die Zeiten des großväterlichen Hausschatzes, zu dem alles gehört, was aus irgendeinem Grund wertvoll war. Sein Enkel Ferdinand führt nun an zentraler Stelle, in Wien, organisatorisch die Trennung nach Sachgebieten durch. Zwanzig Jahre arbeitet sein Archivar an der Erschließung der vom Schatz gelösten *Archivbestände* – seine Inventare werden heute noch von der historischen Forschung herangezogen. Die *Bibliothek* ist im Minoritenkloster untergebracht, wo sie von Studenten katalogisiert wird. Suchen Autoren um kaiserlichen Schutz gegen willkürlichen Nachdruck ihrer Werke an, sind sie zur Ablieferung von Belegexemplaren an den Kaiser verpflichtet. Im Auftrag Ferdinands erscheint in Wien der erste syrische Druck der vier Evangelien, die der Gesandte des syrischen Patriarchen von Antiochien hier übersetzt hatte. Weitere Publikationspläne mögen wohl dem Geldmangel zum Opfer gefallen sein. Im *Münzkabinett* werden die Münzen aus aller Herren Länder von der Antike bis in Ferdinands Gegenwart in eigenen Kästen nach dem vom Kämmerer Heyperger erstellten Münzkatalog gehütet. In Rom, Venedig, Ungarn, Siebenbürgen, sogar im feindlichen Konstantinopel trachten Ferdinands Abgesandte, Münzen zu erwerben. Seine Leidenschaft als Sammler spricht am klarsten aus der Formulierung, mit der er seine «munzen und antiquiteten» dem ältesten Sohn Maximilian II. ans Herz legt: Seien sie auch nach dem Metallwert gering, so seien sie wegen ihres Alters «an aines schatz stat» zu halten.[13] Dieselbe Gesinnung, die die gesammelten Schätze nicht bei jedem akuten Geldbedarf verschleudert, dokumentiert sich im Bewahren der «altfränkischen», d. h. der gotischen, längst aus der Mode gekommenen Harnische, in einer eigenen *Harnischkammer*. Heute noch an ihrer damaligen Stelle befindet sich die *Kunstkammer*, die Ferdinand 1563 selbst erwähnt, als er dem Hofmaler Giuseppe Arcimboldo befiehlt, sein Porträt von Tizian in der Kunstkammer zu kopieren. Dort verwahrt er zwei Glanzstücke der Wiener Schatzkammer, das sogenannte «Ainkhürn», den Zahn eines Narwals, und die antike Achatschale, die als Schale des Heiligen Gral angesehen wird.

Trotz des chronischen Geldmangels will Ferdinand durchaus als Auftraggeber auftreten. Er beschäftigt den berühmtesten deutschsprachigen Porträtmaler Jakob Seisenegger, dessen Porträt Karls V. Tizian als Vorlage dient, als seinen Hofmaler, er nimmt Wolfgang Lazius, den Verfasser einer weitgespannten österreichischen Geschichte, als seinen Historiographen in den Hofstaat auf. Die angesehensten Radierer und Kupferstecher arbeiten in seinen Diensten, und sein Interesse fördert die Karthographie, deren hervorragendster Vertreter Augustin Hirschvogel das Vermessungswesen mit dem von ihm erfundenen Triangulierungssystem zu höchster Qualität führt. Als Liebhaber der Musik erfährt die Hofmusikkapelle mit 24 Sängerknaben großzügige Unterstützung. Alle Kosten der Gesangsausbildung, des schulischen Unterrichts, des Wohnens und der Versorgung werden aus dem Budget des Hofstaats bestritten.

Unübertroffen ist seine Vorliebe für die Harnischkunst, die bedeutendsten Plattner ihrer Zeit fertigen für ihn in Innsbruck und Nürnberg das modische, stählerne Gewand für Repräsentation und Turnier, den Harnisch. Seine Harnischmeister beliefern Karl V. und den europäischen Hochadel.

Beeinflußt der Festungscharakter seiner Hauptstadt die Hofarchitektur, so kann der Herrscher im türkensicheren Innsbruck und in der Königsstadt Prag seinem künstlerischen Geschmack freien Lauf lassen. In Innsbruck schmückt das prachtvolle Grabmal für den Großvater Maximilian I. die Hofkirche, in Prag entsteht das zauberhafte Renaissanceschloß Belvedere für seine Frau Anna.

Schattenseiten sind nicht zu übersehen: Der Kirchenbau stagniert, das Bistum Wien ist buchstäblich arm wie eine Kirchenmaus, die Ausbreitung der Reformation entvölkert die Klöster – erst mit der Berufung der Jesuiten nach Wien ist ein Instrument der Gegenwehr gefunden –, und die Universität hat ihre Anziehungskraft verloren. Hier soll die Reorganisation durch den König 1554 Abhilfe schaffen. Soziale Maßnahmen, Feuerschutzordnungen, Hygienevorschriften sind für eine ständige Residenz ebenso typisch wie ihre bauliche Ausgestaltung. Für das von einem Spanier gegründete und vom König neu bestiftete Hofspital zur Aufnahme alter Leute und Waisenmädchen aller Nationen wird eine Spitalsordnung entworfen, die auf dem Sektor der ärztlichen Betreuung und der Reinlichkeitsvorschriften höchst modern anmutet. Sicherlich steht hier wie auch bei den Trinkwasserleitungen die Angst vor Seuchen im Vordergrund, denn:

Viel zu dicht gedrängt lebt in einer durch steinerne Grenzen abgeschirmten Enge neben der eigentlichen Stadtbevölkerung um den

Monarchen die stetig wachsende Zahl aller, die in seinem Dienst stehen, der Hofstaat und die Behörden, die zum Teil nach der Abdankung Karls V. kaiserliche Agenden übernehmen. Wie schon im Fall der erbländischen Zentralstellen sind Reichshofkanzlei, Reichshofrat, Hofkriegsrat der Kaiserzeit Ferdinands nicht unbedingt Neuschöpfungen, aber die von ihm diktierten Geschäftsordnungen institutionalisieren sie als kaiserliche Organe der höchsten Gerichtsinstanz und Militärverwaltung in Wien.

Ein buntes Völkergemisch verleiht Wien das kosmopolitische Gepräge, das es auch im 20. Jahrhundert kennzeichnet. Mit Ferdinand kommen Spanier und Niederländer nach Österreich, aus den Königreichen Böhmen und Ungarn strömen Vertreter aller dort lebenden Völker nach Wien. So ist es vielleicht kein Zufall, daß die beiden gegensätzlichen Exponenten spanischer Dichtung hier leben. Der eine von ihnen, der spanische Sekretär des Königs, Cristóbal Castillejo, huldigt Wien in einem Panegyricus, bei dem man sich des Gefühls nicht erwehren kann, eine Verspottung der eßlustigen Wiener vor sich zu haben. Schon Wolfgang Schmeltzl, der Wiener Hans Sachs, bestaunt das Sprachenbabel Wien, in dem man Deutsch, Lateinisch, Französisch, Spanisch, Italienisch, Hebräisch, Griechisch, Ungarisch, Tschechisch, Niederländisch, Kroatisch, Serbisch, Polnisch, Türkisch hören kann. Zudem legt Ferdinand Wert darauf, Pagen aller Nationen gemeinsam in seinem Hofstaat heranwachsen zu sehen. Karriere bei Hof ist nur dann möglich, wenn mehrere Sprachen beherrscht werden – Ferdinands eigene vielfältige Sprachkenntnisse legen offenbar die Latte hoch.

Die Königs- und Kaiserjahre des jüngeren Habsburgers verlagern die Hauptstadt des Reiches an den östlichen Rand, gründen und konsolidieren Wiens Stellung als kaiserliches Zentrum, verwandeln es von einer Stadt des Bürgertums zu einer des Hofes, des Adels und der Beamten.

Geht auch die kaiserliche Residenz durch die Übersiedlung Rudolfs II. nach Prag verloren, so knüpfen die Nachfolger an eine tragfähige Tradition in Wien an.

Magie und Macht

Die Kunstmetropole Prag unter Rudolf II.

Achatz von Müller

«Solange ich hier gewesen, sehe ich doch auch, daß ein jeder tut, was er will. Die geheimen Räte haben auch keine gewisse Stunde mehr, in den Rat zu gehen, daher die Sollicitationes der Abgeordneten und Gesandten (d. h. ihre Bittgesuche) gar ungewiß. So man dann sie zu Haus sucht, so findet man die Herren selten anheim, denn ihrer etliche das Frauenzimmer kortesieren, andere aber fahren spazieren.»

Der bayrische Gesandte am Hof Kaiser Rudolfs II. war sichtlich ungehalten. Seit mehreren Monaten weilte er in Prag und versuchte, eine Audienz bei diesem Sonderling auf dem Kaiserthron zu erhalten, über den man bereits an allen Höfen Europas zu tuscheln begann – und im Herbst des Jahres 1601 war er am Ende seiner Möglichkeiten. Einer der Räte hätte ihm gestanden: «Wir leben in den Tag hinein und wissen nicht, wie bald alles drunter und drüber gehen wird.»[1]

Der Zugang zum Kaiser hatte sich schon seit geraumer Zeit als zunehmend schwierig erwiesen. Allerdings war Bestechung in diplomatischen Geschäften an allen Höfen üblich, so daß ihre Veranschlagung zur Buchführung und ihre Bereitstellung zum Reisegepäck des europäischen Gesandtenwesens zählten. Aber der kaiserliche Hof in Prag hatte seine Besonderheiten, die den Zugang zur Macht erschwerten. Eine Mischung aus politischer und privater Dienerschaft schien den Kaiser von seiner weiteren Umgebung förmlich abzuschirmen.

Wenn Hans von Schweinichen als Gesandter des Herzogs von Liegnitz am Hof erschien und gelassen über seine durchaus nicht auf ganzer Linie erfolgreichen Bestechungsversuche berichtete, gab er zugleich ein kleines soziologisches Privatissimum über die Zusammensetzung dieser Hofkamarilla: «Es gab Ihro Fürstliche Gnaden mir etliche Kelchlein als sieben silberne, vergoldete Becher, die ich zur besseren Beförderung der Sachen, wo ich sehen würde, daß es von Nöten wäre, verehren sollte, welche ich auch also austeilete: an den kaiserlichen Sekretario, sowohl den Hilfssekretario, dem Reichs-Vice-Kanzler, welcher sich zu großer Förderung erbot, und sodann Herrn Popp, des Kaisers Kammerdiener.»[2]

Daß man Kostbarkeiten nach Prag brachte, um seinen Interessen nachzuhelfen, hatte durchaus mit der eigentümlichen Aura dieses Ortes zu tun, die alles, was andere Fürstenhöfe im kleinen oder allenfalls vereinzelt an Launen und Kuriositäten wagten, wie in einem Hohlspiegel sammelte und vergrößerte. Prag mit dem Kaiserhof Rudolfs II. war im Jahre 1595, in dem Schweinichen seine Gesandtschaft antrat, ein europäisches Zentrum, das mit seinen Künstlern, Gelehrten, Adligen, Astronomen, Alchimisten, Nekromanten, Magiern und vor allem der geheimnisvollen «Kunst- und Wunderkammer» des Kaisers jede Verlockung für jede Art von Besucher bereitzuhalten schien. Dabei hatte sich der kaiserliche Hof erst dreizehn Jahre zuvor endgültig hier niedergelassen. Rudolf II. – seit 1572 König von Ungarn, 1575 König von Böhmen, 1576 Kaiser des «Heiligen Römischen Reiches deutscher Nation» – dürfte von seinen habsburgischen Vorfahren eine gewisse Vorliebe für Prag geerbt haben. Sowohl sein Großvater Ferdinand I. wie auch sein Vater Maximilian II. waren im Prager Veitsdom begraben worden. Aber auch die wegen der Türkengefahr unsichere Lage in den Habsburger Kernlanden hatte den Kaiser bewogen, diese Hauptstadt einer der reichsten und «progressivsten» Landschaften Europas zur Reduit (beschußsichere Verteidigungsanlage) und seit 1583 endgültig zur festen Residenz auszubauen. Endgültig wurde Prag damit zur europäischen Metropole – ranggleich neben den großen Machtzentren der Übergangszeit zwischen Mittelalter und Neuzeit: Rom, Madrid, Paris.

Wesentliche Bedingung dafür war die Toleranz des katholischen Hofes gegenüber der Prager «Multikultur» aus Deutschen und Tschechen, Hussiten, Lutheranern und Katholiken. Toleranz aber barg die Gefahr der Schwäche: «Wenn der Kaiser jedem seine Gewissensfreiheit läßt, dann wird das Reich, das dreihundert Jahre ununterbrochen vom Hause Österreich regiert wurde, mit Rudolf II. enden», urteilt ein britischer Besucher bereits 1591.[3] Als Hauptstadt des Reiches verwies Prag aber auf die universalistische Reichsidee Karls IV., die der Habsburger mit neuen Mitteln zu realisieren suchte. Rudolf war eine merkwürdige, hochgespannte und hochbegabte Natur, überaus selbstbewußt als Herrscher, intensiv interessiert an geistiger und künstlerischer Produktivität, an den «Geheimnissen» der Natur und an ihren Weltordnung und Menschenseelen verbindenden «Kräften». Die immer wieder hervorbrechende, oft Generationen überspringende, eher mäzenatische als produktive geistige Begabung der Habsburger schien in ihm in überreicher Fülle angelegt zu sein. Keineswegs überraschend erscheint diese Tatsache, denn seine beiden Großväter waren Brüder: die Begründer des habs-

burgischen Großreiches Kaiser Karl V. und Kaiser Ferdinand I. Die in
dieser Verwandtschaft zu Tage tretende «Inzucht» barg allerdings Gefahren. Seelische Reizbarkeit, Entschlußlosigkeit, depressive Stimmungen wurden dem Kaiser schon früh nachgesagt. Lästerer sprachen
von geheimen Lüsten, sexuellen Exzessen. Einer seiner illegitimen
Söhne aus dem jahrelangen «Konkubinat» mit der schönen Tochter
seines Hofantiquars neigte in der Tat ganz entschieden zu sexueller
Abnormität – ein Sadist wie aus der literarischen Retorte gezüchtet,
den seine Phantasien bis zum Lustmord trieben. Davon war Rudolf
sicher weit entfernt. Seine psychischen Defekte wiesen ihn in sich
selbst zurück. Immer häufiger schloß er sich von seiner Umgebung ab,
versank in düstere Stimmungen. Das Leitwort seiner Seelenlage lautete: Melancholie.

«Besessen ist er nicht», schreibt der Beichtvater des Kaisers offenbar mit Blick auf die Gerüchte, die am Hof über dessen Sexualleben
kursierten, beruhigend nach Rom, «aber er leidet an Melancholie, die
schon allzu lange ihre Wurzeln in ihn gegraben hat.»[4] «Melancholie»
war nun allerdings auch ein Modewort der Zeit. Der florentinische
Neuplatoniker Marsilio Ficino, der von 1433 bis 1499 lebte, hatte den
schöpferischen Menschen als «saturnischen Melancholiker» definiert.
Astrologische Konjunkturen des Saturn brächten diesen Typus hervor, mit den schöpferischen Zügen zugleich jedoch die schwermüti-
gen. Albrecht Dürer schuf mit seiner berühmten Allegorie «Melanco-
lia I» die bildliche Vergegenwärtigung der genialen Schwermut in
Gestalt einer geflügelten weiblichen Figur, die in Gedanken verloren
zwischen den Werkzeugen der Kunst und Wissenschaft sich nicht vom
Boden zu lösen, zur schöpferischen Tat emporzuschwingen vermag.
Das Bild machte Geschichte, prägte die Vorstellung von den Leiden
des zwischen Gedanke und Tat «zerrissenen» Genies in den nachfol-
genden Jahrhunderten bis heute.

Rudolfs Sammlerleidenschaft für den Nürnberger, dessen Werke er
kaufte, wo immer er konnte, mag auch auf einer heimlichen Seelen-
sympathie für den Melancholiker Dürer beruht haben. Kannte er
doch nicht nur den berühmten Kupferstich, sondern auch das Lob des
humanistischen Reformators Melanchthon, der Dürers «hochedle
Melancholie» als Fundament seines Genies preist. Aber diese durch
die Renaissance emanzipierten Individuen der Frühneuzeit fühlten
sich alle als Kinder des Saturn. Schmerzlich empfanden sie ihre frisch
entfachte Fertigkeit geistiger und künstlerischer Kommunikation als
Gewinn, der mit dem schweren Verlust einstiger «Geborgenheit» er-
kauft war.

Nur wenige Jahre nach Rudolfs Tod erschien Robert Burtons Studie über die «Anatomie der Melancholie» von 1621, in der dem

Abb. 9: Der Hof Rudolfs II. in Prag
als „locus amoenus" von Kunst und Kultur.
Palastarchitektur mit Musikanten auf einem Gemälde
von Hans Vredemann de Vries, 1596.

Zeitgeist eine allgemeine Tendenz zur Kopfhängerei attestiert wird: «Im übrigen grassiert in unseren verrückten Zeiten die Schwermut derart, daß kaum einer unter tausend nicht davon betroffen ist... Wobei ich von denen schweige, die nur im übertragenen Sinne melancholisch sind, d. h. von den Dummen, Zornigen, Betrunkenen, Blöden, Mürrischen, Stolzen, Aufgeblasenen, Lächerlichen, Verrohten, Griesgramen, Halsstarrigen, Unverschämten, Extravaganten, Vertrockneten, Senilen, Stumpfsinnigen, Verzweifelten, Spatzenhirnen, Verrückten, Rasenden, Närrischen, Sonderlingen etc.»[5]

Zu all diesen gehörte der Kaiser nun gewiß nicht. Aber auch nicht zur Gruppe der Zeitgeist-Melancholiker. Das traf schon eher für seine vielen unberufenen Diagnostiker zu, die an ihm die Melancholie förmlich witterten. Rudolfs psychische Instabilität war ein Stücks habsburgisches Erbe, verstärkt wahrscheinlich durch eine Geschlechtskrankheit, in jedem Fall aber zur höfischen Attitüde, zur «maniera», des Prager Hofes gesteigert. Denn die Melancholie des

Kaisers zog Künstler und Gelehrte, Alchimisten und Astronomen, Quacksalber und Abenteurer an wie das Licht die Motten.

Die Menschenmischung, die sich auf diese Weise allmählich am Prager Hof einstellte, war gewiß auch an den Maßstäben der Zeit gemessen außergewöhnlich. Hauptmagnet war der Okkultismus des Kaisers, dem Experten der Magie und Alchimie aller Art zuströmten. «Ich weiß, ich bin tot und verdammt, bin vom Teufel besessen», – soll nach einem Bericht des Nuntius Rudolf seinem «bösen Geist», dem Leibdiener Philipp Lang, zugeraunt haben.[6] Lang agierte eine gewisse Zeit als Nutznießer der kaiserlichen Schwermut, fing alle Briefe an Rudolf ab, verteilte Ehrenstellen, vergab Militärkommandos. Seine folgenreichste Tat war vielleicht, daß er einen der bedeutendsten Heerführer des am geschichtlichen Horizont herandrohenden Dreißigjährigen Krieges zum Feldmarschall der kaiserlichen Truppen ernannte: Tilly. Unter der Folter gestand er, des Kaisers Mißtrauen gegen die Welt und vor allem dessen habsburgische Verwandten geschürt zu haben.

In dieser Atmosphäre gediehen alchimistische Abenteurer wie die Engländer John Dee und Edward Kelley, die schon Königin Elisabeth I. mit magischen Kunststückchen beglückt hatten, oder der berühmt-berüchtigte Goldmacher «Graf» Marco Bragadino. Schon der Name dieses Vorläufers des Cagliostro war Katzengold. Hinter der Maske des venezianischen Nobile verbarg sich ein zypriotischer Grieche namens Mamugnà. Goldmacherei stellte bekanntlich die Attraktion der Alchimie dar. Dieses unerreichbare Ziel ließ die Grenzen zwischen ernsthafter chemischer Forschung, Bergbautechnik und Scharlatanerie immer wieder verschwimmen, bot Platz für eindrucksvolle Neuerer und methodische Denker wie für Kriminelle und Pfuscher. Gestalten wie Alexander Seton, der dem Kaiser ein «Projektionspulver» anbot, der konvertierte Jude Mardochaeus de Delle, der angeblich der wichtigste Helfer des Kaisers in dessen Geheimlabor war, oder der holländische Transmutationsmagier Ewald Hoghelande sind heute nur noch als abenteuerliche Schemen erkennbar. Ihre Faszination für den Kaiser mag darin beruht haben, daß er zutiefst von der Wirklichkeit einer «hinter den Dingen» liegenden Welt überzeugt war und stets die geheimnisvollste «Lösung» für die beste hielt. Daß er aber diesen «magischen Realismus» auch mit Handfesterem verbinden konnte, zeigt die Bestellung des Sebald Schwaertzer zum Bergwerkspräfekten von Joachimsthal, dem wichtigsten Bergbauzentrum im «Silberland» Böhmen. Dieser war 1592 an den Prager Hof geflohen und stand im Verdacht, mit Hilfe seiner Alchimie gleich zwei Kurfürsten von Sachsen vergiftet zu haben. Rudolf bot ihm Lohn und Brot, vorsichtshalber außerhalb Prags, aber mit sicherem Blick dafür,

daß in diesem Alchimisten ein trefflicher Experte für Metallurgie
steckte.

Nun war Europa voll von Magiern und Alchimisten. Rudolf galt ja
keineswegs als der einzige Herrscher, der sich für die Kunst des Gold-
machens interessierte. Aber er war nahezu der einzige, den nicht nur
das praktische Ergebnis fesselte, sondern auch die alchimistische
Theorie. Erst dieses kaiserliche Interesse machte Prag zum Magneten
für alle Arten von «Geheimwissenschaftlern», erhob es zur magischen
Hauptstadt Europas. Hier in Prag ging es auch um die ethischen Ziele,
die sich mit den alchimistischen und magischen Praktiken verbanden.
Hier zeigte es sich, daß die verschiedenen Methoden und Lehren der
okkulten Geister, die an Fürstenhöfen, Universitäten und Verlagszen-
tren ihr oft bewundertes, häufiger gefürchtetes Wesen trieben, noch
eng mit den Zielen des Humanismus verbunden waren. Es ging um
Durchdringung der Naturgeheimnisse, Aufdeckung ihrer unsichtba-
ren Verbindungen mit der menschlichen Seele und durch eben diese
Entschleierung um die Aussöhnung von Mensch und Natur, um die
sittliche Erneuerung des Menschen.

Der bedeutendste Denker dieser aus dem Humanismus entsprosse-
nen magischen Philosophie war Giordano Bruno aus dem süditalienischen Nola. Mit Goldmacherei hatte sein Denken nichts mehr zu tun.
Es zielte zwar auch auf «Transmutation», aber nicht mehr auf Umfor-
mung der elementaren Stoffe, der Materie, sondern der menschlichen
Verhältnisse – eine Universalreform der Seelen und Gesellschaften. In
Prag, am Hof des Kaisers, der für alle Geheimlehren offen und zugleich selbst ein Geheimnis zu sein schien, erhoffte sich Bruno Unterstützung. Ob er mit Rudolf zusammentraf, ist nicht überliefert, aber
wahrscheinlich. Der Kaiser gewährte ihm eine Rente, Bruno widmete
ihm eine Abhandlung, die auch in Prag gedruckt wurde. Sein Wander-
leben führte ihn bald weiter, bis er schließlich 1600 in den Flammen
der römischen Inquisition auf dem Campo dei Fiori endete.

Prag barg aber in seinen Mauern eine Persönlichkeit, deren Bedeutung für die magische Philosophie kaum geringer war als die des
Nolaners. Die Rede ist von Rabbi Löw, der wie Bruno die entscheidende Erweiterung des Humanismus in der Befreiung von der ihm
anhaftenden «Vernünftelei» sah. Das Studium alter Geheimnisse, der
Kabbala, Bildersprachen und Zahlenrätsel, wie sie die jüdische Tradition überreich bereithielt, erschien ihm als der Schlüssel zur Entschleierung der verborgenen Beziehungen zwischen Kosmos, Natur und
Mensch. Die Legende zeichnet ihn als Magier, der sich den «Golem»
schuf, einen künstlichen Menschen, der die jüdische Gemeinde vor
Nachstellungen schützen sollte. In Gustav Meyrinks gleichnamigem
Roman wird erzählt, wie der Golem alle 33 Jahre in die Prager Alt-

stadt zurückkehrt – als Gespenst aus dem magischen Prag Rudolfs II. Der Kaiser und der Rabbi trafen sich zu einem langen, intensiven Gespräch unter vier Augen im Jahr 1592. Was sie besprachen, wissen wir nicht. Aber es war ein unendlich hoffnungsvolles Zeichen in einer Welt, in der sich die christlichen Konfessionen bis an die Zähne bewaffnet gegenüberstanden und die Glaubensbrüder des Rabbi Löw bereits auf eine mehr-hundertjährige kontinuierliche Verfolgungsgeschichte zurückblicken mußten.

Die Revolution, die der magische Humanismus überall in Europa und geballt in Prag bewirkte, bestand darin, daß für ihn alles denkbar wurde. Es gab keine Grenzen mehr. Das Vernünftige und das Widervernünftige, das Schöne und das Häßliche, das Gute und das Böse – alles hing zusammen, war durch die geheime Analogie kosmischer, natürlicher und seelischer Abläufe verbunden. Eine denkwürdige Illustration dieser Koinzidenzhaltung eines vormodernen «anything goes» bietet die Anstellung von Tycho Brahe und Johannes Kepler am rudolfinischen Hof. 1599 kam Tycho als Hofastronom nach Prag, ein Jahr später folgte ihm Kepler als Assistent. Kaum einer hat so geschickt mit neuen Mitteln alte Hüte verkauft wie Brahe und kaum einer so entschieden mit dieser Tradition gebrochen wie Kepler. Brahe war das Genie unter den Astronomen. Tatsächlich gelang es ihm, den Glauben an das von Kopernikus fast beseitigte geozentrische Weltbild mit Hilfe seiner präzisen Himmelsbeobachtung noch einmal zu befestigen. Bis schließlich ausgerechnet sein Assistent auf Grund der von ihm errechneten Umlaufellipse der Erde um die Sonne die scheinbaren Ungereimtheiten des Kopernikus erklärte und seinen Meister überwand. In seiner Abschlußschrift, den «Rudolfinischen Tafeln» von 1627, deren Titel dankbar an die bedeutende Förderung durch den Kaiser erinnert, gedachte Kepler jedoch auch der Rolle Tycho Brahes für die Geburt der exakten Astronomie. Er selbst verstand sich dabei keineswegs als moderner Wissenschaftler. Ganz im Sinne des magischen Humanismus Prager Prägung betrachtete er sein Buch über die «Weltharmonik» von 1619 als sein Hauptwerk. Denn nur hier sucht er nach dem harmonischen Grundprinzip aller Dinge, verwickelt sich in Zahlenmystik und eine Beziehungslehre zwischen Mensch, Natur und Kosmos. Daß er auch in Prag eher als Magier galt, zeigte sich bei Gewittern. Drohte ein solches, hieß es: «Der Köppler kömmt.»[7]

Rudolf benötigte Kepler vor allem für astrologische Zwecke, woran sich dieser keineswegs stieß. Er befand sich allerdings dabei in merkwürdiger Gesellschaft. Als kleine mechanische Propheten sollten nämlich auch die Spielzeugautomaten agieren, die der Kaiser in jeder Art sammelte. Ihre Mechanik war gleichsam ein Abbild der kosmischen Kräfte, machte sie berechenbar. Vor allem Uhren weckten Rudolfs Interesse. Für ihn entstanden die ersten Zeitmesser mit Sekundenzählung, aber auch Planetenuhren, die, wie die in Wien erhaltene, zugleich nach dem kopernikanischen und geozentrischen System funktionierten.

Diese Automaten waren in der berühmten rudolfinischen Kunstkammer zu bewundern, allerdings nur von denen, die wirklich hinein gelangten. Da wechselten die Launen des kaiserlichen Sammlers. Sammlerstolz und Melancholie öffneten oder verschlossen die Tür zu den vier Räumen im nördlichen Trakt der Burg, die heute von der Vikarsgasse zu erreichen sind. Der Ulmer Kaufmann Hans Ulrich Krafft hatte Zutritt zu jenen beiden Zimmern am Hirschgraben und zählt diesen Besuch zu den großen Ereignissen seines alles andere als ereignisarmen Lebens: «Da habe ich mit großer Verwunderung etliche ziemlich große Kunststücke gesehen, wie wenn alles nach dem Leben gemahlt wäre. Darin waren auch wunderschöne Kunststücke in Spanien verfertigt, meistens nackte Weibsbilder nach dem Leben.»[8]

Krafft betrat die Kunstkammer Rudolfs auf Vermittlung des Hofmalers Bartholomäus Spranger – offenbar heimlich, ohne Wissen des Kaisers und herzlich beneidet von einem adligen Reisegefährten. Spranger gehört zu dem berühmten manieristischen Künstlerkreis, mit dem der Kaiser sich umgab. Die von Rudolf erworbenen, in Auftrag gegebenen, zuweilen auch nur gesuchten Gemälde, Skulpturen, Kleinkunstwerke, musivischen Arbeiten etc. entsprachen auf ihre Weise seinem magischen Weltbild. Die manieristische Kunst am Prager Hof führte gewiß auch eine europäische Mode fort, aber sie tat es in einer radikalen und imaginativen Art, die Prag in der rudolfinischen Epoche zum Zentrum des Manierismus machte. Der Schüler Michelangelos Giorgio Vasari hatte bereits zur Mitte des 16. Jahrhunderts mit dem Begriff «maniera» den künstlerischen Gestaltungsakt über die bloße – wenn auch perfekte – Nachahmung der Natur gestellt, die noch die Kunsttheorie der Renaissance beherrschte. Künstler, die der «maniera» folgten, als «Manieristen» agierten, schufen Werke nach ihrer eigenen Künstleridee, nicht mehr nach den äußerlichen Vorgaben bloßer Anschaulichkeit. Dies erklärt, warum manieristische Kunst die menschliche Figur nicht nur bis zur «Unnatürlichkeit» verbog, sondern auch überall Allegorien, Sinnbilder vermutete. Der Künstler wurde Philosoph und entschleierte «kosmische Geheimnisse».

Für Rudolf war Kunst nur auf diese Weise sinnvoll. Sie hatte seinen sinnlichen Bedürfnissen zu entsprechen – mit «nackendten Weibsbildern», die Kraffts Freund Bartholomäus Spranger recht lasziv zu malen verstand, und sollte doch zugleich eine Art Bilderrätsel sein.

Keiner kam diesem Rätsel-Bedürfnis des Kaisers so sehr entgegen wie Guiseppe Arcimboldo (1527–1593), Hofmaler, Reichsgraf von Rudolfs Gnaden und Meister des «Idea»-Illusionismus im Sinne André Bretons und Erwin Panofskys. Er setzte Bildmotive aus Natursegmenten zusammen. Berühmt ist sein Kaiserporträt von Rudolf als «Vertumnus», Gott des Wandels der Jahreszeiten, das ganz und gar aus Bildelementen von Obst, Gemüse und Getreide besteht. Solche Bilder erinnern wieder an die rudolfinische Kunstkammer. Auch hier fand sich «Zusammengesetztes». Neben Gemälden, Skulpturen und Automaten Wunderwesen aller Art: Zwerge, Riesen, siamesische Zwillinge, Zaubersteine, Alraunen, versteinerte Pflanzen, Labyrinthe, Kuriositäten aus Asien und Amerika. Wie in den Bildern Arcimboldos kam in dieser «unsystematischen» Sammlung die Vielfalt der Welt, das «Geheimnis» ihrer Komplexität zum Ausdruck. Der kaiserliche Sammler wurde selbst zum Manieristen, die Kunstkammer sein Kunstwerk.

Rudolf regierte in einer schwierigen Epoche. Die von Rom inszenierte Gegenreformation brachte den im Augsburger Religionsfrieden mühsam formulierten Ausgleich der Konfessionen wieder ins Wanken. Zudem stritten die protestantischen Kirchen untereinander nach Kräften. Toleranz war nicht gefragt, doch als der Kaiser es für einige Augenblicke mit einer härteren Linie zu Gunsten der katholischen Sache versuchte – zwischen 1600 und 1605 –, spürte er sehr bald die wachsende Unruhe in seiner Hauptstadt und kehrte zu der ihm gemäßeren stoischen Haltung zurück. Seine Gegner scheuten sich nicht, ihn der Irreligiosität zu bezichtigen: «So ist wohl zu bedenken, wie weit Ihro Majestät gekommen ist, daß sie Gott ganz und gar verlassen hat und von ihm weder reden noch hören und auch kein Zeichen von ihm leiden und dulden will. Wo sie aber Zauberer, Alchimisten, Kabballisten und dergleichen bekommen kann, reuen sie keine Kosten, damit sie Geheimnisse kennen lernt und ungebürlich mit ihren Freunden durch sie (der Religion) widerstehen kann.»[9]

Der den Kaiser in so ungeheuerlicher Weise angriff, ihn gar der Nekromantie, des Umgangs mit Zauberern und des Abfalls von Gott zieh (wofür andere auf Scheiterhaufen brannten), war kein geringerer als Rudolfs Bruder – Erzherzog Matthias. Der durch Grillparzer Literatur gewordene «Bruderzwist in Habsburg» begann seit der Jahrhundertwende immer schärfere Formen anzunehmen. Der Kampf um die Macht stellte am Ende nahezu die gesamte Dynastie gegen den Kaiser – zumindest soweit es den Kreis der erzherzöglichen Brüder betraf. Nun zeigte es sich, daß er zwar in Prag sicher, aber zugleich zu weit von den Brennpunkten der geschichtlichen Konflikte entfernt war. Nur zweimal besuchte er die von ihm selbst einberufene Reichstage in Augsburg und Regensburg – zwei von fünfen. Niemals zeigte er sich an der Front des insgesamt 14jährigen Krieges mit den Osmanen, im Gegensatz zu Erzherzog Matthias, dem er schließlich den Oberbefehl der Reichstruppen gegen die Türken konzedieren mußte. Sein Mangel an Einsicht in die politische und soziale Wirklichkeit – war es «Realitätsverlust»? – trieb die reichstreuen Ungarn zu wilden Aufständen; aus den Heiducken des Kaisers wurden Sozialrebellen im Namen ungarischer Traditionen und «Freiheiten».

In den Krisen nach der Jahrhundertwende zeigte sich das Regiment in Prag von den realen Machtprozessen abgeschnitten. Der Hof verspann sich in immer komplexere Symbole einer universal gedachten Herrschaft, ohne daß diese Symbole noch auf wirkliche Herrschaft verwiesen. Zu Recht hat man davon gesprochen, daß der Staat Rudolfs II. allmählich zu einem Hofstaat wurde, der in des Wortes ursprünglichster Bedeutung funktionierte: als Hof, dessen Staat nicht über ihn hinausreichte.

Das Ende Rudolfs erfüllte dieses Bild auf anrührende Weise. Den militärischen, gesellschaftlichen und religiösen Krisen des Reiches entzog er sich durch nächtliche Studien und Gespräche. Dem Griff des Bruders nach der Krone versuchte er am Ende aber doch noch militärisch zu begegnen – und durch Rückgriff auf das ihm selbst gemäße, von ihm selbst geschaffene Zentrum: Prag und Böhmen. Ein eigenes kaiserliches Privileg sicherte den böhmischen Ständen Freiheit der Religion und ihre «alten» Privilegien zu. Doch schon ein Jahr später standen katholische Truppen – angeblich auf Befehl des Kaisers – vor den Toren Prags. Man suggeriert den Pragern und dem Kaiser, diese Truppen sollten ihn vor dem Bruder schützen. Doch in der angespannten Lage kam es zu Übergriffen auf katholische Geistliche, und am Ende waren es die Truppen des Kaisers, die am Fuße des Hradschin, buchstäblich «unter seinen Augen», in seiner Hauptstadt plünderten und mordeten.

Damit war das Band zwischen Hof und Stadt zertrennt. Leicht wußte Matthias seinen Vorteil zu wahren. Schon im Mai 1611 begrüßten ihn die Stände Böhmens – unter ihnen die Räte der Hauptstadt – als Wahrer ihrer doch nur kurze Zeit zuvor vom Kaiser gewährten Rechte. Rudolf wurde zum Verzicht auf die Krone Böhmens gezwungen, der Bruder setzte sich an seine Stelle. So blieben dem Kaiser am Ende tatsächlich nur Kaiserkrone, Hof und Burg – die Hauptstadt des Reiches war allein noch dort, wo seine vielbewunderten Kunstschätze lagerten. Für einen Augenblick fast außerhalb der Geschichte, hatte sich das Reich zu einer Kunst- und Wunderkammer zusammengezogen. Bevor man ihn absetzen konnte, starb Rudolf – am 20. Januar 1612. Der berühmte Reichsjurist Melchior Goldast notierte in seinem

Tagebuch: «Er hat ein heroisch Gemüt gehabt, das alles Gemeine und Gewöhnliche mied, alles Gewöhnliche verachtete und allein das Seltene und Bewundernswerte liebte.»[10]

Der Hang des Kaisers zum Magischen und Schönen basierte auf dem Pluralismus und der Toleranz seiner Residenz, die er zum Zentrum des Reiches erhoben hatte. Eskapismus, Flucht vor den übergroßen Problemen der Zeit, hatte man bereits in dieser Entscheidung für Prag – Spötter sprechen von der einzigen im Leben des Kaisers – sehen wollen. Doch die abwartende, «untätige» Haltung Rudolfs gegenüber dem politischen Handlungsfeld war tatsächlich das Ergebnis dieser Entscheidung. Sie war in dem spezifischen Diskurs zwischen Hof und Stadt entstanden und hatte sich als ästhetisches und magisch-philosophisches Konzept der «discordia concors» in den Sammlungen, Hofgesprächen und Gelehrtenkreis um den Kaiser ein genuines Repräsentationsfeld gesucht. Den notwendigen Wandel zur politischen «maniera» hatte diese Aura symbolischer Repräsentation nicht vollziehen können. Es waren die Grenzen einer im unmittelbaren und vielleicht besten Sinne «symbolischen Politik», die sich in der implosionsartigen Kontraktion des rudolfinischen Imperiums auf die Stadt und schließlich den Hof selbst mit brutaler Deutlichkeit enthüllten.

Die Wahl Prags zur kaiserlichen Residenz, zum «caput imperii», erhält jedoch von hier erst ihre wesentliche Signifikanz: Nur in Prag fanden sich jene umfassenden, aus der geschichtlichen Erfahrung gewonnenen Konzepte zur kulturellen Einhegung der gefährlichsten Antagonismen der europäischen Gesellschaften – ihrer religiösen und ethnischen Konfliktpotentiale. Nur hier hatte man erfolgreich das «Aushalten» und Dulden des jeweils Andersartigen, vermeintlich Feindlichen gelernt und Regressionen überlebt. Es war eine Lektion, die in den Hussitenwirren teuer bezahlt worden war. Prag zum Zentrum des Reiches zu erheben, war daher das signifikanteste Symbol in einem nahezu zwangsweise «nur» auf Symbolik reduzierten Handlungsfeld gewesen. Daß am Ende – nämlich zunehmend seit der Jahrhundertwende – die Stadt selbst allmählich zum Schauplatz zunächst von außen stimulierter, bald aber auch von städtischen Gruppierungen übernommener religiöser und parteilicher Konflikte werden sollte, mag das Scheitern des Vermittlungsprozesses zwischen dem Symbolischen und Politischen auf der Handlungsebene durchaus zureichend erklären. Doch auch andere Konstellationen hätten das Prager Modell scheitern lassen, denn es war tatsächlich einer der wenigen Versuche der Geschichte, eine Utopie «sanft» in die historische Wirklichkeit zu übertragen.

So kam in der kosmopolitischen, konfessionsübergreifenden Atmosphäre des rudolfinischen Prag etwas ganz anderes zum Ausdruck als der viel zitierte Eskapismus: nämlich der Versuch des Kaisers, in einer fast aussichtslosen Lage Balance zu halten – nicht zu handeln, sondern ein «Modell» zu leben. Ein Modell, von dem der tschechische pansophistische Philosoph Jan Amos Comenius noch fast ein Jahrzehnt nach dem Tod Rudolfs einen mythischen Schatten wahrnimmt. In nächtlicher Begegnung erzählt ihm ein Greis, Rudolf habe Prag zum Zentrum einer internationalen Gesellschaft des Friedens machen wollen. Er berichtet, wie ihm der alte Mann eine Kette zeigt und sie unter Tränen als das heilige Symbol der Friedensgesellschaft bezeichnet, das «seine Heiligkeit der Kaiser mit den eigenen heiligen Händen angefertigt» habe. Nun aber habe die Bürger Prags der Fluch des Kaisers getroffen, da sie sich als unverständig gegenüber seinem Friedenswerk erwiesen hätten.[11]

Am 23. Mai 1618 war es zu dem berühmten «Prager Fenstersturz» gekommen, der Initialzündung für den Dreißigjährigen Krieg – Ergebnis der Politik all jener «Realisten» um Rudolf II., die sich im Gegensatz zu ihm aufs Handeln verstanden.

Der Große Krieg in Teutschland

Die Zentren Mainz, Wien und Wallensteins Heerlager

Günter Barudio

Unter allen Hauptorten des Heiligen Reiches, wie das föderative Gemeinwesen der Deutschen bis 1806 in Kurzform genannt wurde, nahm das Goldene Mainz am Rhein stets eine besondere Position ein. Von hier aus wirkte der Benediktinermönch Bonifatius als «Apostel Deutschlands», indem er die Missionierung am Main entlang bis zur Elbe dauerhaft organisierte. Bald nach seinem Märtyrertod im heidnischen Friesland wurde Mainz 781 vom Heiligen Stuhl in den Rang eines Erzbistums erhoben. Dessen Inhaber bekleideten seit dem 10. Jahrhundert und bis ins Jahr 1802 stets auch das politische Amt eines Reichs-Erzkanzlers.

Im 11. Jahrhundert erhielten die Mainzer Erzbischöfe sogar die Würde und Funktion eines Kurfürsten im Heiligen Reich. In dieser Konzentration von Erzbischof, Kurfürst und Erzkanzler steigerte sich auch das politische Gewicht der Stadt selbst. Es drückte sich vornehmlich darin aus, daß von Mainz her der verfassungsgemäße Ruf an alle anderen sechs Kurfürsten in Köln, Trier, Heidelberg, Dresden, Berlin und Prag erging, sich nach dem Ableben eines Kaisers nach Frankfurt am Main zu begeben, um dort ein neues Oberhaupt der Christenheit zu wählen. Dazu heißt es in der Goldenen Bulle, dem Kaiserwahlgesetz aus dem Jahre 1356, nach dessen Bestimmungen der Reichs-Erzkanzler sich selbst und die anderen Kurfürsten einzuschwören hatte: «Ich..., der Erzbischof von Mainz, des Heiligen Reiches Erzkanzler in Teutschland und Kurfürst, schwöre bei dessen hier gegenwärtig vor mir liegenden heiligen Evangelien Gottes, gemäß der Treue, zu der ich gegen Gott und das Heilige Römische Reich verpflichtet bin, nach bestem Wissen und Gewissen und mit Gottes Hilfe der Christenheit ein weltliches Oberhaupt, einen römischen König und künftigen Kaiser, der zu diesem hohen Amt geeignet ist..., zu wählen, meine Stimme abzugeben und meine Entscheidung zu treffen, ohne jede Abrede, Belohnung, Entgelt oder Versprechen... So wahr mir Gott helfe...»

Dieser Eid blieb in seiner vertraglichen und demokratischen Substanz auch erhalten, als Mainz im Jahre 1163 zu einem wehrlosen, offenen Ort im Heiligen Reich degradiert wurde und dabei den wesentlichen Teil seiner schützenden Stadtmauer verlor. Als kollektive Bestrafung für den Mord an Erzbischof Arnold hatte Kaiser Friedrich Barbarossa diese Maßnahme verfügt. Aber bereits 1235, als Kaiser Friedrich II. in Mainz einen Reichstag eröffnete, der dann zum wichtigen Mainzer Reichs-Landfrieden führte, hatte sich die Handels- und Kirchenstadt wieder erholt, ja sogar den Wiederaufbau der Stadtmauer besorgt. Eine Reihe von Privilegien im Geist der Selbstverwaltung sowie im Rahmen einer gewissen Trennung von Kirche und Stadt sorgte ab 1244 dafür, daß es mit diesem Wirtschaftszentrum am Zusammenfluß von Rhein und Main weiter aufwärts ging, ohne jedoch den Status von Frankfurt, Nürnberg oder Regensburg zu erreichen: «In Mainz besaß (der Kaiser) als das Reichs-Oberhaupt keine alten oder neuen stadtherrlichen Rechte. Mainz ist daher niemals eine echte ‹Reichsstadt› gewesen. Seine Bürger wollten zwar eine ‹freie Stadt› im Reich werden, sind es aber rechtlich nie geworden.»

Trotz dieses Mangels gestaltete sich in dieser gut befestigten Stadt mit dem Sitz zahlreicher Ritter- und Bettelorden die politische Kultur des «Friedensgebotes». Darunter verstand man seit etwa 1300 die jährliche Vereidigung der neuen Magistrate und die Huldigung aller Bürger auf Gegenseitigkeit. Mit dieser Form vertraglicher Selbstverwaltung war es vorbei, als der Schrecken des «Blutsonntages» am 28. Oktober 1462 die Stadt heimsuchte. Kurfürst Adolf II. von Nassau hatte die aufrührerische Stadt, die mit Diether von Isenburg verbündet war, in einem zehnstündigen Straßenkampf niederringen lassen. Dabei sollen 350 Bürger gefallen sein, 150 Häuser gingen in Flammen auf, alle Behausungen des Klerus, der Bürger und einsässigen Juden wurden schonungslos geplündert – 800 Bürger wurden zusätzlich vertrieben.

Dazu gehörten auch viele Handwerker, die bei Gutenberg die «Teutsche Kunst» gelernt hatten, den Buchdruck mit beweglichen Lettern. Künftig von Mainz ausgesperrt, verbreiteten sie diese bahnbrechende Erfindung erst im Heiligen Reich und dann in ganz Europa. Dieser Effekt des kurfürstlichen Strafgerichts war sicher nicht beabsichtigt, wie überhaupt nach einer Beruhigungszeit wieder «Vernunft» in die Stadt einzuziehen begann. Bereits 1469 erhält Mainz seinen «Freiheitsbrief» bestätigt, der im wesentlichen die alten Vorrechte zugesteht. Allerdings bleiben die herkömmlichen Zünfte aus der Stadt verbannt, und der Klerus behält eine bedeutende Stellung hinsichtlich der Stadtverfassung.

Die Errichtung einer Universität im Jahre 1477 nach den Statuten von Bologna, Paris und Köln förderte den Humanismus und verschaffte Mainz neben den zahlreichen Kirchenversammlungen neuen Glanz. Aber mit der Einführung des Vizedom-Systems nur ein Jahr später wurde den Bürgern deutlich gemacht, daß die Erzbischöfe die Stadt als eine Art materieller Hausmacht betrachteten und deshalb ihre Verwaltung ständig zu kontrollieren suchten. Die Sicherung ihrer Position wirkte aber nicht nur nach unten, sie mußte auch von jedem neuen Kaiser gleich nach seiner Wahl bestätigt werden. Dazu heißt es in der Goldenen Bulle: «Wir verordnen mit der ganzen kaiserlichen Machtvollkommenheit, daß... sämtlichen geistlichen und weltlichen Kurfürsten, die bekanntlich die vornehmsten Glieder des Heiligen Reiches bilden, alle ihre Privilegien, Urkunden, Rechte, Freiheiten und Vergünstigungen, alten Gewohnheiten, Titel und Würden und alles, was sie vom Reich bis zum Tage der Wahl empfangen und innehaben, ohne jeden Verzug und Widerspruch mit Urkunde und Siegel bestätigt und anerkannt werden.»

Diese Rechtsgarantie stärkte nicht nur die weltlichen Kurfürsten in ihrem jeweiligen Territorialbestand, sondern auch den Inhaber des Reichserzkanzleramtes. So verwundert es nicht, daß von Mainz aus immer wieder wichtige Reformen zur inneren Gesundung des Heiligen Reiches betrieben wurden. Vor allem Kurfürst Berthold von Henneberg legte im Jahre 1495 dem Reichstag zu Worms ein Reformprogramm vor, das in Europa kaum ein Gegenstück hatte. Das Hauptziel des Mainzer Erneuerers war die Stärkung der öffentlichen Finanzkraft durch die Einführung des Gemeinen Pfennigs. Dann sollte das Reichsregiment als Regierungs-Kollegium und ständiger Ausschuß der Reichsstände gestärkt werden. Nach den Vorstellungen Hennebergs konnte das nur dadurch richtig geschehen, daß der Erzkanzler in diesem Gremium eine entscheidende Position einnahm.

Verständlich, daß dieser rührige Kurfürst dafür eintrat, Mainz zum Sitz des Reichssteuer-Amtes, des Reichsregiments und selbst des Reichskammergerichtes zu machen. Mit einer solchen Konzentration von Hoheitsfunktionen neben den Tagungsorten des ständischen Reichstages wäre man der späteren Vorstellung von einer einzigen Hauptstadt des Heiligen Reiches ziemlich nahegekommen. Aber statt dessen wurde Nürnberg mit dem Sitz des Reichsregiments ausgezeichnet und Speyer am Rhein mit dem Reichskammergericht als Überwacher des Ewigen Landfriedens geehrt und beschwert.

Die Mainzer Kurfürsten blieben allerdings als Erzkanzler und Treuhänder des Reichsarchivs in einem hohen Maße politisch aktiv: ob 1517 auf dem letzten Reichstag, der in Mainz abgehalten wurde, oder bei der Abfassung des Passauer Vertrages von 1552. Dieser galt als wichtige Vorstufe des Augsburger Religionsfriedens von 1555 – und nach gut einer Generation als Hauptquelle der Unruhe, ja des Unfriedens in einem Reich, wo man bereits wegen Gänsediebstahls durch «Rädern» zu Tode gequält werden konnte. Der Scharfrichter

Abb. 10: Ansicht der Stadt Mainz von der Rheinseite im Jahre 1633.
Kupferstich von Matthäus Merian

packte für den Vollzug dieser Strafe ein Wagenrad «bei den Speichen, hob es in die Luft und schlug mit einem mächtigen Stoß eines der Beine des armen Wichtes in Stücke, worüber dieser entsetzlich aufbrüllte. Dann zerbrach er das andere Bein auf dieselbe Art und zerstieß schließlich seinen Brustkorb zu Splittern. Alsdann nahm er den verstümmelten Leichnam und breitete ihn auf dem Rade aus...».

Wurden schon für solche Fälle bei Eigentumsdelikten überharte Strafen verhängt, dann konnte man sich denken, daß der Vorwurf des Landraubes in einem Bürgerkrieg enden mußte. Bekanntlich haben die erwähnten Absprachen von Passau und Augsburg neben den Katholiken im Heiligen Reich nur die Lutheraner als Konfession im Verfassungsrang anerkannt und damit auch den vorläufigen Besitz an Kirchengut, das den Katholiken durch den Glaubenswechsel entzogen worden ist. Die Calvinisten hingegen waren nicht in den relativen Schutz dieser Reichsgesetze gelangt. Mainz, das in der Reformation überwiegend katholisch geblieben war, geriet schon aus diesen Gründen immer wieder mit der calvinistisch gewordenen Kur-Pfalz in Streitereien. Kein Wunder auch, daß sich Erzbischof und Kurfürst Johann Schweickhard von Cronberg an der Organisation der LIGA im Jahre 1609 beteiligte, dem katholischen Kampfbund, der das militärische und politische Gegenstück zur 1608 gegründeten UNION der protestantischen Reichsstände war. Neben dem Herzog Maximilian von Bayern fungierte dieser Mainzer Kirchen- und Reichsfürst gar als zweiter «Bundesoberst» in der LIGA. Er ließ sogar den Mainzer Klerus zum Schutz der Stadt bewaffnen und war sehr darum bemüht, die Wahl des Habsburgers Ferdinand II. zum neuen Kaiser abzusichern: Das geschah im August 1619, als ebendieser Ferdinand bereits als König von Böhmen abgesetzt und aus Prag vertrieben worden war.

Damit aber stellte sich die fundamentale Frage nach der Trägerschaft und Wahrnehmung der siebten und damit böhmischen Kurstimme bei einer Kaiserwahl. Reichs-Erzkanzler Schweickhard durfte dazu von einer Delegation der Stände Böhmens eine gehörige Rechtsbelehrung entgegennehmen: «Das Wahlrecht ist nicht ein personenbezogenes Recht oder ius personale, sondern es ist sachgebunden oder reale und auf jegliches Kurfürstentum als ein Eigenvermögen gewidmet. Also, daß niemand ohne wirklichen ruhigen Besitz des Kurfürstentums unter der Wahrung der Gesetze des Reiches solche Rechte gegönnt werden können – laut der Goldenen Bulle Kaiser Carls IV. –, ... so daß auch die löbliche Kron Böhmen nicht wider den klaren Buchstaben der Goldenen Bulle ... beschwert und benachteiligt werden darf.»

Nach dieser transpersonal verstandenen Rechtsauffassung gehörte demnach die Kurstimme allein der Krone Böhmen. Als deren rechtmäßiger König war aber zu dieser Zeit der calvinistische Kurfürst Friedrich V. von der Pfalz noch nicht gewählt, so daß er hier untätig bleiben mußte. Schweickhard ließ in seiner Habsburg-Treue den vorgebrachten Einspruch aus Böhmen nicht gelten und stimmte dem Verfahren zu, daß sich Ferdinand als Träger der böhmischen Kurstimme zum Kaiser selbst mitwählte. Nur ein Jahr nach dieser denkwürdigen Wahl erlaubte der Mainzer Kurfürst auch die militärische Intervention Spaniens unter dem General Spinola in der linksrheinischen Pfalz und förderte nach der Schlacht am Weißen Berg (1620) die von Habsburg durchgeführten Enteignungen unterlegener Protestanten wie deren Rekatholisierung.

So kämpferisch Schweickhard auch im Geist der Gegen-Reformation sein mochte, so konnte er sich dennoch als Reichs-Erzkanzler um den inneren Reichsfrieden bemühen. Gegen alle Einwendungen aus Wien, das mit dem Heiligen Reich als Hauptstadt Österreichs wenig zu tun hatte, gelang ihm 1621 ein Ausgleich mit der protestantischen UNION, der selbst vom spanischen General Spinola respektiert wurde. Man sprach dabei sogar vom Mainzer Frieden und hoffte auf Besserungen in einem Gemeinwesen, wo manch einer wie Jakob Böhme den streitenden Brüdern ins Gewissen redete: «Denke niemand ... nun wird's gut werden. Und der unten liegt, denke nicht: Ich bin also ungerecht erfunden worden, muß auf jene Meinung treten und diesen Haufen verfolgen helfen. Nein, das ist nicht der Weg und ist nur ein Babel. Gehe ein jeder in sich selber, und mache einen *gerechten Menschen* aus sich selber, und fürchte Gott und tue recht ... So grünet die Lilie Gottes und stehet die Welt in seinem Saeculo.»

Noch aber wucherten die Disteln der Mißgunst, der Besitzgier und des religiös durchwirkten Hasses in beiden Lagern dieses teutschen Bürgerkrieges, der sich zu einer europäischen Krise auszuweiten schien. Kurfürst Schweickhard versuchte alles, von Mainz aus entscheidende Friedensbemühungen auf den Weg zu bringen, ließ aber auch die Wehrhaftigkeit seiner Stadt erheblich verstärken. Als er 1626 starb, mischte sich der dänische König Christian IV. zugunsten der bedrängten evangelischen Reichsstände militärisch von Norden her ein, freilich ohne politisch viel ausrichten zu können. Im Gegenteil: Mit dieser mißglückten Intervention von Dänemark her stieg nur die Militärmacht Wallensteins, der sich jeder Unterstützung durch Kaiser Ferdinand II. und die Wiener Hofburg sicher sein konnte.

Schweickhards Nachfolger Georg Friedrich von Greiffenklau hatte es in dieser Situation nicht leicht, eine konstruktive Friedenspolitik im Geist seines Vorgängers zu betreiben. Dennoch konnte er auf dem Kurfürstentag zu Mühlhausen im Jahre 1627 dem zur Gegen-Reformation entschlossenen Kaiser klarmachen, daß Wallensteins Heerlager dem Reichsfrieden nicht förderlich sei. Der Erfolg der Kurfürsten war aber bescheiden genug. Denn Wien blieb heftig entschlossen, den Friedensbemühungen aus Mainz noch stärker durch Krieg zu begegnen. Wallenstein gab das Hauptziel in dieser Zeit vor: «Der König (von Böhmen) muß gedenken, daß er Monarch der Welt werden und für sein Patrimonium nicht allein die Fürstentümer Schweinitz und Jauer haben soll, wovon er ohnedies kein Einkommen hat. Ich habe kein Interesse dabei, betrachte allein Ihrer Kaiserlichen Majestät Dienst, denn dero Glück und Ruin besteht in guter oder böser Affektion der Armee... Haben wir Kur-Bayern recht auf unserer Seite, dann sind wir nicht allein die Herren von Teutschland, sondern von ganz Europa.»

Dieser diktatorischen Energie mit ihrer wuchernden Enteignungs- und Verfolgungsmanie konnte der Reichs-Erzkanzler von Mainz wenig entgegenhalten. Als dann 1629 nach dem Schein-Frieden mit Christian IV. von Dänemark aus Wien das folgenschwere Restitutionsedikt erlassen wurde, stellte sich der Mainzer Erzbischof als katholischer Kirchenfürst auf die Seite Habsburgs und verlangte, daß alle Kirchengüter, die seit dem Passauer Vertrag von 1552 von Protestanten besetzt und genutzt worden waren, an die Katholische Kirche zurückgegeben werden müßten. Doch noch ehe er sich als Exekutor dieses unfriedlichen und kriegstreibenden Ediktes in seinem Kurfürstentum auszeichnen durfte, starb er noch im selben Jahr.

Sein Nachfolger Anselm Casimir von Umbstadt hatte sich gerade in das schwere Amt des Erzkanzlers eingearbeitet und kraftvoll mitgeholfen, den Friedensvertrag von Regensburg vorzubereiten, da drohte vom hohen Norden her die Gefahr, daß die Enteignungen der protestantischen Reichsstände nicht im bisherigen Maße fortgeführt werden konnten. Schwedens Reichskanzler Axel Oxenstierna (1583–1654) hatte bereits im November 1628 von Preußen aus die Lage im Heiligen Reich analysiert und dabei die künftige Sicherheitspolitik festgelegt: «Der Plan des Kaisers, Wallensteins und der Catholischen LIGA besteht darin, alle teutschen Fürsten und Städte zu unterdrücken und unter des Kaisers ABSOLUTUM DOMINIUM oder uneingeschränkte Verfügungsgewalt über Eigentum zu bringen. Damit will man teils durch List, teils mit Gewalt die Catholische Römische Religion einführen und alle Evangelischen unterdrücken… Teutschland ist nun meistenteils gedämpft, und sie arbeiten einzig und allein an dessen Deformation. Aber sie bemerken auch, daß ihnen die beiden Königreiche Schweden und Dänemark im Wege stehen. Und deshalb lassen sie alles andere beiseite und trachten mit Macht und allen Ränken danach, daß sie sich erst Dänemarks und des Sundes bemächtigen – und dann Schwedens.»

Das Ausschalten Dänemarks war 1629 schon gelungen, und der stark betriebene Bau einer Ostsee-Flotte ließ alle Befürchtungen wachsen, daß damit Schweden erobert werden sollte. Allerdings hatte schon die vergeblich unternommene Belagerung Stralsunds, das mit Schweden verbündet war, Wallenstein deutlich gemacht, daß ihm von seiten Schwedens ein härterer Widerstand entgegengebracht würde als von Dänemark, das er bis nach Jütland hinauf erobert hatte. Seine Absetzung als General des Kaisers in Regensburg 1630 enthob ihn dieser Sorgen vorerst, als König Gustav Adolf an der Küste Pommerns landete und mit seinem gut geübten Heer von 13 000 Mann einen Siegeszug durch halb Teutschland auszufechten begann.

In der berühmten Staubschlacht auf dem Breiten Feld nördlich von Leipzig fand dieser Zug im September 1631 seinen vorläufigen Höhepunkt, als die Niederlage Tillys, der LIGA und des Kaisers dem Schweden-König alle Tore ins Heilige Reich öffnete. Der Zug nach Wien war in der dortigen Hofburg wie in höchsten Militärkreisen erwartet worden, und noch 1650 merkte Axel Oxenstierna im schwedischen Reichsrat dazu an: «Unter anderem muß hierzu gesagt werden, daß der Kaiser niemals hätte subsistieren können, wenn der selige König (Gustav Adolf) sofort auf die Erbländer (des Kaisers) zumarschiert wäre und den Zug auf den Rheinstrom zu hintangestellt hätte.»

Bekanntlich hat Gustav Adolf den Weg nach Wien nicht eingeschlagen, sondern bereitete den Marsch auf Mainz vor. Dafür besaß er gute Gründe, auch wenn es ihm den abträglichen Ruf eingebracht hat, er sei ein neuer Hannibal geworden. Dieser hatte nach der gewonnenen Schlacht bei Cannae im Jahre 216 v. Chr. den Sieg politisch verspielt, weil er die Hauptstadt Rom nicht besetzte. Schon wegen der schlechten Versorgungslage in Böhmen wie in den ausgelaugten Erbländern Habsburgs war es geboten, sich den reichen Ländern und Städten an Main und Rhein zuzuwenden. Außerdem zielte die politische Strategie Gustav Adolfs auf die Wiederherstellung der alten Reichs- und Eigentumsverfassung vor 1618. Er wollte als Freund des Heiligen Reiches gelten, dessen Kultur er soviel verdankte, und mußte deshalb mit seinem Zug ein freiheitliches Zeichen setzen. Schon im katholischen Erfurt quartierte er einen Teil seiner Offiziere im «Mainzer Hof» ein und erläuterte vor Dominikaner-Mönchen wie Jesuiten in glänzendem Latein die Beweggründe seiner Intervention: «Ich habe weder Ihren Herrn, den Erzbischof von Mainz noch Ihren Oberherrn, den Kaiser in Wien, auch nur mit einem Wort beleidigt. Dieser jedoch ist zuerst mit einem Heer gegen mich ausgerückt. Außerdem ist jedermann bekannt, wie er meine Verwandten behandelt hat, die Herzöge von Mecklenburg und Pommern und kürzlich die Markgrafen von Brandenburg. Entweder hat er ihnen ihre Länder weggenommen oder sie verwüsten lassen.»

Gustav Adolf war hier wie in anderen Stellungnahmen sehr darauf bedacht, die Rechtshaltung der böhmischen Patrioten bei der Kaiserwahl einzunehmen: Er führte nicht Krieg gegen das Heilige Reich als ständische Eigentumsordnung, auch nicht zur Einführung der evangelischen Religion in katholischen Gebieten, sondern einzig und allein gegen jene Kräfte mit dem Kaiser an der Spitze, die den Rechtswiderstand der Protestanten mit Gewalt brechen wollten. Dem Grundsatz des Völkerrechts gemäß, daß «der Zweck des Krieges der Friede ist» (Hugo Grotius), hatte er seine Strategie vornehmlich darauf gerichtet, Schwedens eigene Unabhängigkeit dadurch auf Dauer zu sichern, daß die «Teutsche Libertät» der Reichsstände gegenüber dem Kaiser international garantiert blieb. So wie er aus Schweden nach dem Bürgerkrieg oft im Vertragsgeist teutscher Vorbilder einen Rechts- und Verfassungsstaat befestigt und erweitert hatte, so war es ihm eine Grundabsicht, das Heilige Reich bei seinen uralten und «hochheilsamen Verfassungen» gestaltet zu wissen – und nicht als Militär-Diktatur, die mit Hilfe des Kriegsrechtes erst die Teutschen rechtlos machte und dann mit Spaniens Hilfe die Nachbarn unterwarf: «Es habe ihm der Versuch der Catholischen LIGA höchlich mißfallen, zur Unterdrückung der Evangelischen Stände nichts anderes zu unternehmen als die Einführung des bei allen freien Teutschen verhaßten ABSOLUTEN DOMINATS. Und diesem können die bedrängten Stände als redliche Patrioten ihres Vaterlandes Teutscher Nation keineswegs beipflichten.»

Bedenkt man diese konstitutionellen Bindungen der Intervention des Schweden-Königs, dann wird der Zug nach Mainz weiterhin verständlich. Denn vom Sitz des Reichs-Erzkanzlers aus konnte neben militärischen Vorteilen das politische Ziel eines Universalfriedens für das ganze Heilige Reich und das angrenzende Europa am besten verfolgt werden. Schon vor dem Eintreffen der Schweden-Armee in Mainz zur Weihnachtszeit des Jahres 1631 hatte es in dieser Hinsicht ernsthafte Versuche gegeben.

Landgraf Georg von Hessen-Darmstadt stand als Lutheraner und Anführer der Neutralisten mit Anselm Casimir in regem Kontakt, nach der Absetzung Wallensteins den innerteutschen Bürgerkrieg zu beenden. Von Mainz aus, das einer Belagerung durch große Summen für die Kriegskasse des Schweden-Königs entgangen war, erwartete man wie schon oft zuvor in der Reichsgeschichte den Frieden, aber nicht von Wien her, wo dieser ganze Krieg wegen der habsburgischen Erbsucht ausgeheckt worden war.

Gustav Adolf wußte sehr wohl, warum er neben Frankfurt am Main in diesen wichtigen Hauptort am Rhein zog und von hier aus Friedensbemühungen mit dem Druck seiner «siegreichen Waffen» verstärkte. Allerdings nicht in dem Sinne, den der Stadthistoriker Anton Philipp Brück nach den Phantasien des Militärarztes Friedrich von Schiller ausgesponnen hat: «Gustav Adolf dachte nicht daran, das einmal Gewonnene wieder aufzugeben. Sein Ziel war, sich mit den Stimmen der protestantischen Kurfürsten zum römischen König wählen zu lassen und Mainz dann zu seiner Residenz zu machen. Mainz, die Schlüsselposition am Mittelrhein, im Herzen Deutschlands gelegen, sollte die *Hauptstadt* eines neuen ‹evangelischen Deutschland› werden. Von hier aus konnte der König am besten einen entscheidenden Einfluß auf die politische und religiöse Entwicklung Deutschlands nehmen.»

Allein die Tatsache, daß Gustav Adolf als König Schwedens amtsmüde war, ja sogar abdanken wollte und vom Kanzler Oxenstierna zum Verbleiben im Amt gedrängt werden mußte, entzieht dieser Unterstellung jeden Grund. Auch die Errichtung des sogenannten «Schweden-Staates» in Mainz durch den aus Preußen angereisten Reichskanzler hatte gar nichts damit zu tun, von dieser Stadt aus das Heilige Reich absolutistisch und zentralistisch zu regieren, wie noch vor kurzem in einer stadtgeschichtlichen Studie von Hermann-Dieter Müller behauptet wurde. Denn der Begriff «Staat» betraf wie im Französischen der Terminus «Etat» nur den materiellen Haushalt einer Institution, der für ein Jahr aufgestellt werden mußte und entsprechend verlängert werden konnte. Von der Dauer-Einrichtung eines Staates als Machtordnung und Basis eines «protestantischen Kaisertums» findet sich in den schwedischen Quellen nichts.

Gewiß, Oxenstierna als einer der größten Verfassungs- und Verwaltungsreformer Alteuropas im Geist der vertraglich angelegten Libertät hat aus dem «Pfaffennest» Mainz mit dem überkommenen «Vizedom-System» erst einmal wieder eine richtige Stadt mit bedingter Selbstver-waltung gemacht. Aber er selbst trieb die große Politik vom Deutsch-herrenschloß in Frankfurt am Main aus, während sich der König im Frühjahr 1632 auf den Kriegszug an die Donau und nach Bayern begab. Und dazu gehörte in der vertraglichen Absprache mit Frankreich (Bär-walde 1631), während der Intervention im Heiligen Reich keine Mis-sionierung der Katholiken zu betreiben oder gar ein eigenständiges «protestantisches Teutschland» anzustreben. Schwedens Staatsmän-nern war bewußt, daß sie nur bis zu einem Universalfrieden im Heili-gen Reich bleiben wollten. Dafür allerdings wurden einige Anstren-gungen unternommen, die eigenen Standorte zu sichern. Das gelang im Falle von Mainz auch nach dem Tod König Gustav Adolfs in der Schlacht bei Lützen (1632) gegen den erneut zum kaiserlichen General berufenen «Gewaltmenschen» Wallenstein. Trotz mehrerer Belagerun-gen, Pestzeiten und Hungersnöte hielt die Schweden-Garnison bis zum 17. Dezember 1635 eine Stadt, die nach allen Kriegsbelastungen schrecklich heruntergekommen war und eher einem Dorfe glich.

Kurfürst Anselm Casimir beklagte lebhaft diesen Zustand nach sei-ner Rückkehr, mühte sich aber nach Kräften, den guten Ruf seiner Residenzstadt als Friedensbringer wieder herzustellen. Im Jahre 1639 durfte der Reichserzkanzler mit der Zustimmung des Heiligen Stuhls in Rom ein dreitägiges Fasten und Beten anordnen, um die kriegsver-stockten Gemüter in seinem Sinne zu bewegen: «... Auf daß seine Göttliche Allmacht unseren alleinseligmachenden Catholischen Glau-ben im Römischen Reich beschützen, von allen feindlichen Nachstel-lungen und Empörungen retten, die Ketzerei ausrotten, führnehmlich christliche Fürsten und Potentaten wahren Frieden und Einigkeit ver-leihen und alle gegenwärtige Trüb- und Drangsal von dem Römischen Reich Teutscher Nation väterlich abwenden und hintertreiben wolle.»

Diese Bitte, die den protestantischen Christen nicht entgegenkom-men wollte, wurde zunächst nicht erhört, auch wenn sich die Römi-sche Kurie in die ersten Friedensbestrebungen mischte und von Köln aus Sondierungen bei den Streitparteien unternahm. Denn ab 1643 bemächtigten sich die Franzosen als Verbündete Schwedens der Stadt Mainz, ohne jedoch in ihre inneren Verhältnisse einzugreifen: Diese fremde Besatzung blieb, bis endlich in Münster und Osnabrück der «Teutsche Frieden» 1648 ausgehandelt und in seinen Hauptstücken durchgeführt worden war.

Den Abschluß dieses wahrhaft historischen Universalwerkes, das bis 1806 die Grundlage des politischen Gleichgewichtes in Europa bildete und die Mitte des Kontinents befriedete, erlebte Anselm Casi-mir nicht mehr. Er starb 1647 in Frankfurt am Main und fand im

Würzburger Bischof Johann Philipp von Schönborn einen würdigen und tatkräftigen Nachfolger. Als Anhänger eines Kompromißfriedens zwischen Katholiken, Lutheranern und Calvinisten bemühte er sich sehr, den alten Mainzer Traditionen und den Verpflichtungen des Reichs-Erzkanzleramtes auf den inneren Frieden nachzukommen. Neben anderen Friedensstiftern ist es auch seiner Politik zu verdanken, daß die Calvinisten endlich als Konfession im Verfassungsrang anerkannt und die jeweiligen Besitzstände der drei Haupt-Konfessionen nach dem Stich- oder Normaljahr von 1624 festgeschrieben wurden. Von diesem Kurfürst stammte auch die zum Kriegsende geprägte Formel, daß «der Friede der beste aller Zustände des Lebens ist». Ein Motto, das dem historischen Selbstverständnis von Mainz entsprach und allen Schönborns in der Folgezeit eine hohe Verpflichtung war. Dazu gehörte es auch, der durch Krieg und Not verkommenen Stadt wieder zu altem Glanz in neuem Gewand zu verhelfen: Durchaus im Sinne jener Tagebuch-Eintragung Gustav Adolfs, die in knappen und genauen Worten das Besondere dieses Hauptortes im Heiligen Reich eingefangen hat: «Das *Goldene Mainz*, einer der strategisch wichtigsten Punkte im Teutschen Reich und Sitz der nach dem Kaiser höchsten Würdenträger.»

Diese Beschreibung macht im Lichte der Geschichte mit einer Tradition vertraut, die dem Föderativprinzip gemäß Hoheitsfunktionen auf mehrere Orte verteilt, um auch auf diese Weise die Teilung von Rechtskompetenzen zu befestigen. Das Ziel dieser Dezentralisierung wurde von einem Politikbegriff aristotelischen Zuschnitts bestimmt, nämlich stets «die Kunst des Gleichen und Guten» zu üben und dabei die Kultur der Gegenseitigkeit zu befestigen. Das aber konnte in einem solch weitläufigen Gemeinwesen wie dem Heiligen Reich nur dann gelingen, wenn die einzelnen Reichskreise, Hauptorte und Regionen in ihrem Eigenwert gepflegt wurden, ohne den Gemeinsinn für das Ganze zu verlieren. An diesen Reichtum rechtlichen und friedlichen Verhaltens dachte Novalis in seiner Schrift «Die Christenheit oder Europa», dessen menschenfreundlicher Kern einst das Heilige Reich trotz seiner Schattenseiten war. Ein versöhnendes Wort aus dieser Schrift, die erst 1811 veröffentlicht werden durfte, bezieht Geschichte und Gegenwart so intensiv aufeinander, daß darin heute noch eine Handreichung für unsere eigene Zukunft gesehen werden kann: «Hier die Andacht zum Altertum, die Anhänglichkeit an geschichtliche Verfassung... Dort das entzückende Gefühl der Freiheit, die unbedingte Erwartung mächtiger Wirkungskreise. Keine hofft, die andere zu vernichten. Alle Eroberungen wollen hier nichts sagen, denn die *innerste Hauptstadt jedes Reiches* liegt nicht hinter Erdwällen und läßt sich nicht erstürmen.»

Das Reich kommt zur Ruhe

Der Immerwährende Reichstag in Regensburg

Karl Otmar von Aretin

Im alten Rathaus zu Regensburg scheint noch alles darauf zu warten, daß die Gesandten des Immerwährenden Reichstags sich zu einer Sitzung versammeln. Der Immerwährende Reichstag, wie sein etwas euphemistischer Titel hieß, tagte hier 143 Jahre von 1663 bis 1806. Und, wie sein Name sagt, wenn es nach ihm gegangen wäre, er würde heute noch tagen.

Der Thron des kaiserlichen Principalkommissars, dem als Vertreter des Kaisers ein Baldachin zustand, die Sessel der Kurfürsten und schließlich die Bänke, auf denen die hochmögenden Gesandten der Fürsten, Grafen, Prälaten und schließlich der Städte saßen, stehen noch da, als würden sie gleich in Gebrauch genommen.

Bequem, das sei gleich bemerkt, hatten es die Herren nicht. Die Bänke waren ungepolstert und ohne Lehnen. Man versteht, daß man sich nur ungern zu einer Plenarsitzung traf. Lange Sitzungen, wie wir sie vom Bundestag kennen, müssen eine Tortur gewesen sein.

Das Heilige Römische Reich hat in unseren Geschichtsbüchern ein schlechtes Andenken. Die Attribute schwerfällig, langsam und entschlußlos sind ihm angehängt. Das gilt natürlich auch und gerade für den Reichstag. Eine Zeit, die Parlamente für überflüssige Quatschbuden hielt, konnte für so ein Gremium nichts übrig haben.

Damit hängt es zusammen, daß wir über die Aktivitäten des Immerwährenden Reichstags wenig bis gar nichts wissen. Für die Zeit von 1663 bis 1740 gibt es ein Verzeichnis aus dem 18. Jahrhundert.[1] Die Zeit danach ist in ihren Aktivitäten nicht erfaßt. Da die Reichstagsgesandten wöchentlich zwei Berichte schrieben, hat sich in den Archiven ein Aktengebirge aufgehäuft, das jeden abschreckt, der über den Reichstag forschen will.

Das hat sich zwar in den letzten Jahren etwas geändert. Neuere Arbeiten belegen eine erhebliche Aktivität.[2] Nur läßt sie sich nicht mit der Tätigkeit moderner Parlamente vergleichen. Der Immerwährende Reichstag war etwas anderes. Er war das wichtigste Gremium im Heiligen Römischen Reich, das Zentrum der Reichspolitik.

Davon ist allerdings in unseren Lexika nichts zu spüren. Meyers Enzyklopädisches Lexikon sagt nur, daß der Reichstag seit 1663 in

Regensburg tagte und sich 1806 aufgelöst habe. Andere Lexika wie die neueste Ausgabe des Staatslexikons haben ihn überhaupt vergessen. Das gilt auch für das Handwörterbuch zur Rechtsgeschichte, das in seinen Artikeln viele wichtige Angaben zur Verfassung des Heiligen Römischen Reiches bringt, einen Artikel über den Immerwährenden Reichstag aber für überflüssig hält.[3]

Bis 1663 wurden Reichstage in unregelmäßigen Abständen von den Kaisern einberufen, wenn sie von den Reichsständen, wie die am Reichstag versammelten Kurfürsten, Fürsten, Prälaten, Grafen und Städte genannt wurden, Geld haben wollten. Es war im Jahre 1495, als eine solche Versammlung in Worms sich zum ersten Mal Reichstag nannte.

Auf diesen Reichstagen waren der Kaiser und die meisten Fürsten persönlich anwesend. Ihre Beschlüsse wurden im sogenannten Reichsabschied zusammengefaßt und vom Kaiser feierlich verkündet.

Fern von ihren Gemahlinnen führten die Fürsten auf diesen Reichstagen oft ein fröhliches Leben. Die Reichsstädte, die den Reichstag auszurichten hatten, konnten sich oft nur schwer dem Ansturm von lichtscheuem Gesindel erwehren, unter denen nach Aussage der Zeitgenossen der Zuzug der leichten Mädchen besonders auffällig war. Auch Kaiser Karl V. zeugte auf dem Regensburger Reichstag 1546 mit der Nürnberger Bürgerstochter Barbara Blomberg den später als Sieger der Seeschlacht von Lepanto berühmt gewordenen Don Juan de Austria.

Im Westfälischen Frieden von 1648 wurde der Kaiser stärker als vorher an die Beschlüsse der Stände sowohl in der Gesetzgebung wie bei Entscheidungen über Krieg und Frieden gebunden. Das bedeutete allerdings noch nicht, daß der Reichstag zu einer dauernden Einrichtung geworden wäre. Aber Kaiser und Reich, wobei das Reich die Summe aller Reichsstände war, standen sich nun gleichberechtigt gegenüber. Einer konnte ohne den anderen nicht regieren. Der Westfälische Friede von 1648 konnte eine ganze Reihe von Problemen nicht lösen, die er einem künftigen Reichstag zur Entscheidung überließ.

Der Westfälische Friede stellte einen Tiefpunkt im Ansehen des Kaisers dar. Dementsprechend war die Tendenz der im Frieden festgelegten Verfassungsbestimmungen gegen die alte hierarchische Ordnung gerichtet. Wären die Absichten dieses Friedens erfüllt worden, das Reich hätte sich in einen föderalistischen Bund gleichberechtigter Fürsten verwandelt.

Die Fürsten erhielten das Recht zu Bündnissen mit auswärtigen Mächten. Diese durften sich nur nicht gegen Kaiser und Reich und gegen die im Westfälischen Frieden gefundene Ordnung richten.

Abb. 11: Der Immerwährende Reichstag machte Regensburg für 143 Jahre zur heimlichen Hauptstadt des Heiligen Römischen Reiches.

Es waren sechs Verfassungsaufträge, die der Westfälische Friede im Artikel VIII § 3 des Osnabrücker Friedensinstruments den künftigen Reichstagen zur Beratung übertrug. Die Kaiser sollten in ihren Rechten in einer ständigen Wahlkapitulation weiter beschränkt werden; eine neue Ordnung sollte die Wahl eines Römischen Königs zu Lebzeiten eines Kaisers erschweren; eine Neuordnung des Achtverfahrens sollte dem Kaiser die Möglichkeit nehmen, einen Fürsten nach einem Gerichtsverfahren vor dem obersten kaiserlichen Gericht, dem Reichshofrat in Wien, seiner Würden und Länder verlustig zu erklären; das Justizwesen sollte neu geordnet, die innere und äußere Sicherheit neu gefaßt, die Reichsmatrikel, auf der die Reichssteuern und die Gestellung von Soldaten festgelegt waren, überarbeitet werden.

Eine vom Reichstag beschlossene Wahlkapitulation hätte in die Rechte der Kurfürsten, die den Kaiser zu wählen hatten, eingegriffen. Dieser Artikel mit anderen Bestimmungen sollte an die Stelle der hierarchischen Ordnung die Gleichberechtigung aller Reichsstände erbringen. Die Vorrechte der Kurfürsten sollten künftig wegfallen. Das wäre ein tiefer Eingriff in die Reichsverfassung gewesen.

Diese Aufträge waren für den Kaiser so bedrohlich, daß man verstehen kann, daß Ferdinand III. es sich dreimal überlegte, ehe er den Reichstag einberief.

1653 aber konnte er nicht mehr anders. Am 30. Juni eröffnete Kaiser Ferdinand III. in Anwesenheit vieler Kurfürsten und Fürsten in Regensburg den Reichstag. Er tat dies in den alten, ehrwürdigen Formen der Reichstage des 16. Jahrhunderts. Kurfürsten, Fürsten, Grafen, Prälaten und die Vertreter der Städte scharten sich in der alten hierarchischen Ordnung um den Kaiser. Damit war entschieden, daß die eigentliche Idee der Sieger des Westfälischen Friedens, dem Kaiser eine einheitliche, nicht mehr hierarchisch gegliederte Ständeversammlung gegenüberzustellen, gescheitert war.

Als erstes erkannte der Reichstag den Westfälischen Frieden als Reichsgrundgesetz an. Er wurde Bestandteil der nicht schriftlich fixierten Reichsverfassung. Allgemein hatten die Sieger des Westfälischen Friedens erwartet, die Kaiser würden versuchen, die Entscheidung von 1648 rückgängig zu machen. Insbesondere Frankreich, seit 1648 neben Schweden Garantiemacht der Reichsverfassung, hoffte, dann die Reichsstände gegen die Kaiser mobilisieren zu können. Die habsburgischen Kaiser erkannten die Gefahr und hielten sich streng an die Bestimmungen des Friedens. Sie nutzten allerdings die in den oft recht unklaren Formulierungen liegenden Möglichkeiten für ihre Zwecke.

Von den oben genannten Verfassungsaufträgen erfüllte dieser Reichstag nur erste Verbesserungen der Justizverfassung. Er erließ eine Prozeßordnung für das zweite höchste Reichsgericht, das Reichskammergericht. Auch wurden die Modalitäten für die Visitation, das heißt die regelmäßige Überprüfung des Gerichts, festgelegt.

Das war zwar ein schöner Anfang, aber die regelmäßig vorgeschriebene Überprüfung des Reichskammergerichts fand in der vorgesehenen Form zum ersten Mal nach 112 Jahren 1766 statt.

Als der Reichstag am 17. Mai 1754 auseinanderging, war nichts erfolgt, was den Kaiser hätte beunruhigen müssen. Eines war allerdings klar geworden: Die Verfassungsaufträge des Westfälischen Friedens waren nur bei längerer Session zu erfüllen. Daran hatte der junge Kaiser Leopold I., der 1658 seinem Vater nachfolgte, ebensowenig Interesse wie sein Vorgänger.

1663 kam auch er an einem Reichstag nicht mehr vorbei. Der erneute Ansturm der Türken zwang den Kaiser, den Reichstag um Geld zum Kriegführen gegen den Erzfeind der Christenheit zu bitten. Der Friede mit den Türken wurde in Eisenberg schon 1664 geschlossen. Aber die Hoffnung des Kaisers, damit wäre auch der Reichstag zu Ende, erfüllte sich nicht. Der Reichstag ging 143 Jahre nicht mehr auseinander. Der Immerwährende Reichstag, wie er sich dann im 18. Jahrhundert nannte, hatte seine Aufgabe, die Bewältigung der *negotia remissa*, das sind die im Westfälischen Frieden zurückgestellten und dem Reichstag zur Lösung übertragenen Probleme, erst zu erfüllen. Er ist damit nie fertig geworden.

Die Geschichte des Immerwährenden Reichstags ist die Geschichte des Heiligen Römischen Reiches. Der Immerwährende Reichstag wurde nämlich zur zentralen Einrichtung des Reiches, und Regensburg wurde für die 143 Jahre seines Bestehens seine heimliche Hauptstadt.

In der Zeit von 1663 bis zum Aussterben der Habsburger 1740 machten die Kaiser aus dem Reichstag ein Forum für ihre Politik. Das war etwas ganz anderes als die Sieger des Dreißigjährigen Krieges beabsichtigt hatten. Nicht die mächtigen Fürsten mit ihren Sonderinteressen, sondern die kleinen Fürsten und die am Reichstag nicht vertretene Reichsritterschaft bildeten zusammen mit den Reichsstädten die Partner des Kaisers. Wichtig waren hierbei die geistlichen Fürsten, die drei Erzbischöfe und Kurfürsten von Mainz, Köln und Trier sowie die 24 Fürstbischöfe, zu denen noch zwei Stimmen der Rheinischen und Schwäbischen Prälaten kamen. Diese Reichsstände waren zu schwach, um ohne kaiserlichen Schutz zu existieren. Diese kleinen, zum großen Teil geistlichen Fürsten sicherten dem Kaiser die Mehrheit in der Kurfürsten- und Fürstenkurie. Auf ihnen beruhte insbesondere die katholische Stimmenmehrheit.

Die föderalistischen Tendenzen gingen von den größeren, meist evangelischen Reichsständen aus. Für sie hätte eine Entwicklung zu einem Bundesstaat die Möglichkeit gebracht, sich zuungunsten der kleinen, mindermächtigen Reichsstände zu vergrößern. Ihre Macht beruhte auf den Privatarmeen, die sie unterhielten und mit deren Hilfe etwa Bayern, Sachsen und Hessen-Kassel im Dreißigjährigen Krieg eine wichtige Rolle gespielt hatten. Sie tendierten zum modernen Staat und damit zur absolutistischen Herrschaft.

Die Taktik des von 1658 bis 1705 regierenden Kaisers Leopold I. war es nun, den Reichstag mit einer ermüdenden Debatte um wichtige und unwichtige Fragen zu beschäftigen, um schließlich – wenn alle ermattet waren – seine Ziele durchzusetzen. Da der Kaiser alle Beschlüsse des Reichstags ratifizieren mußte, damit sie Gesetzeskraft erlangten, kam der Reichstag an ihm nicht vorbei. Spätestens seit 1670 hatte der Wiener Hof erkannt, daß er im Immerwährenden Reichstag ein Forum besaß, mit dessen Hilfe er dem ganzen Reich seine Politik und seine Absichten erläutern konnte. Die am Reichstag in Regensburg versammelten Gesandten der Fürsten, Grafen und Städte waren ja verpflichtet, ihren Regierungen zu berichten, und was sollten sie anderes erzählen, als was die Vertreter des Kaisers ihnen erzählten?

Drei wichtige Erfolge gelangen dem Wiener Hof bis zum Ende der habsburgischen Zeit 1740: In der vom Reichstag 1681 beschlossenen Reichskriegsverfassung wurde die Reichsarmee nicht auf der Basis der großen fürstlichen Armeen gebildet, wie Brandenburg und Bayern gewollt hatten, sondern auf der Basis der Reichskreise, wobei sich alle an der Gestellung von Soldaten und Geld, sogenannten Römermonaten, im Krieg zu beteiligen hatten.

Daraus ließ sich freilich keine schlagkräftige Armee bilden. Mit Recht meinte daher einer der besten Kenner der Reichsverfassung Johann Jakob Moser 1770: «Die bei einem Reichskrieg und einer Reichsarmee sich äußernden Gebrechen sind so groß, auch viel und mancherlei, daß man, solange das Teutsche Reich in seiner jetzigen Verfassung bleibt, demselben auf ewig verbieten sollte, einen Reichskrieg zu führen, solange es nur immer möglich ist.»[4]

Das zweite wichtige Gesetz, das Leopold I. am Reichstag durchbrachte, galt der Rettung der Landstände, also der Landesparlamente. 1654 war ihnen im Reichsabschied auferlegt worden, die für die Landesverteidigung notwendigen Gelder zu bewilligen. Leopold I. machte dies rückgängig und erreichte, daß der Reichstag gegen die Stimmen der mächtigeren Fürsten beschloß, die Landstände müßten nur jene Mittel bewilligen, die das Land nach der Matrikel der Reichskriegsverfassung aufbringen mußte. Damit befreite er die Landstände von der Willkür der Fürsten. Mit der vom Reichstag damit ausgesprochenen Garantie der Landstände verhinderte der Reichstag in den meisten Ländern die Ausbildung des Absolutismus.

Der dritte Erfolg fiel Leopolds Sohn Joseph I. in den Schoß. Er erreichte 1708, daß Kurböhmen im Kurfürstenkollegium Sitz und Stimme erhielt. Bis dahin war Böhmen nur an der Kaiserwahl beteiligt gewesen.

Anton Schindling urteilt über die Politik der Kaiser Ferdinand III., Leopold I. und Joseph I. in seinem Buch über den Beginn des Immerwährenden Reichstags: «Die politische Geschichte des Reiches nach 1648 ist ohne die zentrale Bedeutung des Reichsrechts nicht adäquat zu verstehen. Das Reichsrecht, welches die politische Kultur Deutschlands im späteren 17. und 18. Jahrhundert nachhaltig prägte, hatte eine feste und sichtbare Verankerung im Immerwährenden Reichstag. Der Reichstag war ein öffentliches Forum für das ganze Reich – eine Stätte für das ‹jus publicum› und die ‹acta publica›. Hinausgehoben über die Sphäre der machtpolitischen Ereignisgeschichte fungierte der Regensburger Reichstag vielfach als ein Bedeutungsträger und ein Symbol, welches den Rechts- und Sinnzusammenhang von Politik und Verfassung im Reich augenfällig werden ließ. Der Reichstag war ein institutioneller Träger zugleich für die Einheit und den Zusammenhalt, für Tradition, Kontinuität und Identität des Reiches.»[5]

Aus einem Gremium, das die Macht des Kaisers beschränken sollte, war ein Forum geworden, auf dem der Kaiser seine Politik erläuterte.

Das Zeremoniell des Immerwährenden Reichstags ging von der Sonderstellung des Kaisers aus. Die Stellung der Reichsstände spiegelte sich in der Sitzordnung in den einzelnen Kurien. Zeremonialstreitigkeiten waren daher keine Quisquilien, sondern durchaus ernstzunehmende Probleme.

An der Spitze des Reichstags stand der Vertreter des Kaisers, der Principalkommissar. Er unterhielt einen kleinen Hof, der den gesellschaftlichen Mittelpunkt Regensburgs bildete. Der erste Principalkommissar war der Erzbischof von Salzburg Guidobald Graf Thun. Sein Nachfolger, der Eichstätter Fürstbischof Marquard Schenk von Castell, baute die Stellung des Principalkommissars aus. Die letzten drei Principalkommissare waren Fürsten aus dem Hause Thurn und Taxis.

Ihm beigegeben war der Konkommissar. Dieser war sozusagen ein Mädchen für alles. Er durfte allerdings an den Beratungen nicht selber teilnehmen. War der Principalkommissar der offizielle Vertreter des Kaisers, so hatte der Konkommissar hinter den Kulissen für die kaiserliche Politik zu werben. Beide vertraten also den Kaiser. Nur bei offiziellen Anlässen trat der Principalkommissar im Plenum in Erscheinung.

Die Leitung des Reichstags lag in den Händen des Erzkanzlers des Reiches, des Kurfürsten Erzbischofs von Mainz. Da er ebensowenig

wie der Kaiser in Regensburg während des Immerwährenden Reichstags anwesend sein konnte, war sein Vertreter der Direktorialgesandte.
Er leitete den Reichstag, d. h. er bestimmte, in welcher Reihenfolge die
am Reichstag vorgebrachten Gegenstände zur Beratung kamen. Kam
ein Antrag vom Kaiser oder von einem der Reichsstände ein, so wurde
er vom Direktorialgesandten auf seine Zulässigkeit und Verfassungs-
mäßigkeit geprüft. Hatte es seine Richtigkeit, so wurden die Sekretäre
in die Diktaturstuben gebeten und ihnen dort der Antrag in die Feder
diktiert. Das hieß dann: Der Antrag war zur Diktatur gebracht und
konnte nun von den drei Kurien beraten werden.

Innerhalb der Kurien galt das Mehrheitsprinzip, allerdings mit
einer wichtigen Ausnahme: Ging es um eine die Religion betreffende
Angelegenheit oder Religionsbeschwerden, so trennten sich der
Reichstag in der sogenannten *itio in partes* in zwei Teile: das *corpus
catholicorum* und das *corpus evangelicorum*. Während die Katholiken
wirklich nur bei solchen Gelegenheiten zusammenkamen, wurde das
corpus evangelicorum eine ständige Einrichtung. Es wurde 1653 gebildet. Die Konferenzen des *corpus evangelicorum* gewannen insbesondere nach 1740 an Bedeutung.

Signalisierten die meisten Gesandten, daß sie instruiert waren, so
wurde in den einzelnen Kurien das Protokoll eröffnet. Bei diesen Beratungen kam es natürlich häufig vor, daß sich einer oder mehrere
Gesandte außerhalb des Protokolls besprechen wollten. Dann gingen
sie *in camera*. Hier wurden keine Protokolle geführt. Der Inhalt dieser Gespräche wurde allenfalls aus den Berichten der Gesandten
bekannt.

Zuerst stimmten die Kurfürsten und Fürsten ihre Voten aufeinander ab. Waren die drei Kurien zu einem Beschluß gekommen, so
wurde im Rathaussaal dieser Beschluß, das *conclusum*, verkündet und
über den Principalkommissar an den Kaiser geschickt. Hatten sich die
Städte nicht einverstanden erklärt, so ging ihr Votum getrennt an den
Kaiser. Um dem Conclusum Rechtskraft zu verleihen, mußte es der
Kaiser ratifizieren. Er konnte dies aber auch verweigern.

Das geschah, kam aber nicht häufig vor, weil die ganzen Reichstagsverhandlungen auf Ausgleich bedacht waren. Bei Religionsstreitigkei-
ten konnte es allerdings passieren, daß sich die Parteien nach einer *itio
in partes* oder mit der angedrohten Trennung in Religionsparteien so
blockierten, daß für längere Zeit die Beratungen ausfielen. Von 1780
bis 1785 fanden zum Beispiel keine offiziellen Sitzungen statt.

In Regensburg eine Gesandtschaft zu unterhalten, war nicht billig.
Daher beauftragten viele Reichsstände einen bekannten und angesehe-
nen Gesandten eines anderen Fürsten, ihre Stimme zu führen. Die
Kurfürsten waren meist von eigenen Gesandten vertreten. Die 24

Stimmen der geistlichen Fürsten wurden zum Beispiel lange nur von 5 Gesandten geführt.

Das konnte zu erheiternden Situationen führen. Der temperamentvolle österreichische Gesandte von 1768–1794 Egid Freiherr von Borié war ein hochangesehener Kenner des Reichsrechts. Er vertrat mehrere geistliche Fürsten. Als nun Kaiser Joseph II. durch seine Diözesanreform mit den geistlichen Fürsten in Konflikt geriet, erlebte der Reichstag das Schauspiel, daß Borié mit viel Temperament und Scharfsinn die josephinische Kirchenpolitik verteidigte. Eine halbe Stunde später stand er als Vertreter des Fürstbischofs von Würzburg auf und verurteilte die Politik des Kaisers in Grund und Boden. Der Erfolg war, was der preußische Gesandte Graf Görtz mit viel Vergnügen notierte, daß sich die meisten Vertreter der geistlichen Fürsten dem Würzburger Votum Boriés gegen das österreichische Votum desselben Mannes anschlossen.

Einige Gesandte machten Karriere. Als der hessen-darmstädtische Gesandte Freiherr von Schwartzenau 1752 in die Regierung nach Darmstadt berufen wurde, wurde sein Sohn sein Nachfolger. Durch seine wohlüberlegten Beiträge gewann er ein solches Ansehen, daß Friedrich der Große auf ihn aufmerksam wurde und ihn 1768 zum kurfürstlich-brandenburgischen Gesandten ernannte.

Die größeren Höfe hatten in der Regel hervorragend geschulte Persönlichkeiten als Gesandte in Regensburg. So hat sich nicht selten das Verhältnis von Regierung und Gesandten umgedreht. Häufig bestimmte der Gesandte in Regensburg und nicht die Regierung die Reichspolitik des betreffenden Landes.

Der Immerwährende Reichstag in Regensburg war so zum wichtigsten politischen Zentrum des Reiches geworden. Von dort erfuhren die Fürsten, was im Reich vorging. Dort konnten sie im informellen Gespräch erkunden, wie sie sich in Fragen der Reichspolitik verhalten sollten.

Eine Besonderheit des Immerwährenden Reichstags stellte die Anwesenheit ausländischer Gesandter dar. Schweden und Dänemark hatten für Gebiete, die zum Reich gehörten, Sitz und Stimme im Fürstenkollegium. Frankreich, England und seit 1749 auch Rußland unterhielten in Regensburg Gesandtschaften.

Von daher gab es in Regensburg ein reges gesellschaftliches Leben, dessen Mittelpunkt der Hof des Principalkommissars war. Die heutige Hofhaltung des Fürsten von Thurn und Taxis ist ein letzter Überrest vergangenen Glanzes. Natürlich gab es da viel Gesellschaftstratsch. In die Annalen des Reichstags ist die Geschichte der schönen, aber auch leichtsinnigen Schwester der Königin Luise von Preußen, einer mecklenburgischen Prinzessin, eingegangen. Sie war die Gemahlin des Prin-

cipalkommissars Fürst Karl Alexander von Thurn und Taxis. Um diese
temperamentvolle Dame rankten sich viele Geschichten. Sie ließ sich
auf ein Liebesverhältnis mit dem bayerischen Gesandten Philipp
Nerius Graf Lerchenfeld ein. Als die Fürstin ein Kind von Lerchenfeld
erwartete, war es dem leidgeprüften Füsten doch zuviel, und er trennte
sich von seiner Gemahlin. Aus dem kleinen illegitimen Grafen Lerchenfeld machte der verständnisvolle Wiener Hof einen Grafen Adler-
berg. Die Familie war später im Baltikum begütert.

Gewöhnlich gilt in der Geschichte des Immerwährenden Reichstags der Tod Kaisers Karls VI. im Jahre 1740 als tiefer Einschnitt. Mit
Karl VI. waren die Habsburger ausgestorben. Nach 15 Monaten
wurde der Kurfürst Karl Albrecht von Bayern zum Kaiser gewählt. Er
bestieg als Karl VII. den Thron.

Karl VII. berief den Reichstag von Regensburg nach Frankfurt am
Main. Für drei Jahre waren alle hohen Reichsbehörden dort versammelt: der Kaiser, die Reichsregierung, der Reichstag und der Reichshofrat. Es war für Frankfurt eine glanzvolle Zeit. Allerdings reichte
der Einfluß dieses Kaisers nicht weit über die Stadtgrenzen von
Frankfurt hinaus. Von Maria Theresia aus Bayern vertrieben, fristete
der unglückliche Kaiser eine eher armselige Existenz. Er starb am
20. Januar 1745 in München.

Sein Nachfolger Franz Stephan von Lothringen, der Gemahl Maria
Theresias, wurde am 13. September 1745 zum Kaiser gewählt. Im Dezember kehrte der Reichstag nach Regensburg zurück.

Es waren zwei große Veränderungen, die der Zeit nach 1740 eine
andere Bedeutung gaben. Das Kaisertum unter Franz I. und Joseph II.
war ein Anhängsel der Großmacht Österreich. Es besaß keine eigene
politische Bedeutung mehr.

Vielleicht noch wichtiger war der Aufstieg Preußens zur zweiten
deutschen Großmacht. Damit besaß das protestantische Deutschland
einen starken Rückhalt. Die Politik auf dem Reichstag wurde bis zum
Ende des Reiches vom österreichisch-preußischen Gegensatz bestimmt. Für Maria Theresia war das Kaisertum ein leerer Titel, mit
dem sie ihren lieben Franzl gerne ausgestattet hatte. Auf das Reich
und die Reichspolitik nahm sie keine Rücksicht. Ihr politisches Ziel
war die Rückeroberung Schlesiens, das ihr Friedrich der Große 1740
geraubt hatte. Diesem Ziel ordnete sie alles unter.

Der König von England und Kurfürst von Hannover Georg II. war
ihr Verbündeter in den beiden ersten schlesischen Kriegen, und solange das österreichisch-englische Bündnis hielt, kam es auch im
Reichstag zu einer englisch-österreichischen Zusammenarbeit. Der
Kaiser besaß mit Hannover einen wichtigen Verbündeten im protestantischen Lager.

Für Maria Theresia wurde dieses Bündnis schließlich zum Ärgernis, weil Georg II. unter keinen Umständen bereit war, Maria Theresias Anstrengungen zur Rückeroberung Schlesiens zu unterstützen. Georg II. hatte im Frieden von Aachen 1748 zum Ärger Österreichs Preußen sogar den Besitz Schlesiens bestätigt. Der Reichstag garantierte 1751 diese Abmachung. Nach Reichsrecht war damit Friedrich der Große im rechtmäßigen Besitz Schlesiens. Der Reichstag war mit Hilfe Hannovers in dieser Zeit sehr aktiv und hatte eine Reihe von Gesetzen erledigt.

Maria Theresias Staatskanzler Wenzel Graf Kaunitz bereitete gegen Preußen eine Koalition vor. Reichsrechtlich wäre ein Angriff Österreichs auf Preußen ein Friedensbruch gewesen. Es spricht vieles dafür, daß der geplante Feldzug gegen Preußen am Reichstag Kaiser Franz I. das Amt gekostet hätte, es sei denn, er hätte seine Frau Maria Theresia in Acht und Bann getan.

Da überfiel Friedrich der Große Ende August 1756 Sachsen und erlöste Franz I. von allen Problemen. Die Empörung über diesen Gewaltstreich war so groß, daß der Reichstag am 17. Januar 1757 die Reichsexekution gegen Preußen beschloß. Aber nicht nur dies. Zum Schrecken Friedrichs schlossen sich die beiden Garantiemächte Frankreich und Schweden dem Krieg gegen die Rechtsbrecher an. So kam die Koalition Österreich, Frankreich, Schweden, Rußland und das Reich gegen Friedrich zustande, der er zusammen mit England-Hannover im Siebenjährigen Krieg glänzend widerstand.

Da es keine Reichskriegserklärung gab, sondern nur eine Exekution zur Befreiung Sachsens, blieben auch während des ganzen Krieges der preußische Gesandte von Plotho und der hannoversche Gesandte von Gemmingen in Regensburg. Sie konnten mit einigem Erfolg den Standpunkt ihrer Herren den anderen Gesandten darlegen. Der Erfolg war, daß viele protestantische Fürsten mehr und mehr zu der Überzeugung kamen, sie kämpften auf der falschen Seite.

Nach Auffassung dieser Fürsten wurde aus der Reichsexekution gegen Brandenburg-Preußen ein Religionskrieg: die katholischen Mächte Österreich und Frankreich gegen die protestantischen Mächte England und Preußen. Zu dieser Sicht trug weiter bei, daß im Lauf des Krieges die hochgespannten österreichischen Kriegsziele bekannt wurden. Brandenburg sollte nicht nur Schlesien herausgeben. Es sollte auf die Größe reduziert werden, die es 1648 gehabt hatte. Die ausgesprochen unglückliche Figur, die Kaiser Franz I. während des Krieges machte, trug zu dem allgemeinen Stimmungsumschwung nach dem Frieden von Hubertusburg 1763 zugunsten Preußens bei.

In der letzten Phase des Immerwährenden Reichstags blockierten sich die beiden Religionsparteien. Friedrich der Große, der lange am

Reichstag und an der Reichspolitik nicht interessiert war, hatte im Siebenjährigen Krieg erkannt, wie wichtig der Reichstag als Forum war, um die eigene Politik zu erklären.

Der 1765 bei seinem Regierungsantritt 24jährige Kaiser Joseph II. bemühte sich zwar zu Anfang, das kaiserliche Ansehen und den kaiserlichen Einfluß zu heben. Doch sowohl dadurch, daß er Bayern gegen die österreichischen Niederlande vertauschen wollte, als auch durch seine bereits erwähnte Kirchenpolitik, mit der er alle geistlichen Fürsten, also die treuesten Anhänger des Kaisertums, gegen sich aufbrachte, erregte er neues Mißtrauen.

Nun schlug ihn Friedrich der Große mit seinen eigenen Waffen. Er garantierte 1785 im Fürstenbund die Reichsverfassung und die Existenz aller Reichsstände, also auch der geistlichen Fürsten. Das Haupt Brandenburg-Preußens kam so in die Position eines Gegenkaisers.

Der Immerwährende Reichstag spaltete sich in zwei Parteien, eine österreichische und eine preußische, die sich oft mit dem religiösen Mäntelchen umgaben. Diese Tatsache verführte den österreichischen Staatskanzler Kaunitz zu der Aussage: «Meiner Meinung nach ist seit geraumer Zeit schon in Deutschland der Religionsunterschied dergestalt bloß zum politischen Vorwand und Losungswort geworden, daß, wenn heute der kaiserliche Hof und die mächtigen Reichsstände sich zur augsburgischen Konfession bekennen, morgen die Protestanten die katholische Religion annehmen würden.»[6]

Der konfessionelle Gegensatz war im Reichstag noch in verfassungsmäßige Bahnen zu lenken gewesen. Der politische Gegensatz der beiden deutschen Großmächte ließ sich nicht mehr neutralisieren. Mit dem Reichskrieg gegen das revolutionäre Frankreich 1792–1801 wurde dies deutlich.

Mit den Mitteln der Reichskriegsverfassung, wie sie vom Reichstag beschlossen wurde, war das revolutionäre Frankreich nicht zu besiegen. 1795 schied Preußen aus dem Krieg aus. Österreich und mit ihm der Kaiser verausgabten sich in diesem Krieg völlig. 1801 im Frieden von Lunéville wiederholte sich die Situation von 1648: Der Kaiser war besiegt.

Nun wiederholte sich auch die politische Situation der Anfangsjahre des Immerwährenden Reichstags. Von Frankreich und Preußen unterstützt, siegten die föderalistischen Kräfte der größeren, meist protestantischen Reichsstände über das reichische, dem Kaiser ergebene Deutschland. Im sogenannten Reichsdeputationshauptschluß von 1803 wurde die Aufhebung aller geistlichen Staaten und die Eingliederung der meisten Reichsstädte in die umliegenden größeren Länder unter dem Vorwand beschlossen, die bei der Abtretung des linken Rheinufers an Frankreich geschädigten Reichsstände müßten entschädigt werden.

An der Stelle vieler kleiner, vom Kaiser abhängiger Gebiete waren wenige größere Fürstentümer entstanden. Ein so zusammengesetzter Reichstag ließ sich von einem katholischen Kaiser aus dem Hause Habsburg nicht mehr regieren. Aus der Mehrheit katholischer Stimmen war eine kleine Minderheit geworden.

Kaiser Franz II. erkannte daher diese Stimmenverteilung des Reichstags nie an. Es war unübersehbar, daß das Reich seinem Ende entgegenging. 1804 nahm Franz II. den Titel eines Kaisers von Österreich an. Am 6. August 1806 erklärte er das Reich für beendet und legte die altehrwürdige Krone Ottos des Großen nieder.

Diese Maßnahme war auch in Regensburg keine Sensation mehr. Es gehört zu den Skurrilitäten des Reiches und des Immerwährenden Reichstags, daß das letzte Protokoll dieser Einrichtung einen flammenden Protest des schwedischen Königs gegen das Ende des Reiches und seiner Verfassungseinrichtungen enthielt. Als Garant der Reichsverfassung und als Herzog von Pommern legte König Gustav IV. Adolf gegen dieses Ende Verwahrung ein.

Nach 1806 war ein Zusammenleben aller Deutschen nur mehr in einem Bund gleichberechtigter Staaten möglich. Der Rheinbund von 1806–1813 und der Deutsche Bund von 1815–1866 trugen dieser Entwicklung Rechnung. Das Vorbild des Immerwährenden Reichstags wirkte insofern nach, als auch der Deutsche Bundestag von 1815–1866 ein Gesandtenkongreß war.

Der Glanz Preußens

Berlin und Potsdam in der friderizianischen Epoche

Michael Stürmer

«Die Schönheit Berlins ist überwältigend. Die Häuser sind elegant und die Straßen breit, lang und gerade. Das königliche Schloß ist großartig. Die Paläste der königlichen Familie sind von großer Noblesse. Das Opernhaus ist ein elegantes Gebäude, das die Inschrift trägt: Fridericus Rex Apollini et Musis.»[1] So beschrieb der berühmteste der englischen reisenden Tagebuchschreiber des 18. Jahrhunderts, James Boswell, 1764, was er bei seinem Besuch in Berlin gesehen hatte. Der Siebenjährige Krieg, der fast zur Katastrophe des Staates Brandenburg-Preußen geführt hatte, war gerade vorüber, Berlin zweimal geplündert, die Kassen leer, die Nachkriegsdeflation lag bleiern über dem Land. Und doch: eine glanzvolle Stadt. Noch vierzig Jahre später notierte ein anderer Engländer, der junge Arzt Dr. Harry Reeve, was er auf dem Weg von Dresden nach Berlin erlebte: «Je weiter ich mich von Dresden entfernte, umso jämmerlicher wurden die Straßen und Gasthöfe. Jenseits der sächsischen Grenzen versank die Kutsche des öfteren im Sand. Nur selten zeigte sich in den preußischen Dörfern eine Menschenseele: Hier und da huscht ein ausgemergeltes Weiblein oder ein dürres Kind über die Dorfstraße. Die Männer scheinen ausnahmslos zum Dienst der Armee gepresst zu sein.»

Je näher der Reisende dann der Hauptstadt Berlin kam, desto ärger wurde erst einmal die Plackerei im bodenlosen Sand Brandenburgs. Der junge Engländer fühlte sich in einer kieferbestandenen Wildnis: «Umso größer war mein Erstaunen, als wir durchs Tor rollten und nun im Trab auf einer breiten, wohl gepflegten Straße fuhren. Berlin entzückte mich auf den ersten Blick. Besonders schön, daß alle Bauwerke ganz für sich allein stehen. Freilich vermißte ich, wie schon draußen am Tore, den geschäftigen Trubel einer Metropole. Verglichen mit Wien, Dresden oder gar London, rollten nur herzlich wenige Fuhrwerke an uns vorbei.»[2]

Berlin, Haupt- und Residenzstadt des Königreichs Preußen, lebte damals im langen Nachsommer der friderizianischen Epoche. Ein profitträchtiges Jahrzehnt militärischer Neutralität zwischen den kämpfenden Blöcken hatte den preußischen Gewerben nach der Fran-

zösischen Revolution eine längere Rüstungskonjunktur und reiche
Exporte beschert. Aber es war längst die täuschende Abendstimmung
einer versinkenden Zeit, die ein Jahr später, im Herbst 1806, in der
militärischen Katastrophe beim thüringischen Jena jäh abbrechen
sollte. Ein Sozialsystem brach damals zusammen, das noch im
18. Jahrhundert der Inbegriff des Rationalstaats gewesen war, ausge-
richtet auf den übermächtigen Staatszweck, der vom Überleben und
von der Macht bestimmt war und der sich mehr durch Soldaten in
Szene setzte als durch Schlösser und die Schönheit seiner Städte.

Gegen Ende der langen Regierungszeit Friedrichs des Großen
wurde zwar der rauhe Vernunftstaat durch Aufklärung und natur-
rechtliches Denken ein wenig abgeschliffen. Bürgerliche und adelige
Führungsschichten verkehrten in den Berliner Salons unbefangener
miteinander als im Habsburgischen Wien oder im Paris des Ancien
Régime. Das Allgemeine Landrecht für die preußischen Staaten antwortete auf die Französische Revolution, indem es in der Theorie von
den Menschenrechten ausging, in der Praxis allerdings konservierte,
was nun einmal an feudalen Rechten und Pflichten vorhanden war.
Das Erbe des 17. und des 18. Jahrhunderts an die preußische und deutsche Geschichte bestand in Theorie und Praxis einer umfassenden
Sozialdisziplin, die durch Pietismus und Soldatentum verinnerlicht
wurde. Die davon betroffen waren als Untertanen, brauchten zum
Überleben ein gehöriges Maß an Anpassung und Glücksverzicht.
Mehr als irgendwo sonst, vielleicht mit Ausnahme des Colbertschen
Frankreich, galten im Preußen des 18. Jahrhundert Handel und Wandel als Sache des Staates. Der Staat war der größte Unternehmer. Das
konnte schwerlich anders sein in einem Land, das keine Bodenschätze
hatte, keine überseeischen Besitzungen, keine nennenswerte Hafen-
stadt: des Heiligen Römischen Reiches Streusandbüchse.

Und doch schoß und marschierte sich Preußen in das Mächtekon-
zert des 18. Jahrhunderts. Friedrich Wilhelm I. machte den Staat, wie
er in seinem Testament beschrieb, «considerabel», hütete sich allerdings, die «Langen Kerls», seine kostbarste Sammlung, jemals im
Zorn einzusetzen. Der Sohn war da von anderer Gemütsart. Zwar
hatte er im Schloß Rheinsberg nördlich von Berlin alle aufgeklärten
Geister gerührt durch die Abfassung seines «Anti-Machiavell». Aber
als er 1740 an die Macht kam, da suchte er, wie er sagte, das «Rendez-
vous des Ruhmes», und es begann ein Krieg, mit dessen Folgen er
zeitlebens nicht mehr fertig wurde und mit dessen Folgen Preußen
vielleicht niemals mehr fertig geworden ist: Der Staat wurde zwar
Großmacht unter Großmächten, aber er hatte noch mehr Gewaltsames, Angestrengtes und Künstliches, und zu keinem Zeitpunkt seiner
Geschichte war er seither nicht auch fortzudenken von der Landkarte

Europas. Daß er überlebte, war ein Wunder, und daß er mit Glanz überlebte, ein noch größeres.

Im Jahr 1701 bereits hatte Kurfürst Friedrich III. einen Anspruch erhoben, der ihn der Gefahr der Lächerlichkeit in Europa aussetzte: Kraftvolle Figur des höfischen Absolutismus am Höhepunkt seiner Epoche, strebte Kurfürst Friedrich III. nach Standeserhöhung und setzte sich in Königsberg, weit östlich von Berlin, die Krone Preußens aufs Haupt. Die Krone Preußens deshalb, weil hier schon sein Vorgänger zwischen Polen und Schweden das Recht erobert hatte, sich «Souveräner Herzog in Preußen» zu nennen. Das Herzogtum Preußen lag außerhalb des Rechtsverbandes des Heiligen Römischen Reiches. Im Reich konnte allein der Kaiser Könige schaffen, und den Vetter in Preußen hätte er zuletzt dafür gewählt. In Preußen aber konnte der Kurfürst von Brandenburg dies für sich selbst besorgen, durfte künftig sich «König in Preußen» titulieren lassen. Schmerzlich war allerdings, daß die kaiserliche Anerkennung noch Jahrzehnte auf sich warten ließ.

So gab es seit 1701 ein preußisches Königtum, das aber lange Zeit mehr ein Anspruch war denn eine Wirlichkeit. Uneinig sind sich die Historiker von jeher, was die Maßstäbe der Bewertung betrifft. Noch Theodor Schieders große Friedrich-Biographie heißt im Untertitel: «Ein Königreich der Widersprüche».[3] Der Soldatenkönig Friedrich Wilhelm I. hat, seitdem er 1713 an die Regierung kam, den höfischen Prunk mit harter Hand eliminiert. Die exotisch-kostspieligen Tiere im Tiergarten – von ihm hat das Tiergartenviertel seinen Namen – ließ er von seinen militärischen Freunden jagen. Der künstlerisch-höfische Anspruch war ihm herzlich gleichgültig. Gern tauschte er die kostbarsten chinesischen Vasen gegen ein paar lange Kerls, die ihm der König von Sachsen seinerseits gern überließ – nicht ahnend, daß 1740 eben diese Kerls gegen Dresden marschieren würden. Friedrich Wilhelm I. baute den Beamtenstaat aus, den Steuerstaat und vor allem den Militärstaat. Er sah sich als Amtmann Gottes und glaubte, wie Ludwig XIV., selbst der Staat zu sein: Disziplin heischend und Ordnung schaffend. Was ihm fehlte, war das große, zusammenhängende, verteidigungsfähige und durch Zentralbehörden organisierte Territorium. Es militärisch zusammenzubringen, war Friedrich I. ein zu frommer, zu reichstreuer und auch zu sparsamer Herr. Für ihn waren die teueren Truppen nicht dazu da, in militärischen Kampagnen aufs Spiel gesetzt zu werden, sondern um dafür zu sorgen, daß in Europa nichts gegen Preußens Interessen geschehen konnte.

Der Sohn hat danach alles auf die Spitze des Degens gestellt. Preußens Staatlichkeit bestimmte sich seitdem immer aus der Nähe des Ernstfalls. Im Würfelspiel der Großmächte konnte die jüngste der

Abb. 12: Das Berliner Stadtschloß mit Eosanderportal, vom Kupfergraben aus gesehen. Im Zweiten Weltkrieg teilweise zerstört, mußte es auf Befehl Walter Ulbrichts dem „ Palast der Republik" weichen.

Großmächte letztlich nur auf ihre eigenen wirtschaftlichen, moralischen und militärischen Kräfte zählen. Sie galt es daher durch und durch zu organisieren. Der Imperativ der Staatsraison aber hat dem preußischen Sozialleben des 18. Jahrhunderts, nimmt man alles in allem, eine spezifische Form der Gewaltsamkeit, der Disziplin und des Verzichts aufgeprägt, und man kann fragen, wie weit im Städtebau, in den Lebensformen und in der Kultur von Berlin und Potsdam das alles seine Widerspiegelung fand: in den Schlössern und Plätzen, in den Marställen und den Kasernen, in den langen Achsen wie in der militärischen Kargheit, welche die Schlösser, vergleicht man sie mit Süddeutschland, doch allemal zeigten.

Berlin war im 18. Jahrhundert bereits eines der bedeutendsten gewerblichen Zentren Deutschlands, ja Europas. Die Zahl der Einwohner in Berlin, Alt- und Neukölln, den berlinischen und köllnischen Vorstädten, wie das damals hieß, auf dem Werder, in der Neustadt oder Friedrichstadt, wuchs von 100 000 um das Jahr 1700 auf rund gerechnet 190 000 um 1800. Berlin zählte damals zu den Städten mit dem größten gewerblich-industriellen Wachstum. Nicht weniger als 40 000 unter den Einwohnern arbeiteten in den Manufakturen und Fabriken als «Fabrikanten und Fabrik-Arbeiter», wie ein zeitgenössischer Bericht recht doppeldeutig anmerkt. Das waren in der Summe mehr außerhalb der Zünfte Beschäftigte, als die Residenzstädte Coburg, Mainz und Erlangen zusammen damals überhaupt an Einwohnern zählten. In den Städten der Kurmark rund um Berlin lebten um 1800 rund 300 000 Menschen. Zwei Drittel von ihnen wurden durch Handwerke, Manufakturen und Fabriken ernährt. Dazu kamen außerhalb der Städte noch einmal 30 000 Landhandwerker, die großenteils städtischen Zünften angeschlossen waren.

Indes gab es nicht allein das Berlin der Manufakturen. Ins Auge fiel dem fremden Reisenden vor allem das Berlin der königlichen Schlösser, der großen Verwaltungsgebäude und Militärs. Dann gab es das Berlin der Handwerker und Kaufleute. Schließlich gab es die Stadt der Tagelöhner, der Stückwerker, der außerzünftigen Freimeister, der Armen und Elenden, der Krüppel und Invaliden, die zuletzt die Zeche für des Königs Bataillen zahlten.

Dem kurfürstlichen Berlin mußte man, wie es die Zeitgenossen taten, das königliche Potsdam zuzählen: die Stadt des 18. Jahrhunderts. Beide Städte waren eine Tagereise zu Pferd voneinander entfernt. Potsdam verhielt sich zu Berlin wie Versailles zu Paris und Windsor zu London. Im 19. Jahrhundert ist die erste Brandenburgische Eisenbahn zwischen Berlin und Potsdam gebaut worden: Adolph von Menzels schönes Bild in der Neuen Nationalgalerie hat den schmauchenden und fauchenden Zug festgehalten. In Potsdam hatten selbst die Straßenzüge ein militärisches Ansehen gewonnen. Dem König Friedrich Wilhelm I., so merkte der spätere Baudirektor der königlichen Gebäude zu Potsdam an, gefielen die Straßen nicht anders, «als wenn deren Häuser eine in Reihen dastehende Anzahl Soldaten vorstellten, wovon die Dacherker über dem zweiten Stockwerke den Grenadiermützen gleichen.»[4]

Mangers dreibändige «Baugeschichte von Potsdam» ist von Berichten gefüllt, wie damals Friedrich der Große, um aus einer Ackerbürger-, Handwerker- und Manufakturstadt eine ansehnliche Residenz zu machen, Fachwerk durch Steinfassaden ersetzen ließ, mitunter ohne viel Rücksicht zu nehmen auf dahinterliegende Immobilien, und dem Besitzer die Sache kurzerhand zahlte.

Das höfische Leben des 18. Jahrhunderts fand in wenigen Palästen in Berlin und Potsdam und in deren Umgebung statt, die überwiegend aus dem späten 17. und frühen 18. Jahrhundert stammten. Dort spielten sich auch die wesentlichen Regierungsgeschäfte ab. Seit der Mitte des 18. Jahrhunderts kamen noch drei weitere Palais hinzu, hauptsächlich für den Gebrauch während der warmen Jahreszeit, da sie kaum oder überhaupt nicht heizbar waren. Der Geist dreier Architekten hat diese Schlösser geformt: Andreas Schlüter, Bildhauer und Architekt;

Wenzeslaus von Knobelsdorff, Architekt und Planer der Innendeko-
ration; und Friedrich Wilhelm von Erdmannsdorf, der große Gentle-
man-Architekt des deutschen Klassizismus, der 1786 berufen wurde,
um das Sterbezimmer Friedrichs des Großen in Sanssouci im klassizistischen Stil neu auszustatten und die Königskammern im Berliner
Schloß gemäß den Anforderungen der Zeit zu gestalten.

Dann, am Ende des Jahrhunderts, muß man noch Friedrich Gilly
und vor allen Karl Friedrich Schinkel hinzuzählen. Schlüter war der
Schöpfer jenes Schlosses, das in Anspruch und Vollendung mit dem
Petersdom in Rom verglichen worden ist. Der gewaltige Bau, der zu
drei Viertel den Zweiten Weltkrieg überlebt hatte, wurde Anfang der
50er Jahre auf Befehl Walter Ulbrichts dem Erdboden gleichgemacht,
um Raum zu geben für den «Palast der Republik» und für gewaltige
Aufmärsche begeisterter Massen. Dieser Berliner Königsbau stellte das
ältere, für den Großen Kurfürsten gebaute Potsdamer Stadtschloß weit
in den Schatten. Dessen ursprüngliche, politischen Neigungen und dynastischen Verbindungen entsprechende holländisch stilisierte Fassade
wurde in der Zeit Friedrichs des Großen durch Knobelsdorff im Zeit-
geschmack umgewandelt. Friedrich II. hatte hier seine Winterresidenz.
Auch das Schloß in Potsdam brannte im Zweiten Weltkrieg nur aus.
Erst viele Jahre später machte die SED an diesem Ort tabula rasa.

Westlich der Stadt Berlin, im Schnittpunkt weitläufiger Alleen und
Gartenachsen, lag Schloß Lietzenburg, das später Charlottenburg genannt wurde, die gelb leuchtende Sommerresidenz der Kurfürstin
Sophie Charlotte. Der aus den letzten Jahren des 17. Jahrhunderts
stammende Kuppelbau nach einem Entwurf Nehrings wurde wenig
später unter Johann Friedrich Nielsson Eosander umgebaut und
durch die weit ausschwingenden Seitenflügel ergänzt. Hier fand sich
eines der bedeutendsten Porzellankabinette der Zeit: Entworfen von
Eosander, waren die Wände bis zur Decke mit China- und Japan-
Porzellan geschmückt, weil es damals, vor Meißen, noch kein europäisches Porzellan gab. Bis zum Tode der ersten Königin war dieser Hof
ein lebendiges Zentrum der Geisteswelt. Unter ihrer Patronage
konnte Gottfried Wilhelm Leibnitz die Berliner Akademie der Wissenschaften ins Leben rufen. Dieser Bau ist im Zweiten Weltkrieg
schwer beschädigt worden. Doch als er nach dem Krieg abgerissen
werden sollte, diesmal auf Geheiß des West-Berliner Senats, hat sich
eine beherzte Kustodin in das halbverbrannte Gebäude gesetzt, die
internationale Presse alarmiert und auf diese Weise verhindert, daß aus
einem preußischen Königsschloß ein großer leerer Platz wurde.

In den frühen Jahren Friedrichs des Großen war Charlottenburg als
Residenz wiederbelebt und ein Ostflügel für private Räume und staatliche Repräsentation angefügt worden. Bald jedoch wurde der lang-

gestreckte, ockergelbe Bau als vornehmstes Residenzschloß durch einen Neubau zurückgesetzt, der außerhalb Potsdams dort angelegt wurde, wo Friedrich Wilhelm I. einst seinen Küchengarten gehabt hatte: Sanssouci. Angelegt in ländlicher Umgebung, mit einer nach Süden geneigten Terrasse, die zum Weinberg wurde, bildete das 1745/46 durch Knobelsdorff gebaute kleine Sommerschloß noch einmal ein Gesamtkunstwerk: Park, Gebäude und Meublement in vollendeter Harmonie des preußischen Rokoko. Knobelsdorff hatte den Generalplan geliefert, den der Monarch mit eigener Hand modifizierte. Johann August Nahl und – nach dessen Flucht in das entfernte Straßburg – die Brüder Hoppenhaupt schufen mit Boiserie und Skulptur den Rahmen für Möbel, Bildergalerie und höfisches Leben.

Ausgehend von Sanssouci wurde das Postdamer Rokoko, in dem sich Englisches und Französisches glücklich mischten, zu einer kraftvollen Stilrichtung eigener Prägung, wie sie vordem nur vom augustäischen Sachsen ausgegangen war. Diese Kunst verband disziplinierte Pariser Eleganz mit schöpferischer Phantasie und kulminierte im Bau des politisch und architektonisch noch weit anspruchsvolleren neuen Palais. Dessen Form und Fassade folgten dem Castle Howard des britischen Architekten VanBrugh vom Anfang des 18. Jahrhunderts. Begonnen vor dem Siebenjährigen Krieg und während des Krieges mehrfach geplündert, wurde das Neue Palais danach in einer gewaltigen finanziellen und künstlerischen Anstrengung innerhalb weniger Jahre vollendet, ein letztes Monument des höfischen Rokoko am Ende seiner Epoche.

«Der Siebenjährige Krieg in Deutschland macht einen traurigen Stillstand bei hiesigem Bauen, von welchen so viele Einwohner der Stadt seither Verdienst und Nahrung gehabt hatten.»[5] Der Bau des prunkvollen, spätbarocken Schlosses war antizyklische Beschäftigungspolitik und sollte zeigen, daß nach dem ruinösen Krieg Preußen noch Reserven hatte. Darüber hinaus verkörperte es noch einmal, wie zuvor das Berliner Stadtschloß, einen königlichen Machtanspruch.

Friedrich der Große starb 1786. Dem klassizistischen Zeitgeist hat er keine Sympathie mehr entgegenzubringen vermocht: Es schwang darin zu viel Ablehnung des europäischen Ancien Régime und zu viel Naturrecht mit; klare Linien und aufklärerische Gedanken kündigten eine moderne Zeit an. Um den «Debit zu poussiren», das heißt den Absatz zu erhöhen, wurde zwar die königliche Porzellanmanufaktur angewiesen, sich auf Geschirre im klassizistischen Geschmack einzulassen. Der altgewordene Despot selbst aber hielt an jener Welt fest, die mit seinem Namen verbunden war: friderizianisches Rokoko.

Der Klassizismus kam erst mit der Verspätung einer ganzen Generation unter dem Nachfolger Friedrich Wilhelm II. zum Durchbruch.

Dieser König war weder ein Beau noch ein Soldat noch ein Philosoph. Im kleinen Schloß Belvedere im Charlottenburger Park hielt er mit den Geistern Abgeschiedener Zwiesprache. Auch er war ein Musiker von Qualitäten, Förderer Mozarts und Beethovens und ein geschmacksicherer Kunstmäzen. Liiert war er, nur in Maßen untreu, mit einer Dessauer Trompeterstochter, die ihm viele Kinder gebar. Am Verhandlungstisch hat er übrigens mehr Territorien für Preußen erworben als der Oheim auf den Schlachtfeldern Mitteleuropas. Ihm verdankt Potsdam das Marmor-Palais, Inbegriff des preußischen Frühklassizismus und noch einmal Gesamtkunstwerk, dessen Räume in den 60er Jahren zum Museum der Nationalen Volksarmee gemacht wurden, was seit dem 3. Oktober 1990 ebenfalls nur noch Geschichte ist.

Schon unter Friedrich Wilhelm II. entstand das Brandenburger Tor, Monument des Friedens, vollendet in den ersten Jahren der Französischen Revolution, Architekt war Carl Gotthard Langhans. Lange Zeit ragte es einsam auf zwischen bescheidenen Bürgerhäusern auf der einen, einer freundlichen Parklandschaft auf der anderen Seite.

Preußen hat im 18. Jahrhundert und danach eigentlich immer über seine Verhältnisse gelebt. Symbol dafür war das Berliner Stadtschloß: grandios, ein Meisterwerk des europäischen Barock, und doch zu den bescheidenen Verhältnissen eines in den Sand gebauten Staates ein merkwürdiger, dramatischer Kontrast. Nach den Maßstäben des 18. Jahrhunderts war Berlin eine Industriemetropole und eine große Stadt. Aber eine deutsche Hauptstadt war es nicht und konnte es nicht sein, wie überhaupt die Hauptstädte der Kurfürsten, zu deren Kreis auch der Markgraf von Brandenburg gehörte, niemals in den Rang einer deutschen, das heißt einer Hauptstadt des Reiches eintreten konnten: Das wäre einem moralischen Staatsstreich und der Auflehnung gegen Kaiser und Reich sehr nahegekommen. Berlin mußte sich mit einer zweitrangigen Rolle begnügen, jedenfalls in der Politik, weniger in Manufakturwesen, Handel und Industrie. Als Stadt der Wissenschaft hat Berlin, abgesehen von der Gründung der Akademie am Anfang des 18. Jahrhunderts, erst wieder von sich reden gemacht, als Wilhelm von Humboldt 1811 im Schatten des napoleonischen Imperiums die Universität erneuerte.

Im künstlerischen Rang standen Berlin und Potsdam hinter Dresden und Wien, den wohl prachtvollsten deutschen Residenzen des 18. Jahrhunderts, deutlich zurück. Was dennoch zählte, lag an den Leistungen der Könige, weniger an der Hofgesellschaft und am wenigsten am Bauwillen eines kapitalstarken Bürgertums – denn ein solches gab es kaum. Friedrich der Große griff als Herrscher überall eigenwillig ein. Er wollte die Monarchie durch Bauten, diplomatische Geschenke und die Kunst ranggemäß darstellen. Großbauten erfreuten sich starker staatlicher Förderung. Sie strahlten auf prachtvolle Bürgerhäuser aus und brachten auch staatliche Großaufträge für die ansässigen Luxus-Manufakturen, die doch niemals recht gedeihen wollten. Potsdam blieb die Stadt der Beamten und der Soldaten, Berlin wurde mehr und mehr die Stadt der Manufakturen und der aufstrebenden Gewerbe. Unter Wilhelm von Humboldt und Gottfried Beuth blühten Universität und Technische Hochschule, und im frühen 19. Jahrhundert blühten auch die großen jüdischen Banken und der weit nach Osten ausgreifende Kommerz.

Preußische Hauptstadt ja, deutsche Hauptstadt nein. Den Deutschen eine Hoffnung zu sein, ist den Preußen im 18. Jahrhundert stets mißlungen. Ihnen eine Hauptstadt zu bieten, ist den Preußen weder im Ernst noch im Scherz eingefallen. Es mußte ihnen schon deshalb mißlingen, weil dies zwischen Habsburg im Süden, Brandenburg-Preußen im Norden und dem bunten Gefüge des Heiligen Römischen Reiches deutscher Nation im letzten Jahrhundert seiner langen Geschichte eine endgültige Aufhebung des Gleichgewichtes vorausgesetzt hätte. Auch die Groß- und Weltmächte hatten ein überragendes Interesse daran, daß von den deutschen Staaten viel, von Deutschland wenig die Rede war. Die schlesischen Kriege Friedrichs des Großen und noch der Siebenjährige Krieg sind auch um diese Frage ausgefochten worden. Friedrich der Große aber hatte im Grunde wenig Interesse an Deutschland und an einer deutschen Hauptstadt: Mit seinen Pferden sprach er deutsch, sonst parlierte er französisch. Allianzen wechselte er ohne Rücksicht auf Deutschland nach purer Konvenienz und je nach Bereitstellung der Subsidien. Für ihn war Deutschland nichts als ein geographischer Begriff. Es wärmte nicht sein Herz, er sah es nicht, er hörte es kaum. Preußische Staatsräson, Machtstaat und europäisches Gleichgewicht – das waren die Kategorien, in denen der Potsdamer, eigentümliche Mischung aus Philosoph und Menschenschinder, dachte.

Berlin zur kulturellen Hauptstadt Deutschlands zu machen, zum Athen an der Spree, wie es alle seine Nachfolger von Friedrich Wilhelm II. bis zu Kaiser Wilhelm II. erstrebten, wäre Friedrich dem Großen als aparte Idee erschienen. Die Bauten, die er ausführen ließ in Berlin und Potsdam, dienten dem Glanz des Königs und dem Prestige seines Staates. Darüber hinaus hat er kulturelle Leistungen, die auf Deutschland und die Welt ausstrahlen sollten, weder gefördert noch gefordert: keine Nationalkultur, kein Nationaltheater, wie es damals das Herzogtum Weimar erstrebte, keine bedeutende Akademie, keine leuchtende Universität. Friedrich II. blieb der königliche Stratege, der Bauherr von Sanssouci, der Durchhaltegeneral. Berlin als deutsche Hauptstadt? Die Frage, hätte er sie denn verstanden, hätte ihn nur amüsiert.

Erst in seinen letzten Jahren hat Friedrich der Große versucht, gegen den fernen Kaiser eine Fürstenunion, norddeutsch und protestantisch, zusammenzubringen, gestützt auf die regionale Vormachtstellung Preußens, ältere protestantische Loyalitäten und das alte Spiel des Gleichgewichts im Reich. Geworden ist daraus nichts mehr, und damit war auch die Chance, Berlin zur politischen Hauptstadt wenigstens des deutschen Nordens zu machen, noch einmal auf ein Menschenalter vertan. Berlin mit seiner Mischung aus Ost und West, polnischem Adel und hugenottischen Gelehrten und Beamten, aus schlesischen Handwerkern und pommerschen Dienstmädchen, blieb, wie damals alle Hauptstädte in Deutschland, Provinz, aber unter den Provinzhauptstädten war Berlin am Ende des 18. Jahrhunderts ohne Zweifel die vornehmste. Die geistige und künstlerische Führung in Deutschland hat Berlin erst übernommen, als das Alte Reich unter den Schlägen der napoleonischen Armeen zusammenbrach, als die Reichsfürsten die große Flurbereinigung von Napoleons Gnaden betrieben und als die alten Hauptstädte des Reiches wie Frankfurt und Nürnberg marginalisiert wurden und der Wiener Kaiser die deutsche Kaiserkrone niederlegte und fortan nur noch Österreichischer Kaiser sein wollte.

Erst zu diesem Zeitpunkt hat Berlin auch jene geistige und politische Führungsrolle übernommen, die ihm vordem gemangelt hatte und für die doch im 18. Jahrhundert die Grundlagen gelegt worden waren: in der Architektur noch um 1700 durch den letzten Kurfürsten und den ersten König, in der Wissenschaft und in der Kunst zur selben Zeit, im Manufakturwesen durch den Pietismus unter Friedrich Wilhelm I., als eines der politischen Zentren Europas unter Friedrich dem Großen. Vor allem aber hat von Berlin aus der deutsche Klassizismus des 19. Jahrhunderts im Bauen, in der Skulptur, in den Möbeln und im Silber seine Kraft entfaltet – stärker als von München, Stuttgart, Kassel oder den norddeutschen Zentren.

Doch lange Zeit, sicherlich weit über die Reichsgründung hinaus, haben die Deutschen weder in ihrer kollektiven Psyche noch in ihrer staatlichen Erinnerung vergessen, daß Berlin nicht zu den Zentren des Alten Reiches gehört hatte, sondern daß dort die Auflehnung gegen das Reich ihre stärkste Form gewonnen hatte: im Gesicht der Stadt wie in der Gestalt der Politik. Das hat der Rolle Berlins noch lange nach Bismarcks Reichsgründung in den Augen des Südens und Westens etwas Vulgäres und Neureiches gegeben. Berlin hatte niemals die Chance, den Glanz Frankfurts oder den Charme Münchens zu entfalten. Es blieb eine tüchtige Stadt tüchtiger Leute – aber die Liebe zu der Stadt hat sich jenseits ihrer Grenzen selten einstellen wollen. Dazu war ihre Geschichte zu gewollt, zu gewaltsam und zu groß.

Der Flächenbrand der Revolution

Die Republik in Mainz und der Kongreß in Wien

Eckart Kleßmann

Im Heiligen Römischen Reich Deutscher Nation war der Kurfürst von Mainz gewiß nicht der mächtigste, zählte man einzig seine Soldaten und die Quadratmeilen seines Besitzes, aber als der feinste durfte er zweifellos gelten. Denn in seiner Person vereinigte dieser Regent zugleich eine ganz einzigartige Fülle von Ämtern, nämlich: Erzbischof, Primas und Erzkanzler für Deutschland, Kurfürst, Direktor des Reichstages, Leiter der Kaiserwahl und Leiter der Kaiserkrönung.

Die Stadt Mainz, die 1792 etwa 25 000 Einwohner zählte, war die Hauptstadt des Kurfürstentums Mainz, eines Staates, dessen Struktur ihn zu einem der merkwürdigsten staatlichen Gebilde des an Merkwürdigkeiten wahrlich nicht armen Deutschen Reiches machte. In seiner territorialen Zerrissenheit war dieser Staat ein getreues Abbild der buntgescheckten deutschen Landkarte mit ihren dreihundert souveränen Territorien, von denen allein etwa 40 am Mittelrhein lagen. Zum Kurfürstentum Mainz gehörten auch etwa fünfzig Städte und Landstriche, die nicht unmittelbar an das Mainzer Gebiet grenzten, wie etwa Bischofsheim, Starkenburg, Fritzlar, Amöneburg, vor allem aber Erfurt und fast das ganze Eichsfeld mit Heiligenstadt, Treffurt, Duderstadt und Worbis. Der damals regierende Kurfürst, Friedrich Karl Joseph von Erthal, seit 1774 im Amt, war zugleich auch erster Erzbischof. Und als Erzbischof unterstanden ihm auch noch Worms, Speyer, Würzburg, Konstanz und Fulda.

Mit seinen 320 000 Einwohnern gehörte das Kurfürstentum zwar zu den Kleinstaaten, wirtschaftlich aber war es eine Macht, dank seiner Lage am Rhein. Denn von den 29 Zollgrenzen zwischen Straßburg und Holland waren vier kurmainzisch, und bei der starken Rheinschiffahrt fiel an vier solcher Grenzen einiges an Zöllen ab. Die größte Einnahme aber brachte das Stapelrecht: Die Waren mußten hier ausgeladen und verzollt werden und drei Tage lagern, ehe sie umgeladen und weitertransportiert werden durften. Dieses Stapelrecht verschaffte Kurmainz beträchtliche Einnahmen und sicherte im wesentlichen seine wirtschaftliche Existenz. Denn große Unternehmen gab es hier nicht, ebensowenig Großkaufleute, nicht einmal Bankhäuser.

Die Organisation des «Handelsstands» in Mainz war eine Vereinigung von Grossisten, Kommissionshändlern und Spediteuren. Wer Mitglied werden wollte, mußte ein Mindestvermögen von fünftausend Gulden nachweisen, und Mitglieder waren immerhin 97 Geschäftsleute. Exportiert wurden Wein, Getreide und Holz, aber dieses Geschäft blieb angesichts der Einnahmen aus dem Transithandel zweitrangig.

Die Einwohnerschaft des Kurfürstentums brachte jährlich 400 000 Gulden direkte und 900 000 Gulden indirekte Steuern auf, bei nur 320 000 Seelen eine gewaltige Summe, zumal drei Viertel der Bevölkerung aus Bauern bestanden. Von den Jahressteuern von insgesamt 1,3 Millionen Gulden kassierte zwei Drittel der Kurfürst, wobei Hof- und Staatsbudget identisch waren; der Rest deckte nicht einmal die Ausgaben der Stadt Mainz. Adel und Klerus bildeten zwar nur etwa fünf Prozent der Bevölkerung, besaßen aber 57 Prozent des Grundbesitzes und waren von Steuerabgaben befreit.

«Die Geistlichen in Mainz schöpfen das Fett vom Lande. Die geheiligten Vorurteile ersticken alle Keime zum Großen und Schönen.» So ließ sich 1780 der Schriftsteller Wilhelm Heinse vernehmen, der sich aber sechs Jahre später doch gern zum Vorleser, Hofrat und Bibliothekar des Kurfürsten ernennen ließ.

Die Bewohner von Mainz waren wirtschaftlich fast ausschließlich vom Hof abhängig, vor allem die Handwerker, die in 36 Zünften organisiert waren und sich fest unter Regierungskontrolle befanden; so mußte schon die Aufnahme eines Lehrlings vom Vizedomamt genehmigt werden. Die äußere und innere Sicherheit des Staates schützte ein stehendes Heer von dreitausend Soldaten, das von zwölf Generalen kommandiert wurde. Der Hofstaat des Kurfürsten zählte 466 Personen.

Kurfürst Erthal hielt seine Untertanen fest im Griff. Die am 14. Juli 1789 in Frankreich ausgebrochene Revolution hatte Mainz bisher nur insofern berührt, als Ströme emigrierter französischer Aristokraten sich in die Gegend ergossen, deren Kaufkraft zunächst die Wirtschaft florieren ließ, aber auch sehr rasch preistreibend wirkte. Unruhen hatte es bisher nur im September 1790 gegeben, als sich die fortgesetzten Provokationen der Studenten gegenüber der Bevölkerung in einem Sturm der Handwerksburschen auf die Universität entluden, der den Studenten – aber auch einigen Professoren – blutige Köpfe eintrug und alle Fenster der Universität zu Bruch gehen ließ. Da wegen eines Aufstands in Lüttich die Mainzer Armee auswärts war, mußte die Regierung zähneknirschend einige Forderungen der Zünfte akzeptieren und studentische Rädelsführer festsetzen, denn die drei Tage währenden Unruhen hatten das Staatsgefüge erschüttert, aber dann rückte Darmstädter und Nassauer Militär zu brüderlicher

Hilfe in die Stadt; Zusagen an die Handwerker wurden für nicht gegeben erklärt und einige hundert Handwerker verhaftet. Blutiger
Gewalt bedurfte es nicht: Da alles vom Hof abhängig war, konnte
dieser nach Laune mißliebigen Handwerkern den Geldhahn abdre-
hen, um sie schnell gefügig zu machen, was Georg Forster, Professor
an der Mainzer Universität, zu der ironischen Bemerkung veranlaßte:
«Mit einem Wort, man hat wieder Mut, und man wird den Deutschen
wohl zeigen, daß sie keine Franzosen sind.»

Hatte der Vorgänger Erthals im Amt als Kurfürst und Erzbischof,
Emmerich Joseph von Breidbach-Bürresheim, von 1763 bis 1774 das
Land recht maßvoll regiert und vor allem durch eine gute Schulpolitik
sich bemüht, die Früchte der Aufklärung möglichst allen Bevölke-
rungsschichten zugute kommen zu lassen, so verkehrte das sein
Nachfolger ins Gegenteil. Mit- und nachdenkende Untertanen sind
bald keine Untertanen mehr – insofern handelte der neue Herr ganz
konsequent; andererseits aber gehörte es doch zum guten Ton, wollte
man nicht als grober Klotz gelten, auch dem Geist eine schöne – aber
politisch ungefährliche – repräsentative Stelle einzuräumen, nämlich
die Universität. Um dem Ruf eines aufgeklärten Landesvaters zu genügen, berief Kurfürst Erthal prominente deutsche Gelehrte an die
Universität, darunter, zum Mißvergnügen seiner Geistlichen, auch etliche Nichtkatholiken wie den Historiker Johannes von Müller, den
Anatomen Samuel Thomas Sömmering, den Schriftsteller Wilhelm
Heinse und den berühmten Weltreisenden und Schriftsteller Georg
Forster, dem er die Universitätsbibliothek anvertraute.

Bedeutende Persönlichkeiten, erlauchte Namen, aber sie waren –
Los deutscher Intellektueller – innerhalb der Gesellschaft ziemlich
isoliert und damit auch ohne Einfluß. Das Sagen hatte hier wie anderswo der Adel, der alle Führungspositionen, weltliche wie geistliche, besetzt hielt. Die Masse der Bevölkerung bestand aus Handwerkern, Kaufleuten und Beamten, dazu kamen die zahlreichen Diener,
Knechte und Mägde und außerhalb der Stadt die Masse der Bauern,
die überwiegend noch im Zustand der Leibeigenschaft lebten und die
schwersten Lasten an Steuern und vielfältigen Aufgaben zu tragen
hatten. Im wesentlichen waren es die Bauern, die das aufwendige Leben von Adel und Hof finanzieren halfen, ohne daß dabei Geld an sie
zurückfloß, wie es bei den Handwerkern geschah, die stets mit lukra-
tiven Aufträgen vom Hof rechnen durften.

Die 1789 in Frankreich ausgebrochene Revolution hatte bis 1791
für die deutschen Staaten keine Rolle gespielt, ja, in den meisten sah
man es nicht ungern, daß der bislang so mächtige Nachbar durch die
revolutionären Wirren nachhaltig geschwächt worden war. Der Kurfürst von Mainz unterstützte tatkräftig die französischen Emigranten,

Abb. 13: Einzug der französischen Revolutionstruppen in Mainz am 7. November 1792. Gemälde von Hippolyte Bellange, 1835.

was die Regierung in Paris so mißtrauisch wie sorgfältig registrierte.
Als nun im Januar 1792 Frankreich von Österreich ultimativ die Erklärung einer Nichteinmischung verlangte, stand ein Krieg in Aussicht, den der Mainzer Kurfürst sich durchaus wünschte, um allen
revolutionären Ideen ein Ende zu machen. Hatte doch der belgische
Aufstand 1790, an dessen Bekämpfung kurmainzische Truppen beteiligt gewesen waren, zur Verbreitung demokratischer Gedanken auch
unter den Mainzer Soldaten beigetragen. Frankreich, übrigens immer
noch eine Monarchie, erklärte am 20. April 1792 Österreich den
Krieg; Österreich verbündete sich mit Preußen, und als Kurfürst Erthal am 4. August 1792 diesem Bündnis beitrat, erfolgte prompt die
Kriegserklärung Frankreichs an Kurmainz.

Der Feldzug Österreichs und Preußens gegen das revolutionäre
Frankreich schien in den ersten Wochen erfolgreich zu werden, doch
dann wendete sich das Blatt. Die berühmt gewordene Kanonade von
Valmy leitete den schmählichen Rückzug der Alliierten ein, und schon
am 21. Oktober 1792 mußte die Festung Mainz vor den Truppen des
Generals Adam Philippe Custine kapitulieren, nachdem der Kurfürst
schon drei Wochen vorher Hals über Kopf geflohen war. Der 21. Oktober 1792 wurde zum Geburtstag der Mainzer Republik.

Das Konzept der französischen Eroberer schien ganz klar. Gemäß
ihrer Losung «Friede den Hütten, Krieg den Palästen» wurden von
den besetzten deutschen Städten hohe Kontributionszahlungen verlangt, zu leisten aber nicht von der Masse der Bevölkerung, sondern
vom Adel und der Geistlichkeit, von Bankiers und begüterten Kaufleuten. Frankreich, so ließen die Sieger wissen, führe keinen nationalen, sondern einen revolutionären Krieg, und geplündert werden
sollten die Feinde der Revolution, die verhaßten «Privilegierten»,
«Despoten», «Tyrannen», wie man sie jetzt nannte.

Das klang recht praktisch, und anfangs versagte auch die Landbe-
völkerung den Eroberern nicht ihre Sympathie und Unterstützung,
zumal die französischen Truppen zunächst strengste Disziplin beachteten. Hinzu kamen der Schock über die so plötzliche, unerwartete
und verheerende Niederlage der Alliierten und die Empörung über
die jämmerliche Flucht des Kurfürsten und seines Hofes, der seine
Residenz ohne jede Verwaltung zurückgelassen hatte – unter Mit-
nahme aller öffentlichen Kassen. Da die Revolutionsregierung in Paris
das Selbstbestimmungsrecht der befreiten Gebiete verwirklicht sehen
wollte und die französischen Militärs mit dem weiteren Verlauf des
Krieges beschäftigt waren, hieß Großzügigkeit und Liberalität das
Gebot der ersten Stunde, ja General Custine verkündete sogar: «Euer
eigener, ungezwungener Wille soll euer Schicksal entscheiden. Selbst
dann, wenn ihr die Sklaverei den Wohltaten vorziehen werdet, mit

denen die Freiheit euch winkt, bleibt es euch überlassen, zu bestimmen, welcher Despot euch eure Fesseln zurückgeben soll.»

Schon zwei Tage nach der Eroberung von Mainz konstituierte sich im Mainzer Schloß die «Gesellschaft der Freunde der Freiheit und Gleichheit». Zu den Mitgliedern zählten Professoren der Universität wie der Theologe Felix Anton Blau, der Jurist Andreas Joseph Hofmann, der Mathematiker Mathias Metternich, der Mediziner Georg Christian Wedekind sowie Studenten, Handwerker und Kaufleute. Die Mitglieder – ihre Zahl lag bald bei 500 – zahlten einen monatlichen Beitrag von 15 Kreuzern; wöchentlich wurden vier Sitzungen in deutscher und eine in französischer Sprache abgehalten. Unter Verzicht auf bürgerliche Titulaturen redete man sich nur mit dem Familiennamen und mit Du an. Diese Gesellschaft, ganz an der Verfassung französischer Jakobiner-Clubs orientiert, sollte gleichsam Custines verlängerter Arm sein, sie sollte – immer nach französischem Vorbild – eine demokratische Mainzer Republik schaffen helfen und für die Verbreitung revolutionären Gedankenguts sorgen. Dazu bedurfte diese Gesellschaft natürlich des entschiedenen Handelns der französischen Exekutive, und eben daran gebrach es durchaus.

General Custine zeigte eine überraschende Milde und Nachsicht, obwohl ihm die verstockte reaktionäre Gesinnung der Zünfte und Bauern bekannt sein mußte. Schon am 26. Oktober fragte er höflich die Vertreter der Zünfte, welche Verfassung sie wählen wollten. Diese verlangten daraufhin, «... daß sowohl die Zunftverfassung als auch die übrigen Verfassungen, welche zu dem gemeinen Wohle nützlich sind, beibehalten werden».

Das bedeutete: Alles sollte so bleiben, wie es unter dem Kurfürsten gewesen war. Auch die Kaufmannschaft ließ wissen, daß sie eine republikanische Verfassung rundweg ablehne. Spätestens jetzt, als Handwerker und Kaufmannschaft sich unverblümt als konterrevolutionär offenbarten, wäre Härte geboten gewesen, wollte die Revolution hier Boden gewinnen. Aber Custine zog aus solchem obstruktiven Verhalten keinerlei Konsequenzen. Als einmal ein Bürger öffentlich den geflohenen Kurfürsten hochleben ließ, wurde er zu 25 Stockschlägen auf der Hauptwache verurteilt; ein strengeres Urteil ist in Mainz nie gefällt worden. Im stillen ließ man die Provokateure ungestört wirken, und dagegen waren die Mainzer Jakobiner allein machtlos. Sie hatten auch keinerlei gesetzgeberische Befugnisse; ihre Gesellschaft versuchte mit den Mitteln der Aufklärung und der Agitation, durch Zeitungen, Zeitschriften, Flugblätter und Reden, auf strikt gewaltlose Weise, gestützt einzig auf die Kraft der Überzeugung, die Mainzer von den Vorzügen einer demokratischen Verfassung zu überzeugen. Dabei hatten sie es schon in ihren eigenen Reihen nicht leicht.

Während ihres kurzen Bestehens waren von etwa 25 000 Mainzer Bürgern nur knapp 500 in der «Gesellschaft der Freunde der Freiheit und Gleichheit» organisiert. Schon bald überwogen die Austritte bei weitem die Neuaufnahmen. Und wenn auch mit 45 Prozent die Handwerker am stärksten hier vertreten waren, so bildeten doch die 21 Prozent der Intellektuellen die wahren Aktiven und Tonangebenden.

Am 3. November 1792 errichteten die Franzosen auf dem Markt einen Freiheitsbaum, Symbol der Revolution. Der glattgehobelte Stamm war mit den Revolutionsfarben Blau-Weiß-Rot bemalt; blauweißrote Bänder und eine rote Jakobinermütze zierten die Spitze. Rechts und links vom Baum wurden zwei blauweißrote Piken aufgepflanzt, gleichfalls mit der roten phrygischen Mütze gekrönt. Eine am Baum angebrachte Tafel verkündete:»Vorübergehende! Dieses Land ist frei! Tod demjenigen, der es anzugreifen wagt!»

Am selben Tag traf Anton Joseph Dorsch in Mainz ein und hielt abends im Jakobinerclub eine Begrüßungsrede als «Kommissär der Konstitutionsgesellschaft in Straßburg». Dorsch, einst katholischer Priester, war bis 1791 Professor der Philosophie an der Mainzer Universität gewesen, hatte aber die Stadt wegen seines Kantianismus verlassen müssen und war nach Straßburg gezogen. Ihm fiel jetzt die Aufgabe zu, den Mainzer Jakobinerclub in der Abhaltung demokratischer Versammlungen zu unterweisen. Aber was konnte man für die Verwirklichung eines demokratischen Mainz tun? Hier nun wußte der betriebsame Georg Wilhelm Böhmer Rat, Konrektor des Wormser Gymnasiums und zugleich Adjutant Custines. Böhmer ließ zwei Bücher öffentlich auslegen. In das rotgebundene – «Buch des Lebens» genannt – sollten sich all jene eintragen, die sich zu den Ideen der Revolution bekannten; in das schwarzgebundene – poetisch als «Buch der Sklaverei» betitelt – jene, die am Hergebrachten festhalten wollten. Der Erfolg dieser reichlich naiven Maßnahme war denn auch denkbar mäßig. Vernünftiger zeigten sich da die vielen Zeitschriften, die revolutionäres Gedankengut vermittelten. Gleich drei wurden gegründet: «Der Bürgerfreund», den der Mathematiker Metternich herausgab; «Der Patriot» des Mediziners Wedekind; «Der fränkische Republikaner» des Hofgerichtsrats Kaspar Hartmann; und der unermüdliche Böhmer übernahm die Redaktion der «Privilegierten Mainzer Zeitung», die sich nun «Mainzer National-Zeitung» nannte.

Georg Forster, der sich bisher abwartend verhalten hatte, trat am 7. November 1792 dem Mainzer Jakobinerclub bei. Er tat es ohne rechte Begeisterung, aber auch ohne Opportunismus. Sein Verhältnis zu Custine war glänzend, was nicht nur der Universität zugute kam, sondern der ganzen Stadt, und da Pläne bestanden, ihn in eine neuzubildende Administration zu berufen, bedurfte es der Mitgliedschaft bei den Jakobinern, um auch von den Demokraten unbedingte Unterstützung zu bekommen.

Die «Allgemeine Administration» übernahm die Verwaltung am 19. November, und neben Dorsch und Blau gehörte ihr auch Forster an. Bis zu diesem Zeitpunkt amtierte tatsächlich noch die «Kurfürstliche Landesregierung». Zwei Tage später erließ die neue Administration das längst überfällige Gesetz gegen Schriften, «welche die allgemeine Ordnung und Sicherheit stören», worauf die Reaktion natürlich mit lautstarkem Protest reagierte. Dabei ist während der ganzen Zeit der Mainzer Republik nicht eine einzige Zeitung von dem Verbot betroffen gewesen. Den Gemeinden ging in deutscher Übersetzung ein Auszug aus der neuen französischen Verfassung zu. Für Mainz wurde ein Bürgermeister berufen, den es bisher nicht gab, denn das vom Klerus verwaltete Vizedomamt hatte die Kommunalgewalt inne.

Der Gegner rüstete sich unterdessen zum Gegenschlag. Am 2. Dezember wurde Frankfurt am Main von preußischen und hessischen Truppen zurückerobert, und am 13. Dezember in Mainz der Kriegszustand proklamiert. Das bedeutete nicht nur eine zunehmende Isolierung nach außen, es bedeutete auch eine Verschärfung der innenpolitischen Auseinandersetzung, denn revolutionsfeindliche Umtriebe konnten nun nicht länger geduldet werden, da sich der Feind im Anmarsch befand. Zur Warnung ließ Custine vier Galgen errichten – sie sind nie benutzt worden.

Am 15. Dezember dekretierte der Nationalkonvent in Paris die Abschaffung aller Privilegien, der Leibeigenschaft und des Zehnten. Drei Kommissare wurden nach Mainz entsandt, um die Ausführung der Bestimmung zu überwachen. Daß hier an der Verwirklichung des Dekrets nicht gerüttelt wurde, verbürgte schon die Tatsache, daß Georg Forster am 31. Dezember Präsident des Jakobinerclubs wurde, eine Rangerhöhung, die ihn nun vollends zur Zielscheibe der Reaktion machte. Denn durfte diese bislang noch vermuten, Forster habe aus opportunistischen Gründen Anschluß an die Jakobiner gesucht, so wurde jetzt deutlich, daß er fest hinter der revolutionären Idee stand und für sie konsequent einzustehen bereit war.

An den Berliner Buchhändler Voß, der ihn beschworen hatte, sich als «guter Preuße» zu zeigen, schrieb Forster damals: «Es ist eine der entscheidenden Weltepochen, in welcher wir leben. Seit der Erscheinung des Christentums hat die Geschichte nichts Ähnliches aufzuweisen. Dem Enthusiasmus, dem Freiheitseifer kann nichts widerstehen – als etwa die in Stupidität versunkenen Verfassungen Asiens. Das ist alles so sonnenklar, daß es Tollheit und Blindheit wäre, noch daran zu zweifeln. Zwingt die Franken noch zu einem Feldzuge, und die ganze europäische Welt wird in einem Jahre frei! Wenn ich so glücklich sein könnte, zum Frieden mit Preußen mitzuwirken und die natürliche Allianz zwischen Preußen und Frankreich wiederherzustellen, so würde ich mich außerordentlich freuen; das wäre meines Erachtens die einzige Hinsicht, in welcher ich ein guter Preuße sein und dieses Interesse mit jenem des freien Volks, dem ich angehöre, vereinbaren könnte.»

Zum Jahreswechsel 1792/93 waren die aus Paris gesandten Kommissare des Nationalkonvents in Mainz eingetroffen: Antoine-Christophe Merlin de Thionville, Jean-François Reubel und Nicolaus Haussmann. Sie sicherten die sich endlich enger knüpfende Beziehung Mainz – Paris, die der viel zu nachgiebige und unentschlossene General Custine bisher nicht hatte stärken können. Merlin, der sich sofort um die Mainzer Belange kümmerte, war entsetzt, als er den Zustand der französischen Armee erkannte. Es fehlte an Waffen, Kleidung, Geld, vor allem aber an Lebensmitteln, und Merlin war bestürzt, als er begriff, in welchem Maße die französischen Truppen, die als Befreier gekommen waren, das Land ausplünderten und damit gerade jene gegen sich aufbringen mußten, die man doch hatte befreien wollen. Am 23. Januar 1793 mußte der Belagerungszustand proklamiert werden.

Im Jakobinerclub ging die Diskussion jetzt um die Frage: Anschluß an Frankreich oder Autonomie. Forster plädierte für den Anschluß des französisch besetzten Gebiets zwischen Landau und Bingen an Frankreich. Um aber eine vom Volk legitimierte Vertretung zu besitzen, die der künftige Verhandlungspartner für Paris sein sollte, wurde am 16. Februar eine allgemeine Wahl ausgeschrieben. Zu wählen waren ein Bürgermeister und sechs Abgeordnete, die dem neuen gesetzgebenden «Rheinisch-Deutschen National-Convent» angehören sollten. Dagegen opponierten öffentlich und ungestraft die Kaufmannschaft und die Handwerker, und das mit Erfolg. Von etwa zehntausend Wahlberechtigten gaben nur dreihundert ihre Stimme ab. Aber die Zersetzungserscheinungen betrafen nun auch den Club, von dessen Mitgliedern ein Teil den verlangten Eid auf die Grundsätze von Freiheit und Gleichheit verweigerte.

Da man in Paris entschlossen war, sich nun stärker um Mainz zu kümmern als der allzu nachgiebige Custine, wurden am 31. Januar 1793 zwei weitere Kommissare geschickt. Sie kamen zu einem Zeitpunkt, als der Freiheitsbaum eines Morgens niedergerissen und geschändet vorgefunden wurde und sich auch der Mainzer Magistrat in offener Obstruktion zu üben begann.

Am 21. März 1793 beschloß der Rheinisch-Deutsche National-Convent den Anschluß an Frankreich. Drei Deputierte wurden gewählt, die dem Pariser Nationalkonvent den Antrag auf Eingliederung überbringen sollten, einer von ihnen war Georg Forster. Danach hatte der Mainzer Konvent nur noch einmal Gelegenheit zu einer Sitzung, denn nun ging alle Befehlsgewalt über die Stadt, die von den Preußen langsam eingeschlossen wurde, an die französische Armee über. Am 14. April schlossen die Belagerer den Ring und brachten ihre Geschütze in Stellung. Am 19. Juni 1793 begann die preußische Offensive. Vier Wochen lang vermochte sich die pausenlos von schwerer Artillerie beschossene und überall brennende Stadt zu halten, dann kapitulierten die Franzosen. Ihre Garnison, die sechstausend Tote zu beklagen hatte, durfte abziehen, die deutschen Jakobiner aber, deren Abzug strikt verwehrt wurde, gaben die preußischen Militärs schadenfroh der Mainzer Lynchjustiz preis.

So endete die Mainzer Republik, das erste demokratische Staatswesen auf deutschem Boden, nach nur neun Monaten in Feuer, Verwüstung, Mißhandlungen, Totschlag und schlimmsten Verleumdungen. Dieses eigenartige Gebilde war von Anfang an nicht lebensfähig gewesen. Das Dilemma des Jakobinerclubs, der im wesentlichen die Geschicke der Mainzer Republik bestimmte, war, daß er eine rein bürgerliche Zusammenkunft repräsentierte und sich viel zu wenig für die Belange der niederen Klassen interessierte. Hinzu kam die Sprachbarriere zwischen den aufgeklärten Bürgern und der unwissend gehaltenen Bevölkerung. Der Club entwarf wohlformulierte Theorien, aber für die Wirklichkeit besaß er kein Organ. Nicht nur eine offen und ungestraft praktizierte Obstruktion war es, die ihn scheitern ließ, sondern weitgehend auch Mangel an Wirklichkeitssinn. Für die Masse des Volkes war das, was im Club verhandelt wurde – auch wenn das öffentlich geschah und jeder Zutritt hatte –, so fern und unverständlich, als wäre es bei Hofe verhandelt worden.

In Frankreich wurde das Ausbreiten der Revolution dadurch begünstigt, daß sie in einem zentralregierten, geeinten Land ausbrach. In Deutschland stieß sie unablässig auf Landesgrenzen, strenge Zensur und sehr verschieden gehandhabte Regierungsgewalten. Und noch viel ärger war die wirtschaftliche Situation. Mainz lebte überwiegend vom Zoll und Stapelrecht, vom bescheidenen Export und seine Bürger vom Hof. Der Krieg unterband den Handel und verjagte den Hof. Die französische Armee bot dafür keinen Ersatz, im Gegenteil, sie ernährte sich aus dem Lande und plünderte es aus. Das Volk sah nur, daß es ihm nun wirtschaftlich viel schlechter ging als unter dem Kurfürsten. Warum das so war und in welchem Maße es bislang ausgebeutet gewesen, wurde ihm von den theoriemächtigen Jakobinern nicht erklärt. Und wenn sie es erklärt hätten: Was vermochten diese gutwilligen und humanen Idealisten gegen die Ausbeutung der Eroberer?

Die Mainzer Republik erwies sich als ein politisches Gebilde, in dem eine Bevölkerung fast einmütig seine Regierung sabotierte, denn sie zog – mit den Worten Custines – die Sklaverei den Wohltaten vor.

Damit war der Traum von einer deutschen Republik ausgeträumt. Sie wollte den Prinzipien von Freiheit und Gleichheit verpflichtet sein, überzeugen durch Vernunft, getragen vom Willen eines Volkes, dem man bislang einen Willen nicht zuerkannt hatte, da allein der Wille der Fürsten Gesetz war. Die deutsche Geschichtsschreibung des 19. Jahrhunderts hat alles daran gesetzt, die Mainzer Jakobiner als «Vaterlandsverräter» zu denunzieren, allen voran Georg Forster, und das mit Erfolg. Noch heute wissen unsere Geschichtsbücher – zweihundert Jahre nach den Ereignissen – kaum etwas von der Mainzer Republik zu berichten, sofern ihrer überhaupt gedacht wird.

Als 21 Jahre später der Wiener Kongreß daranging, nach dem Sturz Napoleons die Landkarte Europas neu zu ordnen, brauchte er sich über die Beerdigung revolutionärer Ideen kaum noch Gedanken zu machen. Was Napoleon selbst nicht beseitigt hatte, das besorgte nun die Restauration. Nicht die Völker, die Fürsten bestimmten selbstherrlich das Schicksal der Nationen.

Und doch hat der Wiener Kongreß in ganz anderer Weise als von ihm beabsichtigt einen neuen Weg eingeschlagen. Er setzte nämlich zum erstenmal auf ein gesamteuropäisches Konzept und entwickelte mit der «Heiligen Allianz» die erste europäische, länderübergreifende Sicherheitsordnung. Natürlich keineswegs im Sinne demokratischen Denkens, sondern zur Festigung erzreaktionärer politischer Strukturen. Aber die Erfinder eines übernationalen Unterdrückungssystems hatten nicht bedacht, daß der Verzicht auf scharfe nationale Abgrenzung umgekehrt auch den Transfer revolutionärer Ideen erleichtern würde, wie sich anläßlich der französischen Julirevolution von 1830 und dann noch weit stärker 1848 erweisen sollte. Wider Willen und ohne sich dessen bewußt zu sein, hatte der Wiener Kongreß eine Forderung der Revolution übernommen, nationale Grenzen nicht als Hemmnis anzuerkennen. Schon sein Versuch, die Welt in den Zustand von 1789 zurückzuversetzen, scheiterte insgesamt. Freilich: Eine demokratische Willensbildung des Volkes ist nie vorgesehen gewesen, sie mußte in den kommenden hundert Jahren mühsam erkämpft werden, ohne daß dabei die Erfahrungen der Mainzer Republik im Positiven oder Negativen hätten beherzigt werden können. Man wußte nichts von ihr.

Auf neutralem Boden

Frankfurt am Main: Der Sitz des Bundestages

Hans-Otto Schembs

Bereits vor der Niederlage Napoleons gegen die Verbündeten in der Völkerschlacht bei Leipzig Mitte Oktober 1813 stellte Österreich die Weichen für die weitere Entwicklung Deutschlands. Im Geheimvertrag von Ried vom 8. Oktober 1813 sicherte es Bayern, das aus dem Rheinbund ausgetreten war und sich auf die Seite der Alliierten gestellt hatte, die Wahrung seines Besitzstandes und volle Souveränität zu. Damit war der Kern der künftigen deutschen Verfassung vorgegeben, wie ihn der Erste Pariser Friede vom 30. Mai 1814 und schließlich der Wiener Kongreß, der am 1. November 1814 begann, festschrieben: Der aus 39 bzw. 41, später 34 Mitgliedern bestehende Staatenbund des Deutschen Bundes trat an die Stelle des alten Reiches, wurde also ein «völkerrechtlicher Verein der deutschen souveränen Fürsten und freien Städte», wie es in Artikel 1 der Wiener Schlußakte von 1820 heißt. Dies entsprach Metternichs Plan wie auch Preußens Vorstellungen, dies entsprach Englands Wunsch nach Gleichgewicht in Europa und fand Frankreichs Wohlgefallen. Es enttäuschte aber all jene, die in romantischer Vorstellung ihre Hoffnung auf einen Nationalstaat gesetzt und von einem deutschen Reich mit dem österreichischen Kaiser Franz an der Spitze geträumt hatten.

Auch das Schicksal von Frankfurt am Main schien im Vertrag von Ried besiegelt. Metternich hatte nämlich den Anschluß Frankfurts an Bayern in Aussicht genommen. Noch Anfang März 1815 war Frankfurts Stellung ungewiß, während den drei Hansestädten damals schon keine Gefahr mehr drohte. Der Bremer Senator Johann Smidt, der Vertreter der Hansestädte in Wien, berichtete nach Hause: «Bayern scheint ziemlich unersättlich zu sein und Österreich große Vorteile anzubieten, um seine Absichten durchzusetzen.»[1]

Die Rückkehr Napoleons – am 1. März 1815 landete er in Frankreich – schwächte jedoch die Position Bayerns, so daß Metternich keine Veranlassung mehr sah, Bayern entgegenzukommen, sondern in einem unabhängigen Frankfurt durchaus Vorteile für Österreich fand. Schon am 4. März schrieb der Vertreter Frankfurts auf dem Wiener Kongreß, Syndikus Johann Ernst Friedrich Danz: «Soeben erhalte ich die ziemlich zuverlässige Nachricht, daß die Sache gut steht.»[2] Inwie-

weit da auch «geheime Ausgaben», also Bestechungsgelder, eine Rolle
gespielt haben, mag offenbleiben. Fest steht, daß Frankfurt solche
Gelder bezahlt hat.

Ausschlaggebenden Anteil aber daran, daß für Frankfurt «die Sache
gut steht», hatte Karl Reichsfreiherr vom und zum Stein, damals Berater des Zaren, zuvor Leiter, «Minister», des Zentralverwaltungsrats
bzw. -departements der befreiten Gebiete mit Sitz in Frankfurt am
Main. In einer Denkschrift an den Zaren von Anfang März 1815 setzte
sich Freiherr vom Stein gegen die Einverleibung Frankfurts durch
Bayern ein: «Bayerns Forderungen sind nicht allein übertrieben hinsichtlich der Bevölkerung, sondern sie sind auch verderblich hinsichtlich der militärischen, politischen und Handels-Verhältnisse Deutschlands im ganzen und des südlichen insbesondere ... Durch die
Einnahme von Frankfurt endlich bemächtigt es sich einer Stadt von
der größten Wichtigkeit für den Meß- und Zwischenhandel zwischen
dem Westen und dem Norden Deutschlands und der Schweiz für die
Bank- und Wechselgeschäfte; es durchschneidet die Handelsstraßen
zwischen Holland und der Schweiz, und die im Jahre 1813 dieser Stadt
gegebenen feierlichen Erklärungen der drei Mächte, welche ihr ihre
Unabhängigkeit versicherten, werden zu einer Täuschung gemacht.»[3]

Der energische Kampf des Freiherrn vom Stein gegen den Anschluß
Frankfurts an Bayern und für ein souveränes Frankfurt wegen der
wirtschaftlichen Bedeutung der Stadt in der Mitte Deutschlands, mehr
noch, um damit wenigstens symbolisch das alte Reich wiederherzustellen, war erfolgreich. Die Stadt Frankfurt verlieh ihm dafür 1816
das Ehrenbürgerrecht. Andere Ideen Steins dagegen waren gescheitert, so seine Vorschläge für eine bundesstaatliche Lösung oder für
einen Kaiser als Zentralgewalt. So bestimmte Artikel 46 der Wiener
Kongreßakte vom 9. Juni 1815, daß Frankfurt nach seinem Territorialbestand von 1803 eine freie Stadt und Mitglied des Deutschen Bundes
sei.

Noch am selben Tag zeigte Metternich in einer Note an Syndikus
Danz die Bestätigung der Selbständigkeit Frankfurts an: «Seine kai-
serlich-königlich apostolische Majestät haben, in Einverständnis mit
Allerhöchst Ihren Alliirten, die Selbständigkeit und Freiheit der Stadt
Frankfurt neuerdings bestätigt, und ich beeile mich, dem städtischen
Herrn Bevollmächtigten den deßfalls gefaßten Beschluß, mittelst Ex-
tract des betreffenden Conferenzprotocolls, in der Anlage mitzuthei-
len. Bei dem hohen Interesse, welches die hohen Mächte für das Wohl
der Stadt Frankfurt an den Tag gelegt haben, sind Sie berechtigt, von
dem Senat und der Bürgerschaft dieser Stadt dasjenige Benehmen zu
erwarten, welches sowohl Ihren künftigen Verhältnissen zu dem

Abb. 14: Das Palais Thurn und Taxis in der
Großen Eschenheimer Straße diente als Sitz des Bundestages.

neuen teutschen Bunde, als den gegenwärtigen Umständen, angemessen ist.»[4]

Bereits im «Entwurf der Grundlage der deutschen Bundesverfassung», den der preußische Staatskanzler Hardenberg im Juli 1814 formulierte, war als Sitz des obersten Bundesorgans – bei ihm ein Direktorium – Frankfurt am Main vorgesehen. Spätere preußische und österreichische Entwürfe jedoch lassen den Ort offen. Auch Frankfurt selbst zeigte damals kein Interesse. In den politischen Leitsätzen der Stadt von Ende Oktober 1814 heißt es neben der zu erstrebenden allgemeinen Garantie der Selbständigkeit als einer freien Handelsstadt sowie der Übernahme der unmittelbaren Schutzherrschaft der Stadt durch den Kaiser von Österreich unter Punkt 5: «Es ist nicht zu wünschen, daß die Stadt zum Sitze einer Bundesversammlung oder eines Bundesgerichtes gewählt wird, weil der Commerz und die Stadtkasse durch die bei einem und dem andern erscheinende Personen Nachteil erleiden können.»[5]

Auch in diesem Falle beschleunigte Napoleons Einfall die Verhandlungen. Der österreichische Entwurf vom Mai 1815 nennt als Sitz Frankfurt am Main, ebenso der Entwurf vom 23. Mai 1815, der von Metternich vorgelegt wurde mit der Erklärung, es geschehe mit Einverständnis des Königs von Preußen. Demnach heißt es im Artikel 9 der Bundesakte vom 8. Juni 1815: «Die Bundesversammlung hat ihren Sitz zu Frankfurt am Main.»

Die Bundesakte wurde überwiegend kritisch aufgenommen, auch durch Freiherr vom Stein, der von einer «so fehlerhaften Verfassung»

sprach. Die einzige Zentralinstanz war eben nur ein permanenter Gesandtenkongreß, die Bundesversammlung, wie er offiziell hieß, doch
später, ja, bereits in der Wiener Schlußakte, in Anlehnung an den alten
Reichstag «Bundestag» genannt wurde. In Frankfurt dagegen jubelte
man jetzt: War man doch «Hauptstadt» und Freie Stadt.

Die Selbständigkeit, die Frankfurt erlangt hatte, erfüllte die «drin-
gendsten Wünsche» der Stadt, denn «seit Jahrhunderte(n) an eine
geregelte Freiheit gewohnt», hatte sie im stillen «das verlorne Klein-
od» reichsstädtischer Freiheit beweint, meinte der Ältere Bürgermeister Johann Wilhelm Metzler am 18. Oktober 1816 anläßlich der
Eidesleistung der Bürger auf die neue freistädtische Verfassung. Diese
Verfassung, die «Konstitutionsergänzungsakte», war ein Kompromiß
zwischen restaurativen Bestrebungen und liberalen Tendenzen. Ihr
Name wies sie als modifizierte Wiederherstellung alter Konstitution
aus, also mit Fortbestand des mächtigen Senats, jedoch gebrochener
Vorherrschaft der adeligen Geschlechter, mit Fortbestand der alten
Bürgervertretung, jedoch mit einer zweiter Bürgervertretung, der
«Gesetzgebenden Versammlung».

Der Bundestag und die Anwesenheit seiner Gesandten gaben der
Stadt Frankfurt mit ihren etwa 40 000 Einwohnern nicht nur politische Bedeutung, sie wirkten auch belebend auf Gesellschaft und
Kultur und auf das Stadtbild. Allerdings hatte die Dalbergzeit mit
ihrem aus dem Geist der Aufklärung erwachsenen Errungenschaften
bereits den Boden bereitet: dem Schleifen der Festungen, an ihrer
Stelle der Anlage von Gärten und Promenaden, auch dem Baustatut
von 1809. Von den vielen Fremden, die Frankfurt damals besuchten
und die Stadt lobend schilderten, sei der französische Komponist
Hector Berlioz zitiert: «Welch eine liebenswürdige, aufgeweckte
Stadt. Tätigkeit und Reichtum macht sich überall bemerkbar, zudem
ist es wohlgebaut, glänzt und schimmert wie ein Hundertsousstück,
und Anlagen, die im Stil der englischen Gärten mit Sträuchern und
Blumen bepflanzt sind, fassen es grün und duftig ein.»[6] Weniger belebend wirkte die freistädtische Verfassung auf die Wirtschaft. Allerdings verschloß sich die Stadt nicht den verkehrstechnischen Neuerungen, und dank der Bankiers von Bethmann und von Rothschild
wurde sie zur Banken- und Börsenstadt par excellence.

Die für den 1. September 1815 festgelegte Eröffnung des Bundestages verzögerte sich durch den bayerisch-österreichischen Territorial-
streit und durch Differenzen zwischen Preußen und Österreich wegen
der Leitung der Bundesgeschäfte um mehr als ein Jahr. Die österreichische Präsidialgesandtschaft mietete für sich und als Ort des Bundestages das Palais Thurn und Taxis in der Großen Eschenheimer
Straße. Das Palais, eine wohlproportionierte, schöne barocke Dreiflü-

gelanlage, war von 1731 bis 1737/41 nach Plänen des französischen Hofarchitekten Robert de Cotte und des kurpfälzischen Hofbaumeisters Guillaume d'Hauberrat für Reichspostmeister Fürst Anselm Franz von Thurn und Taxis gebaut worden, nachdem dieser auf kaiserlichen Wunsch seinen Sitz von Brüssel ins zentralere Frankfurt verlegt hatte. Viele Künstler – Paul Egell, Christian Georg Schütz, Antonio Colomba – hatten das Palais ausgestattet. Nur bis 1748 war das Palais Residenz gewesen, ehe diese nach Regensburg verlegt wurde und nur die Posthalterei in Frankfurt blieb. Es hatte gelegentlich bei Wahl und Krönung als Quartier und Karl Theodor von Dalberg von 1806 bis 1813 als Residenz gedient.

Am 1. Oktober 1816 um 10 Uhr begannen die vertraulichen Vorverhandlungen der Gesandten: «Der Kaiserlich Königlich Oesterreichische bevollmächtigte Herr Minister führte sämmtliche Herren Gesandten in die vorläufig zur Haltung der Sitzungen, auch für die Kanzley-Registratur und Diktatur bestimmte Gemächer ein, wovon das erste als Vorzimmer und zur Diktatur, das zweyte zu den Sitzungen der Bundesversammlung, das dritte für die Protokollführung und Kanzleydirektion, der daran stoßende Saal zur Aufbewahrung der laufenden Akten und Registraturgegenstände, ein Nebenzimmer für die Kanzellisten, und die daran stoßende Stube für die Kanzleydiener eingerichtet worden sind.»[7]

Am 5. November 1816 konnte schließlich Graf Buol-Schauenstein den Bundestag feierlich eröffnen. Wilhelm von Humboldt, der auch die Geschäftsordnung entworfen hatte, vertrat den preußischen Gesandten von der Goltz. Die Gesandten nahmen im Hauptzimmer an einem runden Tisch und auf Empirestühlen Platz. Das Parkett war mit einem Läuferteppich geschützt.

Für Bundesangelegenheiten zuständig war grundsätzlich der «Engere Rat», in dem sich gemäß Art. 6 der Bundesakte die Staaten zu 17 Stimmen vereinten. Kleinere Staaten waren also zu einer Kurie vereint, so die vier freien Städte zur 17. Kurie. Für bestimmte Bundesangelegenheiten war das Plenum von 67 bzw. 69 Stimmen zuständig, in dem den größeren Staaten mehrere, den übrigen eine Stimme zustanden. Das Plenum war ein reines Abstimmungsorgan. Bei wichtigen Angelegenheiten wie Grundgesetzänderungen, Bundeseinrichtungen, Religionsangelegenheiten, Aufnahme eines neuen Bundesglieds war Einstimmigkeit erforderlich, sonst Zweidrittelmehrheit. Die Beschränkung der größeren Staaten auf rund ein Drittel schloß zwar Hegemonie aus, doch in Fortsetzung des im 18. Jahrhundert entstandenen Dualismus war die Vorrangstellung von Preußen, der stärksten norddeutschen Macht, und dem auf Mittel- und Kleinstaaten Einfluß ausübenden, von Metternich geprägten restaurativen Österreich und eine Vorverständigung beider Mächte gegeben. Ein einstimmiger Beschluß aller war schwer zu erreichen, da die Gesandten an Instruktionen ihrer Regierungen gebunden waren.

Dies und die weitgehende Souveränität der Einzelstaaten schmälerten die durchaus vorhandenen Rechte und Bemühungen des Bundestages um freiheitliche gesetzliche Verhältnisse. So verhandelten die einflußreichen konservativen Staaten als Reaktion auf die allgemeine Revolutionsfurcht der deutschen Regierungen infolge der liberalen Tendenzen der Burschenschaften, der Ermordung Kotzebues und des Wartburgfestes zunächst in Karlsbad, 1819, und Wien, 1823, und schufen die Zentraluntersuchungskommission mit Sitz in Mainz. So lud Metternich nach Wien zu Ministerialkonferenzen ein, deren Schlußakte in einer Plenarsitzung des Bundestages am 6. Juni 1820 als zweites und letztes Grundgesetz beschlossen wurde. Man hat diese Konferenzen außerhalb des Bundestages als eine «Art Staatsstreich» und als «verfassungsrechtlich unzulässig» bezeichnet.

Erfolgreich war der Bundestag mit der Aufstellung einer Bundeskriegsverfassung, die für den Deutschen Bund, der das Recht besaß, zur Verteidigung Krieg zu führen, fünf Bundesfestungen schuf. Bei verweigerter Rechtspflege in einem Teilstaat konnte der Deutsche Bund Beschwerden entgegennehmen. So wandte sich auch die Israelitische Gemeinde in Frankfurt an ihn, damit die ihr von der Freien Stadt aberkannten, unter Dalberg wohlerworbenen Rechte wiedergegeben würden. Der Bundestag hielt sich befugt, eine rechtliche Entscheidung herbeizuführen, allerdings nur im Einklang mit der Stadt Frankfurt. Es dauerte bis 1824, ehe Frankfurt aufgrund eines Bundestagsbeschlusses den Juden privatbürgerliche Rechte gab. Die volle staatsbürgerliche Gleichstellung erhielten die Frankfurter Juden erst 1864.

Die Einrichtung eines obersten Bundesgerichts, eine Verständigung über die Grundsätze gemeinsamer Zollpolitik und gemeinsamer Handels- und Verkehrspolitik gelangen dem Bundestag dagegen nicht. Die Zollhoheit lag bei den Einzelstaaten, was die wirtschaftliche Entwicklung hemmte. Die Situation wurde seit dem Zusammenschluß von Preußen und Hessen-Darmstadt zu einem Wirtschaftsraum 1828 bedrohlich. Verträge mit weiteren Staaten folgten und schließlich 1833/34 die Gründung des Deutschen Zollvereins, dem etwa die Hälfte der Staaten des Deutschen Bundes angehörte. Die Freie Stadt Frankfurt, die Hochburg des Freihandels, verweigerte sich ihm, weil sie gegen Protektionismus und gegen die Vorherrschaft Preußens war und den Verlust freistädtischer Eigenstaatlichkeit, des so bedeutenden Auslandshandels und die Beschränkung der Zunftprivilegien fürchtete. Nach heftigen Diskussionen blieb aber schließlich der Stadt nichts anderes übrig, als sich 1836 dem Zollverein anzuschließen. Die Julirevolution in Frankreich 1830 erschütterte das 1815 in Europa geschaffene System und gab den freiheitlich-demokratischen Tendenzen, vor allem bei den Burschenschaften, Auftrieb. Zum Ausdruck kamen sie beim Hambacher Fest 1832, bei dem Friedrich Funck ein Schwert mit der Inschrift «Im Namen von Deutschen in Frankfurt» überreichte, oder auch bei einer Versammlung auf dem Sandhof in Frankfurt, ferner schon zuvor hier beim «Mautkrawall» von 1830 und beim «Sperrbatzenkrawall» von 1831, vor allem anläßlich des Durchzugs der polnischen Flüchtlinge 1832, die begeistert aufgenommen wurden. In seinen Jugenderinnerungen schreibt Friedrich Stiebel: «Der Enthusiasmus für die durchziehenden polnischen Märtyrer fand in den Knabenherzen lebhaften Anklang; der bei meinen Eltern aufgenommene Hauptmann Blitzinsky erschien mir damals wie ein Halbgott; jetzt will mich bedünken, als sei bei dem blatternarbigen Mann mit seinen Schlitzaugen etwas theatralischer Aufputz vorhanden gewesen. Doch war es ein schöner, idealer Zug, der damals die Knabenherzen ausfüllte: Haß gegen die Unterdrücker, Mitgefühl für die Vergewaltigten; wir sangen ‹Noch ist Polen nicht verloren ...›.»[8]

Am deutlichsten trat die radikale Richtung der vormärzlichen Opposition beim Frankfurter «Wachensturm» zutage. Am Abend des 3. April 1833 stürmten einige akademisch gebildete Frankfurter Bürgersöhne sowie Studenten und Polen mit dem Ruf «Hurra, es lebe die Freiheit!» die Hauptwache und befreiten die dort Inhaftierten, andere stürmten die Konstablerwache, die Wache am Dom, die Zollstation in Preungesheim. Weiteres Ziel war, das Palais Thurn und Taxis zu besetzen, die Gesandten zu verhaften und die Republik auszurufen. Doch dieser Wachensturm scheiterte – an unzulänglicher Vorbereitung, am irrigen Glauben, das Zentrum der Macht sei der Bundestag, obwohl es in Berlin und Wien lag, auch an der Frankfurter Bevölkerung, die nur amüsiert zuschaute, aber dann doch denen, die verhaftet wurden, half.

Anonyme Briefe hatten Stadt und Bundestag gewarnt, so daß die Wachen verstärkt und das Bundesmilitär in Mainz in Bereitschaft versetzt worden war. Nach einer knappen Stunde war der Aufruhr niedergeschlagen. Sieben Tote und 24 Verwundete wurden beklagt. Am anderen Tag trat der Große Rat der Stadt zusammen, stellte fest, daß «gestern die Ruhe in hiesiger Stadt auf empörende Weise gestört worden»[9] sei, und beschloß, unverzüglich eine Darstellung der Ereignisse an den Präsidialgesandten des Bundestages, auch den bei der Stadt akkreditierten Gesandtschaften und den Regierungen der umliegenden Staaten zu übergeben. Der Bundestag reagierte nervös auf den Wachensturm. Er verschärfte unterdrückende und zensierende

Maßnahmen. Vor allem machte er von seinem Recht Gebrauch, «unaufgerufen zur Wiederherstellung der Ordnung und Sicherheit einzuschreiten»: Österreichische und preußische Interventionstruppen besetzten die Stadt. Zudem wurden Frankfurts Truppen dem Kommandierenden der Bundestruppen unterstellt. Dies führte zu einem sich zuspitzenden Konflikt zwischen Stadt und Bundestag, ja sogar zu Verbalnoten der Gesandten von England und Frankreich gegen die Verletzung der Souveränitätsrechte der Stadt durch den Bund. Erschwerend wirkte, daß am 2. Mai 1834 ein Versuch zur Befreiung der auf der Konstablerwache Inhaftierten unternommen wurde.

Die Ideen von Freiheit, Demokratie und Einheit artikulierten sich des weiteren in Frankfurt 1838 beim Sängerfest und 1846 beim Germanistentreffen, einem ersten gesamtdeutschen Treffen, im Kaisersaal, den damals ein Teil der neuen Kaiserporträts schmückte, und schließlich 1848/49 mit dem ersten gewählten gesamtdeutschen Parlament, der Nationalversammlung in der Paulskirche. Nach dem Scheitern der Nationalversammlung wurden 1850 die Bundesversammlung und ein Jahr später der Deutsche Bund restituiert – und zwar in seinem alten Status. Allerdings funktionierte die Übereinstimmung zwischen Österreich und Preußen nicht mehr so wie vor 1848, wie sich in manchen Auseinandersetzungen in der Folgezeit zeigte.

In den Augen des «Nationalvereins» von 1862 lag eine große Schwäche des Bundestages nicht zuletzt bei dessen Gesandten: «Ein abgenutzter Ministerpräsident gibt noch immer einen ganz brauchbaren Bundestagsgesandten ab. Dieser Grundsatz scheint an verschiedenen deutschen Höfen maßgebend zu sein, er empfiehlt sich ja schon aus Sparsamkeit, und mehr noch aus politischen Rücksichten. ... Man darf sich daher eben nicht sonderlich über die Talente und Charaktere verwundern, die im Palais, d. h. im Taxis'schen Palaste in der großen Eschenheimer Straße zu Frankfurt über das Wohl und Wehe unserer Nation wachen. Es sind mit wenigen rühmlichen Ausnahmen ‹Staatsmänner›, deren erste und größte Sorge dahin geht, daß ihre mit gutem Gehalte versehene Sinecure bis an ihren sanftseligen Tod fortdaure.»[10]

Anders war Otto von Bismarck. Er wurde 1851 preußischer Bundestagsgesandter. Am Tag nach seiner nächtlichen Ankunft schrieb er an seine Frau: «Das Wetter ist kalt und trübe, die Stadt aber hübsch, und von Demokratie brauchst Du hier für mich nichts zu fürchten. Die Leute sind reich und conservativ, aber meist östreichisch gesinnt ...»[11] Sechs Tage später urteilte er: «Mein Liebling, Frankfurt ist gräßlich langweilig; ...»[12]

Den Bundestag nannte er eine «sehr achtenswerte, aber wenig unterhaltende Tafelrunde», und er äußerte sich abfällig über den schlechten Atem seiner Kollegen. Er sprach von «ebenso voluminösen wie insipiden Abstimmungen» oder von einem «ganz unglaublich lang-weiligen Vortrag» des darmstädtischen Gesandten. Er mokierte sich darüber, daß der Präsidialgesandte Graf Thun alle Piècen erst einmal vorlese, um sie überhaupt selbst kennenzulernen, was mitunter meh-rere Stunden dauere, wobei «... Herr von Schele einschläft, Herr von Nostitz unter dem Tische ein Buch liest und General Xylander neben mir neue und phantastische Lafetten-Konstruktionen auf sein Lösch-blatt zeichnet!»[13]

Noch schlechter als mit Graf Thun kam Bismarck, der sich ohnehin von allen anderen nicht unterstützt und als Sündenbock behandelt fühlte, mit Thuns Nachfolgern Freiherr von Prokesch und Graf Rech-berg zurecht: «Der erste (Thun) war bei Weitem der ruhigste und fähigste unter ihnen. Wenn Prokesch ein Brechmittel war, so ist Rech-berg eine wahre kleine Giftflasche, und wo so viele streitige Fragen, so viele unzulässige Prätensionen verhandelt werden, ist mit ihm auf die Dauer gar nicht geschäftlich zu verkehren ...»[14]

In den Gesellschaften und Salons war Bismarck ein häufig und gern gesehener Gast. Er lernte die Frankfurter und ihre gebildeten und emanzipierten Frauen schätzen, und die Stadt sprach von seinen Soi-réen. Zu den gastlichsten Häusern gehörte das von Marianne Char-lotte Lutteroth, geb. Gontard, am Roßmarkt. Ihre Bälle wurden gern besucht. Auch Otto von Bismarck verkehrte bei ihr und wurde von ihr verehrt. 1858 schrieb er an seine Schwiegermutter: «Vorgestern war ich von früh an in drei verschiedenen Uniformen und am Abend noch als Mensch auf einem Ball bei der Lutteroth.»[15]

In ihrem Kreis wie auch bei ihrer jüngsten Tochter Emma, mit Ban-kier Wilhelm Peter Metzler verheiratet, hielt sich Bismarck gern auf. «Metzlern»[16] nannte er dies einmal. Marianne Lutteroths Schwester, Clotilde Koch, hatte während der Nationalversammlung einen politi-schen Salon geführt. Bismarck und seine Frau Johanna bezeichneten später die fast acht Frankfurter Jahre als «wundervoll» und «aller-schönste Zeit». Weniger zufrieden war Bismarck allerdings mit dem häufigen Wechsel der Wohnung. Sein Ärger galt gleichermaßen der allgemeinen Wohnungsmisere in Frankfurt wie der preußischen Re-gierung, die nicht bereit war, ein Haus zu kaufen.

Als «diplomatischer Säugling» hatte Bismarck in Frankfurt begon-nen, hier die hohe Schule der Politik genossen und den «Fuchsbau» des Deutschen Bundes «bis auf die letzten Notlöcher»[17] kennenge-lernt. Schließlich forderte er eine vom Deutschen Bund und von Österreich «unabhängige preußische Politik».[18]

Seit Bismarcks Regierungsantritt als preußischer Ministerpräsident wurde die Vormachtstellung Preußens deutlicher. Um die Einheit des Bundes zu sichern, um die Bundesorgane zu stärken, um Deutschland zu neuem internationalen Ansehen zu verhelfen und einen Ausgleich mit der 1859 durch Nationalverein und auch Schillerfest wiederbelebten nationalen Bewegung zu schaffen, versuchte Österreich zu Beginn der sechziger Jahre, die Verfassung des Bundes zu reformieren.

Kaiser Franz Joseph von Österreich lud deshalb für die zweite Hälfte des August 1863 die deutschen Souveräne nach Frankfurt ein: «Beseelt von dem Wunsche, zur Wohlfahrt Deutschlands beizutragen, und Mich der Überzeugung nicht verschließend, daß die Verfassung des deutschen Bundes in ihrem gegenwärtigen Zustande nicht mehr in genügendem Maße dem Zwecke entspricht, ein festes Band der Einigung für die Fürsten und Völker Deutschlands zu bilden, erachte Ich es als Bundesfürst für Meine Pflicht Meine ganze Sorgfalt von neuem der sich immer dringender gestaltenden Aufgabe einer zeitgemäßen Reorganisation des deutschen Bundes zuzuwenden.»[19]

Vom 16. August bis 1. September konferierten in Frankfurt 24 Könige, Herzöge und Fürsten und die Bürgermeister der vier Freien Städte. «Möge durch den Segen der göttlichen Vorsehung unsere Zusammenkunft an der Schwelle einer heilbringenden Zukunft stehen!» sagte Kaiser Franz Joseph in seiner Begrüßung im Palais Thurn und Taxis.[20]

Frankfurt erlebte zur Zeit des Fürstentages glanzvolle Tage, die an Zeiten von Wahl und Krönung erinnerten. Frankfurt brachte vor allem dem österreichischen Kaiser viel Sympathie entgegen. Zudem feierte er während des Fürstentages seinen Geburtstag. Die Stadt gab ein Bankett im Kaisersaal, ein Feuerwerk, eine Galavorstellung im Theater. Selbst der preußische Generalkonsul Moritz von Bethmann lud die Teilnehmer des Fürstentages zu einer Soirée in seine Villa und sein 1856 erbautes Ariadneum ein. Eine mutige Tat! Denn der preußische König nahm auf Bismarcks Rat am Fürstentag gar nicht teil. Doch ohne ihn mußte der Fürstentag ohne das erhoffte und erwünschte Ergebnis bleiben.

1864 kämpften Österreich und Preußen noch gemeinsam gegen Dänemark, das sich Schleswig-Holstein einverleiben wollte, und teilten sich die Verwaltung. Doch als am 1. Juni 1866 die österreichische Regierung ankündigte, sie wolle die Erbfolge in Holstein dem Urteil des Deutschen Bundes unterwerfen, führte dies zu einer Reihe eskalierender Maßnahmen:

– zum Protest Preußens,
– zum Einmarsch preußischer Truppen in Holstein,
– zur Vorlage eines preußischen Bundesreformplans ohne Österreich,
– zum Bruch der Verpflichtungen zur Bundestreue durch Preußens Geheimvertrag mit Italien vom 8. Juni 1866 und durch Österreichs Geheimvertrag mit Frankreich vom 12. Juni 1866,

– zur Forderung Österreichs nach Mobilisierung der nichtpreußi-
schen Korps des Bundes,
– zur Zustimmung des Bundestages zur Mobilisierung, was ein Votum gegen Preußen war, und damit schließlich
– zum Austritt Preußens aus dem Bund und zum Krieg zwischen
Österreich und Preußen.

In der Zeitung ist über die entscheidende Sitzung des Bundestages
am 14. Juni zu lesen: «Seit der Deutsche Bund besteht, hat derselbe keine so folgenreiche Sitzung gehalten als die gestrige, denn in ihr ist die,
wenn auch nicht formelle, so doch faktische Auflösung dieses nun seit
länger als fünfzig Jahren bestehenden Vertrags ausgesprochen.»[21]

Die Freie Stadt Frankfurt wahrte damals bundestreue Neutralität.
Auch eine Volksversammlung im Saalbau am 15. April 1866, die zwar
«die offenkundigen Pläne einer erzwungenen Annexion von Schleswig-Holstein seitens der preußischen Regierung» verdammte, verurteilte aber andererseits auch die eigenmächtige Verfügung beider Großmächte über Schleswig-Holstein. Friedrich Stoltze, der ein Gegner Bismarcks und Preußens war und deshalb vor der Besetzung Frankfurts
1866 floh, sprach sich keineswegs für Österreich aus, sondern für
Deutschland: «Deutsche waren wir von je, / Was uns auch betroffen; /
Deutschland unser Glück und Weh / Unser Heil und Hoffen!»[22]

Frankfurt operierte aber unglücklich zwischen den Mächten, zudem war die Abneigung gegen Preußen und die historisch-bedingte
und geographisch-gegebene Hinwendung zu Österreich doch so offenkundig, daß nach dem Sieg Preußens am 3. Juli 1866 bei Königgrätz
das Schicksal der Stadt und damit des Bundestages auf der Hand lag.
Als Mitte Juli 1866 der Einmarsch der Preußen in Frankfurt bevorstand, verließ am 14. Juli ein Torso des Bundestages die Stadt Richtung
Augsburg, wo er noch fünfmal tagte, ehe er am 26. August das Ende
seiner Tätigkeit beschloß, nachdem Österreich die Auflösung des
Bundes und eine Neuordnung Deutschlands ohne seine Beteiligung
anerkannt hatte.

Am 16. Juli, nach der Niederlage der Bundestruppen bei Aschaffen-
burg, besetzten die Preußen Frankfurt: «In Erwartung der Dinge
hatte sich im Laufe des Nachmittags eine große Menschenmasse in
den Straßen und selbst vor dem Allerheiligentor auf der Hanauer
Chaussee angesammelt»,[23] berichtete die Presse. Gegen 17 Uhr sammelten sich die Truppen an der Mainkur. Zwei Stunden später «ritt
eine von einem Offizier geführte 10 Mann starke Husarenpatrouille,
die Pistolen in der rechten Hand, im Trabe durch das Allerheiligentor.» Nach der Patrouille rückte die Division in die Stadt ein. «Um
halb 10 Uhr war der Einmarsch beendet. Sofort wurden die Bahnhöfe
und Telegraphenämter besetzt ...».

Eine hohe Kontribution wurde der Stadt auferlegt. Bürgermeister Karl Konstanz Viktor Fellner nahm sich das Leben, weil er die Vermögensverhältnisse der Bürger preisgeben sollte. Am 20. September 1866 folgte die Einverleibung in den preußischen Staat. Dies war in den Augen der Frankfurter der tiefste Fall in der Geschichte der Stadt. Doch allmählich glätteten sich die Wogen, vor allem nach Gründung des Deutschen Reichs und dem deutsch-französischen Frieden vom 10. Mai 1871 im Hotel zum Schwan in Frankfurt, der zugleich – in Bismarcks Worten – ein Friede mit Frankfurt war. Frankfurt fand seinen Weg im neuen Deutschen Reich.

Frankfurt als Sitz des Paulskirchenparlaments

Deutschlands liberales und demokratisches Zentrum

Lothar Gall

In der Revolution von 1848 entlud sich der leidenschaftliche Protest
weiter Teile der Nation gegen die bestehende politische und gesell-
schaftliche Ordnung, auch gegen die partikularistische Zersplitterung
Deutschlands, die allen durchgreifenden Reformen im Wege stand.
Als Hauptrepräsentant dieser Ordnung galt neben den beiden deut-
schen Großmächten Österreich und Preußen der 1815 gegründete
Deutsche Bund, in dem zugleich die Ohnmacht und fehlende Einheit
Deutschlands ihren sichtbarsten Ausdruck fand. Ungeachtet aller Kritik am Deutschen Bund und seiner vor allem nach 1819 über weite
Strecken schroff reaktionären Politik war sich jedoch die Mehrheit der
Revolutionäre von 1848 einig, daß eine grundlegende Veränderung
Deutschlands im liberalen und nationalen Sinne nur von der Basis
dieses Bundes aus erfolgen könne. 1831, kurz nach der Julirevolution
in Frankreich, hatte der Freiburger Rechtsprofessor und liberale Abgeordnete im badischen Parlament Carl Theodor Welcker in einem in
ganz Deutschland beachteten Antrag die Parole ausgegeben, «zur
bestmöglichen Förderung deutscher Nationaleinheit und deutscher
staatsbürgerlicher Freiheit» solle dem Frankfurter Bundestag, einem
ständigen Kongreß von Gesandten der verbündeten Fürsten und Regierungen des Deutschen Bundes, «eine wahre Nationalrepäsenta-
tion», eine Volksvertretung, ein deutsches Parlament zur Seite gestellt
werden.[1] 1844 hatte der Mannheimer Kaufmannssohn und Verleger
Friedrich Daniel Bassermann diesen Antrag wiederholt, nun bereits
mit ganz anderem Nachdruck und mit der entschiedenen Warnung,
wenn die Monarchen des Bundes sich nicht rechtzeitig zu einer solchen Reform entschlössen, werde es schon bald zu einer revolutionären Explosion in Deutschland kommen.[2] Seither bildete die Forderung nach einem gesamtdeutschen Parlament, nach einer Nationalversammlung das einigende Band aller Reformbewegungen. «Sofortige
Herstellung eines deutschen Parlaments» – dieser Satz gehörte zum
Kernbestand der seit Ende Februar 1848 hundertfach von großen
Volksversammlungen beschlossenen sogenannten Märzforderungen,
die mit dem Verlangen nach Pressefreiheit, nach Schwurgerichten und
nach konstitutionellen Verfassungen für alle deutschen Einzelstaaten

auf eine grundlegende Liberalisierung und Demokratisierung Mitteleuropas zielten. Hinter ihnen formierte sich die Revolution in Stadt
und Land.

Von dieser Entstehungsgeschichte her war völlig klar, wo das deutsche Parlament, die deutsche Nationalversammlung zusammentreten
und tagen würde. Es konnte nur der Sitz des zentralen Beschluß-
organs des Deutschen Bundes, des Bundestages, sein, der Ende
März 1848 unter dem Druck der revolutionären Volksbewegung die
Wahlen zum ersten modernen gesamtdeutschen Parlament ausschrieb.
In diesem Sinne hatte Ludwig Börne, ein Sohn der Stadt, dem ansonsten im Hinblick auf seine Vaterstadt alles andere als Lokalpatriotismus die Feder führte,[3] schon zu Beginn der dreißiger Jahre prophe-
zeit: «Frankfurt ist bestimmt, einst die Hauptstadt des deutschen
Reiches und der Sitz der deutschen Nationalversammlung zu werden.
Dort, wo jetzt die Tyrannei auf dreißig Stühlen tront, wird in wenigen
Jahren die Freiheit gekrönt werden. Den Taxisschen Palais, die deutsche Bastille, wird man niederreißen, und nachdem der Boden von
allen Trümmern der Zwingburg gesäubert, wird auf dem Platz eine
hohe Säule sich erheben, welche die Inschrift trägt ‹Hier liegt
Deutschlands Schande›.»[4]

Hinzu kam, daß auch für die Wortführer der Revolution die Motive
Gültigkeit behielten, die seinerzeit, bei der Begründung des Deut-
schen Bundes in den Jahren 1814/15, für die in ihm vereinigten Staaten
und Regierungen maßgeblich gewesen waren. Auch die führenden
Männer der revolutionären Bewegung von 1848 wollten nicht, daß die
zentralen Instanzen eines nun in noch sehr viel engerer und festerer
Form zu einigenden Deutschland unter zu starken Einfluß einer der
Mächte des bisherigen Bundes gerieten. Von daher schieden sowohl
Wien als auch Berlin, aber auch München oder Stuttgart, Dresden
oder Hannover als künftige Hauptstädte aus. Und zu diesem negativen trat zusätzlich ein positives Argument. Frankfurt am Main war
nicht nur seit vielen Jahrhunderten eine freie, von keinem Territorial-
herren abhängige Reichsstadt gewesen und hatte mit den drei Hansestädten Hamburg, Bremen und Lübeck als eine solche freie Stadt die
große Neuordnung der napoleonischen Zeit überlebt. Es hatte als eine
weltoffene Handels- und Messestadt auch ein selbstbewußtes, auf
Freiheit und politische Eigenverantwortung pochendes Bürgertum
hervorgebracht, das zugleich den Künsten und der Wissenschaft,
sprich allen Bereichen der Kultur gegenüber höchst aufgeschlossen
war, sie auf die verschiedenste Weise pflegte. «Wo kam die schönste
Bildung her / Und wenn sie nicht vom Bürger wär?», hatte der berühmteste aller Frankfurter der Nation ins Stammbuch geschrieben
und sie gleichzeitig nachdrücklich vor der einen, alle anderen in den

*Abb. 15: Zug der Abgeordneten des Deutschen Parlaments
in die Paulskirche am 18. Mai 1848.
Holzstich nach einer zeitgenössischen Zeichnung.*

Hintergrund und in den Schatten drückenden Hauptstadt gewarnt: Hier drohe die «Tyrannei einer einzigen großen Residenz, die zwar zum Wohle der Entwicklung einiger großer Talente, aber nicht zum Wohle der großen Masse des Volkes gereiche». «Gesetzt, wir hätten in Deutschland seit Jahrhunderten nur die beiden Residenzstädte Wien und Berlin», so Goethe 1828, «oder gar nur eine, da möchte ich doch sehen, wie es um die deutsche Kultur stände? ja auch um einen überall verbreiteten Wohlstand, der mit der Kultur Hand in Hand geht.» «Frankfurt, Bremen, Hamburg, Lübeck sind groß und glänzend», hatte der Frankfurter Bürgersohn hinzugefügt, «ihre Wirkungen auf den Wohlstand von Deutschland gar nicht zu berechnen. Würden sie aber bleiben was sie sind, wenn sie ihre eigene Souveränität verlieren und irgendeinem großen Deutschen Reich als Provinzialstädte einverleibt werden sollten? – Ich habe Ursache daran zu zweifeln.»[5]

Schließlich wurde auch als Argument für eine Hauptstadt Frankfurt die zentrale Stellung angeführt, die Frankfurt über Jahrhunderte innerhalb des 1806 untergegangenen «Heiligen Römischen Reiches deutscher Nation» als Wahl- und Krönungsstadt der deutschen Kaiser besessen hatte. Eine im revolutionären Frankfurt des Jahres 1848 verbreitete anonyme Flugschrift formulierte das so: «Frankfurt, das sich schon vor sechshundert Jahren als domus specialis imperii bezeichnete, mag immer der Wohnsitz des Reiches bleiben und sich durch Ausbildung gastfreundlicher und kriegerischer Tugenden dieser Ehre immer würdiger zeigen.»[6]

Aus vielerlei Gründen also erschien der großen Mehrheit der Abgeordneten, die am 18. Mai 1848 unter dem Geläut aller Frankfurter Glocken zu ihrer ersten Sitzung in die Paulskirche einzogen, die Stadt am Main als die natürliche Hauptstadt eines nun aus dem Geist des liberalen und demokratischen Gedankens, in enger Anlehnung an die politische Kultur des Westens, Frankreichs, Englands und der Vereinigten Staaten von Amerika, zu erneuernden Deutschlands. Die der Stadt nun plötzlich faktisch zugefallene Hauptstadtfunktion warf freilich eine Fülle von praktischen Problemen auf. Bisher nur Sitz eines Gesandtenkongresses, des Bundestages, fehlten, nachdem man mit der 1833 fertiggestellten neoklassizistischen Paulskirche immerhin einen geeigneten Versammlungsraum für das über achthundert Personen umfassende Gesamtparlament gefunden hatte, an allen Ecken und Enden die nötigen Räumlichkeiten – für die Parlamentsausschüsse, für die entstehenden Fraktionen, für die Organe der in den nächsten Wochen ins Leben tretenden Reichszentralgewalt. Kaffeehäuser und Gasthöfe boten in dieser Situation neben größeren Privathäusern provisorischen Ersatz – da es Sommer wurde, konnten auch Kaffeegärten wie die sogenannte Mainlust gegenüber der ehemaligen Maininsel genutzt werden, die über Wochen ein Haupttreffpunkt der Abgeordneten und einzelner Abgeordnetengruppen wurde, auch ein Ort, wo die Bürger der Stadt die neuaufgehenden parlamentarischen Sterne aus der Nähe beobachten konnten. Von den einzelnen Gasthöfen, in denen sich die verschiedenen politischen Gruppen versammelten, leiteten sich denn auch die Namen der sich in diesen Wochen auf gesamtdeutscher Ebene formierenden Parteien ab – der entstehende politische Katholizismus tagte im Steinernen Haus, die Rechte im Pariser Hof, dann im Café Milani, die Mittelpartei, das Zentrum, im Klubhaus eines 1802 gegründeten bürgerlichen Vereins, des Casinos, die Mitte-Links-Fraktion, das sogenannte linke Zentrum, im Württemberger Hof und die verschiedenen linken Gruppierungen in der Neuwestendhall, dem Landsberg, dem Deutschen und dem Augsburger Hof.

Das waren Improvisationen, die dem Charakter der Sache selbst, dem in vieler Hinsicht spontanen Zusammenschluß politisch Gleichgesinnter, entsprachen. Aber sie gewannen wie diese rasch innere Lebenskraft, gaben der Stadt eine neue, politisch bestimmte Topographie.

Einen ähnlich improvisierenden Charakter, sowohl in der Sache als auch im Hinblick auf die räumliche Plazierung, hatte dann auch die Bildung einer provisorischen Zentralgewalt Ende Juni 1848, mit der Frankfurt nun definitiv nicht nur Parlaments-, sondern auch Regierungssitz wurde, Sitz eines vorläufigen Reichsoberhaupts, genannt «Reichsverweser», und einer «Reichsregierung». Auf Vorschlag ihres Parlamentspräsidenten, des hessen-darmstädtischen Abgeordneten Heinrich von Gagern, tat die Nationalversammlung am 28. Juni nach langen und zum Teil stürmischen Beratungen mit der Verabschiedung eines entsprechenden Gesetzes einen «kühnen Griff» und begründete, gestützt auf das Prinzip der Volkssouveränität, eine «provisorische Zentralgewalt für alle gemeinsamen Angelegenheiten der deutschen Nation».[7] Diese neue Zentralgewalt schob das bis dahin immer noch bestehende oberste Leitungsorgan des Deutschen Bundes, den Bundestag, beiseite – am 12. Juli 1848 übertrug der Bundestag seine Zuständigkeiten an den neugewählten Reichsverweser, den österreichischen Erzherzog Johann, der einen Tag vorher, von der Bevölkerung jubelnd begrüßt, seinen Einzug in die Stadt gehalten hatte: Die Bürgerwehr bildete Spalier, die Zünfte erschienen in festlichem Aufzug, der Senat holte den Erzherzog an der Grenze des städtischen Gebiets ein, ganz wie das in den Jahrhunderten davor bei der Einholung des künftigen Kaisers der Fall gewesen war. Den neuen Verhältnissen entsprach es, daß die wenige Tage später, am 15. Juli 1848, vom Reichsverweser ernannte Reichsregierung, zunächst bestehend aus dem Ministerpräsidenten und vier Ministern, dem Außen-, dem Innen-, dem Kriegs- und dem Justizminister – wenig später kamen dann noch ein Finanz- und ein Handelsministerium hinzu –, das Thurn- und Taxissche Palais, den bisherigen Sitz des Bundestags, bezog. Dem Reichsverweser selbst wurde «von Reichs wegen» das Mülhensche Haus in der Großen Eschenheimer Gasse, nahe am Eschenheimer Turm, zur Verfügung gestellt. Dort gab er vom September an jeden Mittwoch abend einen großen Empfang – für die Abgeordneten, für die Diplomaten, für die Vertreter der städtischen Behörden, für die Beamten der nun langsam entstehenden Reichsbürokratie, die in der unmittelbaren Umgebung um Wohnungen und Büros kämpften, für die Spitzen der Frankfurter Gesellschaft und für durchreisende Fremde «von Distinktion».

Daß es ein Bürgerhaus war, in dem das provisorische Reichsoberhaupt wohnte und empfing, und die Regierung in einer ehemals fürstlichen Residenz saß, ergab sich wie die Tatsache, daß das Parlament in einer protestantischen Kirche und seine Ausschüsse und Fraktionen in Gasthöfen und Kaffeehäusern tagten, aus den Umständen, war Ergebnis der Raumsituation einer Stadt, die auf all das natürlich nicht vorbereitet gewesen war. Aber es symbolisierte doch zugleich den Aufbruch in eine ganz neue Welt, die nicht mehr von Monarchen, von höfischem Zeremoniell, von den Erscheinungsformen des Fürstenstaats bestimmt sein sollte, sondern vom Bürger, vom unmittelbaren Zusammenhang mit der Arbeits- und Lebenssituation des Volkes. Diese realen Arbeits- und Lebensverhältnisse konnte jeder Abgeordnete, jeder Minister, jeder Diplomat und auch das vorläufige Staatsoberhaupt in einer Stadt, in der die Menschen in dem jahrhundertealten Stadtkern noch auf engstem Raum zusammenlebten, auf dem Weg zu ihren täglichen Geschäften unmittelbar studieren, so wie Abgeordnete und Minister ihrerseits für jeden direkt präsent waren. So sollte es sein, so entsprach es dem Geist des politischen und sozialen Aufbruchs. Und in diesem Sinne schien einem ständig wachsenden Teil der öffentlichen Meinung das, was im einzelnen noch vielfach ein Provisorium war, in der Sache doch immer mehr auf ein Definitives hinzuweisen: Spätestens seit dem feierlichen Einzug des Reichsverwesers als Platzhalter des künftigen Kaisers – oder auch, wie ein Teil der Linken hoffte, Präsidenten – am 11. Juli 1848 galt die Stadt am Main endgültig als designierte Hauptstadt des neuen deutschen Nationalstaats, um dessen Verfassung in jenen Wochen und Monaten in der Paulskirche gerungen wurde.

Weil das so war, ist die Hauptstadtfrage in der Nationalversammlung, wo so viele weit drängendere Fragen entstanden, zunächst kaum diskutiert worden – sie galt weithin als unstrittig und als faktisch bereits entschieden. Man akzeptierte fast allgemein die entsprechenden

Paragraphen des ersten Entwurfes einer künftigen Reichsverfassung vom April 1848, den siebzehn «Vertrauensmänner« der revolutionären Bewegung unter dem Vorsitz Heinrich von Gagerns, des späteren ersten Präsidenten der Paulskirchenversammlung, erarbeitet hatten und in denen es hieß: «Das Reichsoberhaupt residiert zu Frankfurt am Main», sowie: «Der Reichstag versammelt sich ... in Frankfurt am Main». Der Historiker Friedrich Christoph Dahlmann, einer der führenden Köpfe der Liberalen, hatte das in der entsprechenden Sitzung des Siebzehnerausschusses mit dem Satz begründet, es gelte vor allem «das künftige Haupt weder in Wien, noch Berlin, noch München sein zu lassen, sondern bildlich und eindringlich zu zeigen, daß ein neues Leben angefangen werden müsse».[8]

Erst im September 1848 rückte die Hauptstadtfrage in ein etwas anderes Licht. Im Zusammenhang mit einem von Preußen eigenmächtig geschlossenen Waffenstillstand mit Dänemark kam es zu einer tiefen politischen Krise, da sich ein erheblicher Teil der Abgeordneten und der Öffentlichkeit durch Preußen in dem Kampf um die nationale Selbstbestimmung Schleswig-Holsteins verraten fühlte. Preußen hatte, nachdem seine Truppen im Auftrag des Deutschen Bundes im Sommer 1848 bereits bis Jütland vorgedrungen waren, unter dem Druck der europäischen Mächte – besonders Englands und Rußlands, die sogar mit einer Intervention drohten – einlenken müssen. Der am 26. August 1848 abgeschlossene Waffenstillstand mit Dänemark sah die Räumung der Herzogtümer Schleswig und Holstein von Bundestruppen vor – eine Vereinbarung, die auf die nationale Bewegung in Deutschland, die die Bildung einer provisorischen Regierung der Herzogtümer in Kiel begeistert begrüßt hatte, äußerst provozierend wirken mußte. Die Unruhe griff auch auf die Straße über. Zwei Abgeordnete wurden in Frankfurt ermordet, und in der Folge beschlichen manchen der Volksvertreter Zweifel, ob eine so große, von nicht unerheblichen sozialen Spannungen und politischen Leidenschaften erfüllte Stadt wirklich der geeignete Ort für den Sitz des nationalen Parlaments und der nationalen Regierung sei. Nicht zufälligerweise habe man in Nordamerika, so erklärte ein Mitglied des Verfassungsausschusses, «den Sitz der Regierung in das kleine Dorf Washington gelegt», damit die Debatten «ohne den Einfluß des Pöbels vor sich gehen können».[9] Vielleicht sollte man eben doch besser in eine kleinere Stadt übersiedeln. Vor allem Erfurt wurde in diesem Zusammenhang genannt, das zudem den Vorteil habe, zentraler zu liegen, und von einem äußeren Feind – dabei hatte man seit der sogenannten Rheinkrise von 1840 vor allem das nach der Rheingrenze strebende Frankreich vor Augen – nicht so rasch erreicht werden könne. Aber das blieben letztlich Einzelstimmen, wie auch die des Abgeordneten

Wigard, der im Verfassungsausschuß mit Blick auf Frankfurt und seine politische und gesellschaftliche Führungsschicht bemerkte, er habe «sich nicht gerade in die hier herrschende Geldaristokratie verliebt, er habe sie bis an den Hals».[10]

Wenn man sich schließlich von seiten des Verfassungsausschusses der Nationalversammlung dazu entschloß, die Frage zu vertagen und dem Plenum vorzuschlagen, die endgültige Entscheidung über den Regierungs- und Parlamentssitz «einem Reichsgesetz vorzubehalten», so hatte das andere Gründe. Seit dem Spätherbst 1848 hatte sich der politische Horizont aus der Perspektive der Wortführer der Revolution zunehmend verfinstert. In Wien war, nachdem die Stadt am 31. Oktober dem militärischen Gegenschlag des Fürsten Windischgrätz erlegen war und damit die Gegenrevolution erstmals an einem der Zentren der Revolution gesiegt hatte, am 9. November 1848 Robert Blum erschossen worden, einer der führenden Abgeordneten der politischen Linken, der in offiziellem Auftrag der Nationalversammlung unterwegs gewesen war. Mit der Hinrichtung Blums demonstrierte der neu ernannte österreichische Ministerpräsident, Fürst Schwarzenberg, die Ohnmacht des Frankfurter Nationalparlaments und seiner Regierung, die nicht imstande war, die durch Reichsgesetz verbürgte Immunität eines gewählten Volksvertreters zu sichern.

Das hatte sogleich Rückwirkungen auf Berlin, das politische Zentrum der anderen deutschen Großmacht. Einem erfolglosen Antrag der Nationalversammlung, die das preußische Staatsministerium zur Unterstützung der Revolutionäre in Wien hatte bewegen wollen, folgte hier am 1. November 1848 die Berufung eines dezidiert gegenrevolutionären Kabinetts unter dem Ministerpräsidenten Graf Brandenburg. Kurz darauf «schloß» der König, Friedrich Wilhelm IV., die preußische Nationalversammlung und verlegte ihren künftigen Tagungsort nach Brandenburg.

Seither griffen in der Paulskirche immer mehr Zweifel um sich, ob man das Werk, das man sich vorgenommen hatte, die Errichtung eines nationalen Verfassungsstaates auf demokratischer Grundlage, erfolgreich werde zum Abschluß bringen können. Bei dem vor diesem Hintergrund unternommenen Versuch, in einem politisch-parlamentarischen Kraftakt zwischen Großdeutschen und Kleindeutschen und zwischen der politischen Rechten und der politischen Linken zu vermitteln und mit einer solchen großen Koalition das Ziel doch noch zu erreichen, war man bestrebt, die Hauptstadtfrage so weit wie möglich auszuklammern.

Die Gründe liegen auf der Hand, sind jedoch im nachhinein oft übersehen worden: Die Errichtung eines kleindeutschen Nationalstaats unter preußischer Führung, für die die Mittelparteien in der gegebenen Situation schließlich die mehrheitlich großdeutsch gesinnte politische Linke mit entsprechenden Zugeständnissen vor allem hinsichtlich des Wahlrechts zu gewinnen vermochten, sollte nicht zusätzlich mit der Frage belastet werden, ob der zum deutschen Kaiser zu wählende Hohenzollernkönig dann etwa seinen Hof nach Frankfurt verlegen sollte; in dem ersten Entwurf des Verfassungsausschusses stand noch kurz und bündig: «Die Residenz des Kaisers ist am Sitze der Reichsregierung zu Frankfurt am Main». In der Verfassung aber, die das Paulskirchenparlament am 27. März 1849 mit knapper Mehrheit verabschiedete, hieß es schließlich: «Die Residenz des Kaisers ist am Sitze der Reichsregierung. ... Die Bestimmungen über den Sitz der Reichsregierung bleiben einem Reichsgesetz vorbehalten.»[11]

Ob sich die Mehrheit der Nationalversammlung, gesetzt der preußische König Friedrich Wilhelm IV. hätte die ihm angetragene Krone des «Kaisers der Deutschen» angenommen, dann freilich für Berlin entschieden hätte, also für die angestammte Residenz der Hohenzollern und Hauptstadt des preußischen Staates, steht ganz dahin. Es erscheint vor dem Hintergrund all der Argumente, die gegen die Hauptstadt eines mächtigen, in diesem Falle geradezu übermächtigen Einzelstaates und für eine noch dazu die alten Reichstraditionen beschwörende freie Bürgergemeinde vorgebracht worden waren, als eher fraglich.

Einer der Wortführer der kleindeutschen Partei, der Mannheimer Alexander von Soiron, hatte im Spätsommer 1848 in den entscheidenden Beratungen über die Oberhauptfrage und damit über großdeutsch oder kleindeutsch erklärt: «Erhebt man ... den (preußischen) König zum erblichen Kaiser von Deutschland, so werden die einzelnen Provinzen von Preußen, welche noch nicht alle so intim verbunden sind, ihren Einheitspunkt allmälig nicht mehr in Berlin, sondern am Reichssitz suchen; der eigentlich Preußische Partikularismus wird aufhören und der provinzielle wird seine Befriedigung in der Selbstregierung in Verwaltungssachen finden.»[12] Vor allem die erst 1815 an Preußen gefallenen Gebiete, also vor allem das Rheinland und Westfalen, welche noch keine entscheidende Prägung durch die preußische Staatstradition erfahren hatten, so meinte das, könnten und sollten durch die Orientierung des Gesamtstaates auf Frankfurt einen richtungweisenden neuen Impuls erhalten. Das war ein sehr klares Signal gewesen. Und als Ende Mai 1849 die Frage zur Debatte stand, die Nationalversammlung nach Stuttgart zu verlegen, um hier ihre Fortexistenz zu retten, faßte der aus Württemberg stammende Freiburger Professor Friedrich August Gfrörer, ein Fraktionsloser, von seiten der großdeutschen und katholischen Kräfte noch einmal alle Argumente für Frankfurt zusammen.

Der «deutsche Charakter» der Nationalversammlung sei «wesentlich mitbedingt durch den Ort, an dem wir uns befinden». «Frankfurt ist eine alte Kaiserstadt und tief in die Farben unserer Nationalerinnerungen getaucht. ... Weiter liegt Frankfurt auf der Markscheide des Südens, Nordens, Ostens und Westens, und Sie wissen, meine Herren, daß der Süden und Norden nicht zum Besten gegen einander steht. Man muß dem einen Teile den Ort der Reichsversammlung so nahe rücken als dem andren. Endlich hat die Stadt Frankfurt vieles von ihren alten Freiheiten bewahrt, hier gibt es keinen Hof, der auf die Beschlüsse des Reichstags einwirkt, hier gibt es nicht einmal eine Bevölkerung, die in einem schadlosen Sinne bearbeitet werden könnte. Diese Stadt ist so glücklich organisiert, so wohlhabend und reich, daß allhier sich selbst nach größter Aufregung in kurzer Zeit Alles ins Gleichgewicht setzt. Gehen wir weg von diesem Orte, so wird, so muß sich der Charakter unserer Versammlung bedeutend ändern.»[13] Nur in dieser Perspektive gibt im übrigen der auf einen entsprechenden Vorschlag des Verfassungsausschusses zurückgehende[14] Mehrheitsbeschluß der Nationalversammlung vom 25. Januar 1849 einen Sinn, der lautete: «Die Residenz des Kaisers ist am Sitze der Reichsregierung. Wenigstens während der Dauer des Reichstages wird der Kaiser dort bleibend residieren»[15] – hätte man an Berlin, die Residenz der Hohenzollern, gedacht, so wäre die Formulierung sinnlos gewesen.

Selbst ein Konservativer wie Josef Maria von Radowitz, der, zunächst Abgeordneter der Nationversammlung, das kleindeutsche Programm als vertrauter Berater Friedrich Wilhelms IV. von Preußen und schließlich als preußischer Außenminister von oben, über Vereinbarungen der Fürsten durchsetzen wollte, ging denn auch noch im Januar 1849 mit Selbstverständlichkeit von der alten Kaiserstadt als Zentrum eines solchen künftigen Deutschland aus. «Wenn Deutschlands Fürsten und Völker Sie auf diesen Thron beriefen», schrieb er Friedrich Wilhelm IV. unter dem 5. Januar 1849, «ich zöge Ihren Wagen mit meinen Schultern von Berlin bis an den alten Bartholomäusdom in Frankfurt!»[16]

In der Revolution von 1848 also war Frankfurt, seit Jahrhunderten Wahl- und Krönungsstadt der deutschen Kaiser und seit 1815 Quasi-Hauptstadt des Deutschen Bundes, zum Symbol des Strebens nach einer neuen Einheit der Nation, nach einem liberalen und demokratischen Deutschland geworden. Nach dem Scheitern der Revolution hatte es dann gerade dafür zu bezahlen. Zwar blieb die Stadt der Vorort des wiedererrichteten Deutschen Bundes, dessen Gesandte sich seit 1851 wieder in der Großen Eschenheimer Straße, im alten Thurn und Taxisschen Palais versammelten. Aber ein Mann wie der neuernannte Vertreter Preußens, der hochkonservative Bundestagsgesandte Otto

von Bismarck, war von Anfang an entschlossen, mit der Revolution auch
ihre Symbole zu bekämpfen und die Erinnerung an sie möglichst zu
löschen, eine Erinnerung, die sich auf vielen gesamtnationalen Sänger-
und Schützenfesten der fünfziger und sechziger Jahre in der Stadt am
Main immer wieder erneuerte, bei denen Frankfurt als die «zukünftige
Hauptstadt Deutschlands» beschworen und gefeiert wurde.[17] Er vergaß
nie, daß in der Thurn und Taxisschen Residenz, dem sogenannten
Bundespalais, in dem nun wieder der Bundestag tagte und er selber über
Jahre ein- und ausging, auch die Revolutionsregierung ihren Sitz gehabt
hatte. Auch mit Blick darauf und auf die angebliche Schwäche des
Deutschen Bundes gegenüber der Revolution nannte er das Palais einen
«alten Fuchsbau, dessen Röhren man ausräuchern» müsse.[18] So führt
von 1849, dem Scheitern der Revolution, ein direkter Weg zum Sommer
und Herbst 1866, der Annexion Frankfurts durch das über Österreich
siegreiche Preußen, das sich anschickte, einen kleindeutschen Nationalstaat mit Vorrang nicht eines gewählten Parlaments, sondern der
Krone und einer allein von ihr abhängigen Regierung zu errichten.
   Die Zeitgenossen sind sich der symbolischen Bedeutung des Vor-
gangs vollständig bewußt gewesen. Im Stuttgarter «Beobachter», einem Organ der demokratischen Bewegung im Süden Deutschlands,
war unter dem 27. Juli 1866 zu lesen: «Diesen Junkern ist es ein Hoch-
genuß, die Burg des deutschen Bürgertums, die Kaiser- und Parla-
mentsstadt Deutschlands recht gründlich zu ruinieren und sie ihre
Überlegenheit fühlen zu lassen. Es wird überhaupt in Frankfurt jetzt
eine Saat des Hasses ausgesät, welche auf lange Zeit hinaus alle deutsche Einheit zu einem Traum und erst dann möglich macht, wenn das
preußische Volk selbst mit diesem Junkertum gebrochen und abge-
rechnet haben wird.»[19] «Wer sich bisher das einige, das neue Deutschland dachte», hieß es nach vollzogener Annexion, in einer Art
Nachruf, an gleicher Stelle drei Monate später, «gab ihm Frankfurt
zur Hauptstadt. Geschichte und Gegenwart reichten sich in diesem
Gedanken die Hände.»[20]
   Vor diesem Hintergrund erscheint es als geradezu naiv, daß sich der
Frankfurter Magistrat Ende Dezember 1870 an den preußischen König und seinen Ministerpräsidenten, den Kanzler des Norddeutschen
Bundes Otto von Bismarck, wandte, der gerade die Verhandlungen
über die Begründung eines kleindeutschen Nationalstaates erfolgreich
abgeschlossen hatte, und sie bat, Frankfurt zumindest wieder zur
Krönungsstadt des künftigen Reiches zu erheben – in den Akten ist
von der «Reichs-Haupt- und Krönungsstadt» die Rede. Die nun so
mächtig belebte Erinnerung an das Alte Reich, dessen Königswahl-
und Krönungsort Frankfurt über viele Jahrhunderte gewesen sei, er-
fülle, so hieß es in dem Schreiben an den preußischen König, die

«Frankfurter Bürger- und Einwohnerschaft mit der frohen Hoffnung, daß Ew. Majestät geruhen werden, als deutscher Kaiser in seine Mauern einzuziehen und hier, an die dem deutschen Volke theuren Traditionen der Vergangenheit anknüpfend, die deutsche Kaiserkrone Allerhöchst sich auf das Haupt zu setzen».[21]

Bismarck hat auf diesen Wunsch des Frankfurter Magistrats, «die Krönungsfeierlichkeiten althergebrachter Uebung gemäß dahier vollzogen zu sehen»,[22] so viel wir wissen, nicht einmal geantwortet. Ganz abgesehen davon, daß eine förmliche Kaiserkrönung gar nicht beabsichtigt war, hätte Bismarck wohl nicht im Traum daran gedacht, zu einer solchen neuerlichen Wiederaufwertung Frankfurts die Hand zu reichen. Berlin, die preußische Hauptstadt, die Stadt Friedrichs des Großen und des Großen Kurfürsten, das Zentrum eines Landes, von dem ein Vertreter der französischen Aufklärung, der ältere Mirabeau, gesagt hatte, hier habe sich nicht ein Staat eine Armee, sondern eine Armee einen Staat geschaffen, dieses Berlin sollte das alleinige Zentrum eines Reiches sein, das seine Entstehung so wesentlich entscheidenden Lebenselementen seiner neuen Vormacht Preußen verdankte: drei erfolgreichen Kriegen, dem dänischen von 1863/64, dem preußisch-österreichischen von 1866 und dem deutsch-französischen von 1870/71, und einer überaus geschickten Diplomatie.

Von den Idealen von 1848 war nun nicht mehr die Rede. In dem Heer der Monarchen, der Diplomaten, Heerführer und fürstlichen Minister, vor dem einen knappen Monat nach dem Frankfurter Vorstoß, am 18. Januar 1871, im Schloß der Könige von Frankreich in Versailles das neue Deutsche Reich und der deutsche Kaiser proklamiert wurden, ging die kleine Delegation der Volksvertreter, des Reichstages fast unter. Sie, die 1848 ein liberales und demokratisches Deutschland aus der Taufe hatten heben wollen – der letzte Parlamentspräsident der Paulskirche, Eduard Simson, war auch jetzt wieder Präsident des Reichstages des 1866 begründeten Norddeutschen Bundes und leitete die Delegation –, waren im Januar 1871 nicht viel mehr als eben noch geduldete Gäste.

Auch sie jubelten über das Erreichte, die langersehnte Freiheit, und hofften im übrigen auf die Zukunft, auf eine Entwicklung zu mehr Demokratie, zu mehr Rechtsgleichheit, zu mehr sozialer Gerechtigkeit. Aber sie gaben sich doch wenig Zweifel darüber hin, daß die neue Hauptstadt Berlin den zumindest vorläufigen Sieg des politischen Gegners, ein Abweichen von den Vorbildern des westlichen Europa und der Vereinigten Staaten von Nordamerika symbolisierte, aber auch von den eigenen liberalen Traditionen, so wie Frankfurt eine Hinwendung zu all dem bedeutet hatte, das Versprechen einer freiheitlicheren und demokratischeren Zukunft.[23]

Kaisermacht und Bürgerstolz

Berlin als Hauptstadt des Kaiserreiches

Wolfgang J. Mommsen

Das Deutsche Reich ist nicht aus dem freien Willensentschluß einer konstituierenden Nationalversammlung hervorgegangen. Vielmehr handelte es sich in erster Linie um eine dynastische Schöpfung, und staatsrechtlich wurde das Deutsche Reich begründet durch einen Zusammenschluß der deutschen Fürsten, dem der Reichstag erst nachträglich seinen Segen geben durfte. In einer feierlichen Adresse des Reichstags vom 10. Dezember 1870 an Wilhelm I. hieß es unter anderem: «Vereint mit den Fürsten Deutschlands naht der Norddeutsche Reichstag mit der Bitte, daß es Ew. Majestät gefallen möge, durch Annahme der deutschen Kaiserkrone das Einigungswerk zu weihen. Die deutsche Krone auf dem Haupte Ew. Majestät wird dem wieder aufgerichteten Reiche deutscher Nation Tage der Macht, des Friedens, der Wohlfahrt und der im Schutze der Gesetze gesicherten Freiheit eröffnen».[1]

Niemand anders als Johannes von Miquel, einer der Führer der Nationalliberalen Partei im Reichstage, hatte schon zuvor deutlich gemacht, daß das neu begründete deutsche Kaisertum «nicht das schwache, klägliche Wahlkaisertum des Mittelalters» und auch nicht das Kaisertum der Habsburger sei: «Das Kaisertum von heute ist das Hohenzollernthum, (...) ist Preußen.»[2]

Bekanntlich hat Wilhelm I. die deutsche Kaiserwürde anfangs abgelehnt, weil er darin eine Herabwürdigung der preußischen Königswürde sah. Mit Rücksicht auf die Bedenken Wilhelms I. sowie auf die dynastischen Vorbehalte der deutschen Bundesfürsten war denn auch in dem berühmten «Kaiserbrief» Ludwigs II. von Bayern, den Bismarck angeregt hatte, in höchst unterkühlter Sprache nur davon die Rede gewesen, «daß die Ausübung der Präsidialrechte des Deutschen Bundes mit der Führung des Titels eines deutschen Kaisers verbunden werde».

Ungeachtet der nationalen Begeisterung der deutschen Öffentlichkeit über die Errichtung des deutschen Nationalstaats traten in den Anfangsjahren des Kaiserreichs die nationaldeutschen Symbole hinter jene der preußischen Monarchie eher zurück. Insbesondere in der amtlichen Politik bestand die Neigung, die Bedeutung der Institutionen des Reiches klein zu halten und statt dessen die Rolle der

Hegemonialmacht Preußen und der anderen Bundesstaaten zu betonen. In der offiziellen Terminologie war in der Regel von den «Verbündeten Regierungen» die Rede, während von einer Reichsregierung im engeren Sinne ausdrücklich nicht gesprochen werden durfte. So gab es denn auch keinen offiziellen Nationalfeiertag; der Vorschlag für ein allgemeines deutsches Volks- und Kirchenfest zur Feier der Wiedererrichtung des Deutschen Reiches kam von kirchlicher Seite, dem Rheinisch-Westfälischen Provinzialausschuß für die Innere Mission. Dafür wurde dann aus Rücksicht auf preußische Empfindlichkeiten nicht der Tag der feierlichen Kaiserproklamation im Spiegelsaal zu Versailles, sondern der Tag der Schlacht von Sedan gewählt.

Aus den gleichen Gründen gab es denn auch 1871 keine Debatte über die Frage, ob Berlin die Hauptstadt des Reiches sein solle oder nicht. Es hätte eine solche Debatte gar nicht geben können, denn Berlin wurde zum Zentrum der politischen Institutionen des neuen Reiches einfach nur deshalb, weil es die Hauptstadt der Hegemonialmacht Preußen war. Es lag nahe, daß die neuen Reichsinstitutionen, insbesondere der Bundesrat und der Reichstag, ebenso wie schon seit 1867 in Berlin, am offiziellen Sitz der preußischen Krone, ihren Amtssitz nahmen. Demgegenüber hatte Bismarck, im Bestreben, die politische Bedeutung der Reichsinstitutionen, insbesondere des Parlaments, möglichst herabzustufen, zeitweilig erwogen, diese statt dessen in Kassel anzusiedeln. Aber die Schwerkraft der Verhältnisse wirkte sich zugunsten Berlins aus; dort befand sich der Dienstsitz des preußischen Ministerpräsidenten, der kraft Personalunion zugleich Reichskanzler war, und das preußische Auswärtige Amt war schon 1870 in das Auswärtige Amt des Norddeutschen Bundes umgewandelt worden. Angesichts dieser Verhältnisse stellte sich die Hauptstadtfrage als solche eigentlich überhaupt nicht.

Das neue Deutsche Reich stand anfänglich gleichsam noch ganz im Schatten Preußens; die preußische Monarchie, und mit dieser die Hofhaltung des preußischen Monarchen, bildete die repräsentative Spitze der neuen politischen Ordnung. Das Deutsche Reich war, wie sich an dem Übergewicht traditioneller Institutionen ablesen läßt, damals noch kein Nationalstaat im vollen Sinne des Wortes; dazu war das Gewicht der obrigkeitlichen Kräfte zu stark und der aktive Anteil der Bevölkerung am politischen Geschehen noch zu gering. Erst im Verlaufe von mehreren Jahrzehnten ist das Deutsche Reich zu einem echten Nationalstaat geworden, mit dem sich die Bürger allgemein identifizierten, und mit ihm Berlin zur wirklichen Hauptstadt des Deutschen Reiches.

Der Glanz Berlins als Hauptstadt beruhte lange Zeit ausschließlich auf seiner Vergangenheit als preußische Metropole. Die Mehrzahl der

Abb. 16: Die Siegessäule in Berlin wurde 1872 zur Feier des
militärischen Triumphes über Frankreich errichtet.

eindrucksvollen Monumentalbauten, die das Zentrum Berlins zierten, wie der deutsche und der französische Dom am Gendarmenmarkt oder das heute abgerissene Stadtschloß, stammten noch aus der Zeit Friedrichs des Großen. Das Zeughaus, einer der glanzvollsten Bauten des alten Berlin, war ein Meisterwerk Andreas Schlüters. Auch das Brandenburger Tor war zur Zeit Friedrich Wilhelms II., 1788–1791, noch eben vor dem Ausbruch der Revolutionskriege, erbaut worden. Die Quadriga des Brandenburger Tors, ein Meisterwerk Johann Gottfried Schadows, wurde in den Wechselfällen der Napoleonischen Kriege zunächst von Napoleon I. 1806 nach Paris verschleppt und dann erst nach der Völkerschlacht von Leipzig, die der imperialen Herrschaft des Großen Korsen ein Ende bereitete, unter großer Anteilnahme der Öffentlichkeit erneut auf das Brandenburger Tor gesetzt. Aus der Friedensgöttin Schadows war im Volksmund eine Siegesgöttin geworden, die ein Symbol der wiedergewonnenen Freiheit darstellte. Bedeutungsvoll schrieb Heinrich Heine 1822 aus Berlin: «Hier wollen wir stille stehn, und das Brandenburger Tor und die darauf stehende Viktoria betrachten ... Die Göttin da oben wird Ihnen aus der neuesten Geschichte genugsam bekannt sein. Die gute Frau hat auch ihre Schicksale gehabt; man siehts ihr nicht an, der mutigen Wagenlenkerin.»[3]

So wird es nicht überraschen, daß auch die große Siegesparade am 16. Juni 1871, mit der die Rückkehr der siegreichen Truppen gefeiert wurde, am für diesen Zweck festlich ausgeschmückten Brandenburger Tor ihren Höhepunkt erreichte. Die Berliner Künstler hatten mit großem Aufwand die künstlerische Festdekoration der «Via Triumphalis» hergestellt, die vom Tempelhofer Feld über die Belle Alliance und die Königgrätzer Straße zum Brandenburger Tor und von dort Unter den Linden entlang bis zum Königlichen Schloß führte. Die Siegesfeier am 16. Juni 1871 stellte eigentlich das erste bedeutende Ereignis dar, bei dem Berlin als Hauptstadt des neuen Reiches hervortrat und nicht bloß als Hauptstadt Preußens und Sitz der preußischen Regierungsinstitutionen. Hier kündigte sich erstmals jene Symbiose der bürgerlich-nationalen Kultur mit dem preußisch-deutschen Staate an, die dann in den kommenden Jahrzehnten schrittweise ein eigenständiges Reichsbewußtsein entstehen ließ, hinter dem die Insignien der peußischen Monarchie zurücktraten. Auch in der Errichtung der Siegessäule zur Feier des militärischen Triumphes über Frankreich kam diese Symbiose von preußisch-dynastischer und bürgerlich-liberaler Nationalkultur zum Ausdruck; die Symbolfigur der siegreichen Germania entsprach der Einstellung der breiten Schichten des deutschen Bildungsbürgertums, die das Kaisertum der Hohenzollern als Erneuerung der mittelalterlichen Kaiserherrschaft betrachteten. Die Siegessäule wurde 1872 auf dem sog. Königsplatz, heute dem Platz der Republik, aufgestellt; 1938 wurde sie zum Großen Stern versetzt, wo sie auch jetzt noch, in einer freilich unangebrachten Vereinsamung, steht.

Am 21. März 1871 wurde der erste Deutsche Reichstag im festlich geschmückten Weißen Saale des Königlichen Schlosses feierlich eröffnet; es war dies gewiß eines der glanzvollsten Ereignisse, die je in der Hauptstadt des neuen Reiches stattgefunden haben. In diesem Festakt wurde der Herrschaftscharakter des Deutschen Reiches demonstrativ zur Schau gestellt; demgemäß wurde er mit großem militärischen Prunk durchgeführt – in Anwesenheit nicht nur des ganzen Kaiserlichen Hofstaats und der Hohenzollernfamilie, sondern auch der regierenden deutschen Fürsten und eines großen Aufgebots von Generälen und Marschällen sowie der hohen preußischen Beamtenschaft und schließlich auch der Vertreter des Bundesrats, jenes Gremiums, das theoretisch allein Träger der Souveränität im Reiche war. Die Abgeordneten des Reichstags konnten zwar nicht einfach auf den zweiten Rang verdrängt werden, aber jedermann wurde deutlich vor Augen geführt, daß die Macht im Reiche nicht bei ihnen, geschweige denn bei ihnen allein liege.

Vor dieser demonstrativ dynastischen Fassade verlas Wilhelm I. die Thronrede, in der es, nunmehr sich doch ein wenig stärker den Reichstagsabgeordneten als den Repräsentanten der Nation zuneigend, hieß: «Wir haben erreicht, was seit der Zeit unserer Väter für Deutschland erstrebt wurde: die Einheit und deren organische Gestaltung, die Sicherung unserer Grenzen, die Unabhängigkeit unserer nationalen Rechtsentwicklung.»[4]

Ungeachtet der Ungleichgewichtigkeit dieses Festakts, die den Herrschaftssymbolen der preußischen Monarchie weit größeres Gewicht zumaß als den Grundsätzen der neuen konstitutionellen Verfassungsordnung des Reiches, empfanden die Abgeordneten dies als eine große, als eine historische Stunde. Freilich holte die Stadt Berlin nach, was der Festakt hatte in den Hintergrund treten lassen, nämlich daß der Anlaß zu dieser Feier in erster Linie die Tatsache war, daß mit der Reichsgründung auch die Grundsätze der nationalen Selbstbestimmung der Deutschen ihre Verwirklichung gefunden hatten. Die große Feier im Rathaus stellte gleichsam das demokratische Gegengewicht zu dem monarchisch-militärischen Spektakel im Weißen Saal des Berliner Schlosses dar. Der württembergische nationalliberale Abgeordnete Otto Elben hat dies alles in seinen Erinnerungen festgehalten: «Es war ein unbeschreibliches Hochgefühl, mit dem wir im Frühjahr 1871 in den Reichstag eintraten: die kühnsten Hoffnungen der Jugend, das warme Streben des Mannesalters war erfüllt, weit übertrof-

fen. . . . Der Eintritt in Berlin war das Großartigste: überwältigend die
Eröffnung durch den greisen Kaiser, die Kaiserin und die Festlichkei-
ten daselbst, die Erscheinung Bismarcks wie der Empfang in seinem
Hause, das große Fest der Stadt im Rathaus.»[5]

Bereits bei dieser Gelegenheit trat allerdings hervor, daß zwischen
der Stadt Berlin und den Spitzen Preußens und des Reiches nicht eben
sonderlich große Liebe bestand. Kaiser Wilhelm I. zeigte anfänglich
wenig Neigung, den der Stadt Berlin zugewachsenen neuen Funktionen als Hauptstadt des neuen Reiches auch äußerlich Ausdruck zu
verleihen. Er zog Potsdam als seine Residenz vor und beschränkte die
Staatsfunktionen, die in Berlin selbst stattzufinden hatten, auf das
Notwendigste. Ebenso legte auch Bismarck keine sonderliche Eile an
den Tag, den Institutionen des Reiches zu repräsentativen Bauten zu
verhelfen und dem Reichstag, der einigermaßen provisorisch in der
ehemaligen preußischen Porzellanmanufaktur tagte, ein würdiges Domizil zu verschaffen. Zwar wurde schon im Juni 1871 das Grundstück
des Raczynski-Palais am damaligen Königsplatz, auf dem späterhin
der Reichstag wirklich gebaut werden sollte, für einen Neubau in
Aussicht genommen und 1872 auch eine internationale Ausschrei-
bung in die Wege geleitet; aber die Schwierigkeiten, die sich dem
Erwerb dieses Grundstückes entgegenstellten, führten dazu, daß das
«Provisorium» in der Porzellanmanufaktur dann noch für ganze 23
Jahre Bestand haben sollte! Der erste größere Bau, der für Zwecke des
Reiches in die Wege geleitet wurde, war der Ausbau eines Palais aus
dem 18. Jahrhundert zum Reichskanzleramt 1875/76. Dort fand dann
1878 der Berliner Kongreß statt, eine Zusammenkunft der Repräsentanten der europäischen Großmächte, die eine einvernehmliche Rege-
lung der Orientalischen Frage zu erreichen suchten. Bismarck
bezeichnete seine Rolle bei dieser Gelegenheit als jene eines «ehrlichen
Maklers, der das Geschäft wirklich zustandezubringen sucht». Tatsächlich brachte der Berliner Kongreß 1878 auch öffentlich sichtbar
zum Ausdruck, daß Bismarck allgemein als der bedeutendste Staatsmann Europas Anerkennung gefunden hatte. Die Stadt Berlin, in dem
Bemühen, ihren Rang als Hauptstadt des Deutschen Reiches zur Geltung zu bringen, gab für die Repräsentanten der Mächte im Rathaus
einen festlichen Empfang.

In den folgenden Jahrzehnten kam es dann schrittweise zum Ausbau eines regelrechten Regierungsviertels. Das Reichsamt des Innern,
in dem in aller Regel auch der Bundesrat, die Vertretung der deutschen
Fürsten und Städte, tagte, und das Auswärtige Amt erhielten schon
bald neue Gebäude in der Wilhelmstraße; zahlreiche andere Ministerien und Institutionen folgten ihnen nach. Auf diese Weise wurden die
Wilhelmstraße und das an sie angrenzende Areal zum eigentlichen

Abb. 17: Der Neptunsbrunnen, im Volksmund „Forckenbecken“, wurde 1891 auf dem Berliner Schloßplatz erbaut.

Zentrum der Regierungsgeschäfte. Die großen ausländischen Botschaften nahmen ihre Residenz zumeist in der Straße Unter den Linden in der unmittelbaren Nähe der Wilhelmstraße. 1884 wurde dann auch mit dem Bau des Reichstagsgebäudes begonnen, aufgrund eines Architektenwettbewerbs, den der Frankfurter Architekt Paul Wallot gewonnen hatte. Die Grundsteinlegung am 9. Juni 1884 wurde einmal mehr zu einer Demonstration des obrigkeitlichen Stils des kaiserlichen Regiments; die Präsidenten des Reichstags und die Mitglieder der Reichstagsbaukommission, die die eigentlichen Entscheidungen getragen hatten, wurden nur «unter ferner liefen» beteiligt, während das ganze königliche Haus, der Reichskanzler, diverse Generalfeldmarschälle, die stimmführenden Bevollmächtigten zum Bundesrat und die Chefs der Reichsämter sämtlich den «Hammer schwingen» durften.

Erst nach dem Herrschaftsantritt Wilhelms II. kam es zu einem planmäßigen Ausbau Berlins zur repräsentativen Hauptstadt des Deutschen Kaiserreiches. Der Kaiser hat diese, wie er pathetisch erklärte, zur «schönsten Stadt der Welt»[6] machen wollen. Aber die kaiserliche Repräsentationssucht, die sich nun in einer Fülle von neuen Bauvorhaben niederschlug, konzentrierte sich nahezu ausschließlich auf die Bannmeile des königlich-kaiserlichen Berlin vom Brandenburger Tor bis zum Berliner Stadtschloß, während die Stadt Berlin selbst – von den Vorstädten ganz zu schweigen – außen vor gelassen wurde. Die Berliner Gedächtniskirche, die am Anfang des neunzehnten Jahrhunderts entstand und heute zu einem Wahrzeichen des zerstörten und wieder erstandenen Berlin geworden ist, markierte gleichsam die Grenze zwischen dem bürgerlichen und dem kaiserlichen Berlin. Immerhin wurde nun, mit dem Bau des Kaiser-Friedrich-Museums in einem behutsam neubarocken Stil und des Pergamon-Museums, jenes einzigartige Ensemble von Museen an der nordwestlichen Spitze der Köllnischen Spreeinsel vollendet, das heute, wenn auch in baulich arg schlechtem Zustand, unter dem Namen Museumsinsel weltbekannt ist. Ebenso bestand Wilhelm II. darauf, daß das kaiserliche Berlin endlich einen repräsentativen protestantischen Kirchenbau erhalten müsse; so wurde in den Jahren 1894 bis 1905 anstelle eines älteren, von Karl Friedrich Schinkel umgestalteten Baus ein repräsentativer Dombau in pathetischem Neubarock errichtet, der Teil eines repräsentativen Ensembles wilhelminischer Herrschaftsarchitektur sein sollte. Am deutlichsten aber kam das Bestreben Wilhelms II., den Glanz des kaiserlichen Regimes auch in künstlerischen Formen zu verewigen, in der Errichtung eines Denkmals für Wilhelm I., oder wie es damals hieß, Wilhelms des Großen, sowie im Bau der sogenannten «Siegesallee» zum Ausdruck. Beide sind im Zweiten Weltkrieg völlig zerstört worden; von den zahlreichen Skulpturen der Heldengalerie, welche die Siegesallee schmückten und die von zahlreichen angesehenen, freilich sämtlich einem konventionellen Realismus verpflichteten Bildhauern ausgeführt worden waren, haben nur einige wenige Bruchstücke überlebt. Es mag dies eine günstige Fügung des Schicksals sein, daß gerade diese Denkmäler kaiserlicher Großmannssucht und Geschmacklosigkeit nicht auf uns gekommen sind und nunmehr wieder die Bauten Schlüters und Schinkels das Stadtbild Berlins dominieren.

Als im Jahr 1901 die Siegesallee eröffnet wurde – «geschmückt» durch eine endlose Reihe deutscher Heldengestalten, die in bohrend langweiligem Realismus in weißem Marmor gearbeitet waren –, setzte sich Wilhelm II. einmal mehr in offenen Gegensatz zu allen modernen Kunstrichtungen der Zeit, insbesondere zum Impressionismus, der damals in der Berliner «Secession» eine eigenständige Organisationsform abseits des offiziösen Kunstbetriebs gefunden hatte: «Noch ist die Bildhauerei zum größten Teil rein geblieben von den sogenannten

modernen Richtungen und Strömungen, noch steht sie hoch und hehr
da – erhalten Sie sie so. ... eine Kunst, die sich über die von Mir
bezeichneten Gesetze und Schranken hinwegsetzt, ist keine Kunst
mehr, sie ist Fabrikarbeit, sie ist Gewerbe ... Wenn nun die Kunst, wie
es jetzt vielfach geschieht, weiter nichts tut, als das Elend noch
scheußlicher darzustellen, wie es schon ist, dann versündigt sie sich
damit am deutschen Volke».[7]

Insbesondere an der Siegesallee schieden sich die Geister. Ferdinand Avenarius brachte damals die Meinung der überwiegenden
Mehrheit der Berliner Künstler in der Zeitschrift «Der Kunstwart» in
prägnanter Schärfe zum Ausdruck; die Siegesallee sei «Dekoration
und Scheinkunst zu einem politischen Zweck, zur Verherrlichung der
Dynastie», nicht aber «echte» Kunst.[8] Ebenso wie der Kaiser in
schroffem Gegensatz zum bürgerlichen Berlin stand, so auch zu allen
Regungen moderner Kunst. Wider den Willen des Kaisers und guten-
teils entgegen den Bemühungen der amtlichen preußischen Kunst-
politik, die weitgehend von dem königlichen Hofmaler Anton von
Werner gesteuert wurde, der zugleich Direktor der königlichen Akademie der Künste und ein persönlicher Vertrauter des Kaisers war,
wurde Berlin seit der Jahrhundertwende zu einem der führenden
Kunstzentren Europas.

Dies lenkt einmal mehr den Blick auf das Verhältnis der Krone und
der Reichsleitung zur Stadt Berlin. Entgegen einer landläufigen Annahme war die Hauptstadt Berlin keineswegs ein williger Repräsen-
tant preußischen Machtdenkens und wilhelminischen Weltmachtstre-
bens. Ganz im Gegenteil, der Gegensatz zwischen der aufsteigenden
Industriestadt Berlin, die eine stetig steigende Zahl von Zuwanderern
aus dem Osten Deutschlands anzog, und dem Monarchen konnte
nicht größer sein. Die Bestrebungen der Stadtverwaltung, den Status
Berlin als einer Weltmetropole durch eine große Ausstellung gleich
der Pariser Weltausstellung von 1856 unter Beweis zu stellen, verfielen
1892 dem schroffen Verdikt Wilhelms II.: «Der Ruhm der Pariser läßt
den Berliner nicht schlafen. Berlin ist Großstadt, Weltstadt (vielleicht?) also muß es auch eine Ausstellung haben! ... Paris ist nun mal
– was Berlin hoffentlich nie wird – das große Hurenhaus der Welt,
daher die Anziehung auch außer der Ausstellung. In Berlin ist
nichts (,) was den Fremden fesselt (,) als die paar Museen (,) Schlösser
und die Soldaten (;) in 6 Tagen hat er alles mit dem rothen Buch in der
Hand gesehen (...). (...) felsenhart ist mein Wille, und was ich für
Recht erkannt (,) halte ich fest und kein Teufel (,) nicht einmal Fürst
Bismarck (,) kann mich davon abbringen. Ich will die Ausstellung
nicht, weil sie meinem Vaterland und Stadt Unheil bringt!»[9] So wollte
der Kaiser seine Hauptstadt sehen, als die einfache, bescheidene, sit-

tenstrenge Landstadt, die Berlin einmal gewesen war, nicht aber als eine moderne Großstadt mit zahllosen Fabriken und Gewerben, mit einem differenzierten Verkehrssystem, mit U-Bahnen und Hochbahnen, mit Theatern, Varietés und Vergnügungsstätten jeglicher Art, mit allen Versuchungen einer Metropole und natürlich mit einem starken, sozialdemokratisch eingestellten Proletariat.

Die Führungseliten des Reiches, mit dem Kaiser und Kanzler an der Spitze, begegneten der Stadt Berlin überwiegend mit Mißtrauen. Berlin war während des Kaiserreichs eine Hochburg des linken Liberalismus, der bekanntlich die Reichspolitik Bismarcks konsequent bekämpfte. Verschiedentlich drohte der Reichskanzler, in unterschiedlichen Zusammenhängen, der Stadtverwaltung damit, die Reichsinstitutionen, insbesondere den Reichstag, in eine andere Stadt zu verlegen, vornehmlich weil er den starken Einfluß der liberalen und späterhin auch der sozialdemokratischen Abgeordneten des Berliner Großraums auf die politischen Geschäfte mißbilligte: «Für das Reich ist es im Ganzen ein sehr zweifelhafter Vorzug, den Sitz seiner Hauptinstitution gerade in der größten und höchstbesteuerten Commune zu haben. Es spricht Manches dafür, daß z. B. Berlin durchaus nicht der zweckmäßigste Sitz des Reichscentrums sei.»[10]

Hohe direkte Steuern waren aus der Sicht Bismarcks politisch nachteilig, und er suchte diese, wo immer möglich, durch indirekte Steuern abzulösen; in dieser Hinsicht behagte ihm die lokale Steuerautonomie der städtischen Selbstverwaltungskörperschaften nicht – und am wenigsten jene Berlins, das mit Hilfe eines vergleichsweise hohen Steueraufkommens eine weitsichtige Infrastrukturpolitik betrieb. Vor allem aber mißfiel es dem Kanzler, daß eine so große Zahl entschieden liberaler und zunehmend auch sozialdemokratischer Reichtagsabgeordneter aus Berlin kam. Ebensowenig sagte es ihm zu, daß der Reichstag in Berlin stärker, als dies in einer kleineren deutschen Stadt der Fall gewesen wäre, den Einflüssen der breiten Schichten der Bevölkerung – man ist versucht zu sagen: des wirklichen Lebens in einer industriellen Gesellschaft – ausgesetzt war. So heißt es 1881: «Die politischen Nachteile, die mit dem Tagen des Reichstags in Berlin verknüpft sind, (...) bestehen (...) nicht bloß in der äußeren Gefährdung der höchsten Behörden und des Reichstags, sondern mehr noch in dem Einfluß, welchen das Tagen an einem Ort von mehr als einer Million Bevölkerung (...) auf die Wahlen, also auf die Zusammensetzung des Reichstags übt, welche aufhört, die Zusammensetzung des Volkes richtig wiederzugeben (...) wir haben jetzt zu viel Berliner im Reichstage».[11]

Zwischen den Berliner Stadtregierungen und der Reichsspitze bestand ein durchaus gespanntes Verhältnis. Bismarck sprach gelegentlich mißbilligend davon, daß der «Fortschrittsring» Berlin beherrsche. In der Tat war Berlin während des Kaiserreichs eine Hochburg des linken Liberalismus, zu Teilen dank des Dreiklassenwahlrechts, das der Sozialdemokratie in größeren Zahlen den Eintritt in die Stadtverordnetenversammlung verwehrte. Zweimal wurde ordnungsgemäß gewählten Oberbürgermeistern wegen ihrer entschieden liberalen Auffassungen vom Kaiser der Amtsantritt verwehrt, und einmal lösten die Stadtbehörden sogar die Stadtverordnetenversammlung wegen einer Reihe von mißliebigen Entscheidungen auf. Doch auf Dauer konnte dadurch nicht verhindert werden, daß Berlin zu einer der am besten verwalteten Städte im Reiche und zu einem Paradebeispiel einer liberalen politischen Kultur wurde. Oberbürgermeister, Stadtrat und Stadtverordnetenversammlung meisterten mustergültig die großen Probleme, vor die sich Berlin infolge der sprunghaften Industrialisierung und des Zustroms immer neuer arbeitsuchender Menschen aus den östlichen Regionen gestellt sah. Leistungsfähige kommunale Versorgungsbetriebe, ein vorzügliches Verkehrssystem, zahlreiche kommunale Krankenhäuser und ein großes Netz von kulturellen Institutionen aller Art entstanden als Unterpfand für eine rasche wirtschaftliche Entwicklung, und dies unbeschadet der Tatsache, daß die preußischen Staatsbehörden sich nicht entschließen konnten, Berlin und seine sprunghaft wachsenden Vorstädte aus der Provinz Brandenburg zu entlassen und zu einer eigenständigen Verwaltungseinheit zu erheben. Die Neigung war zu groß, das radikale politische Potential Berlins durch dessen Verknüpfung mit seinem konservativen Umfeld zu zähmen, wie denn auch das Amt des Berliner Polizeipräsidenten der preußischen Staatsregierung, nicht etwa dem Oberbürgermeister unterstellt blieb, um in Berlin nach konservativen Maßstäben für «Ruhe und Ordnung» sorgen zu können.

Ungeachtet dieser wenig günstigen politischen Vorgaben wurde Berlin zu einem Vorort des nationalgesinnten liberalen Bürgertums. Von ihm ging zunehmend eine beträchtliche Ausstrahlung auf das ganze Reich aus. Nicht zufällig waren viele der bedeutendsten Köpfe des Liberalismus, aber auch anderer Parteien, mit Berlin aufs engste verbunden: so beispielsweise Rudolf Virchow und Rudolf von Gneist oder Arthur Hobrecht und Max von Forckenbeck, die lange Jahre das Geschick der Stadt als Oberbürgermeister lenkten, oder unter den Sozialdemokraten der Gewerkschafter Carl Legien und der Textilfabrikant und langjährige Mäzen der Partei Paul Singer. Zugleich wurde Berlin zu einem bedeutenden Zentrum von Kunst, Kultur und Wissenschaft. Unter dem Vorzeichen der nationalen Idee kam es schrittweise zu einer Zurückdrängung der älteren borussischen Traditionen in Berlin zugunsten einer Symbiose von bürgerlich-liberaler Politik, bürgerlicher Kultur, bürgerlicher Wissenschaft und bürgerlicher Öffentlichkeit. Die preußische Aristokratie gab im Berlin der Jahrhundertwende nicht länger allein den Ton an, sondern zunehmend das gehobene Bürgertum. Die Vertreter von Industrie, Banken und Gewerbe spielten dabei ebenso eine wichtige Rolle wie die Repräsentanten von Wissenschaft, Kunst und Kultur.

Man darf gewiß sagen, daß Berlin die Symbiose zwischen bürgerlicher Kultur und dem wilhelminischen Staate in besonderem Maße repräsentiert hat. Nicht Frankfurt, ungeachtet seiner starken demokratischen Tradition, und nicht der Südwesten des Reiches, auch nicht die rheinischen Großstädte, so bedeutsam diese in anderer Hinsicht für das liberale Bürgertum waren, sondern Berlin wurde zum Mittelpunkt liberaler Politik. Die großen Berliner Zeitungen, insbesondere das «Berliner Tageblatt», die «Vossische Zeitung», die «Berliner Zeitung» und Hardens Wochenschrift «Die Zukunft», gewannen zunehmend überregionale Bedeutung und drängten die «Frankfurter Zeitung» und die «Kölnische Zeitung», die im zweiten Drittel des 19. Jahrhunderts die wichtigsten Sprachrohre bürgerlich-liberaler Politik gewesen waren, immer stärker in den zweiten Rang. Hier liefen die Fäden der Politik insbesondere der liberalen Parteien zusammen, die im Berliner Milieu über eine ausgeprägt starke Basis verfügten. Gerade auch von Berlin gingen jene Kraftströme aus, die allmählich die dynastisch-monarchischen Züge des Deutschen Reiches zugunsten seiner freiheitlichen und seiner nationaldeutschen Elemente zurückdrängten und aus diesem am Ende einen von seinen Bürgern innerlich getragenen Nationalstaat werden ließen. Dies alles geschah großenteils gegen den Willen des Monarchen und der konservativen Führungseliten in Preußen.

Insofern wäre es gänzlich verfehlt, Berlin mit den Traditionen des preußisch-deutschen Machtstaates in eine direkte Verbindung zu bringen. Wenn überhaupt, dann darf die Bürgerstadt Berlin das gerade Gegenteil für sich in Anspruch nehmen, nämlich die bedeutendste Vorkämpferin für die Durchsetzung einer modernen, liberalen Grundsätzen entsprechenden politischen Kultur in Deutschland, unter den restriktiven Bedingungen eines autoritär verfaßten Gemeinwesens, gewesen zu sein. Tatsächlich hat das Ferment politischer, geistiger und kultureller Kräfte, welches in der Metropole an der Spree bereits vor dem Ersten Weltkrieg seine charakteristische Ausprägung erhielt, jene Nationalkultur maßgeblich geprägt, die bis heute die Grundlage der nationalen Identität der Deutschen bildet. Allerdings vermochten sich die Deutschen nur schrittweise aus dem autoritär verfaßten Gehäuse des wilhelminischen Deutschland zu befreien. Es ist charakteristisch, daß Wilhelm II., als das neue Reichstagsgebäude

1894 endlich eröffnet werden konnte, dem Architekten Paul Wallot untersagen konnte, im Giebelfeld die Worte «Dem deutschen Volke» anzubringen. Dies geschah dann erst im Jahre 1916, als die Kriegsnotwendigkeiten die dynastischen Bedenklichkeiten in den Hintergrund drängten. Es überrascht demgemäß auch nicht zu finden, daß das Berlin der zwanziger Jahre der demokratischen Republik von Weimar bis zur letzten, noch einigermaßen freien Reichstagswahl vom 5. März 1933 mehrheitlich treu geblieben ist.

Es ist daher völlig unberechtigt, gegen Berlin als künftigen Regierungssitz der Bundesrepublik das Argument ins Feld zu führen, die Hauptstadt Berlin stehe für Preußentum, Militarismus und die Maßlosigkeit der wilhelminischen Weltpolitik und nicht für eine freiheitliche politische Ordnung. Gewiß repräsentiert Berlin auch die Tradition des alten Preußen, namentlich des Preußen Friedrichs des Großen und Friedrich Wilhelms IV. Vor allem aber steht es für den Kampf des liberalen Bürgertums und nicht zuletzt der Sozialdemokratie für den Ausbau des deutschen Nationalstaats in freiheitlichem Sinne – unter den widrigen Bedingungen des halbkonstitutionellen Systems des deutschen Kaiserreichs. Schließlich wurde Berlin schon vor dem Ersten Weltkrieg, wiederum gegen den Willen der herrschenden Eliten, zum Vorort moderner Kunst, modernen Theaters und fortschrittlicher Wissenschaft. Auch wenn die Schatten des Obrigkeitsstaats lang waren und fast alle Lebensäußerungen beeinträchtigten, war Berlin doch die Pflanzstätte eines avantgardistischen Kulturlebens. Es steht den Deutschen gut an, an diese Traditionen heute wieder anzuknüpfen, statt der Versuchung nachzugeben, der Bismarck schon damals ausgesetzt war, der er aber dann doch widerstanden hat, nämlich der Beschaulichkeit einer kleineren Stadt abseits der Zentren des modernen Kulturlebens und der wirtschaftlichen Dynamik der Industriegesellschaft aus Opportunitätsgründen den Vorzug vor Berlin zu geben.

Die Klassiker als Nothelfer

Die Weimarer Republik in Weimar und Berlin

Wolfgang Benz

«Berlin ist eine unpoetische, sehr wenig bunte, aber sehr wahre Stadt
... Diese Kapitale war 1871 noch ein Ort mit 900 000 Einwohnern.
Der Ort brauchte 20 Jahre, um auf 2 Millionen zu kommen. In den
letzten 30 Jahren hat sich die Zahl verdoppelt ... Will man nun wissen,
wie diese neue Stadt nun aussieht, so braucht man nur durch eine
einzige östliche, nördliche oder südliche Straße zu gehen, man braucht
auch nur eine einzige Straße zu photographieren, Berlin hat es dem
Photographen bequem gemacht: 95 Prozent aller anderen Straßen sehen ebenso aus ... Demnach, Du hast deinen Autobus zu verlassen,
verehrter Fremder, stecke Deine Hände in die Taschen, laß den Blick
von den Bauten, es ist daran nichts zu sehen. Aber, halt still, horch
auf, sieh Dich um, atme, bewege Dich, hier geht etwas vor, es ist eine
moderne junge zukunftsreiche Riesensiedlung! Plötzlich wird auch
Dich die Monotonie ihrer Häuser erschüttern, und Du wirst die Energie, Lebendigkeit und Tapferkeit dieses Menschenschlages hier erkennen, die Vielgestaltigkeit seiner Typen.»[1] Mit diesen Worten charakterisierte 1928 der Nervenarzt und Schriftsteller Alfred Döblin die
Stadt, der er mit dem Roman «Berlin Alexanderplatz» im folgenden
Jahr das Epochendenkmal setzt. Die Reichshauptstadt in der kurzen
Zeitspanne zwischen dem Ende des Ersten Weltkriegs und der Machtübernahme Hitlers ist Kulturmetropole von Weltrang und Schauplatz
von Bürgerkriegen.

Der 9. November 1918 gilt als der Geburtstag der Weimarer Republik. Es war kein Freudentag. Was als Novemberrevolution in die
Geschichtsbücher einging, war Auftakt zum Bürgerkrieg, Beginn
chaotischer Zustände. Die wilhelminische Ära mit kaiserlichem Glanz
und militärischem Prunk endete in Hunger, Not und Schmach; das
hinderte aber allzu viele nicht daran, ihr nachzutrauern. Im November 1918 schlägt, so scheint es, die Stunde der Arbeiterbewegung, aber
sie ist gespalten in die SPD, die sich auch Mehrheitssozialdemokratie
nennt, die Unabhängigen Sozialdemokraten (USPD), den ehemals linken Flügel, der dem Kaiser die Kriegskosten verweigert hatte, und den
noch weiter links stehenden Spartakusbund, der ab Januar 1919 Kom-
munistische Partei Deutschlands (KPD) heißen wird.

Während die USPD am Morgen des 9. November in Berlin den Generalstreik ausruft, verlassen die gemäßigten Sozialdemokraten die Regierung des Prinzen Max von Baden. Dieser verkündet um 1 Uhr mittags den Thronverzicht des Kaisers und übergibt das Amt des Reichskanzlers an den SPD-Chef Friedrich Ebert. Wenig später wird die Republik ausgerufen, und zwar gleich zweimal unter entgegengesetzten Vorzeichen.

Vom Balkon des Berliner Schlosses aus proklamiert der Linksradikale Karl Liebknecht die «Freie Sozialistische Republik Deutschland». Gegen das sowjetische Modell hat der Sozialdemokrat Philipp Scheidemann um 14 Uhr die «Deutsche Republik» ausgerufen – von einem Fenster des Reichstags aus: «Der Kaiser hat abgedankt. Er und seine Freunde sind verschwunden. Über sie alle hat das Volk auf der ganzen Linie gesiegt! Alles für das Volk, alles durch das Volk! Nichts darf geschehen, was der Arbeiterbewegung zur Unehre gereicht. Seid einig, treu und pflichtbewußt! Das Alte und Morsche, die Monarchie ist zusammengebrochen. Es lebe das Neue! Es lebe die Deutsche Republik!»[7]

Wegen dieser Proklamation kommt es sofort zum Konflikt zwischen den Führern der SPD. Ebert hält die Proklamation der Republik für einen Vorgriff. Er selbst appelliert als neuer Reichskanzler an die deutschen Bürger, Ruhe und Ordnung zu halten, die Straßen zu verlassen, die Regierung bei der Herstellung normaler Zustände und der Sicherung der Ernährung zu unterstützen, und die Beamten bittet Ebert um Loyalität. «Die neue Regierung hat die Führung des Geschäfts übernommen, um das deutsche Volk vor Bürgerkrieg und Hungersnot zu bewahren und seine berechtigten Forderungen auf Selbstbestimmung durchzusetzen. Diese Aufgabe kann sie nur erfüllen, wenn alle Behörden und Beamten in Stadt und Land ihr hilfreiche Hand leisten. Ich weiß, daß es vielen schwer werden wird, mit den neuen Männern zu arbeiten, die das Reich zu leiten unternommen haben, aber ich appelliere an ihre Liebe zu unserem Volke. Ein Versagen der Organisation in dieser schweren Stunde würde Deutschland der Anarchie und dem schrecklichsten Elend ausliefern. Helft also mit mir dem Vaterland durch furchtlose und unverdrossene Weiterarbeit, ein jeder auf seinem Posten, bis die Stunde der Ablösung gekommen ist.»[3]

Durch die Gleichzeitigkeit von Kriegsende und Umsturz im Innern schien alles aus den Fugen geraten, und nirgends wurde dies so deutlich sichtbar wie in der Reichshauptstadt Berlin. Die kaiserliche Metropole verwandelte sich im November 1918 in einen Hexenkessel, der bis zum Frühjahr 1920 nicht zur Ruhe kam. Die Demonstrationen, die den Kaiser zur Flucht und seine Regierung zur Abdankung bewogen, steigerten sich Weihnachten 1918 zum Bürgerkrieg. Berlin, die größte Stadt in Deutschland, Regierungssitz zugleich des Deutschen Reiches und seines größten Landes Preußen, war natürlich das Feld, auf dem die Kämpfe um die neue Ordnung – Parlamentarische Republik, Monarchie oder Rätestaat – ausgetragen wurden. In der revolutionären Situation brachen auch die sozialen Spannungen auf, die erst vom Glanz des Kaiserreichs, dann von der Kriegsanstrengung verdeckt gewesen waren. Trotzdem war die Novemberrevolution keine Erhebung des Volkes, bei der das alte Regime hinweggefegt und grundlegend Neues etabliert wurde. Die Revolution spielte sich vor allem als Machtkampf zwischen gemäßigten und radikalen Linken ab. Den Gemäßigten war die Macht übergeben worden, und sie suchten sie im Bunde mit den traditionellen Eliten auszuüben, die Radikalen bestritten die Notwendigkeit der Kontinuität, verachteten und bekämpften das Bündnis der Sozialdemokraten mit der Bürokratie und dem Militär des Kaisers.

Die revolutionäre Situation bestand also darin, daß die beiden Hauptrichtungen der Linken um die Macht kämpften, während sich die traditionellen Stützen der Ordnung auflösten oder in den Kulissen verbargen. Das Militär lief auseinander, Waffen hinterlassend, die jedermann erwerben und für seine Zwecke benutzen konnte, und ebenso taten es die Berufsoffiziere, die sich gedemütigt fühlten und ratlos waren, was sie tun sollten. Die Bürokraten des wilhelminischen Reiches warteten ab, wobei sie mehrheitlich ihre Abneigung gegen die neuen Zustände nicht verhehlten. Die Übergangsregierung der Sozialdemokraten war bald auf beide angewiesen: auf die Offiziere und Reste des Heeres, um Frieden auf der Straße herzustellen, und auf die Beamten, um Ernährung und Alltagsleben der Bevölkerung zu sichern.

Den Radikalen ging es aber um Grundsätzliches, an der Stabilisierung der Lage waren sie ebensowenig interessiert wie an Parlamentswahlen. Unter der Parole «Für die Arbeiter- und Soldatenräte! Gegen die Nationalversammlung» brachte der Spartakusbund zehntausende Demonstranten auf die Straßen. Am 6. Dezember gab es die ersten Toten. Am 24. Dezember brach der Bürgerkrieg aus, als sich die Volksmarinedivision, eine Einheit radikaler Matrosen, weigerte, das Berliner Schloß zu verlassen. Sie belagerten und besetzten die Reichskanzlei, wodurch sie die SPD-Volksbeauftragten zwangen, mit Gardetruppen die Volksmarinedivision zu vertreiben.

Die Amtsenthebung des USPD-Polizeipräsidenten Eichhorn in den ersten Januartagen des Jahres 1919 brachte das Berliner Pulverfaß zur Explosion. Eichhorn weigerte sich, seinen Posten zu verlassen, und ein «Revolutionsausschuß» im Polizeipräsidium erklärte die Regierung Ebert-Scheidemann für abgesetzt. Im Revolutionsausschuß führten die Kommunisten Karl Liebknecht und Wilhelm Pieck das

Abb. 18: Revolutionskämpfe in Berlin am 5. Januar 1919:
Bewaffnete Arbeiter und Soldaten haben in der Lindenstraße
ein Maschinengewehr in Stellung gebracht,
um das Gebäude des „Vorwärts" zu erstürmen.

Wort, die Ereignisse der folgenden Tage hießen deshalb auch «Spartakusaufstand». Die Radikalen besetzten Zeitungsverlage und Druckereien, darunter das Gebäude des sozialdemokratischen «Vorwärts». Die Reichsregierung proklamierte im Bündnis mit konservativen Militärs und rechtsradikalen Freikorps dagegen: «Wo Spartakus herrscht, ist jede persönliche Freiheit und Sicherheit aufgehoben. Die Presse ist unterdrückt, der Verkehr lahmgelegt. Teile Berlins sind die Stätte blutiger Kämpfe. Andere sind schon ohne Wasser und Licht. Proviantämter werden gestürmt, die Ernährung der Soldaten- und Zivilbevölkerung wird unterbunden. Die Regierung trifft alle notwendigen Maßnahmen, um diese Schreckensherrschaft zu zertrümmern und ihre Wiederkehr ein für allemal zu verhindern.»[4]

Das revolutionäre Pathos der Radikalen hielt den Gewehren und Kanonen der Regierungstruppen nicht stand. Am 11. Januar 1919 wurde unter Artillerie-Einsatz das Presseviertel zurückerobert, auch das schwer beschädigte «Vorwärts»-Gebäude. Organisator des militärischen Einsatzes war der Sozialdemokrat Gustav Noske, der später von sich sagte, einer habe ja den Bluthund spielen müssen. Gesiegt hatten in den Berliner Januarkämpfen – sie galten als die «Marneschlacht der Revolution» – die Anhänger der parlamentarisch-demokratischen Republik über die Propagandisten des Rätesystems, aber der Preis des Sieges war entsetzlich hoch: Als vermeintliche Führer des Spartakus-Aufstands waren am 15. Januar Karl Liebknecht und Rosa Luxemburg brutal ermordet worden. Diese Exzesse der Garde-Schützen-Kavallerie-Division lösten nicht nur bei den Linken Empörung aus, sie gaben Anlaß zur weiteren Radikalisierung von USPD und KPD. Das machte den Graben in der Arbeiterbewegung unüberwindbar.

Die Wahlen zur Nationalversammlung am 19. Januar waren durch den Bürgerkrieg in Berlin nicht verhindert worden; auch im Wahlergebnis fanden die radikalen Tendenzen keinen Niederschlag. Der Zusammentritt des Parlaments, das die neue Verfassung beraten sollte, war für den 6. Februar festgesetzt. Aber nicht in Berlin, sondern im ruhigen Weimar, der Stadt Goethes, Schillers, Herders, sollte die verfassunggebende Versammlung ihren Sitz haben. Statt Störungen von der Straße erhoffte man sich Inspiration vom Geist der Klassiker. Bis zur Fertigstellung der Reichsverfassung am 11. August 1919 tagten die Abgeordneten im Nationaltheater in der thüringischen Stadt, die der Verfassung und der Republik ihren Namen gab. Auch die politische Konstellation, die den Staat trug, die «Weimarer Koalition» aus Sozialdemokratie, der linksliberalen Deutschen Demokratischen Partei und der katholischen Zentrumspartei, hatte ihren Namen von der kleinen Stadt, die gegen das politische Minenfeld Berlin die improvisierte Würde der Reichshauptstadt innehatte. Mit der Verabschiedung der Weimarer Verfassung im Sommer 1919 war die revolutionäre Entstehungsphase der Republik längst abgeschlossen. Die konservativen Eliten hatten, nachdem sie in die Rollen erschreckter Zuschauer geraten waren, bald wieder ihr Selbstbewußtsein und Überlegenheitsgefühl gefunden.

Für die Rechten, organisiert in der Deutschnationalen Volkspartei, im Stahlhelm und in der Deutschen Volkspartei, oder gar für die Rechtsradikalen, die mit Freikorps und Einwohnerwehren sympathisierten und mit extremistischen Sekten und «Fememördern» paktierten, schien im Frühjahr 1920 der Zeitpunkt gekommen, Demokratie und Parlamentarismus zu beseitigen. Wolfgang Kapp, reaktionärer preußischer Beamter, und General Lüttwitz marschierten mit der Marinebrigade Ehrhardt in der Nacht zum 13. März nach Berlin und besetzten im Morgengrauen das Regierungsviertel. Kapp ließ sich von seiner Gefolgschaft zum Reichskanzler ausrufen. Die legale Reichsregierung und der Reichspräsident flohen, von der Reichswehrführung in Berlin im Stich gelassen, erst nach Dresden, dann nach Stuttgart.

Die Nationalversammlung tagte am 18. März im Stuttgarter Kunstgebäude, um Abrechnung mit den Rechtsextremisten zu halten. Der Kapp-Lüttwitz-Putsch war inzwischen, nach vier Tagen, zusammengebrochen, die Putschisten waren auf der Flucht. Der politische Alltag konnte wieder begingen. Er war mühsam genug.

Das wilhelminische Berlin war eine große Stadt gewesen, umgeben von anderen selbstbewußten großen Städten mit Tradition, Bürgerstolz und Reichtum wie Charlottenburg, Schöneberg, Spandau, Wilmersdorf. Als eigene Welt existierten im Norden und Osten Berlins Städte eher proletarischer Art wie Neukölln, Lichtenberg und Köpenick. In einer Jahrhundertanstrengung gelang es 1920, Berlin mit diesen sieben Städten und neunundfünfzig preußischen Landgemeinden zur Riesenstadt «Groß-Berlin» zu vereinigen. Die Landgemeinden waren, wie Steglitz, übrigens teilweise selbst schon Großstädte. Sie brachten, ebenso wie die Guts- und Forstbezirke, Wälder und Seen – die heutigen Erholungsgebiete – in die Gemeinschaft ein. Die Schwierigkeiten, das neue Gemeinwesen zusammenwachsen zu lassen, waren enorm, die Widerstände beträchtlich. Das Ergebnis war die Weltstadt Berlin mit 20 Bezirken, geprägt von Mietskasernen, aber auch von richtungweisender Siedlungsarchitektur, von menschlicher Not und kulturellem Glanz.

Daß die Lebensfähigkeit des Berliner Organismus von seinem Verkehrsnetz abhängen mußte, war einleuchtend, aber der Modernisierung und dem Ausbau der Infrastruktur standen viele Hindernisse im Weg. Neben der Reichsbahn, die in Berlin die S-Bahn betrieb, gab es nach dem Ersten Weltkrieg drei weitere selbständige Systeme, die ganz oder teilweise in städtischem Besitz waren: die Straßenbahnen, eine Omnibus-Aktiengesellschaft und die Hoch- und Untergrundbahn, die als private Gesellschaft im Wettbewerb der Elektrogiganten Siemens und AEG entstanden war und über ein Streckennetz von 36 Kilometern verfügte. Die Zusammenführung der Systeme und Träger zu einem einheitlichen kommunalen Unternehmen erfolgte in einzelnen Schritten bis zur Gründung der BVG 1928. Beträchtliche Verdienste um die Modernisierung und Erweiterung der Infrastruktur hatte der Verkehrsdezernent Ernst Reuter. Er wollte gleichzeitig Luft in alte Stadtviertel bringen und «hinter den oft freundlich dreinblickenden Fassaden uraltes Gerümpel herunterreißen, das verschwinden muß, wenn das wirklich entstehen soll, was man heute eine City zu nennen sich gewöhnt hat, das heißt eine leistungsfähige, modern gebaute, voll ausgenutzte Geschäfts- und Verwaltungsstadt im Innern Berlins.»[5]

Die Urbanisierung der Innenstadt war aber nur eines der städtebaulichen Probleme. Viele Einwohner der Stadt litten unter der Wohnungsnot, und die war ungeheuer. Nicht nur die Kriegsfolgen, auch

der Zuzug von etwa 80 000 Menschen jährlich war Ursache eines Fehl-
bestands, der Anfang der 20er Jahre auf 100 000 Wohnungen, am Ende
der Weimarer Republik auf 200 000 Wohnungen geschätzt wurde. Was
gemeinnützige Siedlungsgesellschaften leisteten, war enorm, und die
Ergebnisse konnten sich buchstäblich sehen lassen, trotzdem wurde
die Wohnungsnot dadurch nur wenig gelindert. Das Berliner Tageblatt
beschrieb die Situation dramatisch: «Keine Stadt hat so vollkommen
in der Riesenaufgabe versagt, die zehn versäumten Wohnungsjahre
nachzuholen; in keiner ist die Kalamität, die Gesundheit und Lebens-
glück von Hunderttausenden bedroht, nicht nur nicht gelindert,
sondern von Jahr zu Jahr größer geworden.»[6]

Das Urteil war sicherlich zu hart, denn Bürgermeister anderer
Großstädte, etwa Konrad Adenauer in Köln, blickten mit Neid auf
ihren Kollegen Gustav Böß in Berlin.

Die Berliner Siedlungsprojekte machten Architektur- und Sozialgeschichte. In Schöneberg entstand ab Ende des Ersten Weltkriegs die
Siedlung Lindenhof. Hier verbanden sich modellhaft und wegweisend
kommunale Bautätigkeit mit genossenschaftlicher Selbstverwaltung.
Die Kommune Schöneberg war Bauherr, das Wohnungsamt belegte
nach Bedürftigkeit die Wohnungen und überführte sie in eine Verwal-
tungsgenossenschaft. Das Projekt galt als rote Reformsiedlung – hier
wurden Formen des sozialen Wohungsbaus erprobt und weiterent-
wickelt, die in die legendären Siedlungen der 20er Jahre einmündeten,
in denen sich ästhetischer und gesellschaftlicher Pluralismus in einmaliger Art manifestierte.

Die Waldsiedlung Zehlendorf «Onkel Toms Hütte», maßgeblich von
Bruno Taut gestaltet, die Hufeisensiedlung Britz (Bruno Taut und Mar-
tin Wagner), die Großsiedlung Siemensstadt, an der sechs Architekten
planten, unter ihnen Walter Gropius und Hans Scharoun, die «Weiße
Stadt» im Bezirk Reinickendorf, entworfen von Otto Rudolf Salvis-
berg, Bruno Ahrends u. a. – die Idee vom Neuen Bauen hat in keiner
Stadt so viele sichtbare Spuren hinterlassen wie in Berlin. Die äußere
Vielgestaltigkeit der Siedlungen, vom Expressionismus bis zur Neoro-
mantik, spiegelt auch die Vielfalt der Bauträger, der gemeinnützigen
Bauvereine, der großen Gesellschaften, der Bau- und Wohnungsgenos-
senschaften unterschiedlicher politisch-weltanschaulicher Richtung.

Von den 4,1 Millionen Einwohnern der Reichshauptstadt bekannten sich nach der Zählung von 1925 173 000 als Juden. Die Mehrzahl
von ihnen unterschied sich in nichts außer der Religionszugehörigkeit
von der nichtjüdischen Bevölkerung der Reichshauptstadt. Nicht als
Gruppe, aber in individueller Prominenz als Verleger, Theaterdirektor,
Bankier fielen sie auf, und in der Ärzteschaft, unter Anwälten und anderen intellektuellen Berufen waren sie traditionell stark vertreten.

Den Antisemiten genügte das, um vom «verjudeten Berlin» zu
sprechen und den Mitgliedern der größten jüdischen Gemeinde in
Deutschland Einfluß und Macht zuzusprechen, die sie nie hatten. Unter den Berliner Juden gab es die mit besonderem Argwohn betrachtete Gruppe der Ostjuden. Mitte der 2oer Jahre waren es 43 000, sie
hatten nicht die deutsche Staatsbürgerschaft, waren auf der Flucht vor
desolaten politischen und wirtschaftlichen Zuständen in Osteuropa.
Joseph Roth beschrieb ihre Motive: «Kein Ostjude geht freiwillig
nach Berlin. Wer in aller Welt kommt freiwillig nach Berlin? Berlin ist
eine Durchgangsstation, in der man aus zwingenden Gründen länger
verweilt. Berlin hat kein Ghetto. Es hat ein jüdisches Viertel. Hierher
kommen die Emigranten, die über Hamburg und Amsterdam nach
Amerika wollen. Hier bleiben sie oft stecken. Sie haben nicht genug
Geld. Oder ihre Papiere sind nicht in Ordnung.»[7]

Die jüdischen Einwanderer aus Osteuropa ernährten sich kümmerlich als Hausierer, als Trödler, als Händler mit alten Kleidern, lebten
von der Fürsorge der alteingesessenen Berliner Gemeinde, die mit den
Glaubensbrüdern aus dem Osten lieber nichts zu tun haben wollte, weil
sie um den eigenen, mühsam erkämpften Status der Assimilation fürchtete. Die Ostjuden hausten im Scheunenviertel nahe dem Alexanderplatz. Dort, in der Dragoner-, Grenadier-, Linienstraße, der Hirten-
oder der Mulackstraße, glaubte man sich im galizischen Stetl, inmitten
frommer Juden, die jiddisch sprachen und orthodox die religiösen
Bräuche hielten. Aber Berlin hatte kein Ghetto, das Scheunenviertel
war immer Durchgangsstation zur Assimilation oder zur Emigration.

Nicht nur die sozialen Umstürze waren radikal, die gesamte politische Situation in den Zwanziger Jahren blieb radikal bis zum Terror.
Im Juni 1922 wird der Außenminister des Deutschen Reiches, Walther
Rathenau, von Rechtsextremisten, Angehörigen der Mordorganisa-
tion «Consul», auf offener Straße erschossen. Rathenau war entschie-
dener Demokrat und Haßobjekt bürgerlicher Nationalisten, wie des
antisemitischen Pöbels. Reichskanzler Wirth machte den Reichstag
zum Tribunal, als er die politische Rechte der intellektuellen Urheber-
schaft des Mordes zieh. Die Trauerfeier für Rathenau wurde zur
mächtigen Demonstration. Vom Reichstag aus bewegte sich der Trau-
erkondukt durch die Straßen der Hauptstadt. Harry Graf Kessler,
Freund und Biograph Rathenaus, hielt die Szene fest: «Der Sarg, ein-
gehüllt von den Reichsfarben, wurde in den mit roten Rosen umwun-
denen Leichenwagen gestellt. Langsam setzte sich unter Trommel-
schlägen der Zug in Bewegung. Trotz des Regens oder vielleicht
wegen dieser grauen Regenschleier, die zum dumpfen Ton der Trom-
melwirbel paßten, war der Eindruck fast noch mächtiger als im Saal.
Was Lassalle sich erträumte, den Einzug durch das Brandenburger Tor

als Präsident einer Deutschen Republik ... ist vom Juden Rathenau
durch seinen Märtyrertod im Dienst des deutschen Volkes verwirklicht worden.»[8]

Pathos oder Feierlichkeit waren freilich selten in Berlin, seltener
auch als in anderen europäischen Metropolen. An der Spree gab man
sich lieber schnodderig oder frivol. Das galt nicht zuletzt für die Künstler und Intellektuellen, die mit der Legende der goldenen zwanziger
Jahre den kulturellen Glanz der Reichshauptstadt begründeten. An
diesem Glanz wollten viele teilhaben, neureiche Inflationsgewinnler
ebenso wie seriöse Großbürger. Ein junger Theaterschriftsteller, der in
Berlin sein Glück suchte, Carl Zuckmayer, zusammen mit Bert Brecht
gnadenhalber als Dramaturg an einem der vielen Theater angestellt, erinnert sich: «Manchmal wurde man zu einer jener rauschhaften Berliner Partys eingeladen oder einfach mitgenommen, wobei es nicht unbedingt notwendig war, den Gastgeber, aus den Reihen der Hochfinanz
oder der Börsenjobber oder der gerade erfolgreichen Film-Könige,
persönlich zu kennen. Gewöhnlich kannte der große Mann die Hälfte
seiner Besucher nicht, es genügte ihm, daß sie Künstler waren oder sich
dafür hielten, seine kalten Platten kahlfraßen und seine ungezählten
Flaschen austranken. Das war eine Mischung aus Sport, Snobismus,
Angeberei und Generosität. Wir Aspiranten schlürften am Rande mit
und wurden gegen Morgen, falls wir nicht vorher genug hatten, von
Lohndienern und Putzfrauen hinausgestaubt.»[9]

Aber das war nur die eine Seite. Auf der anderen wurde in Theatern
und Redaktionen, Galerien und Ateliers ernsthaft gearbeitet. Berlin
war die Stadt der großen Zeitungen, denen sich das junge Medium des
Rundfunks zugesellte. Der Funkturm, 1925/26 errichtet, wurde zum
Symbol einer neuen Ära der Kommunikation; das nahebei, ebenfalls
im Westend 1929 von Hans Poelzig gebaute «Haus des Rundfunks»
demonstrierte ästhetisch wie in seiner Größe nicht weniger eindrucks-
voll Aufbruch und Fortschrittsglauben.

Aber noch beherrschten die großen Zeitungskonzerne die öffentliche Meinung. Im Verlag Mosse erschienen das liberale Berliner Tageblatt, die Berliner Volkszeitung und die Berliner Morgenzeitung, zum
politisch weit rechts stehenden Hugenberg-Konzern gehörte der
Scherl-Verlag mit dem deutschnationalen, republik- und demokratie-
feindlichen Berliner Lokalanzeiger und weiteren Zeitungen und Zeitschriften. Der Ullsteinverlag publizierte die berühmte Vossische
Zeitung, die B. Z. am Mittag, die Berliner Morgenpost, die Berliner
Allgemeine Zeitung, Bücher und wichtige, vielgelesene Zeitschriften
wie die Berliner Illustrierte, Uhu, Koralle, Querschnitt. Für das flo-
rierende Unternehmen der Brüder Ullstein wurde es im Presseviertel
an der Kochstraße zu eng, 1927 wurde das neue Druckhaus in Tem-

pelhof fertiggestellt; es galt als technisches Wunder und war damals einer der größten und modernsten Industriebauten Europas.

Der Weltruhm der Theater- und Kulturmetropole, der Zeitungsstadt, der Verlagskapitale gründet sich auf Anstrengung und Leistung von Publizisten wie Kurt Tucholsky und Carl von Ossietzky, Maximilian Harden, John Heartfield, Theodor Wolff und Georg Bernhard, auf Regisseure wie Max Reinhardt und Erwin Piscator, auf Verleger wie Samuel Fischer, auf Schriftsteller, Maler, Filmschauspieler. Freilich war dieses Berlin auch eine Enklave, eine «Republik der Außenseiter». Der Mann auf der Straße hatte andere Probleme: «Von der kulturellen Metropole Europas merkten wir im Norden Berlins wenig. Die ‹goldenen zwanziger Jahre› fanden in den Theaterzentren, Galerien und feinen Restaurants statt, waren eine Angelegenheit sensationeller Bälle und Galas der Neureichen, der Nachtlokale und Künstler-Cafés der Bohème ... Die große Masse verstand die Avantgardisten nicht, die anklagen, aufrütteln wollten. Auch wir waren nicht auf sie vorbereitet ... sie waren uns weit voraus, auf einem anderen Planeten. Eine intellektuelle Isolierung hatte begonnen, die nie völlig überbrückt werden konnte. Wir schlichen in die Museen zurück, zu Böcklin und Feuerbach. Den Kulturbedarf der breiten Massen befriedigten das Radio, der neue Unterhaltungsfilm, die Trivialliteratur sowie Revuen und Tanzlokale. Die Schlager und die Melodien der Operetten-Renaissance mit ihren Superstars Richard Tauber, Martha Eggert und Jan Kiepura halfen Luftschlösser bauen, erleichterten die Flucht aus dem grauen Alltag. Wir betrachteten sie alle, so gut sie auch sangen, als Ausdruck bürgerlicher Verlogenheit, kennzeichneten sie als ausschweifend und kitschig.»[10]

Das war die Position eines in der Sozialistischen Arbeiterjugend Engagierten. Zur Schattenseite der Weltstadt gehörte «Die Kinderhölle in Berlin». So lautete der Titel einer Broschüre, mit der Harry Graf Kessler auf die Not der Unterprivilegierten aufmerksam machte.[11] Kurt Tucholsky schrieb dazu in der Weltbühne: «Der Graf Harry Kessler hat die Kinderhöllen in Berlin photographiert: das sind die Wohnungen der nicht einmal immer arbeitslosen Proletarier aus den Arbeitervierteln Berlins ... Keiner hat ein Bett für sich allein. Sieben, zehn, dreizehn Menschen schlafen in einem Raum, in den kein Agrarier seine Schweine hineintreiben würde ... Kümmerliche Ordnung, der kümmerlich aufflackernde Wille, nicht zu verlausen. Und alles vergebens. Der Friedenskram an den Wänden zerbröckelt. Neuen kann man nicht kaufen. In aller Augen: Es hat ja doch keinen Zweck. Die glücklichen Kinder sterben. Die andern tun so, als ob sie leben.»[12]

In der Politik waren die guten Jahre der Weimarer Republik bald vergangen, sie waren auch die normalen Jahre der Metropole Berlin gewesen. Wirtschaftskrise und Massenarbeitslosigkeit ließen die sozialen Spannungen ins Unerträgliche wachsen. Die politischen Gegensätze steigerten sich wieder zum Bürgerkrieg, ausgetragen von bewaffneten Parteiarmeen. Hitlers SA, vom Gauleiter Goebbels in Straßen- und Saalschlachten gegen die kommunistischen Kampfgruppen dirigiert, machte den Terror alltäglich und in den Arbeitervierteln allgegenwärtig. Die preußische Polizei galt als republiktreu und demokratisch, und die sozialdemokratisch geführte Preußenregierung unter Otto Braun stemmte sich gegen die Radikalisierung der Straße. Der Dualismus zwischen Reichs- und Preußenregierung in Berlin war ein traditionelles Verfassungsproblem, das ganz reale Bedeutung bekam, als die politischen Gegensätze zwischen beiden aufbrachen. Am 20. Juli 1932 suchte Reichskanzler Papen, der reaktionäre Steigbügelhalter Hitlers, die Lösung im Staatsstreich. Er setzte die Preußenregierung kurzerhand ab. Das war der Anfang vom Ende, die vorweggenommene Gleichschaltung, die Hitler dann vollendete.

Anfang November 1932 kam es aus banalem Anlaß zum Streik gegen die Berliner Verkehrsbetriebe. Die Konstellation war grotesk aber symptomatisch, denn NSDAP und Kommunisten gingen Arm in Arm, während die sozialdemokratischen Gewerkschaften nicht mitmachten. Das gewalttätige Bündnis der Extremisten signalisierte das nahende Ende. Goebbels notierte befriedigt in sein Tagebuch: «Im Wedding und in Neukölln ist es zu wüsten Straßenausschreitungen gekommen. Der Verkehr ist ganz stillgelegt. Berlin bietet das Bild einer toten Stadt. Unsere Leute haben selbstverständlich in allen Stadtteilen die Führung des Streiks an sich gerissen ... In Berlin herrscht Revolutionsstimmung ... Unser Ruf bei der Arbeiterschaft hat sich in ganz wenigen Tagen glänzend gehoben.»[13]

Willy Vogelsinger nahm als Kommunist am Streik teil: «Die Straßenbahnschienen wurden mit Zement ausgegossen, Straßenbahnführer, die sich als Streikbrecher betätigten, holten wir aus der Straßenbahn, obwohl vorne und hinten bewaffnete Polizisten eingesetzt waren ... Was mich an dem Streik störte, war, daß die Nazis sich an ihm beteiligten, um sich bei der Arbeiterschaft beliebt zu machen, während die sozialdemokratisch eingestellten Gewerkschaften ihn ablehnten. Hier zeigte sich, welch tiefer Riß durch die Arbeiterschaft ging. 1932 wäre es notwendig gewesen, gemeinsam gegen Hitler zu kämpfen ...»[14]

Wenige Monate später kam Hitler an die Macht. Damit begann auch die Barbarisierung der Hauptstadt, die zum Schauplatz der Selbstdarstellung des NS-Regimes verkam, den Inszenierungen der Diktatur, schließlich der Zerstörung preisgegeben.

Triumph und Tod eines Diktators

Berlin unter Adolf Hitler

Hans-Ulrich Thamer

Im Mai 1943 berichtete der Sicherheitsdienst der SS in seinen geheimen «Meldungen aus dem Reich» von einer verbreiteten «Animosität der Volksgenossen gegen die Reichshauptstadt, von welcher aus der totale Krieg verkündet worden ist. Diese Einstellung werde durch einen Vers charakterisiert, der im Industriegebiet bereits verbreitet worden sei:

> Lieber Tommy, fliege weiter,
> wir sind alle Ruhrarbeiter,
> fliege weiter nach Berlin,
> die haben alle ‹Ja› geschrien».[1]

Dieser Spottvers spielte offenkundig auf die Berliner Sportpalast-Kundgebung vom 18. Februar 1943 an, wo ein ausgewähltes Publikum auf die wiederholte Frage von Goebbels «Wollt ihr den totalen Krieg?» immer mit fanatisch gebrülltem «Ja» geantwortet hatte. Berlin war für die Zeitgenossen längst zum Synonym geworden für den Glanz und die Vernichtungskraft, für die Faszination und die Gewalt, die von der nationalsozialistischen Herrschaft ausging.

Es sind Bilder von Inszenierungen der Macht wie von Brand und Zerstörung, die sich in der geschichtlichen Erinnerung mit Berlin unter dem Nationalsozialismus verbinden. Der Fackelzug am 30. Januar 1933, die fanatisierten Massenkundgebungen im Sportpalast, der schöne Schein der Olympiade von 1936, Paraden zu «Führers» Geburtstag und Einweihungen von Bauten Albert Speers, allesamt Ausdrucksform einer Ästhetisierung der Politik, prägen das Bild der Stadt weit über ihre Grenzen hinaus. Dazu gehören untrennbar auch Führergewalt und Führermythos. Hier eroberte und monopolisierte Adolf Hitler stufenweise seine diktatorische Macht, hier behauptete er sie durch den permanenten Ausnahmezustand, aber auch durch einen wachsenden Massenkonsens und seine wirtschafts- und nationalpolitischen Erfolge.

Wovon der Führermythos ablenkte, das waren die Erfahrungen von politischem Terror und rassenideologischer Verfolgungspolitik, der anderen Seite der nationalsozialistischen Machteroberung und -behauptung. Der brennende Reichstag vom Februar 1933, die Bücherverbrennungen im Mai desselben Jahres, die brennenden Synagogen im November 1938. Das alles waren jedoch keine Entgleisungen von radikalen Unterführern, sondern immer wieder die Rauchsignale für sich anschließende Verfolgungsaktionen gegen die politische Opposition, gegen die demokratische Kultur und gegen deutsche wie europäische Juden. Und sie geschahen alle auf Anordnung oder mit Billigung von Hitler und dienten seinen Unterführern dazu, die eigene Position im internen nationalsozialistischen Machtkampf zu behaupten.

Zur Erinnerung an Berlin unter dem Hakenkreuz gehören auch die Stätten der Verfolgung und Vernichtung, angefangen bei den wilden Konzentrationslagern der SA über die Zentrale des Terrors in der Prinz-Albrecht-Straße, den Volksgerichtshof bis hin zur Wannsee-Villa Nr. 56–58, dem Ort der administrativen Umsetzung der sogenannten «Endlösung der Judenfrage» und ebenso die «Götterdämmerung» des Dritten Reiches in der zerbombten Reichshauptstadt, der verlogene Selbstmord des Diktators im Führerbunker neben der Reichskanzlei, Rotarmisten mit roter Fahne auf dem Brandenburger Tor und dem Reichstagsgebäude: Befreiung vom Nationalsozialismus und Untergang des Deutschen Reiches zugleich.

Neben dem verführerischen Glanz, dem Terror und den Zerstörungen gehören zur Erinnerung an Berlin unterm Hakenkreuz aber auch die Zeugnisse von Verweigerung und Widerstand, von Mut und Opferbereitschaft vieler Männer und Frauen aus der Arbeiterbewegung, den Kirchen und den nationalkonservativen Eliten aus Verwaltung und Militär. Als Zentrum der Macht mußte Berlin auch Zentrum des politischen Widerstandes sein. Hier bildeten sich zahlreiche Gruppen und Pläne bis hin zur Verschwörung und zum Tyrannenmord. Als militärisches Entscheidungszentrum wurde es Schauplatz für den Versuch, das Regime zu stürzen.

Vieles von der Verlockung und der Vernichtung des Dritten Reiches vollzog sich richtungsweisend oder symbolhaft in Berlin. Nirgends waren Faszination und Gewalt, der Schein von bürgerlicher Normalität und die Dynamik der Vernichtung im Dritten Reich so dicht nebeneinander, so vielfach miteinander verflochten. Schon immer eine Stadt der Gegensätze, des Vorbildes und der Abschreckung hat die nationalsozialistische Herrschaft die Vielfältigkeit und Ambivalenz der Berliner Zeitgeschichte noch verstärkt. Berlin war nicht nur den Nationalsozialisten Inbegriff von Revolution und Weimarer Kultur, für Adolf Hitler eine «monströse Stadt aus Stein und Asphalt», die er gleichwohl zur Hauptstadt seines Weltreiches machen wollte. Darum blieb Berlin politisches, wirtschaftliches und verwaltungsmäßiges Entscheidungszentrum und wurde sogar auf einen Höhepunkt seiner

Abb. 19: Festschmuck Unter den Linden für den Berlin-Besuch Benito Mussolinis im Jahre 1937.

Abb. 20: Einen Tag nach dem Pogrom vom 9. November 1938 wurden in Berlin verhaftete Juden von Polizei und SS abgeführt und zu Sammelplätzen für KZ-Transporte gebracht.

Macht geführt. Das Berlin der modernen Kultur glaubte Hitler allerdings zerstört zu haben, auch wenn sich tatsächlich einiges vom Glanz
der goldenen zwanziger Jahre noch über das Jahr 1933 retten konnte.
Mit seinen Plänen zur städtebaulichen Neugestaltung schien schließlich der «Künstler-Politiker» Hitler dort weiterzufahren, wo das neu
geschaffene Groß-Berlin der zwanziger Jahre aus Mangel an Mitteln
aufgehört hatte. Tatsächlich hätte die Umgestaltung Berlins zur
Hauptstadt Germania eines Großgermanischen Reiches die Stadt tief-
gehender verändert als jede andere städtebauliche Maßnahme in der an
baugeschichtlichen Verwandlungen reichen Stadt.

Die nationalsozialistische Herrschaft hat in einem ungewöhnlich
großen Maße das politische, soziale und kulturelle Gefüge der Stadt
erfaßt. Lokalgeschichte und Nationalgeschichte gehören eng zusammen. «Wenn Berliner Stadtgeschichte jemals zur allgemeinen Geschichte wurde – dann zwischen 1933 und 1945».[2] Die Ambiguität des
Nationalsozialismus spiegelt sich in seinem Verhältnis zur Metropole,
war sie doch Zentrum der Macht und Sinnbild jener Seiten der Moderne, die Hitler und die Seinen fürchteten und haßten. «Berlin ist das
Symbol von Revolution und Weimarer Kultur, es wird überdies zum
nationalsozialistischen Sinnbild der verabscheuten westlichen Zivili-
sation... Berlin gehört zu den am stärksten verabscheuten Städten
Hitlers. Deshalb wurde die Stadt niemals mentales Zentrum des nationalsozialistischen Regimes. Berlin blieb den Nationalsozialisten un-
heimlich, denn es bewahrte auch nach der ‹Machtergreifung› Gegensätze, Entwicklungstendenzen und Traditionen in sich, die den
Nationalsozialisten fremd waren und verräterisch, ja gefährlich vor-
kommen mußten. Berlin und Reich, Bevölkerung und Nation waren
niemals deckungsgleich.»[3]

Daß Berlin eine nationalsozialistische Stadt sei, das unterstellten
nicht nur die Ruhrarbeiter in ihrem Spottvers von 1943. Auch Joseph
Goebbels behauptete immer wieder, man habe das ehemals rote Berlin
nach langem Widerstreben doch für den Nationalsozialismus erobert
und 1937 aus Anlaß der 700-Jahr-Feier der Stadt bescheinigte er ihr,
«eine der treuesten in der Gefolgschaft des Führers und seiner Bewegung» zu sein.[4] Auch wenn in diesem Urteil das Selbstlob des Berliner
Gauleiters Goebbels mitschwingt, so beherrschten sicherlich zu diesem Zeitpunkt Anpassung, Begeisterung und auch Fanatismus die
Stimmung in der Stadt, vor allem während und unmittelbar nach den
wirkungsvollen Inszenierungen des Regimes.

Helmuth James Graf von Moltke, bald führender Kopf des Kreis-
auer Kreises, seufzte angesichts der Massenbegeisterung während der
Olympischen Spiele von 1936: «Berlin ist fürchterlich. Unter den Linden schiebt sich eine geschlossene Masse Menschen vorbei, um die

Fahnen zu besehen. Und was für Menschen. Ich habe nie gewußt, daß es so etwas gibt. Wahrscheinlich sind das die Nationalsozialisten, die ich ja auch nicht kenne».[5]

Daneben gab es im Berliner Alltag, wie anderswo auch, viel Skepsis, Reserviertheit, Unzufriedenheit und auch Kritik, vom Regime als «Mecker- und Miesmachertum» getadelt und verfolgt. Ein tschechischer Diplomat beobachtete im April 1933 die Reaktion der Berliner Bevölkerung auf die antijüdischen Boykottaktionen: «Die Menschen ziehen durch die Straßen, neugierig betrachtend, welche Geschäfte ‹deutsch›, welche ‹jüdisch› sind. Agitierende Nazis. Man merkt, daß die Mehrzahl des Volkes nicht mittut, Beschämung fühlt».[6]

Neugierde, Beklemmung und Passivität – das waren auch später, etwa in der Reichspogromnacht vom November 1938, die Reaktionen auf die öffentlichen Ausbrüche des ideologischen Judenhasses der Nazitruppen. Noch deutlicher war die «innere Distanziertheit» der Berliner gegenüber den Propagandaparolen des Regimes bei Kriegsbeginn und danach. Der amerikanische Diplomat George Kennan stellte fest, daß gerade die «einfachen Leute von allen Bevölkerungsteilen in Stadt und Land am wenigsten vom Nazismus angesteckt» seien.[7]

Der Nationalsozialismus war keine Berliner Bewegung, so wenig er anfangs seine Massengefolgschaft in den Großstädten und industriellen Ballungsräumen fand. Aber er mußte einem angeblich «republikanisch und demokratisch orientierten» Berlin nicht unbedingt «aufgezwungen»[8] werden, die Stadt ließ sich leicht erobern. Und die «zwölf Jahre des Nationalsozialismus» waren keineswegs «nur eine Episode» und damit eine «Unterbrechung seiner echteren Geschichte . . ., deren tieferen Triebkräften es in diesen Jahren durch Zwang entfremdet» worden wäre.[9]

Tatsächlich erreichte die NSDAP in Berlin bei den Reichstagswahlen von 1932 und 1933 nie mehr als ein gutes Drittel der Stimmen und lag damit, wie einige andere Großstädte auch, mit sieben bis neun Prozentpunkten eindeutig unter dem Reichsdurchschnitt. Aber eine Hochburg der Demokratie war Berlin in der Auflösungsphase der Weimarer Republik auch nicht, denn parallel zum Aufstieg der NSDAP eroberte hier die andere demokratiefeindliche totalitäre Partei, die KPD, bei den Novemberwahlen von 1932 mit ihren 800 000 Wählern noch sechs Prozent mehr Stimmenanteile als die NSDAP, so daß zusammen mit den Deutschnationalen am Vorabend der Machtergreifung fast 70% der Wähler in Berlin Gegner der Weimarer Republik waren.

Schon Hitlers Novemberputsch von 1923 sollte das Signal zu einem «Marsch auf Berlin» bilden, und seither war die Stadt als Zentrum der

Macht Gegenstand von Hitlers Herrschaftswillen, Inbegriff von Revolution und «jüdischer Zersetzung», von parlamentarischer Demokratie und kultureller Moderne – Erscheinungen, die es zu bekämpfen und zu vernichten galt, wollte man die nationalsozialistischen Weltanschauungsinhalte dereinst in die Tat umsetzen.

Wie schwierig Berlin für die NSDAP war, mußte Goebbels erfahren, der Ende 1926, noch nicht dreißigjährig, von Hitler nach Berlin geschickt wurde, um die zerstrittenen Flügel der dortigen NSDAP auf einen einheitlichen Kurs zu bringen. Auch der «kleine Doktor» mußte die Widerspenstigkeit und Unübersichtlichkeit der Stadt erfahren, von der er immer wieder abgestoßen und fasziniert zugleich war. «Diese Stadt», notierte er mehrmals in sein Tagebuch, «ist ein Asphaltungeheuer. Aber doch herrlich und interessant».[10]

Die Revolten der Berliner SA von 1930 und 1931 gegen die Parteiführung machten nur zu deutlich, warum ihr Gauleiter sich immer selber Mut machen mußte: «Ich werde mich jetzt nach Berlin knien. – Den Gau muß ich wieder auf Draht bringen. Gestern am Ende riesige Vertrauenskundgebungen. Ich werde um die Liebe dieser Stadt kämpfen, solange noch ein Atemzug in mir ist. Ich werde sie erobern.»[11]

Dennoch, der Berliner Gau hinkte bis zur Machtergreifung hinter der übrigen Entwicklung hinterher, und die NSDAP war zu Beginn des Jahres 1933 in Berlin zwar ein gewichtiger, aber kein entscheidender Machtfaktor. Die Stadt mußte von außen erobert werden. Erst die Machtübertragung vom 30. Januar und die sofort einsetzende Instrumentalisierung des staatlichen Gewaltmonopols in Gestalt des Notverordnungsrechtes sollten die revolutionären Energien von NSDAP und SA auch in Berlin freisetzen. Der amtierende Berliner Polizeichef wurde gegen einen NS-Parteigenossen ausgetauscht. Mit seinem berüchtigten Schießerlaß vom 17. Februar 1933 gab Göring, nun kommissarischer preußischer Innenminister, den SA-Mannschaften, die als Hilfspolizisten eingesetzt wurden, Rückendeckung für ihre politischen Razzien und auch privaten Rachefeldzüge.

Die SA beherrschte in den folgenden Wochen und Monaten die Straßen Berlins. Der Terror hatte schon sofort nach der Ernennung Adolf Hitlers zum Reichskanzler begonnen und steigerte sich Mitte und Ende Februar: Überfälle auf politische Gegner bei Tag und bei Nacht, gewaltsames Eindringen in Wohnungen und Büros, Zerstörung der Einrichtung, Mißhandlungen bzw. Verschleppung der Opfer in die wilden Konzentrationslager waren an der Tagesordnung. Unmittelbar nach dem Reichstagsbrand wurden in einer Großaktion nach vorbereiteten Listen Hunderte von Funktionären der KPD, aber auch der SPD und der Gewerkschaften verhaftet, geprügelt, gefoltert und oft auch ermordet.

Mehr als 50 Folterstätten dieser Art entstanden innerhalb weniger Wochen in Berlin, in den Kellern von SA-Sturmlokalen und in Kasernen. Die berüchtigsten Adressen waren das Gebäude der SA-Führung in der Hedemannstraße, später ihr neues Domizil in der Voßstraße, die Kasernen in der General-Pape-Straße und das Columbia-Haus, ein ehemaliges Militärgefängnis. Rudolf Diels, erster Chef der Gestapo, beschreibt in seinen nach dem Krieg veröffentlichten Memoiren die Verhältnisse in der Hedemannstraße: «Die Vernehmungen hatten mit Prügeln begonnen und geendet; dabei hatte ein Dutzend Kerle in Abständen von Stunden mit Eisenstäben, Gummiknüppeln und Peitschen auf die Opfer eingedroschen. Eingeschlagene Zähne und gebrochene Knochen legten von den Torturen Zeugnis ab. Als wir eintraten, lagen diese Skelette reihenweise mit eiternden Wunden auf dem faulen Stroh. Es gab keinen, dessen Körper nicht von Kopf bis zu den Füßen die blauen, gelben und grünen Male der unmenschlichen Prügel an sich trug. Bei vielen waren die Augen zugeschwollen, und unter den Nasenlöchern klebten Krusten geronnenen Blutes. Es gab kein Stöhnen und Klagen mehr; nur starres Warten auf das Ende oder auf neue Prügel.«[12]

Die brutalen Ausschreitungen ebbten erst ab, als die SA ihre Hilfspolizeifunktion im August 1933 abgeben mußte. Nun begann der lautlose, disziplinierte Terror unter der SS. Auch diese hatte ihren Marsch durch die staatlichen Institutionen der Polizei nicht in Berlin, sondern in Bayern und im übrigen Reich begonnen. Aber in Berlin baute sie in kurzer Zeit ihre Zentralen auf – von einer kleinen Sonderbehörde unter Befehl Hermann Görings und des ersten Gestapochefs Rudolf Diels mit 250 Mitarbeitern 1933 zu einer Mammutbehörde von 50000 Mitarbeitern 1944 in ganz Europa. Die Adresse der Geheimen Staatspolizei – Prinz-Albrecht-Straße 8 – wurde zum Synonym für Terror und Verfolgung.

Die planmäßige Ausschaltung der politischen Gegner ging von der politischen Polizei aus, die Göring im April 1933 in Preußen aus dem Berliner Polizeipräsidium herauslöste und als Geheimes Staatspolizeiamt sich selbst unterstellte. Ein Postbeamter sorgte dann für die Kurzbezeichnung des neuen Amtes: Gestapo, die Kurzformel für nationalsozialistischen Terror. Im April 1934 übernahm der Reichsführer SS, Heinrich Himmler, der sich zusammen mit seinem Gefolgsmann Reinhard Heydrich schon überall im Reich als Kommandeur der politischen Polizei in das Staatsgefüge eingeschlichen hatte, nun in Preußen von Göring das Amt und baute es zur Zentrale eines perfekten Polizeistaates aus, der bald zu einem Staat im oder genauer außerhalb des Staates werden sollte. Das Hausgefängnis in den Kellern des repräsentativen Gebäudes der ehemaligen Kunstgewerbeschule wurde für viele tausend Widerstandskämpfer zu einer der letzten Stationen ihres Opferganges. Der Apparat wuchs mit der Ausweitung des nationalsozialistischen Gegnerbegriffs. Nach der brutalen und widerrechtlichen Verfolgung der politischen Opposition erfolgte die Ausgrenzung und Verfolgung aller Personengruppen, die nicht in das ideologische Bild von der nationalsozialistischen Volksgemeinschaft paßten: Juden und Zigeuner, psychisch Kranke und Homosexuelle, und alle, die am Rande der Gesellschaft standen und zu «Asozialen» oder «Berufsverbrechern» gestempelt wurden.

Was in den Kellern der Hedemannstraße oder in der Prinz-Albrecht-Straße geschah, blieb der Öffentlichkeit nicht verborgen. Aber es wurde verdeckt und verdrängt von der kurzsichtigen Beruhigung, daß es die anderen traf, die politische Linke oder die sozialen Gruppen, die man schon immer mit Mißtrauen beobachtet hatte. Hinzu kamen die Angst vor Terror und Denunziation und der schöne Schein des neuen nationalen Ordnungsregimes, das die revolutionären Qualitäten seiner Innen- und Außenpolitik zunächst hinter der Fassade des Vertrauten, der Tradition und bürgerlichen Normalität verbarg. Da übersah man leicht, daß am 21. März 1933, dem «Tag von Potsdam», gleichzeitig vor den Toren der Stadt das nun staatlich anerkannte KZ Oranienburg errichtet wurde. Die «Rührkomödie» in der Garnisonskirche, die vielen Uniformen und der schon obligatorische Fackelzug – versprachen sie nicht die ersehnte Versöhnung des alten und neuen Deutschlands, ähnlich wie die Staatsfeier auf dem Tempelhofer Feld am «Tag der nationalen Arbeit», dem 1. Mai, dem traditionellen Kampftag der Arbeiterbewegung, die Verwirklichung der Volksgemeinschaft verhieß? Die reichsweite Zerschlagung der Freien Gewerkschaften am folgenden Tag konnte sich wiederum hinter der Volksfeststimmung vom Vortag und dem verbergen, was die Nationalsozialisten an Verlockungen für die Arbeiter anzubieten hatten: von der vermeintlichen Einheitsgewerkschaft in Gestalt der Zwangsorganisation der Deutschen Arbeitsfront bis hin zu dem massenhaften organisierten Freizeitangebot der NS-Gemeinschaft «Kraft durch Freude», die auch dem ärmeren «Volksgenossen» die Befriedigung massenzivilisatorischer Bedürfnisse ermöglichen sollte.

Höhepunkt der propagandistischen Selbstdarstellung und des Massenenthusiasmus waren die Olympischen Spiele 1936. Die Nationalsozialisten hatten alles daran gesetzt, die Ausrichtung der Spiele, die schon vor 1933 vergeben waren, nicht nur nicht zu gefährden, sondern sie zu einem großen Spektakel zu machen, das alle Spuren und Nachrichten von Verfolgung und Gewalt hinter der glänzenden Fassade einer friedfertigen und geschäftigen Nation mit einer quirligen und mondänen Hauptstadt verschwinden lassen sollte. Schon

Wochen vor dem Beginn der Spiele wurden auf höhere Weisung alle antisemitischen Hetzkampagnen eingestellt, alle verräterischen Schilder beseitigt. Als weltoffene Gastgeber und als Land mit einem strengen, aber glückbringenden Wohlfahrtsstaat stellte man sich dar, und das mit Erfolg.

Die vielen Könige, Fürsten, Minister und anderen Ehrengäste wollten vor allem diesen Mann sehen, «der das Schicksal des Kontinents in seinen Händen zu halten schien», weniger die Sportkämpfe. Und die Großen des Reiches taten alles, um die Gäste in Erstaunen und Bewunderung zu versetzen. Goebbels lud tausend Personen zu einer italienischen Nacht auf der Pfaueninsel ein; Göring ließ in den Gärten seines Ministeriums ein ganzes Dorf des 18. Jahrhunderts im Miniaturstil erstehen und fuhr selbst bis zur Erschöpfung auf einem Pferdchen Karussell. Auf seinem Festempfang in der Berliner Oper bot sich der Welt eine neue Schickeria dar: neben alten Namen aus Militär und Wirtschaft Nazi-Größen in ihren Parteiuniformen, Filmstars, Sporthelden und Neureiche. Die neuen Machthaber gaben sich «liebenswürdig und zuvorkommend». Wie können, fragte sich der französische Botschafter bei diesem Bild, «diese Männer, die offensichtlich Vergnügen an diesen mondänen und raffinierten Festlichkeiten finden, gleichzeitig Anstifter der Judenverfolgungen und Folterungen in den Konzentrationslagern sein?»[13]

Die Ästhetisierung von Politik war nicht nur politisches Stilmittel des Nationalsozialismus; sie gehörte zu dem Instrumentarium, das den politischen Massenmarkt der Moderne überhaupt auszeichnet. Freilich wußten nur wenige politische Mächte die neuen Medien und zivilisatorischen Bedürfnisse so skrupellos und wirkungsvoll zugleich zu nutzen. Nur dort, wo jede Form von öffentlicher Kritik ausgeschlossen war, konnte der schöne Schein sich unangefochten entfalten.

Von diesem schönen Schein bot die Hauptstadt eine Menge, und die nationalsozialistischen Regisseure des öffentlichen Lebens wußten nur zu gut, daß die Massensportveranstaltungen, die technischen Wunderwerke und Großleistungen, die neuen Massenmedien und ihr Unterhaltungsangebot, die Umzüge und Massenfeiern mindestens ebenso wichtig für die Stabilität ihrer Herrschaft waren wie Drohung und Gewalt.

Berlin hatte sich von den Nationalsozialisten erobern lassen, und hatte mit angesehen, wie die künstlerische Avantgarde und die linke Intellektuellenkultur vertrieben, die einst berühmten demokratischen Presseorgane «Berliner Tageblatt» und «Vossische Zeitung» gleichgeschaltet, wie politisch nichtkonforme Professoren und jüdische Mitglieder der Universitäten, an ihrer Spitze Albert Einstein, aus der Stadt und dem Land verjagt wurden. Aber die braunen Machthaber waren klug genug, nach diesem Exodus der modernen Kultur die Sphären von vermeintlicher bürgerlicher Normalität und massengesellschaftlicher Modernität scheinbar unberührt zu lassen.

Vieles deutete auf Normalität und Kontinuität hin. Die Spielpläne der Berliner Bühnen wurden von den Klassikern und von den Boulevardstücken beherrscht. Auffallend ist nicht die Politisierung, sondern die Abwesenheit jener politischen Stücke, die die zwanziger Jahre geprägt hatten. Sicherlich tauchte hier und da auch der «Schlageter» von Hanns Johst auf oder das Napoleon-Drama von Mussolini – sonst aber Goethe, Kleist und vor allem Schiller. Nur die Stücke Brechts und anderer linker oder jüdischer Autoren waren nicht zu sehen. Anders als in der Kunstwelt, in der sich Juden und Linke aus dem Dritten Reich verbannt sahen, wechselte in der Sphäre des Sports und des Films das Personal des Massenenthusiasmus kaum.

Über dem Vorkriegs-Berlin lag noch der letzte Glanz der «Zwanziger Jahre». Man traf sich in Bars und Nachtlokalen bei Jazz- und Swingmusik; die großen Bälle zum Abschluß der Avusrennen oder Tennisturniere hatten dasselbe Flair wie ehedem, nur daß sich zwischen die Abendkleider und Smokings ein wenig mehr junge Offiziere in schwarzen Uniformen mischten. Es war eine beruhigende Fassade, hinter die man nicht unbedingt blicken wollte oder mußte. Ein gespenstisches Nebeneinander von Entrechtung und Verfolgung einerseits, von Tradition und Massenzivilisation andererseits. Wer die Terrorakte des Regimes wahrnahm, reagierte mit Beschämung und zog sich ins Private zurück. Über politische Fragen ließ man sich besser nicht aus. Max Kommerell hielt in seinen Aufzeichnungen die Erfahrungen jener Berliner Jahre fest: «Nicht die politische Realität stand zur Diskussion, es galt vielmehr, Mittel zu finden, um inmitten des Schreckens, auf einer Rückzugsposition, dennoch als Mensch bestehen zu können.»[14]

Ein Mittel war der Rückzug in die Geborgenheit privater Geselligkeit. Man suchte Zuflucht in Gleichgültigkeiten, in einer hektischen Lebensfreude und in gequälten Hochstimmungen; alles Ausdruck des gespaltenen Bewußtseins in der deutschen Krise der Moderne, aber nirgends so leicht zu erfüllen wie in der hauptstädtischen Leichtigkeit und Urbanität.

Um die Reichshauptstadt zur Weltstadt, zum Zentrum eines deutschen Weltreiches zu machen und ihr damit auch das Unübersichtliche und Unregierbare zu nehmen, ernannte Hitler am vierten Jahrestag der «Machtergreifung», am 30. Januar 1937, Albert Speer, bislang Architekt der Kulissenwelt der Nürnberger Reichsparteitagsbauten, zum «Generalbauinspektor für die Reichshauptstadt», um unabhängig von allen langwierigen kommunalpolitischen Entscheidungsprozessen und von allen ungeklärten Finanz- und Rechtsfragen des Diktators Visionen von einer angemessenen Hauptstadt in Stein zu verwandeln. Speers Sonderbehörde entsprach der nationalsozialistischen Herrschaftstechnik der führerunmittelbaren Sondergewalten; sein Planungsauftrag gab Hitlers Architektur- und Geschichtsverständnis unverhüllt preis. «Es ist daher mein unabänderlicher Wille und Entschluß, Berlin nunmehr mit jenen Straßen, Bauten und öffentlichen Plätzen zu versehen, die es für alle Zeiten als geeignet und würdig erscheinen lassen werden, die Hauptstadt des Deutschen Reiches zu sein. Es soll dabei die Größe dieser Anlagen und Werke nicht bemessen werden nach den Bedürfnissen der Jahre 1937, 1938, 1939 oder 1940, sondern sie soll gegeben sein durch die Erkenntnis, daß es unsere Aufgabe ist, einem tausendjährigen Volk mit tausendjähriger geschichtlicher und kultureller Vergangenheit für die vor ihr liegende unabsehbare Zukunft eine ebenbürtige tausendjährige Stadt zu bauen».[15]

Architektur sollte der Identifikation und Integration dienen, sollte als architecture parlante das Selbstwertgefühl der Deutschen steigern, sollte Mittel sein, «um auf vielen Gebieten die Nation allmählich zu der Überzeugung zu bringen, daß sie nicht etwa einen zweitklassigen Weltfaktor darstellt, sondern daß sie ebenbürtig ist jedem anderen Volk der Welt, auch Amerika.»[16]

Neubaupläne und Weltmachtanspruch waren eng miteinander verbunden, und darum war es kein Zufall, daß Hitler auf dem Höhepunkt seines Triumphes, den er anschließend mit einer Siegesparade in der Reichshauptstadt krönte, in der Nacht nach dem Sieg über Frankreich Speers Auftrag erneuerte und die Neugestaltung Berlins zur «wichtigsten Bauaufgabe des Reiches» erklärte: «Berlin muß in kürzester Zeit durch seine bauliche Neugestaltung den ihm durch die Größe unseres Sieges zukommenden Ausdruck als Hauptstadt eines starken neuen Reiches erhalten... Ihre Vollendung erwarte ich bis zum Jahre 1950.»[17]

Darum also die Entwürfe zu den großen Achsen, monumentalen Kuppelhallen und Triumphbögen, Zentralbahnhöfen, machtstarrenden Repräsentationsbauten für Staat und Partei, darum der Adler über der Weltkugel auf der Kuppel der Großen Halle. Nicht die Verkehrsprobleme der Millionenstadt, nicht ihre Wohnungsprobleme bewegten diese Neugestaltung, sondern der Überwältigungscharakter einer Repräsentationsarchitektur, die den Deutschen Machtbewußtsein verleihen, den unterworfenen «Ostvölkern», deren Abordnungen jährlich durch die Via triumphalis von Germania getrieben werden sollten, Schrecken und Unterwürfigkeit einflößen sollten.

Die Abrißarbeiten gingen auch während des Krieges weiter, und bald besorgten, von den Machthabern zynisch registriert, die alliierten Bombenflugzeuge das Werk der nationalsozialistischen Städteplaner. Der Krieg zerriß allmählich den schönen Schein des Dritten Reiches. Berlin begann im Herbst 1941 «das Gesicht einer Stadt im Kriege anzunehmen».[18] Die Versorgungsschwierigkeiten mehrten sich, Himmler verbot «mit Rücksicht auf die Abwehrschlacht an der Ostfront» im Januar 1942 auch geschlossene Tanzlustbarkeiten, in die sich die Menschen bislang wie im Rausch aus der schrecklichen Wirklichkeit geflüchtet hatten. Zusammen mit dem Rußlandfeldzug begann die Diktatur mit der Deportation der Berliner Juden. Nachdem am 19. September die «Verordnung über die äußere Kennzeichnung der Rassejuden» durch einen «gelben Stern» eingeführt worden war, verließ am 19. Oktober 1941 der erste «Osttransport» die Reichshauptstadt. Goebbels Forderung, Berlin möglichst bald «judenfrei» zu machen, erhielt durch die Klage der Rüstungsindustrie über den Ausfall von Arbeitskräften und durch Transportprobleme einen Aufschub bis 1943.

Zugleich wurde Berlin zum Koordinationszentrum des Holocaust. Nachdem Hitler im Sommer 1941 die Grundsatzentscheidung zur Ermordung der europäischen Juden im Rahmen der «Endlösung der Judenfrage» getroffen hatte, organisierte der unauffällige, aber effiziente Bürokrat Adolf Eichmann von der Kurfürstenstraße 115/116 aus die Transporte in die Vernichtungslager. Von der Prinz-Albrecht-Straße wurden die Einsatzgruppen von Sipo und SD nach Osten geschickt, um den Mord an hunderttausenden Sowjetbürgern und sowjetischen Juden durchzuführen.

Zur selben Zeit erhielt der Krieg durch Flächenbombardierungen eine neue Verschärfung und zerstörte das Sicherheitsgefühl der Menschen. Gleichzeitig nahm die Zahl der Strafverfahren wegen regimekritischer Äußerungen und sogenannten Kriegswirtschaftsdelikten ständig zu. Die Mißstimmung schlug, von Ausnahmefällen abgesehen, jedoch nicht um in politisch-oppositionelles Verhalten. Das verhinderte die unbarmherzige Härte und Grausamkeit, mit denen das Regime jede abweichende Handlung verfolgte; das verhinderte aber auch der Krieg mit seinen Nöten und Zwängen, die zu wachsender Apathie und Indifferenz, zum Kampf um das alltägliche Überleben, zu physischer Ermattung und seelischer Blockierung führten. Der Schriftsteller Horst Lange schrieb Anfang 1945 über die «müden, gleichgültigen Menschen» in Berlin: «Man nimmt es hin, man bedenkt nicht die Ursachen, man bäumt sich nicht auf und empört sich nicht dagegen. Man ist von der banalen Brutalität dieser Zeit schon angekränkelt bis ins Mark. Diese widerwärtige Gestikulation des Achselzuckens.»[19]

Das alles führte dazu, daß auch in Berlin der Widerstand ein Widerstand ohne Volk blieb und daß nach dem Urteil des Journalisten Hans-Georg von Studnitz die Bereitschaft der Massen, der NS-Führung zu folgen, durch den 20. Juli «nicht gebrochen» wurde. Lokal- und Nationalgeschichte auch des deutschen Widerstandes gehen in Berlin ineinander über. Als politisches, militärisches und administratives Machtzentrum wie als Industriemetropole war Berlin ganz selbstverständlich Zentrum der Opposition gegen Hitler. Fast alle Gruppen des Widerstandes nahmen hier ihren Ausgang oder hatten hier ihren Mittelpunkt, der Goerdeler-Kreis ebenso wie der Kreisauer-Kreis, dessen Mitglieder hier ebenso beruflich verankert waren wie die Angehörigen des militärischen Widerstandes. Dabei war es für alle Widerstandsgruppen ganz selbstverständlich, daß Berlin auch künftig das Zentrum eines neuen Deutschlands sein würde, auch dann, wenn es stärkere föderative Strukturen besitzen sollte. Auch der Widerstand aus der Arbeiterbewegung, den die Nazis in den Anfangsjahren ihrer Herrschaft gerade in Berlin mit gnadenloser Härte verfolgt hatten, fand in Berlin seine Überlebens- und Anknüpfungsmöglichkeiten. Wilhelm Leuschner betrieb in Kreuzberg seine kleine Metallfabrik, die ihm nicht nur den Schutz durch den Apparat des Vierjahresplanes verschaffte, sondern auch die Chance zu konspirativen Kontakten. Ähnlich konnte Julius Leber mit seiner Kohlenhandlung in Schöneberg Anlaufstelle für alte Mitkämpfer aus der Arbeiterbewegung bleiben.

Berlin war auch Zentrum kirchlicher Selbstbehauptung und Resistenz: Auf evangelischer Seite hatte sich hier eine Bastion der Bekennenden Kirche gebildet, und mit Dietrich Bonhoeffer und der Führung des Pfarrernotbundes um Niemöller waren hier die entschiedensten politischen Oppositionellen tätig. Erstaunlicher ist beinahe noch die Tatsache, daß auch der katholische Protest gegen das staatliche Unrecht im protestantischen Berlin einen Schwerpunkt fand. Das hatte viel mit der festen Haltung von Bischof Konrad Graf von Preysing und dem Bekennermut eines Erich Klauseners, Berliner Leiter der «Katholischen Aktion», und des Dompropstes Bernhard Lichtenberg zu tun, der wegen seines Einsatzes für deportierte Juden selbst verhaftet und getötet wurde.

Immer waren es einzelne, die den Mut und die Klarsicht hatten, um das Unrechts- und Vernichtungssystem zu bekämpfen und auch über die starren Grenzen ihres sozial-kulturellen Milieus hinweg Kontakte zu anderen Gruppen aufzunehmen. Das galt auch für den militärischen Widerstand, der seinen Kern vor allem in den Stabsverwaltungen hatte, der aber anders als die übrigen Widerstandskreise über Wirkungsmöglichkeiten in einem intakten Machtapparat verfügte.

Der hatte nach wie vor sein Zentrum in Berlin, auch wenn das Ober-
kommando der Wehrmacht der Front folgte. Die Chancen und
Gründe für eine militärische Aktion gegen das Regime erläuterte
Klaus Bonhoeffer seiner Frau: «Eine Diktatur ist eine Schlange. Wenn
Du sie auf den Schwanz trittst, beißt sie Dich ins Bein. Du mußt den
Kopf treffen. Und das kannst Du nicht, und das kann ich nicht. Das
kann nur das Militär. Darum ist das einzige, was Sinn hat, die Militärs
zu überzeugen, daß sie handeln müssen.»[20]

Auch auf das Militär hatte der Diktator schrittweise seine Machtge-
walt ausgedehnt: mit der Usurpation der Befehlsgewalt über die
Wehrmacht am 4. Februar 1938 und mit der Übernahme der direkten
Kommandogewalt auch über das Heer im Dezember 1941. Mit der
Durchsetzung des «Führerstaates» auch in der militärischen Spitze
lebte der Diktator fern ab von seiner Hauptstadt hinfort nur noch in
Führerhauptquartieren, vornehmlich in der «Wolfsschanze» in Ost-
preußen. Das veränderte nicht nur die politischen Entscheidungswege
im von konkurrierenden Machtinstanzen zerrissenen und aufgebläh-
ten «Führerstaat», das hielt dem «Führer» auch die Bilder von seinen
brennenden Städten fern, der es entgegen den Mahnungen seines Propagandisten Goebbels nie über sich brachte, die Trümmerlandschaften
zu besuchen, die sein Krieg nun auch in Deutschland hinterließ.

Erst das Scheitern der Ardennenoffensive und der Beginn des letzten sowjetischen Großangriffes im Januar 1945 holten ihn in das
zerbombte Berlin, in den acht Meter tiefen Bunker im Garten der
Reichskanzlei zurück. Untergangsvisionen trieben ihn nun um, als das
Reichsgebiet zwischen Rhein und Oder immer weiter zusammen-
schrumpfte. Der Grundsatz der verbrannten Erde sollte nun auf das
eigene Land angewandt werden. In seinem »Nero-Befehl« ordnete der
Diktator die Zerstörung «aller militärischen Verkehrs-, Nachrichten-
Industrie- und Versorgungsanlagen sowie Sachwerte innerhalb des
Reiches» an. Dem deutschen Volk bescheinigte er, daß es seine histo-
rische Aufgabe verfehlt habe und darum untergehen müsse. Nachdem
am Abend seines 56. Geburtstages am 20. April 1945 die Großen des
Reiches die Hauptstadt verlassen hatten, löste sich die Führerdiktatur
im Chaos von Diadochenkämpfen und Überlebensmanövern auf. Der
Diktator selber schwankte zwischen illusionären Hochstimmungen
und Niedergeschlagenheit, zwischen Wutausbrüchen und sinnlosen
Durchhaltebefehlen. Im Häuserkampf um Berlin müsse die Rote Armee zum Ausbluten gezwungen werden, verkündete er auf der letzten
Lagebesprechung im Bunker am 25. April, um bald darauf die «Verrä-
ter» Göring und Himmler für immer aus der Partei auszustoßen und
seine letzten Getreuen Goebbels und Bormann zu seinen Nachfolgern
in Staat und Partei zu machen. Damit und mit der Ernennung von

Admiral Dönitz zum Reichspräsidenten und Kriegsminister löste er selbst die Konstruktion des «Führerstaates» auf und unterstrich zugleich die Einmaligkeit seiner Stellung.

Ein letzter «Akt definitiver Selbstabdankung» (J. Fest) folgte mit der Kriegstrauung mit seiner Geliebten Eva Braun. Der charismatische Führer gab seine Selbststilisierung zum Übermenschen auf und entschloß sich zu einer Demonstration jener Bürgerlichkeit, die er sein Leben lang zugleich verachtet und bewundert hatte. Einer der Namen dieser Bürgerlichkeit war Berlin.

Nach der Selbstabdankung folgte am 30. 4. der Selbstmord, noch einmal mit einer propagandistischen Formel verbrämt, daß nämlich «unser Führer Adolf Hitler heute nachmittag in einem Befehlsstand in der Reichskanzlei, bis zum letzten Atemzug gegen den Bolschewismus kämpfend, für Deutschland gefallen ist».[21]

Das deutsche Volk reagierte auf die Nachricht vom feigen Ende des Diktators mit Erleichterung und Teilnahmslosigkeit. Mit Hitler verschwand der Nationalsozialismus als Herrschaftsordnung fast über Nacht. Was lange wirken sollte, waren die materiellen und vor allem die mentalen und kulturellen Schäden, die von ihm ausgingen.

Das Provisorium wird souverän

Der stille Aufstieg Bonns

Peter Glotz

Es war zwei Tage nach der dramatischen Schlacht im Deutschen Bundestag, in der am Schluß Berlin mit 18 Stimmen Bonn schlug. Die große Metropole nahe der deutschen Ostgrenze würde künftig Hauptstadt, Regierungs- und Parlamentssitz sein; an jenem Abend des 20. Juni 1991 endete die Bonner Republik. Und eben zwei Tage danach schrieb, in einem Nachruf, die Neue Züricher Zeitung: «Grandiose Gesten waren in der schmalen Talsohle zwischen Rhein und Kottenforst, abseits der imperialen Kulissen Berlins, nicht denkbar; der kleinstädtische Hintergrund mahnte zu bescheidenem Auftreten, auch als das Wirtschaftswunder die Kargheit der frühen Jahre vergessen ließ.»

Keine schlechte Beschreibung. Denn Regierungssitze sind nicht nur Arbeitsorte, sie sind auch Bühnen. In ihnen visualisieren sich Herrschaftsideen, sie werden zu Symbolen. So war die Entscheidung gegen Bonn auch keine, für die sich praktische Gründe anführen ließen. Das Vokabular der Befürworter war eindeutig. Sie sprachen von «Glaubwürdigkeit», «Zuwendung», «Geschichte», gar von der «Zukunft Deutschlands». Dagegen klangen die Argumente für den Regierungssitz Bonn merkwürdig trocken. Da war von Föderalismus, vom Geld, von Regional- und Strukturpolitik und eben von Kargheit, Bescheidenheit und Zurückhaltung die Rede. Am Ende siegte der hohe Ton.

Das Provisorium Bonn, das sich gerade vor wenigen Jahren dazu aufgerafft hatte, das Provisorische abzustreifen und sich als Bundeshauptstadt zu fühlen, sinkt wieder in den Zustand einer normalen rheinischen Mittelstadt zurück. Es teilt sein Geschick mit Städten wie Siena oder Verona, Dresden oder Karlsruhe, die alle einmal Hauptstädte waren, ohne Metropolen zu sein. Ob allerdings die vierzig Jahre der Bonner Republik ausgereicht haben, der Stadt ihren Stempel aufzudrücken, oder ob Bonn in einem halben Jahrhundert eine Durchschnittsstadt von 250 000 Einwohnern und einigen Solitären, mit seltsam vom Stadtbild abstehenden Bauresten aus der Regierungszeit sein wird, muß offenbleiben. Es hängt davon ab, wie schnell die Politiker Bonn vergessen werden – und ob die Bonner sich durch die Niederlage vom 20. Juni in Verbitterung fallen oder herausfordern lassen.

Kein Zweifel, Bonn ist aufgrund vieler Zufälle Regierungssitz der Bundesrepublik Deutschland geworden. Die Legende schrieb diese Entscheidung ziemlich ausschließlich dem alten Konrad Adenauer zu, der in Rhöndorf lebte und einen Regierungssitz gesucht habe, der direkt vor seiner Tür lag. In Wirklichkeit spielten die Querelen der damaligen Besatzungsmächte eine erhebliche Rolle, und – in einer Zeit, in der halb Deutschland in Trümmern lag – natürlich ganz praktische Fragen. In Bonn stand eine Pädagogische Akademie von 1930 als Kern für Parlamentsgebäude zur Verfügung, und kleine benachbarte Orte wie Beuel, Bad Godesberg oder Duisdorf schienen geeignet, Abgeordnete, Beamte, Journalisten und Diplomaten aufzunehmen. Man lebte in Zeiten, wo man materielle Fragen nicht mit großer Geste beiseite schieben konnte. So war es nur zum Teil die kluge Regie des Alten von Rhöndorf oder des geschickten Bonn-Lobbyisten Hermann Wandersleb, die schließlich den Ausschlag dafür gaben, daß am 3. November 1949 zweihundert Abgeordnete den sozialdemokratischen Antrag, Frankfurt am Main zum vorläufigen Sitz der Bundesorgane zu machen, gegen einhundertsechsundsiebzig Stimmen ablehnten. Bonn, die Stadt, die schon den Parlamentarischen Rat beherbergt hatte, konnte Sitz von Bundestag und Bundesregierung werden.

Aber natürlich hatte die Entscheidung für Bonn auch programmatische Züge. Der Widerstand gegen Berlin hatte eine alte Tradition. Schon 1919 hatte Theodor Heuss, damals Mitglied der Deutschen Demokratischen Partei, in einer Wahlrede als Kandidat für die Nationalversammlung wenig Sympathie für die Reichshauptstadt gezeigt: «Der Bayer, der Schwabe, der Hesse will nicht nur von dort regiert werden; Deutschland wird also Bundesstaat bleiben und die Deutschen Glieder wollen darin die Gewähr ihres kulturellen Eigenlebens besitzen, in der Ablehnung einer Uniformierung des deutschen Typus.» Ganz ähnlich waren die Motive Adenauers, der 1949 an Jakob Kaiser schrieb, «daß es für den Westen und für den Süden Deutschlands ganz ausgeschlossen sei, daß nach einer Wiedererrichtung Deutschlands die politische Zentrale des neuen Deutschlands in Berlin ihren Sitz finde. Dabei ist es ganz gleichgültig, ob und von wem Berlin und der Osten besetzt ist.»

Hier mischten sich Großstadt-Angst und föderalistisches Selbstbewußtsein. Die Überschaubarkeit der Stadt wurde als Vorzug gesehen. Sie würde, so dachte man, die Landeshauptstädte atmen lassen und gleichzeitig ein nüchternes Regieren ermöglichen, das vom Babylonischen, Chaotischen und Gewaltigen der Stadt Berlin (oder anderer Metropolen) nicht beeinflußt wäre. Nach einem halben Jahrhundert, das von zwei Kriegen und einer Demokratie ohne Demokraten bestimmt war, sah man in der «Windstille» Bonns einen großen Vorteil.

1991 waren vierzig Jahre des Friedens vergangen, und plötzlich wurde die Überschaubarkeit auch als Begrenzung, die nüchterne Arbeitsatmosphäre auch als Langeweile empfunden.

Natürlich birgt der nostalgische Rückblick auf den Regierungssitz Bonn und die Bonner Republik die Gefahr der plumpen Vereinfachung. Am schnellsten könnte man ihr erliegen, wenn man Hans Schwipperts Plenarsaal des Deutschen Bundestags an der Bonner Rheinaue mit der wilhelminischen Architekturphrase des Wallotschen Reichstages vergleichen würde.

Und wie verhält es sich mit folgender Sichtweise: in Bonn eine umgebaute Turnhalle; und als Maxime des Architekten der Satz: «Die Politik ist eine dunkle Sache, schauen wir zu, daß wir etwas Licht hineinbringen.» In Berlin dagegen steingewordene Repräsentation; viel Raum, doch – wie der frühere Reichstagspräsident Paul Löbe gesagt hatte – darin kein Platz. Dieser Vergleich wäre grob ungerecht, denn Berlin ist nicht nur die Stadt kaiserlicher Protz-Architektur, sondern genauso die Stadt Wilhelm von Humboldts und Karl Friedrich Schinkels. Und in Bonn gibt es nicht nur die Pädagogische Akademie Martin Wittes und den neuen Plenarsaal Hans Schwipperts, sondern auch die Halbherzigkeit der zögerlichen Hauptstadtplaner. Die härtesten Sätze zu diesem Thema stammen von einem der bedeutendsten Abgeordneten, den die Bonner Demokratie hervorgebracht hat, von Adolf Arndt, der 1960 in einem klassisch gewordenen Vortrag über die «Demokratie als Bauherr» sagte: «Mir fällt ein, daß wir der Mode nach zwar alle heute uns Demokraten nennen, aber die peinlichste Pfennigfuchserei beginnt, sobald es sich um das bauliche Herz der Demokratie handelt, um die Parlamentsgebäude. Mich beunruhigt, daß ich aus den Millionen jährlicher Besucher des Bonner Bundeshauses noch niemals von einem hörte, der die Sparsamkeit dabei nicht gelobt, aber die Frage gestellt hätte, ob denn jenes wirr und billig aneinandergestückte Gehäuse nicht einen sinnlosen Verschleiß an Zeit und Arbeitskraft verursache, ja, ob ein Mißgebilde, solch ein Mißgebilde überhaupt die eigenste Stätte des Volkes, wenn auch nur für eine Zeit des Übergangs während der Spaltung, sein könne. Mein verstorbener Kollege, der spätere Botschafter Pfleiderer, sagte mir einmal, als er Landrat im schwäbischen Remstal gewesen sei, habe ihm ein ganzes Amtshaus mit einer Hierarchie von Beamten zu Gebote gestanden; seit er, um mit der Verfassung zu sprechen, zum Vertreter des ganzen Volkes gewählt sei, besitze er nichts mehr als ein Schließfach.» Das ist radikal formuliert, aber weiß Gott nicht falsch.

Um das Gute an Bonn zu rühmen: Man setzte am Anfang dieser Bonner Demokratie nicht auf die große Geste; man setzte auf menschliche Dimensionen, Multifunktionalität und klare Linien –

Abb. 21: Das Regierungsviertel in Bonn.
In der Mitte ist das Bundeskanzleramt, rechts das Bundespresseamt
zu sehen, dahinter der „ Lange Eugen", das Abgeordnetenhochhaus.

nichts von falscher Erhabenheit. Das barocke Erbteil der Wittelsbacher – die Poppelsdorfer Allee, das Schloß, die Residenz und die Hofgartenwiese – wurden der Universität gelassen. Man ging mit dem Regierungsviertel hinaus vor die Stadt und ermöglichte so eine akzeptable Arbeitsteilung. Die wachstumsstarken westlichen Gemeinden um Duisdorf, Lengsdorf und Röttgen fühlten sich zur Bildung einer neuen Stadt animiert, gründeten einen sogenannten «Zweckverband Hardtberg» und entfalteten eine bemerkenswerte Eigendynamik, deren Motor der Bund war. Bad Godesberg übernahm die Rolle der Diplomaten-Stadt. Und während Alt-Bonn die Rolle des Handels- und Dienstleistungszentrums spielte und Beuel sich als Industrie- und Gewerbestandort weiterentwickelte, entstand zwischen Bonn und Bad Godesberg eine Art Campus-Viertel für Regierung und Parlament. Die Anfänge all dessen waren belastet durch krasse Finanznot und kommunale Zersplitterung. Am Ende aber hatte sich ein Regierungs- und Parlamentssitz herausgebildet, der ein funktionales Arbeiten der Bundesorgane ermöglichte und die alte Stadt und den Bund der um sie herum liegenden Dörfer nicht zerstörte, sondern leben ließ.

Aber leider war der (inzwischen abgerissene) erste Plenarsaal des Bundestages in all seiner Schlichtheit und Eleganz nicht der Anfang einer durchgehaltenen Tradition, sondern schon der Höhepunkt Bonner Bauens. Über ihn sagte der bedeutende Kunsthistoriker Heinrich Lützeler: «Das Bundeshaus, fern allen Pathos und aller stilistischer Romantik, bekennt sich in seiner Gestaltung ganz zu unserer Zeit, die, von der Wirtschaft und der Maschine unablösbar, die architektonischen Vorgaben vom Zweck her zu beurteilen pflegt.»

Will Grohmann bezeichnete es als das modernste und gleichzeitig bescheidendste Parlamentsgebäude der Welt, das der politischen Arbeit restlos angepaßt sei, und die Süddeutsche Zeitung schrieb: «Unter den europäischen Parlamentsgebäuden ist das Bonner Bundeshaus eine rühmliche Ausnahme, weil es auf alle falschen, nicht mehr recht glaubhaften Gesten verzichtet».

Schwippert, der eng mit Mies van der Rohe befreundet war, war ein Mann des Neuen Bauens, des Dessauer Bauhauses und des Internationalen Stils. Er löste die Seitenwände durch Glas gänzlich auf, baute eine schlichte und gleichzeitig graziöse Wandelhalle, die sich von den repräsentativen Vestibülen und Treppenhäusern des Historismus abhob, und sorgte schließlich auch noch dafür, daß die Armlehnstühle des Präsidiums in Form und Aufmachung dem Abgeordnetengestühl entsprachen. Der Plenarsaal war ein Symbol der neuen Bonner Republik. Die Herrschaftsidee, die da visualisiert wurde, war eine ziemlich egalitäre, ziemlich zurückhaltende, ziemlich haushälterische Demokratie.

Aber leider ging es so nicht weiter. Schon Egon Eiermanns «Langer Eugen», das Abgeordnetenhochhaus, war zwar sachlich und formschön, dafür aber auch unpraktisch und inkonsequent. Die Verlegung der Tagungsräume in die obersten Stockwerke bedingt noch heute endlose Wartezeiten vor den Liften. Und die Arbeitsräume der Abgeordneten sind eng und schachtelförmig, während im Kern des Gebäudes große Raummassen für schwer nutzbare Vorräume verschenkt wurden. Auch das von Horst Ehmke ungeduldig durchgesetzte Bundeskanzleramt ist zwar demokratisch-transparent, aber auch phantasielos, düster verkleidet und vielfach unzweckmäßig. Der Hauptvorwurf gegen Bonn ist jedoch sicherlich nicht das Mißlingen einzelner Bauten. Es ist die Zögerlichkeit, mit der sich die verantwortlichen Planer (und das heißt vor allem das planende Parlament und die planenden Regierungen) zur Hauptstadt-Funktion Bonns bekannten. Man ließ sich – schon in den fünfziger Jahren – von Berlin-Kampagnen verunsichern und schob notwendige Planungen hinaus. Man beschloß – nach 1969 – große Lösungen und nahm die entsprechenden Beschlüsse im Zuge kleiner Wirtschaftskrisen wieder zurück. Als sich

schließlich endgültig die Erkenntnis durchsetzte, daß der Regierungssitz eines wirtschaftlich so starken Staates wie der Bundesrepublik
systematisch und großzügig geplant werden müsse, war man von der
Geschichte überholt worden. Der bedeutende Architektur-Kritiker
Heinrich Klotz fragte zu Recht, «ob denn diese versammelte Archi-
tekturärmlichkeit – in Bonn –, das so offensichtlich improvisierte
Allerlei, tatsächlich das Regierungszentrum eines nicht gerade unbe-
deutenden Landes sein soll».

Er warf den Bundesbauten Kleinmütigkeit, Flickschusterei, Ein-
fallslosigkeit, Provinzialismus und Popeligkeit vor. Als am 20. Juni
1991 die Entscheidung gegen Bonn getroffen wurde, spielte dieser Eindruck im Unterbewußtsein vieler Abgeordneter zweifellos eine Rolle.
Da half es auch wenig, daß der lange Weg zur Bundeshauptstadt – wie
Wolfgang Pehnt 1979 berechtigterweise sagt hatte – auch ein Abbild der
Gesellschaft war, die ihn ging. Pehnt sagte: «Widersprüchlichkeit in ihren Interessen, bald kleinmütig, bald zu großen Zielen aufgelegt, die
sich dann wieder nicht realisieren lassen. Doch immerhin auch offen für
Revisionen, für neue Ideen; gezwungen, aber auch fähig zu Kompro-
missen in der Hoffnung, daß es letzten Endes ein guter Kompromiß
wird oder doch ein halbwegs erträglicher.» In der Tat, das war der Gang
der Dinge in Bonn: sehr realistisch, sehr durchschnittlich. Im nachhinein wird man sagen müssen: zu praktisch, zu realistisch und zu
durchschnittlich, um die wieder durchbrechende Sehnsucht nach Geschichte, nach Pathos und Würde ausreichend zu befriedigen.

Denn die Behauptung, daß Bonn den Boden der Politik nicht genügend mit Kultur durchsäuert habe, daß die Stadt die politische Klasse
daran gehindert habe, sich großer Kunst und damit alternativen Le-
bensentwürfen auszusetzen, ist wenig glaubhaft. Um nur wenige
Beispiele zu nennen: In Bonn machte Peter Eschberg, jetzt Intendant
der Frankfurter Bühnen, viele Jahre ein exzellentes und häufig auch
ganz und gar populäres Theater; die Abgeordneten, die man dort traf,
konnte man an den Fingern einer Hand abzählen. Der Bahnhof Ro-
landseck bot musikalische Kostbarkeiten aus der ganzen Welt; nur
selten wurde er von Kanzlern, Ministerpräsidenten oder Oberabge-
ordneten besucht. Zudem lag und liegt Köln direkt vor der Tür
Bonns; mit den umfangreichen Sammlungen des Mäzens Ludwig, einem aufregenden Theater – das viele Jahre Jürgen Flimm und Volker
Canaris gestalteten – und manch' anderen Attraktionen. Das alles spielte sich ohne die Teilnahme der politischen Klasse ab. Ist es denn wirklich realistisch zu hoffen, daß dieselben Politiker, wenn sie demnächst
in Berlin arbeiten, sich in Karoline Müllers Ladengalerie, in der «Schau-
bühne» und bei den teils dramatischen, teils hysterischen Debatten im
Henry-Ford-Bau der Freien Universität einfinden werden?

Natürlich kann man irgendwie auf Osmose hoffen, auf die unbewußte Beeinflussung der Bewohner einer großen Stadt durch ihre Atmosphäre. Die ionenhaltige Luft Berlins hält die Leute wach; und der Berliner Witz mag manche sauerländische oder oberbayerische Behäbigkeit auflockern. Aber dieser Witz hat halt auch zwei Seiten. Der Langholzwagen, der vorbeifährt und den der Berliner mit dem Satz kommentiert: «Kiek mal, da fahren die meine Zahnstocker vorbei», amüsiert uns. Aber in das Amüsement mischt sich auch da und dort ein leises Erschrecken; jedenfalls bei Sauerländern und Oberbayern.

Natürlich war Bonn auch eine Durchgangsstation. Die erdrückende Mehrheit der Abgeordneten lebte nicht in dieser Stadt. Man lebte im Wahlkreis, man kam am Montag in Sitzungswochen, und man verschwand, wenn's ging, donnerstag abends, in jedem Fall aber am Freitag mittag, da waren die Flugzeuge und Züge voll. Man lebte aus Koffern und in ärmlichen Abgeordnetenappartements, in Straßen, die Heussallee hießen und direkt am Bundeshaus lagen. Das Establishment nahm wahr, daß es in Bonn auch eine exquisite Gastronomie gab; bei Bruno Pierini in der «Cäcilienhöhe» oder seinem früheren Oberkellner Tuzzi im «Caesareo» in Rhöndorf. Die Mehrheit der Abgeordneten machte nur gelegentlich von der Möglichkeit Gebrauch, kultiviert zu leben. Denn zu dieser Art zu leben, braucht man vor allem Zeit; und diese Ressource ist rar in der Politik. Deswegen ist es schon richtig: In sitzungsfreien Wochen, zu großen Feiertagen oder im Sommer war Bonn leer. An den Tagen vor Weihnachten konnte man stundenlang durch's Regierungsviertel oder den Stadtkern streifen, ohne jemals auch nur einen einzigen Politiker zu treffen. Höchstens auf der verregneten Rheinpromenade konnte man Rainer Barzel in Pelerine Fahrrad fahren sehen, und in früheren Zeiten konnte man versuchen, Herbert und Greta Wehner bei einsamen Spaziergängen auf dem Heiderhof auf die Spur zu kommen. Ansonsten gehörte Bonn an den Feiertagen den Alt-Bonnern – und man muß fürchten, daß sie es genossen, gelegentlich unter sich zu sein.

Auch hier aber stellt sich die Frage, ob das in Berlin wirklich anders sein wird und ob es gut wäre, wenn es anders würde. Denn die Idee, daß Abgeordnete die Wirklichkeit ihres Landes am Parlaments- und Regierungssitz kennenlernen, ist ja absurd. Der Abgeordnete von München hat die Wohnungsprobleme *seiner* Stadt in den Regierungssitz zu tragen. Er soll sich nicht durch Probleme am Parlamentssitz erschüttern lassen, sondern durch Probleme der Menschen, die ihn gewählt haben. Das gleiche gilt für die Arbeitslosigkeit in Chemnitz oder Nordfriesland, für die Kriminalität in der Hamburger Hafengegend oder um den Frankfurter Bahnhof, für die Konflikte mit Einwanderern in Aachen oder irgendwo an der Ostgrenze. Die deutsche Demokratie ist repräsentativ verfaßt, anders gesagt: Abgeordnete sind an die Interessen derer gekettet, die sie ins Parlament geschickt haben. Die Vorstellung, daß die Lebendigkeit der Hauptstadt das Bewußtsein der Abgeordneten prägt, verkennt den Mechanismus. Die Leute sind eben ab-geordnet. Ihr Auftrag ist die Vertretung der vielen Provinzen im Parlament, nicht die Vertretung der Atmosphäre der Hauptstadt in den Provinzen.

Bonn, kein Zweifel, war eine nützliche, eine ungefährliche, eine erfolgreiche Hauptstadt. Zwar sagt man Bonn nach, daß es ein «Raumschiff» sei, eine Kapsel voller Politiker, Journalisten und Diplomaten, aber ohne Raum für Intellektualität, Urbanität, große Kunst. Aber ist die Idee, daß sich der Kanzler in irgendeinem Romanischen Café mit einem großen Schriftsteller über die Zukunft des Landes austauscht, nicht eher eine Illusion? Ist die Isolation der Eliten in Deutschland wirklich der Tatsache geschuldet, daß die Hauptstadt keine Metropole war? Könnten die Sprachschwierigkeiten zwischen Vorstandsvorsitzenden, Soziologen, Abgeordneten und Komponisten nicht noch andere Gründe haben als Bonn, die Mittelstadt am Rhein, in der Peter Stein niemals inszeniert hat und in die Hans Magnus Enzensberger seinen Fuß nicht setzen mag? «Es geht nicht länger an, mit möglichst niedrigem Profil aufzutreten, das Wort Nation nur flüsternd auszusprechen und die Kastanien der Konflikte in dieser spannungsgeladenen Welt andere aus dem Feuer holen zu lassen wie jüngst am Golf», schrieb ein nationaler Eiferer in der FAZ. Das Positivste, was man über Bonn sagen kann, ist, daß es solche Äußerungen niemals provoziert hat.

Kurz nach der Entscheidung des Bundestages für Berlin als Hauptstadt und Parlamentssitz war die Szenerie gespenstisch. Manche Bonner hängten weiße Fahnen aus dem Fenster. Führungspolitiker, die für Berlin gekämpft hatten, wurden auf Personalversammlungen ausgebuht. Tausende Arbeitnehmer – beim Parlament, bei den Lobbyisten oder wo sonst – ließen die Flügel hängen. Ein Wort ging um: das Wort von der «innerlichen Kündigung». Viele Ältere haben natürlich gar nicht die Absicht, ihren Lebensmittelpunkt noch zu ändern und nach Berlin zu gehen. Sie reißen die letzten vier oder fünf Jahre ihres Berufslebens ab, auf einer Backe, wie manche zynisch sagen. Andere rechnen panisch aus, was sie für dasselbe Eigenheim bezahlen müßten, wenn sie es verkaufen und den Versuch machen müßten, in Berlin Eigentum zu erwerben. Die Stammtische gellen vor Bitterkeit, und so mancher Großpolitiker tut gut daran, seine Freizeit nicht in Bonn, sondern in Venedig, Berlin oder Frankfurt zu verbringen. Aber das verlangt vermutlich nur selten eine Änderung der Lebensplanung. Im Sommer waren die Großpolitiker sowieso nicht in Bonn.

Die wirtschaftlichen Probleme der Region können natürlich gelöst werden. Es ist auch denkbar, daß ein paar beherzte Leute die Men-

schen im Bonner Kessel aus ihrer Resignation herausreißen. Die
Gegend ist schön, die Infrastruktur fabelhaft, man kann – wenn man
erfinderisch ist – neue Attraktionen heranholen. Die riesige Baustelle
am Bundestag, wo eine große Bibliothek und ein gewaltiger Dienstlei-
stungsbereich entstehen sollten, wird zwar ein Pharaonengrab bleiben. Der neue Plenarsaal des Architekten Günther Behnisch wird aber
vollendet und – anscheinend – dem ersten Plenarsaal Hans Schwipperts kongenial werden. Egal wer sich im nächsten Jahrtausend in
diesen Räumen tummeln wird – Bonn kann eine Perspektive haben,
wenn es Inspiratoren findet. Hoffentlich findet es Inspiratoren.

Bonn hat es, wie der Publizist Thomas Schmid zu Recht bemerkt,
nicht verstanden, einem auf Unauffälligkeit hin angelegten politischen
Geschehen dennoch Gestalt und öffentliche Anziehungskraft zu verleihen. Deswegen hat es Spott, Verachtung und gelegentlich auch
beißende Kritik auf sich gezogen. Deswegen hat es auch den Regierungssitz verloren. Das Schönste, was sich über Bonn bemerken läßt,
hat Hans Schnier gesagt, eine Gestalt des Kölners Heinrich Böll, ge-
strandeter Clown und Industriellen-Sohn. Diesem Ton sollte man
nachhören, wenn man an Bonn und die Bonner Republik denkt: «Es
ist mir immer unverständlich gewesen, warum jedermann, der für in-
telligent gehalten werden möchte, sich bemüht, seinen Pflichthaß auf
Bonn auszudrücken. Bonn hat immer gewisse Reize gehabt, schläfrige
Reize, so wie es Frauen gibt, von denen ich mir vorstellen kann, daß
ihre Schläfrigkeit Reize hat. Bonn verträgt natürlich keine Übertreibung, und man hat diese Stadt übertrieben. Eine Stadt, die keine
Übertreibung verträgt, kann man nicht darstellen. Immerhin eine seltene Eigenschaft. Es weiß ja auch jedes Kind, daß das Bonner Klima
ein Rentnerklima ist, es bestehen da Beziehungen zwischen Luft und
Blutdruck. Was Bonn überhaupt nicht steht, ist diese defensive Ge-
reiztheit: Ich hatte zu Hause reichlich Gelegenheit, mit Ministerialbe-
amten, Abgeordneten, Generalen zu sprechen – meine Mutter ist eine
Party-Tante – und sie alle befinden sich im Zustand gereizter, manchmal fast weinerlicher Verteidigung. Sie lächeln alle so verquält ironisch
über Bonn. Ich verstehe dieses Getue nicht. Wenn eine Frau, deren
Reiz ihre Schläfrigkeit ist, anfinge, plötzlich wie eine Wilde Cancan zu
tanzen, so könnte man nur annehmen, daß sie gedopt wäre – aber eine
ganze Stadt zu dopen, das gelingt ihnen nicht. Eine gute alte Tante
kann einem beibringen, wie man Pullover strickt, Deckchen häkelt
und Sherry serviert – ich würde doch nicht von ihr erwarten, daß sie
mir einen zweistündigen, geistreichen und verständnisvollen Vortrag
über Homosexualität hält oder plötzlich in den Nutten-Jargon ver-
fällt, den alle in Bonn so schmerzlich vermissen. Bonns Schicksal ist,
daß man ihm sein Schicksal nicht glaubt.»

Schwierigkeiten mit dem Zentrum

Der aktuelle Streit zwischen Bonn und Berlin

Alfred Grosser

Es wird also Berlin. Die Entscheidung ist da. Berlin war ja jedenfalls Hauptstadt. So stand es im Vertrag zwischen den beiden deutschen Staaten. Aber Berlin wird auch in Zukunft Regierungssitz sein.

Es ist ein wichtiges Votum gewesen, auch für das parlamentarische System. Es hat keinen Fraktionszwang gegeben. Allerdings ist unklar, wie abgestimmt worden wäre, wenn die Wahl geheim gewesen wäre. Meine Prophezeiung war: Berlin, wenn öffentlich abgestimmt wird, aber Bonn, wenn geheim abgestimmt wird, wie bei der Kanzlerwahl. So ist es nicht gekommen.

Die Frage, die wir uns heute stellen können, lautet: Was bedeutet Berlin? Was wird Bonn im Rückblick bedeuten? Um das klarer zu machen, scheint es mir interessant, einen Blick aus der Perspektive Frankreichs auf die Frage zu werfen, um die Vieldeutigkeit zu zeigen, die das «Bild Berlin» in Frankreich gehabt hat. Eine Zweideutigkeit Bonns hat es in diesem Sinne kaum gegeben.

Beginnen wir im Jahre 1945, um dann im Rückblick etwas klarer sehen zu können. Was war für das Ausland, was war für Frankreich Berlin 1945? Es war ein doppeltes Symbol – Symbol für Preußen, Symbol für den Nationalsozialismus, wobei beide Male diese Symbolik ziemlich ungerecht gewesen ist.

Nehmen wir zuerst Preußen. In Frankreich hätte man sich im Rückblick zwei Dinge sagen sollen. Zuerst einmal war Voltaire, der große Aufklärungsphilosoph und Schriftsteller, bei Friedrich II., Friedrich dem Großen, am Hof gewesen, und ganz Frankreich ist heute noch stolz darauf, daß Voltaire mit Friedrich II. nur französisch sprach. Jener war ein frankophoner preußischer König. Darauf könnte man im Rückblick stolz sein. Aber mehr noch – ich sage in Frankreich ständig, seit 1990: Seht mal, da ist ein Mann namens de Maizière. Auf was deutet das hin? Doch gewiß nicht darauf, daß sich verfolgte preußische Protestanten beim französischen König Asyl gesucht haben, sondern umgekehrt! Preußen war der erste tolerante pluralistische Staat auf dem Kontinent zu einer Zeit, da Frankreich intolerant war und die Protestanten zwang, katholisch zu werden oder sich foltern zu lassen.

Man weiß das, aber trotzdem war einmal das Bild Berlins im Rückblick ein negatives. Wegen 1914? Nein, wegen 1870, so erstaunlich das auch scheinen mag. Les Prussiens – die Preußen, das war das Bild von 1870. Es ist verbreitet worden in allen unseren Schulen in Frankreich durch eine ganz wunderbare Novellenreihe von Alphonse Daudet, einem Schriftsteller des 19. Jahrhunderts. Darin findet sich zum Beispiel über das Elsaß die berühmte Novelle «La dernière classe», «Die letzte Schulklasse», darin beschrieben wird, wie ein französischer Dorfschullehrer die Preußen kommen sieht. Er schreibt dann noch «Vive la France!» – «Es lebe Frankreich» ans schwarze Brett und weint. Wer kommt? – Les Prussiens, nicht les Allemands. Daran, an Preußen, ist teilweise eine solche Erinnerung geblieben. Zum Beispiel 1961/62. Zu Beginn des Jahres 1962 hatte ich die Ehre, von General de Gaulle, Präsident der Republik, eingeladen zu werden, um mit ihm über ein Buch zu sprechen, das ich über die französische Außenpolitik veröffentlicht hatte. Er sprach über Deutschland und sagte: «Wir – ich und Sie –, wir wissen, daß auf der anderen Seite, d.h. jenseits der Bundesrepublik, de l'autre côté, c'est la Prusse – auf der anderen Seite liegt Preußen.» Auch François Mitterrand hat vor kurzem Preußen als einen negativen Begriff bezeichnet. Es war für Adenauer ein Glück, daß er ein guter Rheinländer war. Alle Rheinländer sind für die Franzosen ‹gut› gewesen, wie alle Bayern. Wieso, weiß man nicht. Aber auf der anderen Seite war die DDR zugleich Preußen. Niemand wunderte sich, daß gerade die Preußen Kommunisten geworden waren. Allerdings gibt es auch das Preußische in der Bundesrepublik.

Ich habe vor kurzem in Düsseldorf anläßlich der 175-Jahr-Feier des Regierungsbezirks Düsseldorf gesprochen. Dort war man auch einst von Preußen besetzt worden. In diesem Zusammenhang möchte ich nur an das Buch «Die Wacht am Rhein» von Klara Viebig und an die Unterdrückung des Rheinlands durch Preußen erinnern.

Also 1945 – die erste negative Assoziation mit Berlin war Preußen, die zweite der Nationalsozialismus. Auch dieses Bild war und ist weitgehend ungerecht. Denn Berlin ist für viele Franzosen gleichbedeutend mit der auch noch im Rückblick wunderbaren Kultur der Weimarer Zeit. Eine viel schönere Kultur als das, was nach dem Krieg produziert wurde. Auch im Rückblick wissen viele Deutsche heute zwar, daß Weimar ein Goldenes Zeitalter war, unter Goethe und Schiller, aber nicht, daß das Berlin der Weimarer Republik auch eine hohe Zeit der deutschen Kultur gewesen ist. Als 1978 vier Monate lang in Paris eine Ausstellung zu sehen war über «Paris – Berlin, 1900–1933», war das ein triumphaler Erfolg. Kein Zweifel – es war eine große Kultur, damals in Berlin zur Weimarer Zeit.

*Abb. 22: Das Brandenburger Tor und der Pariser Platz
nach der Öffnung eines Grenzüberganges am 22. Dezember 1989.*

Was man in Frankreich 1945 gar nicht wußte und was man heute im
Rückblick immer noch nicht weiß, ist, wie sehr eben gerade Berlin nicht
«braun» gewesen ist, wie Preußen nicht «braun» gewesen ist – zumindest sehr viel weniger als andere Teile Deutschlands. Zum Beispiel,
wenn man in Frankreich von Konrad Adenauer spricht, aber auch in
Deutschland, so vergißt man, daß es ein Staatsstreich gewesen war, der
am 20. Juni 1932 Papen in Berlin an die Macht gebracht hat, und daß bei
diesem «Preußenschlag» Adenauer und der Sozialdemokrat Braun zusammen bestraft wurden: Adenauer als Präsident des Staatsrates
Preußen und Braun als Regierungschef. Beide zusammen versuchten
von Berlin aus, dem Nationalsozialismus zu widerstehen.

Allerdings ist es auch verständlich, daß 1945 Berlin in doppelter
Hinsicht Symbol des Nationalsozialismus geworden ist. Zunächst
einmal wegen des 30. Januar 1933. Die beste Zusammenfassung der
deutschen Geschichte ab 1933, die ich kenne, ist eine Karikatur der
«Frankfurter Allgemeinen Zeitung» am 30. Januar 1973 zur 40-jähri-
gen Erinnerung an die Machtübernahme: Man sieht das Brandenburger Tor, das ja als Symbol von Berlin gilt. Vor dem Brandenburger Tor

und noch unter dem Brandenburger Tor sind die Braunhemden vom
30. Januar 1933 zu sehen, die SA, die Hitler-Jugend usw. Unmittelbar
nach ihnen zieht die Rote Armee durch das Brandenburger Tor.

Es war im Frankreich von 1945 und danach nicht zu verhindern,
daß Berlin auch gleichgesetzt wurde mit dem Bunker, in dem Hitler
Selbstmord begangen hat. Hier ist das Dritte Reich untergegangen.
Also war Berlin in vieler Hinsicht Symbol des Dritten Reiches. Das ist
geblieben bis 1948. Und dann, im Juni 1948, ist Berlin plötzlich, beinahe über Nacht, Symbol der Freiheit und der Verteidigung der
Freiheit geworden. Man war gemeinsam für die Verteidigung der Freiheit. Natürlich war auf französischer Seite auch eine gewisse Genug-
tuung, einer der Beschützer der Deutschen und in diesem Sinn größer
als die Deutschen zu sein. Das ist geblieben bis 1990. Aber man hat die
eigene Existenz zusammen mit den Berlinern für die Freiheit riskiert.
Und wenn die Bundesrepublik in Bonn entstehen konnte, das ist in
der ganzen Berlin-Debatte völlig zu Recht gesagt worden, so geschah
es weitgehend deshalb, weil die Bundesrepublik nur zur Welt kommen
konnte wegen der Bedrohung, der Berlin ausgesetzt war. Weil durch
die Bedrohung Berlins West-Deutschland inklusive West-Berlin eine
moralische Solidarität mit den ehemaligen Besatzungsmächten verband.

Diese Freiheit als Symbol von Berlin – das ist jedenfalls geblieben
bis zum 9. November 1989. Es war ein großer Tag für die meisten
Franzosen. Und wie oft hat man in Frankreich am 10. November
1989, am nächsten Tag, dann lesen oder hören können, daß es etwas
Vergleichbares sei, der Fall der Mauer und der 14. Juli 1789, 200 Jahre
zuvor. 1989 feierte man in Frankreich die 200 Jahre der Französischen
Revolution. Der Sturm auf die Bastille ist die Verkörperung der Freiheit. In der Bastille waren wenige Gefangene, aber sie ist das Symbol
der Freiheit geworden, und der 14. Juli wurde deswegen Nationalfeiertag. Der 9. November war der Tag einer großen Freude, und ich
denke gern an 30, 40 meiner Studenten, die noch in derselben Nacht
im Wagen und im Zug nach Berlin gefahren sind, um einmal in ihrem
Leben an einer echten großen politischen Freude teilnehmen zu dürfen.

Die Frage, die sich nun stellt: Was ist seit dem 9. November 1989
geschehen? Wie steht es seitdem um die Auseinandersetzung zwischen Bonn und Berlin?

Zuerst müssen wir hier die Bedeutung Bonns ansprechen. Bonn ist
nie Weimar gewesen. Die Weimarer Demokratie erinnert auch an die
Katastrophe ihres Untergangs, an politische Gewalt, an Unordnung,
an Streit, an Unsicherheit. Bonn, die Bonner Demokratie, hat in der
ganzen Welt Positives geleistet, Positives gezeigt. Seit Jahren steht die

Bundesrepublik in Frankreich an der Spitze der Demokratien, wenn es darum geht zu sagen, wo es eine gute Demokratie gibt. Positiv ist sie von außen beurteilt worden, unter anderem von Frankreich, viel mehr als von ihren eigenen Intellektuellen. Und diese Position versuche ich seit langen Jahren gegen manche im Streit zu halten. Ich denke an manche Schriftsteller oder Kollegen der Universität, die unbedingt in Bonn einen schlimmen, schlechten Metternich-Staat sehen wollen, weil die Demokratie in der Bundesrepublik nicht vollkommen sei. Die Demokratie ist nirgends vollkommen. Und kein Franzose, kein Engländer, kein Amerikaner käme auf den Gedanken, eine perfekte Demokratie zu wollen, glücklicherweise. Denn so unperfekt wie die Französische heute ist, bräuchte sie auch nicht zu sein. Aber wir haben das gute Beispiel der Bundesrepublik bekommen, zu einer Zeit, da viele deutsche Intellektuelle etwas wollten, was es nicht geben kann: das Gegenteil des absoluten Totalitarismus der Nazizeit – also muß es die absolute gute Demokratie als Nachfolgerin geben. Also ist sie schlecht, weil sie unvollkommen ist. Da wird man überrascht, als 1990 die ehemaligen Bürger der DDR zur Bundesrepublik kommen wollen, um dasselbe Schicksal zu teilen, unter derselben Verfassung zu leben. Sie kann also doch gar so schlecht nicht sein.

Sie war auch in der Vergangenheit nicht schlecht. Wie oft hat man Präsidenten oder Kanzler kritisiert im Verhältnis zur Vergangenheit. Und hier darf ich wohl sagen, was ich auch in meinem letzten Buch geschrieben habe: In keinem Land ist so viel an der Vergangenheit gearbeitet worden, hat man so sehr versucht, die Last der kriminellen Vergangenheit zu tragen wie in der Bundesrepublik. Ganz besonders gilt dies im Vergleich zur ehemaligen DDR. Denn erst am 12. April 1990 hat die erste und letzte frei gewählte Volkskammer der DDR eine Resolution akzeptiert über Auschwitz, über die Massaker an Polen, an Russen usw. Endlich akzeptierte die DDR die Last der Vergangenheit. Nicht die Schuld. Es gibt keine Kollektivschuld, doch es gibt eine Last. Und auch in deren Anerkenntnis ist die Bundesrepublik vorbildlich gewesen – mit vielen Mankos, mit vielen Versäumnissen, aber immerhin besser als die meisten anderen Staaten, inklusive Frankreich –, was den Umgang mit der eigenen Vergangenheit anbelangt.

Dann sind noch zwei Charakteristika hinzuzufügen, für die Bonn stand: Das erste ist die Bescheidenheit. Man hat nicht genügend bemerkt, was Rita Süssmuth, Präsidentin des Bonner Parlaments, am 3. Oktober 1990 bei der großen Wiedervereinigungsfeier in Berlin gesagt hat. Sie sagte: «Es gibt drei Begriffe, die den heutigen Tag bezeichnen: die Dankbarkeit, für alle, die uns geholfen haben; die Solidarität, mit denen, die weniger haben im Osten, und nicht nur in Ostdeutschland; und die Bescheidenheit, die der Bundesrepublik ziemt; erstens: wegen der Vergangenheit; zweitens: weil wir bescheiden bleiben wollen.» Aber gerade hier stellt sich eben die Frage: Will man noch bescheiden bleiben nach der Vereinigung? Kann Berlin die Bescheidenheit in diesem Sinne weiterhin symbolisieren?

Das zweite Charakteristikum ist die Machtsymbolik, die mit der Westverankerung etwas weggeschoben wurde. Das Gegenteil der Bescheidenheit ist natürlich die Machtsymbolik. Die Westverankerung, das war bislang die europäische Solidarität, das hieß, wir sind in eine Gemeinschaft eingebunden. Wird Berlin weiterhin so etwas symbolisieren, so etwas verkörpern wie diese gemeinschaftliche Verankerung, die eine Überheblichkeit nicht zuläßt?

Nun ist in den letzten Monaten etwas Neues hinzugekommen, jedenfalls für mich: Bonn wurde zum Symbol der Überheblichkeit, zum Symbol der Bevormundung. Und wenn ich daher persönlich am Schluß eher für Berlin war, so weil Berlin ja heute ein neues Symbol geworden ist. Berlin ist das Symbol der noch nicht vollbrachten deutschen Einigung geworden. Zwischen Ost-Berlin und West-Berlin gibt es keine Mauer mehr, keine sichtbare Mauer mehr. Aber auf dem Gebiet der Gesellschaft, der Wirtschaft, der Kultur, des Geistes, wäre es doch sehr vermessen, zu sagen, daß es heute ein vereinheitlichtes Berlin gibt, genausowenig wie es ein vereinheitlichtes Deutschland gibt. Mit dem Sitz der Regierung in Berlin sind die Probleme der Deutschen noch nicht vollständig gelöst, doch ist man ihnen nach der Vereinigung sehr viel näher gerückt als aus der alten Bonner Perspektive – das etwas bequeme, gesunde, abliegende Bonn, von dem aus man, sagen wir mal, die Geschehnisse, Ereignisse und Entwicklungen in den neuen Ländern bequem beurteilen und sogar verurteilen kann.

In diesem Sinne haben sich die Symbole verschoben. Allerdings hat dann Willy Brandt in seiner Rede für Berlin einen Vergleich gebracht, der teilweise richtig und andererseits furchtbar falsch gewesen ist, und der natürlich in Frankreich besonders bemerkt wurde, weil er sich ja sehr viel um Frankreich kümmerte. Das ist der Vergleich mit Vichy. Vichy – Bonn. Nach dem Krieg ist natürlich Paris wieder Hauptstadt geworden. Man hätte doch nicht in Vichy bleiben wollen. Der Vergleich hinkt völlig, und ist doch gerechtfertigt. Er hinkt, denn Vichy war das Symbol der Unterwürfigkeit gegenüber einer verhaßten und zu Recht verhaßten Besatzungsmacht. Vichy war Symbol französischer Unfreiheit und des nationalsozialistischen Sieges. Dieser Umstand erlaubt kaum einen Vergleich. Bonn war Symbol genau des Gegenteils: der Freiheit und einer großen Unabhängigkeit von den Unterdrückern im Osten. Aber doch stimmt etwas an Brandts Vergleich. Warum hat man denn damals Vichy genommen? Lyon hätte eine echte Haupstadt sein können im Vergleich zu Paris. Genauso wie Frankfurt am Main 1949. Und wenn Konrad Adenauer alles getan hat, damit Bonn Hauptstadt wird, so war es nicht nur, weil es in der Nähe von Rhöndorf war, wo er wohnte. Auch nicht, weil Frankfurt in Hessen lag und Frankfurt und Hessen rot waren, d. h. rosa gefärbt waren durch die SPD. Adenauer traf seine Wahl auch, weil man Bonn in diesem Sinne als Provisorium gut verkaufen konnte, denn Bonn als Hauptstadt, das war an sich so lächerlich, daß unmittelbar einsichtig war, daß natürlich Berlin die eigentliche Hauptstadt bleiben sollte – und das Symbol der echten Hauptstadt geblieben ist. Nur ist natürlich dann das geschehen, was nicht geplant war, nämlich daß die ganze Bundesrepublik kein Provisorium blieb, daß sie immer mehr gefestigt wurde. Auf einmal war das kleine Dörfchen, das groß gewordene Dörfchen Bonn nicht weniger als die ständige Hauptstadt eines Staates, der kein Provisorium mehr war. Folgerichtig plädierte man dann für ein Bonn, das in keiner Hinsicht mehr ein Vichy war. Wie wäre es gewesen, wenn man 1948/49 Frankfurt genommen hätte? Das kann ich kaum sagen. Frankfurt hätte wenigstens die Symbolik von 1848 gehabt, der Paulskirche, allerdings auch der Banken. Und man wäre frei gewesen zu sagen: Frankfurt, das ist die deutsche liberale Tradition, oder Frankfurt, das beweist die Macht der Banken in der deutschen Politik.

Kommen wir aber nun zu Berlin zurück und zur Zukunft. Eine Frage, die in der Bundesrepublik zu Recht gestellt wird – und es ist eine kluge Frage –, lautet: Was ist eigentlich eine Hauptstadt? Da kann man Berlin und der Bundesrepublik nur eines wünschen – aber der Wunsch wird sowieso erfüllt werden –, daß Berlin nie eine Hauptstadt wird, wie Paris es für Frankreich ist. Denn Berlin ist so auch nie gewesen. Paris ist zum Beispiel auf dem Gebiet des Geldes, das für die Kultur zur Verfügung steht, etwas, was es sonst auf der Welt gar nicht gibt. Ich möchte sagen, glücklicherweise nicht gibt. Wenn etwa weitgehend auf Staatskosten eine neue, ganz kostspielige Oper in Paris gebaut wird, so heißt das, daß für das Musikleben in der Provinz nur sehr, sehr wenig staatliches Geld zur Verfügung steht. Wenn unser Präsident monarchisch beschließt, daß in Paris eine übergroße Mammutbibliothek entstehen soll, so heißt das, daß für Jahrzehnte wenig Geld zur Verfügung steht, staatliches Geld, für die Bibliotheken sämtlicher Provinzuniversitäten und Provinzstädte. Und was in Paris geschieht, ist jahrhundertelang das eigentlich Wesentliche, das Staatsbestimmende gewesen. Das gilt auch im Rückblick – galt jedoch so nie für Berlin. Wenn Sie zum Beispiel an das Jahr 1919 in Deutschland denken: Es gab eine Revolution in München – Berlin war nicht der Nabel der deutschen Welt. Im Rückblick ist der 14. Juli 1789 wegen des Sturmes auf die Bastille wirklich symbolisch gewesen, weil er in Paris geschah. Und was in Paris geschieht, bestimmt Frankeichs Schicksal.

Es ist kein Zufall, daß die französischen nationalen Farben blau-weißrot sind. Weiß, das war die Farbe des Königs, blau und rot, das sind die Farben von Paris. Das Blau und das Rot pressen sich zusammen in das Weiß des gesamten Königtums. Das, glaube ich, ist nie der Fall bei Berlin gewesen. Und alles wird heute getan, damit es nicht so wird. Im Ausland, in Frankreich insbesondere, aber auch in Deutschland, hat man nach dem Beschluß des Bundestages vom 20. Juni gesagt: Es ist für Berlin ausgegangen. Man hat aber den Text nicht genügend gelesen, der akzeptiert worden ist. Zum Beispiel die Artikel 6 und 9 der angenommenen Resolution. Artikel 9 besagt, daß der Bundesrat vielleicht in Bonn bleiben wird. Aber vor allen Dingen sagt Artikel 6, daß eine Kommission als unabhängige Föderalismuskommission entstehen wird, um Vorschläge zu machen zur Verteilung nationaler und internationaler Institutionen, die der Stärkung des Föderalismus in Deutschland auch dadurch dienen sollen, daß insbesondere die neuen Bundesländer Berücksichtigung finden, mit dem Ziel, daß in jedem der neuen Bundesländer Institutionen des Bundes ihren Standort finden. Auch vorhandene Institutionen des Bundes in Berlin stehen dafür zur Disposition. Berlin wird Hauptstadt, aber eine ganze Reihe von Institutionen, die allgemein in Haupstädten angesiedelt sind, werden eben nicht in Berlin sein. Vielleicht verstehe ich diesen Artikel nicht richtig. Er scheint mir zu zeigen, daß z. B. das Bundesverwaltungsgericht von Berlin weggehen könnte, wie die Gerichte von Kassel und von Karlsruhe nicht nach Berlin gehen werden. Es gibt zwei Bundesgerichte in Kassel. Es gibt in Karlsruhe den Bundesgerichtshof und das Bundesverfassungsgericht. Wahrscheinlich wird in beiden Städten jeweils nur ein Gericht bleiben. Das andere wird nach Leipzig oder nach Dresden, oder woanders in die fünf neuen Länder gehen, aber nicht nach Berlin. Und ich glaube, das ist ein Grundgedanke, der durchzusetzen wäre, ohne daß dabei Berlin behindert werden sollte, wieder die Mitte deutscher Ausstrahlung zu sein, wie es in der Weimarer Zeit gewesen ist.

Hier hat es vor wenigen Tagen einen meiner Ansicht nach hervorragenden Beitrag gegeben über die Frage des Rundfunk- und Fernsehföderalismus in der neuen Bundesrepublik. Im Evangelischen Pressedienst hat der Chefredakteur Uwe Kamann lang und gut dargestellt: Berlin dürfe keineswegs bedeuten, daß plötzlich wieder ein Zentralismus auf dem Gebiet des Rundfunks herrschen solle. Es hat einige Phänomene gegeben in den letzten Monaten, die wirklich nicht dem Föderalismus gerecht geworden sind, der im Funk- und Fernsehwe-

sen laut Verfassung gegeben sein sollte. Das, was in den fünf neuen
Ländern auf diesem Gebiet geschehen ist, war wirklich nicht immer
ganz verfassungskonform. Aber auf der anderen Seite soll auch nicht
verhindert werden, daß etwas Neues entsteht, mit einem neuen Kul-
turzentrum in Berlin. Ich zitiere: «Reichsrundfunkzentrale Berlin
unter bundesrepublikanischen Vorzeichen undenkbar. Hauptstadt
Berlin hingegen auch für den Rundfunk ein Versprechen, auf den zu-
sätzlichen Reiz eines produktiv-spannungsreichen, politisch-kulturel-
len Lebens.» Das ist doch gewiß etwas anderes als eine diktatorische
Hauptstadt oder als die Idee, daß Berlin überhaupt nichts sein soll, um
niemanden im Ausland aufzuregen.

Wie sieht das nun aus mit der Zukunft Berlins – vom Ausland aus
gesehen? Es gibt Doppeldeutigkeiten. Was sollen die Deutschen eigentlich tun? Wenn die Wahl für Bonn ausgegangen wäre, hätte man
gesagt: Ja, also die Bescheidenheit geht jetzt zu weit. Eigentlich
möchte die Bundesrepublik weiter unversehrt bleiben vom großen
Weltgeschehen, weiterhin ihre eigene Wirtschaft machen, ihre eigene
Entwicklung betreiben usw. usw. Nun kommt Berlin. Was sagt man:
Ist das nicht gefährlich? Von Berlin aus möchte eigentlich das neue
Deutschland Macht ausüben, nach Westen Macht ausüben, aber natürlich auch nach Osten Macht ausüben. Darauf kann man im Ausland, insbesondere in Frankreich, ziemlich leicht antworten. Wenn es
mit Berlin gutgeht, wenn das geschieht, was wünschenswert ist, dann
wird Berlin wirklich zu einem neuen doppelten Symbol – einerseits
zum Symbol der Treue der Bundesrepublik zu ihrer Verankerung in
der Europäischen Gemeinschaft. In diesem Sinn symbolisiert dann
Berlin das Hinzukommen der fünf neuen Länder zu einem Deutschland, zur ehemaligen Bundesrepublik, die ein Teil der Europäischen
Gemeinschaft war, und Berlin ist auch selbst ein Zeichen für die Europäische Gemeinschaft. Andererseits symbolisiert dann Berlin auch die
Öffnung nach Osten und die Hilfsbereitschaft für den Osten. Hilfsbereitschaft heißt nicht nur: Wir wollen investieren, um viel Geld im
Osten zu verdienen. Diese Hilfsbereitschaft heißt: Wir sehen, daß wir
in den fünf neuen Ländern und in Ostberlin das enorme Glück gehabt
haben, dank der Wiedervereinigung Teil des Westens zu werden. Wenn
es auch bei uns schlechtgeht, wenn es auch Arbeitslosigkeit gibt, es
geht uns besser, wir haben mehr Chancen für die nächsten Jahre als
die Polen, die Tschechen und die Ungarn. Berlin, das ist die Öffnung
nach Osten, nicht im Sinne eines Siegeszugs der Wirtschaft, sondern
im Sinne einer Hilfsbereitschaft, daß auch unsere Grenzen offenste-
hen für die Produkte, die dank unseres Geldes im Osten hergestellt
werden. Nicht nur Produkte aus Ost-Deutschland, die verkauft werden in West-Deutschland, sondern Produkte aus Polen, der Tschechei,

der Slowakei, aus Ungarn, die bei uns verkauft werden. Diese Hilfs-
bereitschaft soll nun auch Berlin symbolisieren. Beispielhaft auch für
Frankreich, auch für England, verankert in der Gemeinschaft, die
Symbole, die positiven Symbole von Bonn übernehmend. Und wenn
das geschieht, dann kann man im Rückblick zufrieden sein, daß die
Entscheidung für Berlin gefallen ist.

Anhang

Anmerkungen

Hartmut Boockmann: Aachen

1 Das Landrecht des Sachsenspiegels, Eckhardt, K. A. (Hg.), Göttingen 1955, S. 129 f. (3. Buch, Kapitel 62, Abschnitt 1).
2 Einhard, Vita Caroli magni 22, mit deutscher Übersetzung in: Quellen zur karolingischen Reichsgeschichte 1, Rau, R. (Hg.), Darmstadt 1955, S. 194 f.
3 Ebenda 26, S. 196 ff.
4 Widukind, Res gestae Saxonicae 2,1, mit deutscher Übersetzung in: Quellen zur Geschichte der sächsischen Kaiserzeit, Bauer, A./Rau, R. (Hgg.), Darmstadt 1971, S. 86 f.
5 Ebenda, S. 88 f.
6 Thietmar von Merseburg, Chronicon 4, 48, Trillmich, W. (Hg. u. Übs.), Darmstadt 1957, S. 162 ff.
7 Monumenta Germaniae historica, Scriptores 16, Hannover 1859, S. 673.
8 Bulla aurea Karoli IV. imperatoris, Fritz, W. D. (Hg.) (Monumenta Germaniae historica. Fontes iuris Germanici antiqui 11), Weimar 1972, S. 87 (Kapitel 29). Dazu die deutsche Übersetzung: Die Goldene Bulle, Fritz, W. D. (Übs.), Weimar 1978, S. 85.
9 Deutsche Reichstagsakten 18, Nr. 114, Stuttgart 1928, Übersetzung in heutiges Deutsch in: Boockmann, H., Das Mittelalter. Ein Lesebuch, München ²1989, S. 176.

Peter Moraw: Die Reichsregierung reist

1 Althoff, G./Keller, H., Heinrich I. und Otto der Große, Bd. 2, Göttingen–Zürich 1985, S. 211.
2 Diese Begriffe nach Müller-Mertens, E./Huschner, W., Reichsintegration im Spiegel der Herrschaftspraxis Kaiser Konrads II., Weimar 1992.

Theo Kölzer: Herrschen aus der Ferne

1 Brief eines Anonymus an Petrus, Thesaurar der Palermitaner Kirche, Siragusa, G. B. (Hg.) (Fonti per la storia d'Italia, Bd. 22) Rom 1897, S. 176, Z. 24 f.; vgl. ebenda, S. 172, hier nach der Übersetzung von Schack, A. F. Graf von, Geschichte der Normannen in Sicilien, Bd. 2, Stuttgart 1889, S. 331. Vgl. noch Tramontana, S., Lettera a un tesoriere di Palermo sulla conquista sveva, Palermo 1988.
2 Kölzer, Th., Sizilien und das Reich im ausgehenden 12. Jahrhundert, in: Historisches Jahrbuch 110, 1990, S. 3–22.
3 Nach der Übersetzung von Schack (wie Anm. 1), S. 360; vgl. auch die Übersetzung von Günther, R., Ibn Dschubair, Tagebuch eines Mekkapilgers (Biblio-

thek arabischer Klassiker, Bd. 10), Stuttgart 1985, S. 249 f. Andere Beschreibungen bieten De Simone, A., Palermo nei geografi e viaggiatori arabi del medioevo, in: Studi Magrebini, Bd. 2, Neapel 1968, S. 129–189; Stasolla, M. G., Italia euro-mediterranea nel medioevo: testimonianze di scrittori arabi (Il mondo medievale. Sezione di storia delle istituzioni, della spiritualità e delle idee, Bd. 13), Bologna 1983.

4 Die folgenden statistischen Angaben nach dem grundlegenden Werk von Brühl, C., Fodrum, gistum, servitium regis, 2 Bde. (Kölner hist. Abhandlungen, Bd. 14/I–II), Köln–Graz 1968, S. 452 ff., 578 ff.

5 Selbst wenn man die atypischen Regierungszeiten Friedrichs II. und Konrads IV. unberücksichtigt ließe, verblieben für Friedrich Barbarossa, Heinrich VI. und den Welfen Otto IV. noch jeweils ein Drittel: Brühl, Fodrum (wie Anm. 4), S. 583.

6 Goez, W., Das Hauptstadtproblem Italiens vom Beginn des Mittelalters bis in die Gegenwart, in: Hauptstädte. Entstehung, Struktur und Funktion, Wendehorst, A./Schneider, J. (Hgg.) (Schriften des Zentralinstituts für fränkische Landeskunde und allgemeine Regionalforschung an der Universität Erlangen-Nürnberg, Bd. 18), Neustadt a. d. Aisch 1979, S. 61–74.

7 Erben, W., Rombilder auf kaiserlichen und päpstlichen Siegeln des Mittelalters (Veröffentlichungen des Historischen Seminars der Universität Graz, Bd. 7), Graz–Wien–Leipzig 1931, S. 39 ff.; Erdmann, C., Das ottonische Reich als Imperium Romanum, in: Deutsches Archiv 6, 1943, S. 412–441.

8 Eintrag zum 1. November 1786: J. W. von Goethe, Italienische Reise, Einem, H. von (Hg. u. Komm.) (Hamburger Ausgabe, dtv 2200), München 1988, S. 125.

9 Brühl, C., Aus Mittelalter und Diplomatik. Gesammelte Aufsätze, Bd. 1, Hildesheim–München–Zürich 1989, S. 89 ff., 115 ff., 138 ff.

10 Haverkamp, A., Herrschaftsformen der Frühstaufer in Reichsitalien, 2 Bde. (Monographien zur Geschichte des Mittelalters, Bd. 1–2), Stuttgart 1970–71; zusammenfassend Engels, O., Die Staufer, Stuttgart ⁵1993, S. 83 ff.; Il Barbarossa in Lombardia, Cardini, F./Andenna, G./Ariatta, P. (Hgg.), Novara 1987.

11 Otto von Freising, Die Taten Friedrichs, 2. Buch, Kapitel 45 und 53, Schmidt, A. (Übs.), Schmale, F.-J. (Hg.) (Freiherr vom Stein-Gedächtnisausgabe, Bd. 17), Darmstadt 1965, S. 373, 387.

12 Smidt, W., Deutsches Königtum und deutscher Staat des Hochmittelalters während und unter dem Einfluß der italienischen Heerfahrten, Wiesbaden 1964, S. 46 ff., 116 ff.

13 Machiavelli, N., Der Fürst und Kleinere Schriften, Merian-Genast, E. (Übs.) (Klassiker der Politik, Bd. 8), Berlin 1923, S. 52 ff., Kapitel 3: «Von den zusammengesetzten Fürstentümern».

14 Von arab. dîwân («Register», «Archiv»), Lexikon des Mittelalters, Bd. 3, München–Zürich 1986, Sp. 1135; danach frz. duane, ital. dogana, span./port. aduana («Zoll»).

15 Delogu, P., I Normanni in città. Schemi politici ed urbanistici, in: Società, potere e popolo nell'età di Ruggero II (Atti del Centro di studi normanno-svevi, Bd. 3), Bari 1979, S. 173–205, bes. S. 201 ff.

16 Deér, J., The Dynastic Porphyry Tombs of the Norman Period in Sicily (Dumbarton Oaks Studies, Bd. 5), Cambridge/Massachusetts 1959; Ders., «Das Grab Friedrichs II.», in: Probleme um Friedrich II., Fleckenstein, J. (Hg.) (Vorträge und Forschungen, Bd. 16), Sigmaringen 1974, S. 361–383.

17 Eine detaillierte Beschreibung findet sich in dem zitierten Brief (wie Anm. 1), S. 177 ff; sie sei hier in Auszügen und in freier Übersetzung wiederholt: «Auf der gegenüberliegenden Seite [des «alten» Palastes am Meer] erhebt sich der neue Palast. Er ist mit bewundernswerter Sorgfalt und Anstrengung aus Quadersteinen erbaut. Außen umschließen ihn ringsum dicke Mauern, innen ist er durch den Glanz von Edelsteinen und Gold ausgezeichnet. Auf der einen Seite begrenzt ihn der Pisaner Turm, der zur Aufbewahrung des Schatzes dient, auf der anderen Seite der griechische Turm, der den Stadtteil Kemonia überragt. Der mittlere Teil des Palastes heißt Ioharia; er weist den reichhaltigsten Schmuck und die vielfältigste Ausstattung auf. Dort pflegt der König sich privat aufzuhalten, wenn er Muße und Ruhe sucht. Auf den Rest des Palastes verteilen sich die Wohnungen der Frauen, Mädchen und Eunuchen, die dem König und der Königin dienen. Es gibt auch andere Räume, die fast kleine Paläste sind und gleichfalls durch ihre Ausstattung hervorragen, wo der König vertraulich mit seinem Kronrat Reichsgeschäfte berät oder wohin er die Großen zur Erörterung wichtiger öffentlicher Angelegenheiten beruft. Auch dürfen nicht jene vornehmen Werkstätten übergangen werden, die dem Palast angeschlossen sind, in denen bunte Seidenstoffe hergestellt werden (...). Betritt man den Palast von der der Stadt zugewandten Seite, trifft man zuerst auf die königliche Kapelle [Cappella Palatina]. Sie besitzt einen prunkvollen Boden. Die Wände sind im unteren Teil mit wertvollen Marmortafeln verkleidet, oben aber mit teils vergoldeten, teils farbigen Mosaiken, die Szenen des Alten und Neuen Testaments festhalten. Die Holzdecke zeigt besondere handwerkliche Eleganz, geschmückt durch die bewundernswerte Vielgestalt der Schnitzereien und strahlenden, goldenen Glanz.»

18 Brief (wie Anm. 1), S. 180, Z. 17 f.

19 Vgl. etwa «Liber Augustalis», I.17, Die Konstitutionen Friedrichs II. von Hohenstaufen für sein Königreich Sizilien, Conrad, H./Lieck-Buyken, Th. von der/Wagner, W. (Hgg.), (Studien und Quellen zur Welt Kaiser Friedrichs II., Bd. 2), Köln–Wien 1973, S. 27: «Auf diese Weise wird man überdies glauben, daß Wir zwar wegen der Unteilbarkeit der Persönlichkeit nicht überall in Person anwesend sein können, hinsichtlich Unserer Wirksamkeit jedoch allgegenwärtig sind.»

20 Von der «pharaonica oppressio» spricht Papst Innozenz IV. im Dezember 1248: Huillard-Bréholles, J.-L.-A., Historia diplomatica Friderici secundi, Bd. VI/2, Paris 1861, Neudruck Torino 1963, S. 676–681, bes. S. 678. Zum sizilischen Königtum vgl. zusammenfassend Kölzer, Th., König (C), in: Lexikon des Mittelalters, Bd. 5/VI, München–Zürich 1991, Sp. 1309–1311.

21 «Hugo Falcandus», La Historia o Liber de regno Sicilie, Siragusa (wie Anm. 1). Zu dem anonymen Autor vgl. zuletzt Kölzer, Th., in: Lexikon des Mittelalters, Bd. 5/I, München–Zürich 1990, Sp. 170.

22 Kölzer, Th., Curia regis (III), in: Lexikon des Mittelalters, Bd. 3, München–Zürich 1986, Sp. 376–378; Ders., Magna imperialis curia. L'amministra-

zione centrale al tempo di Federico II, in: Frederick II. Theory and Practice of Government, Paravicini Bagliani, A./Toubert, P. (Hgg.) (im Druck).

23 So nach einer Kapitelüberschrift bei Cleve, Th. C. van, The Emperor Frederick II of Hohenstaufen. Immutator Mundi, Oxford 1972, S. 251.

24 Marongiù, A., Ein «Modellstaat» im italienischen Mittelalter: Das normannisch-staufische Reich in Sizilien, in: Stupor mundi. Zur Geschichte Friedrichs II. von Hohenstaufen, Wolf, G. (Hg.) (Wege der Forschung, Bd. 101), Darmstadt 1966, S. 750–773.

25 Goez, W., Friedrich II. und Deutschland, in: Friedland, F./Goez, W./Müller, W. J., Politik, Wirtschaft und Kunst des staufischen Lübecks (Senat der Hansestadt Lübeck; Amt für Kultur. Veröffentlichung X), Lübeck 1976, S. 5–38.

26 So nach dem Titel der vorzüglichen Synthese von Keller, H., Zwischen regionaler Begrenzung und universalem Horizont. Deutschland im Imperium der Salier und Staufer, 1024 bis 1250 (Propyläen Geschichte Deutschlands, Bd. 2), Berlin 1986; dieser Titel geht zurück auf Borst (wie Anm. 27), S. 16, 20.

27 Borst, A., Die Staufer und Europa, in: Ders., Reden über die Staufer, Frankfurt–Berlin–Wien 1978, S. 9–26, bes. S. 25.

28 Dümmler, E., Über den furor Teutonicus, in: Sitzungsberichte der Preußischen Akademie der Wissenschaften, phil.-hist. Klasse, Berlin 1897, S. 112–126; Giunta, F., Sul «furor teutonicus» in Sicilia al tempo di Enrico VI, in: Atti del Congresso internazionale di studi Ruggeriani, Bd. 2, Palermo 1955, S. 433–453; Ders., Uomini e cose del medioevo mediterraneo, Palermo 1964, S. 35–63.

29 Trautz, F., Die Reichsgewalt in Italien im Spätmittelalter, in: Heidelberger Jahrbücher 7, 1963, S. 45–81; Baethgen, F., Das Reich und Italien, in: Ders., Mediaevalia, Bd. 1 (Schriften der Monumenta Germaniae historica, Bd. 17/I), Stuttgart 1960, S. 3–24; Bowsky, W. M., Henry VII in Italy. The Conflict of Empire and City-State, 1310–13, Lincoln/Nebraska 1960.

Josef Riedmann: Die leere Mitte

1 Das Itinerar der Könige Rudolf und Adolf läßt sich am einfachsten an Hand der von O. Redlich und V. Samanek zusammengestellten Regesten dieser Herrscher nachvollziehen. Kartographische Darstellungen der Aufenthaltsorte Rudolfs, Adolfs, Albrechts I. und Heinrichs VII. bietet Moraw, P., Von offener Verfassung, Berlin 1985, S. 215, 223, 225 und 227 (siehe aber dazu unten Anm. 4).

2 Siehe dazu die Untersuchung von Martin, Th., Das Bild Rudolfs von Habsburg als «Bürgerkönig» in Chronistik, Dichtung und moderner Historiographie, in: Blätter für deutsche Landesgeschichte 112, 1976, S. 203–228.

3 Das Verhältnis König Rudolfs zu den Städten hat Martin, Th., Städtepolitik, Göttingen 1976, ausführlich gewürdigt.

4 Die von Moraw, P., Von offener Verfassung, Berlin 1985, S. 215, gebotene Karte der Aufenthaltsorte König Rudolfs bietet für Wien die Signatur «einmal besuchter Ort» und trägt damit der Dauer des Aufenthaltes nicht Rechnung.

5 Alle Belege der Erwähnungen Wiens bis zum Jahre 1246 finden sich nun übersichtlich verzeichnet bei Lohrmann, K./Opll, F., Regesten, Wien 1981, so daß

sich an dieser Stelle Einzelnachweise erübrigen: Siehe ebenda Nr. 166, 140, 208 ff. usw.

6 Redlich, O./Schönbach, A. E., Des Gutolf von Heiligenkreuz Translatio s. Delicianae (Sitzungsberichte der Kaiserlichen Akademie der Wissenschaften. Philosophisch-historische Klasse 159/2), Wien 1908, S. 10. Siehe dazu jüngst Dienst, H., Bemerkungen zur historischen Realität König Ottokars, in: Römische Historische Mitteilungen 31, 1989, 123–135 (mit Hinweisen auf die ältere einschlägige Literatur). Diese Beschreibung Wiens hat dann auch – direkt oder über eine spätmittelalterliche Zwischenstufe – Franz Grillparzer in seinem Drama «König Ottokars Glück und Ende» im bekannten Lobspruch auf Österreich des Ottokar Horneck nahezu wörtlich übernommen.

Elsbet Orth (†): München und die Reichsstädte

1 Schütz, A., Ludwig der Bayer – König und Kaiser, in: Balduin von Luxemburg. Erzbischof von Trier – Kurfürst des Reiches 1285–1354, Heyen, F.-J. (Hg. unter Mitw. v. Mötsch, J.), Mainz 1985, S. 56: Sowohl die Herzöge von Sachsen-Wittenberg als auch der Herzog von Sachsen-Lauenburg beanspruchten die sächsische Kurstimme. Herzog Heinrich von Kärnten, von 1306 bis 1310 Gubernator des Königreichs Böhmen, führte ebenso den Titel eines böhmischen Königs wie Johann von Luxemburg, den sein Vater, Kaiser Heinrich VII., 1310 mit dem Königreich belehnt hatte.

2 In diesem Fall allerdings erfüllte Friedrich der Schöne die formalen Anforderungen in den beiden anderen Punkten: Er wurde zwar nicht am rechten Ort, sondern in Bonn, aber wie vorgeschrieben vom Kölner Erzbischof mit den echten alten Reichskleinodien gekrönt.

3 Vgl. Schütz (wie Anm. 1), S. 61 und Schubert, E., Kurfürsten und Wahlkönigtum, in: Balduin von Luxemburg (wie Anm. 1), S. 115.

4 Zum Prozeß vgl. Unverhau, D., Approbatio – Reprobatio, Studien zum päpstlichen Mitspracherecht bei Kaiserkrönung und Königswahl. Vom Investiturstreit bis zum ersten Pozeß gegen Ludwig IV. (Historische Studien, Bd. 424), Lübeck 1973. S. 327–377.

5 Heinrich VII. war 1312 in Rom von zwei Beauftragten Clemens' V. gekrönt worden.

6 Heimpel, H., Deutschland im späteren Mittelalter (Handbuch der deutschen Geschichte V, Just, L. [Hg. neu], Bd. 1), Konstanz 1957, S. 49; Schütz (wie Anm. 1), S. 66.

7 Ernst Schubert hat gezeigt, daß die Kurfürsten sich dieser Aufforderung nicht hatten entziehen können: Indem Ludwig der Bayer das allein der Kirche zustehende Recht der Ehescheidung im Fall der Margarete Maultasch usurpierte und dadurch Tirol für das Haus Wittelsbach gewann, hatte er jeder Möglichkeit einer Aussöhnung endgültig den Weg abgeschnitten. Indem sie Karl IV. wählten, verhinderten die Kurfürsten die denkbare Einsetzung eines Gegenkönigs durch den Papst. Karl hatte offensichtlich versprochen, Ludwig nicht zu bekämpfen, und einer Existenz als Schattenkönig zugestimmt, vgl. Schubert (wie Anm. 3), S. 113–117.

8 Sternberger, D., Die Stadt und das Reich in der Verfassungslehre des Marsilius

von Padua, Wiesbaden 1981, wieder in: Ders., Die Stadt als Urbild, Frankfurt a. M. 1985, S. 76–142; Miethke, J., Marsilius von Padua. Die politische Philosophie eines lateinischen Aristotelikers des 14. Jahrhunderts, in: Lebenslehren und Weltentwürfe im Übergang vom Mittelalter zur Neuzeit, Boockmann, H. u. a. (Hgg.), Göttingen 1989, S. 52–76.

9 Benker, G., Ludwig der Bayer. Ein Wittelsbacher auf dem Kaiserthron 1282–1347, München 1980, S. 108 f.

10 Heimpel (wie Anm. 6), S. 53.

11 Schütz, A., Der Kampf Ludwigs gegen Papst Johann XXII. und die Rolle der Gelehrten am Münchner Hof, in: Wittelsbach und Bayern, Bd. I/1: Die Zeit der frühen Herzöge, Katalog München 1980, S. 388–397.

Ferdinand Seibt: Die Krone auf dem Hradschin

1 Die Erinnerung an den 600. Todestag Karls IV. war für Forschung und Öffentlichkeit ein nachdrücklicher Impuls, sich dieses «Friedenskaisers» besonders anzunehmen. In Nürnberg auf der Kaiserburg fand eine Gedenkausstellung statt, die eine Viertelmillion Menschen anzog. Dazu gab es den Sammelband: Karl IV., Staatsmann und Mäzen, mit einer Zusammenschau unseres Wissens und zahlreichen Abbildungen. Einen Überblick der ungewöhnlich zahlreichen großen und kleinen fachwissenschaftlichen Veröffentlichungen lieferte Moraw, P., Kaiser Karl IV. Ertrag und Konsequenzen eines Gedenkjahrs, in: Politik, Gesellschaft, Geschichtsschreibung. Giessener Festgabe für František Graus, Ludat, H./Schwinges, R. Chr. (Hgg.), Köln u. a., 1982. 1978 erschien meine Darstellung über Leben und Leistung des Herrschers: Karl IV. Ein Kaiser in Europa, 1346–1378, München [5]1985. Kürzlich veröffentlichte Heinz Stoob eine zweite große Untersuchung: Kaiser Karl IV. und seine Zeit, Graz u. a. 1990.

2 Richter, K., Die böhmischen Länder im Früh- und Hochmittelalter, in: Handbuch der Geschichte der böhmischen Länder, Bd. 1, Bosl, K. (Hg.), Stuttgart 1967; Hoensch, J. K., Geschichte Böhmens von der Landnahme bis ins 20. Jahrhundert. Zu den böhmischen Ursprungssagen vgl. Karbusický, V., Anfänge der historischen Überlieferung in Böhmen. Ein Beitrag zum vergleichenden Studium der mittelalterlichen Sängerepen, Köln u.a. 1980.

3 Die Baugeschichte der Prager Burg in deutscher Sprache vom langjährigen Leiter der Ausgrabungen Borkovský, I., Die Prager Burg zur Zeit der Przemyslidenfürsten, 1972.

4 Die Unterschiede und die Gemeinsamkeiten der frühen Herrschaftsbildungen im westlichen und im östlichen Europa habe ich im Überblick gezeigt in: Glanz und Elend des Mittelalters, als Taschenbuch zuletzt München [3]1993.

5 Eine Vorstellung von diesem erst in den letzten Jahren erarbeiteten Verständnis für die Verbindung zwischen Herrschaft und Heiligkeit vermittelt das kürzlich erschienene Buch von Swinarski, U., Herrschen mit den Heiligen, Bern u. a. 1991.

6 Machilek, F., Praga caput regni. Zur Entwicklung und Bedeutung Prags im Mittelalter, in: Studien zum Deutschtum im Osten 17, 1984, Rothe, H. (Hg.). Hier findet man die ausführlichsten Literaturhinweise zur alten Prager Ge-

schichte. Darüber hinaus verdient eine Anmerkung, daß eine jüdische Quelle noch im 16. Jh. die Altstadt Prag mit dem alternativen Namen «Zwischen den Burgen», das heißt zwischen Hradschin und Vyschehrad, bezeichnet; Germania Judaica, Bd. 1, Neudruck Tübingen 1963.

7 Ibrahim Ibn Jakub heißt der reisende Kaufmann, dessen Bericht von etwa 980 sich erhalten hat. Dazu Richter (wie Anm. 2).

8 Das sogenannte Privileg des Herzogs Sobieslaw findet man nach den Angaben bei Richter (wie Anm. 2). Zu seiner Beurteilung mein Buch: Deutschland und die Tschechen. Geschichte einer Nachbarschaft in der Mitte Europas, München ²1993.

9 Zum Schicksal der Prager Judengemeinde sind alle bekannten Angaben in dem großen Nachschlagewerk GERMANIA JUDAICA zusammengetragen, hier in den Bänden I–III, 1934–1993. Den Bauzustand des mittelalterlichen Ghettos kann man in einem Rückblick aus etwas späterer Zeit erkennen in dem Band von Muneles, O./Herman, J., Prague Ghetto in the Renaissance Period, Prag 1965.

10 In einem von E. Meynen 1954 herausgegebenen Sudentendeutschen Atlas findet man Kartendarstellungen über die Verbreitung der Stadtrechtsmodelle in Böhmen. Dort ist auch die Zuwanderung der Bürger nach Prag im 14. Jahrhundert dargestellt.

11 Zur berühmten «Karlsbrücke» vgl. E. Bachmann in dem von K. M. Swoboda 1969 herausgegebenen Kunstband: Gotik in Böhmen, München 1969.

12 Polc, J., Agnes von Böhmen (1211–1282). Königstochter, Äbtissin, Heilige, München 1989.

13 Behr, H. J., Literatur als Machtlegitimation. Studien zur Funktion der deutschsprachigen Dichtung am böhmischen Königshof im 13. Jh., München 1989.

14 Dazu meine Darstellung über die Zeit der Luxemburger in dem von K. Bosl herausgegebenen Handbuch der Geschichte der böhmischen Länder, Bd. 1, 1967; und den Abriß der böhmischen Geschichte von F. Šmahel in dem von mir herausgegebenen 2. Band von Schieders Handbuch der europäischen Geschichte, Stuttgart 1987.

15 Karls Bautätigkeit läßt sich an seiner Biographie kontinuierlich verfolgen. Einzelbeiträge in dem von mir herausgegebenen Sammelband über ihn als Staatsmann und Mäzen gelten besonderen Unternehmungen und dem Gedankengeflecht seiner Herrschaftsdarstellung. Eine besondere kunstgeschichtliche Würdigung der Objekte, die großenteils der Bauhütte der Parler zugeschrieben werden, findet man in dem vierbändigen Katalogwerk: Die Parler und der Schöne Stil, mit dem 1978 Anton Legner seine große Parler-Ausstellung in Köln begleitete.

16 Karls Autobiographie bis zu seinem dreißigsten Lebensjahr ist mehrfach herausgegeben worden, zuletzt von E. Hillenbrand, Stuttgart 1979, mit deutscher Übersetzung und Kommentaren.

17 Karls Neustadtgründung in meiner Biographie (wie Anm. 1).

18 Die Neustadtplanung wurde ausführlich beschrieben und rekonstruiert von Lorenc, V., Das Prag Karls IV. Die Prager Neustadt, Stuttgart 1982.

19 1973, zur 1000-Jahrfeier der Prager Bistumsgründung, habe ich den umfangreichen Sammelband «Bohemia Sacra» zur Geschichte der Christenheit in den

böhmischen Ländern herausgegeben. Dort ist auch die Erhebung Prags zum Erzbistum dargestellt. Zudem berichten alle Lebensbeschreibungen Karls ausführlich von den diplomatischen Aktionen in diesem Zusammenhang.

20 Eingehend hat dies P. Moraw untersucht: Die Mittelpunktsfunktion Prags im Zeitalter Karls IV., in: Giessener Abhandlungen zur Agrar- und Wirtschaftsforschung des europäischen Ostens, Bd. 100, Berlin 1980. Dort sind auch sachgerechte Überlegungen zur Möglichkeit und zur Wirklichkeit einer zeitgenössischen «Herrschaftszentrale» zu finden und gründliche Recherchen über die entsprechenden Aktivitäten Kaiser Karls.

Alfred Kohler: Die entrückte Macht

1 Quellen zur Geschichte Karls V., Kohler, A. (Hg.) (Ausgewählte Quellen zur deutschen Geschichte der Neuzeit, Bd. 15), Darmstadt 1990, S. 466.

2 Ebenda, S. 46 f.

3 Ebenda, S. 44 f.

4 Ebenda, S. 45.

5 Lutz, H., Das Ringen um deutsche Einheit und kirchliche Erneuerung. Von Maximilian I. bis zum Westfälischen Frieden, 1490 bis 1648 (Propyläen Geschichte Deutschlands, Bd. 4), Frankfurt a. M.–Berlin 1983, S. 206.

6 Quellen (wie Anm. 1), S. 74.

7 Tyler, R., Kaiser Karl V., Stuttgart 1959, S. 58.

8 Quellen (wie Anm. 1), S. 137.

9 Die Korrespondenz Ferdinands I., Bauer, W. (Hg.) (Veröffentlichungen der Kommission für Neuere Geschichte Österreichs, Bd. 11), Wien 1912, S. 217 (französisches Originalschreiben vom 7./20. September 1524).

10 Die Korrespondenz Ferdinands I., Wolfram, H./Thomas, C. (Hgg.) (Veröffentlichungen der Kommission für Neuere Geschichte Österreichs, Bd. 58), Wien 1973, S. 38 f. (französisches Original vom 12. Februar 1531).

11 Quellen (wie Anm. 1), S. 119.

12 Ebenda, S. 121.

13 Ebenda, S. 147 f.

14 Ebenda, S. 206.

15 Ebenda, S. 468.

16 Brandi, K., Kaiser Karl V. Werden und Schicksal einer Persönlichkeit und eines Weltreiches, Bd. 1, München [7]1964, S. 11 f.

Christiane Thomas: Geburt der Donaumonarchie

1 Relationen venetianischer Botschafter über Deutschland und Österreich im sechzehnten Jahrhundert, Fiedler, J. (Hg.) (Fontes Rerum Austriacarum, 2. Abt. 30. Band), Wien 1870, S. 272.

2 I Diarii di Marino Sanuto, ed. Guglielmo Berchet, Niccolò Barozzi, Marco Allegri, tom. 36, Venezia 1893, Berichterstattung des venetianischen Gesandten bei Ferdinand, Carlo Contarini, für August 1524, col. 568, 579–581.

3 Rill, G., Petrus Julianus. Daten und Hintergründe eines Verrates (1524/26), in: Mitteilungen des Oberösterreichischen Landesarchivs 14, 1984, S. 38 mit Anm. 59.

4 Káldy-Nagy, Gy., Suleimans Angriff auf Europa, in: Acta Orient. Hung. 28/2, 1974, S. 180.

5 Wolfgang Schmeltzl. Der Wiener Hans Sachs, Triebnigg, E. (Hg.), Wien 1915, S. 70.

6 Sigmunds von Herberstein Selbstbiographie MCCCCLXXXVI bis MDLIII, Karajan, Th. G. v. (Hg.) (Fontes Rerum Austriacarum, 1. Abt. 1. Band), Wien 1855, S. 265.

7 Hummelberger, W./Peball, K., Die Befestigungen Wiens (Wiener Geschichtsbücher 14), Wien–Hamburg 1974, S.29, 40: Die Kurtinen – zwischen 20–30 m breite und 6–8 m hohe Mauerwälle – verbinden die bis zu 300 m voneinander entfernten Bastionen. Der «gedeckte Weg» war zwischen 7 und 9 m breit. Die Rückseite der Ravelins wurde durch Palisaden geschützt.

8 Relazioni degli ambasciatori Veneti al Senato, raccolte, annotate, ed edite da Eugenio Albèri, serie 1 vol. 1, Florenz 1839, S. 383 f.

9 Le Relazioni degli ambasciatori Veneti al Senato durante il secolo decimosesto, raccolte ed illustrate da Eugenio Albèri, serie 1 vol. 6, Florenz 1862, S. 100.

10 Relationen, (wie Anm. 1) S. 329.

11 Relazioni degli ambasciatori Veneti al Senato, ed. Eugenio Albèri, serie 3 vol. 3, Florenz 1855, S. 158 f.

12 Relationen, (wie Anm. 1) S. 329.

13 Lhotsky, A., Die Geschichte der Sammlungen, 1. Hälfte (Festschrift des Kunsthistorischen Museums 2. Teil) Wien 1941–1945, S. 140–142, 154.

Achatz von Müller: Magie und Macht

1 Es handelt sich um den Bericht Otto Forstenheusers. Den Eindruck des «drunter und drüber» vermittelt ihm der kaiserliche Rat Barvitius, durchaus sonst dem Kaiser zugetan. Der Bericht bei Stieve, F., Die Verhandlungen über die Nachfolge Kaiser Rudolf's II. in den Jahren 1581–1602 (Abh. d. hist. Clas. d. bayer. Acad. d. Wissenschaften 15, Abt. I, S. 1–160), S. 152 f.

2 Schweinichen war als Gesandter Herzog Friedrichs IV. mehrfach in Prag. Der hier zitierte Passus bezieht sich auf seine Gesandtschaft im April 1595. Hans Popp war der erste in der Reihe der mächtigen und skandalumwitterten Kammerdiener des Kaisers. Ihm folgten, nachdem er 1598 geadelt worden war, Hieronymus Machowsky und nach diesem der später (1608/9) durch einen Prozeß «gestürzte» Philipp Lang, von dem es hieß: «Habe ich Lang, so habe ich den Kaiser, habe ich ihn nicht, so habe ich gar nichts». Vgl. Hurter, F., Philipp Lang, Kammerdiener Kaiser Rudolph's II. Eine Criminalgeschichte aus dem Anfang des siebzehnten Jahrhunderts, Schaffhausen 1851. Der Bericht Schweinichens in seiner Autobiographie: Lieben, Lust und Leben der Deutschen des sechzehnten Jahrhunderts in den Begebenheiten des Schlesischen Ritters Hans von Schweinichen, von ihm selbst aufgesetzt, Büsching, J. G. (Hg.), III, Breslau 1823, S. 95.

3 Vgl. Evans, R. J., Rudolf and his World. A Study in Intellectual History, Oxford ²1984, S. 74.

4 Epistulae et Acta Johannis Stephani Ferrerii 1604–7, I, Kirsten, Z. (Hg.), Prag 1944, S. 63.

5 Burton, R., Anatomie der Melancholie. Über die Allgegenwart der Schwermut, ihre Ursachen und Symptome sowie die Kunst, es mit ihr auszuhalten, Zürich–München 1988, S. 127 f.

6 Hurter, F., Philipp Lang, Kammerdiener Kaiser Rudolph's II. Eine Criminalgeschichte aus dem Anfang des siebzehnten Jahrhunderts, Schaffhausen 1851, S. 53.

7 Gerlach, W., Johannes Kepler, in: Die Konstituierung der neuzeitlichen Welt (Exempla Historica 27), Frankfurt a. M. 1984, S. 190.

8 Reisen und Gefangenschaft Hans Ulrich Kraffts, Haszler, K. D. (Hg.) (Bibliothek des Literarischen Vereins 61), Stuttgart 1861, S. 389. Krafft weilte in «Reisediensten» des Freiherrn von Obersdorf Weihnachten 1584 in Prag.

9 Briefe und Akten zur Geschichte des Dreißigjährigen Krieges, Bd. VI: Vom Reichstag 1806 bis zur Gründung der Liga, Stieve, F. (Hg.), München 1895, S. 49.

10 Melchior Goldast, Tagebuch, Schecker, H. (Hg.), in: Abhandlungen und Vorträge der Bremer Wissenschaftlichen Gesellschaft 5, H. 4, 1931, S. 264. Goldast war der letzte, der die Leiche des Kaisers vor der Bestattung zu Gesicht bekam. Er berichtet, der Kaiser habe weder gebeichtet noch die Sterbesakramente empfangen wollen. Das Gesicht des Toten zeige darüber keine Zerknirschung.

11 Komenský (Comenius), J. A., Historie o težkých Protivenstvích Církve Česke, Prag 1952, S. 86–88.

Karl Otmar von Aretin: Das Reich kommt zur Ruhe

1 Pachner von Eggenstorf, J. J., Vollständige Sammlung aller vom Anfang des noch fürwährenden teutschen Reichstags de anno 1663 bis anhero abgefassten Reichsschlüsse, 4 Teile, Regensburg 1740–1777.

2 Zu nennen wäre hier insbesondere Schindling, A., Die Anfänge des Immerwährenden Reichstages zu Regensburg. Ständevertretung und Staatskunst nach dem Westfälischen Frieden, Mainz 1991.

3 Vgl. Handwörterbuch zur Rechtsgeschichte, Bd. 2, 1978, Sp. 312. Hier wird absurderweise auf den Artikel «Jüngster Reichsabschied» verwiesen, welcher Sp. 460 ff. den Reichsabschied des letzten abgeschlossenen Reichstags vom 17. Mai 1654 bringt, der natürlich über den Immerwährenden Reichstag kein Wort enthält.

4 Moser, J. J., Neues Teutsches Staatsrecht, Bd. 6, Frankfurt a. M. 1770, S. 810.

5 Schindling (wie Anm. 2), S. 241.

6 Zitiert nach Aretin, K. O. von, Vom Deutschen Reich zum Deutschen Bund, Göttingen 1980, S. 41.

Michael Stürmer: Der Glanz Preußens

1 Boswell on the Grand Tour, Germany and Switzerland, 1764, Pottle, F. A. (Hg.), London 1953, S. 19.

2 Reeve, H., Aus einem unpublizierten Reisebericht, Frankfurter Allgemeine Zeitung, 6. 4. 1974.

3 Schieder, Th., Friedrich der Große. Ein Königtum der Widersprüche, Frankfurt a. M. 1983.

4 Manger, H. L., Baugeschichte von Potsdam besonders unter der Regierung Friedrichs des Zweiten, 3 Bde., Berlin 1788–1790, Bd. 3, S. 774 f.

5 Manger (wie Anm. 4).

Hans-Otto Schembs: Auf neutralem Boden

1 Schwemer, R., Geschichte der freien Stadt Frankfurt a. M. (1814–1866), 3 Bde., Frankfurt a. M. 1910–1918, Bd. 1, S. 124.

2 Ebenda, S. 124.

3 Ebenda, S. 125.

4 Acten des Wiener Congresses in den Jahren 1814 und 1815, Klüber, J. L. (Hg.), Erlangen 1815–1835, Bd. 6, S. 421 f.

5 Schwemer (wie Anm. 1), S. 126.

6 Hector Berlioz, Musikalische Reise in Deutschland, 1843, zitiert nach: Frankfurt am Main im Spiegel alter Reisebeschreibungen vom 15. bis zum 19. Jahrhundert, Frankfurt a. M. 1939, Nachdruck Frankfurt a. M. 1984, S. 196 f.

7 Protokolle der Deutschen Bundesversammlung 1816, S. 1–3.

8 Stiebel, F., Jugenderinnerungen eines alten Frankfurters, Frankfurt a. M. 1896, S. 8.

9 Institut für Stadtgeschichte Frankfurt a. M., Protokolle des Großen Rats 1833.

10 Wochenschrift des Nationalvereins, 24. 10. 1862.

11 Bismarck, O. Fürst von, Die gesammelten Werke, 15 Bde., Berlin 1924–1935, Bd. 14, 1, S. 210.

12 Ebenda, S. 213.

13 Zitiert nach Robolsky, H., Bismarck in Frankfurt, Leipzig 1885, S. 18 f.

14 Privatschreiben an Minister Manteuffel 14. 3. 1858, in: Bismarck, (wie Anm. 11), Bd. 2, S. 294–299.

15 Bismarck (wie Anm. 11), Bd. 14, 1, S. 492.

16 Siehe: Clotilde Koch-Gontard an ihre Freunde. Briefe und Erinnerungen aus der Zeit der deutschen Einheitsbewegung 1843–1869, Klötzer, W. (Bearb.), Frankfurt a. M. 1969, S. 274, Anm. 1.

17 Gall, L., Bismarck. Der weiße Revolutionär, Frankfurt a. M. 1980, S. 128; Bothe, F., Die Geschichte der Stadt Frankfurt am Main, Frankfurt a. M. ³1929, (erw.) Nachdruck ebenda 1977, S. 300.

18 Denkschrift vom März 1858 an den Prinzen von Preußen, zitiert nach Gebhardt, B., Handbuch der deutschen Geschichte, Bd. 3, Stuttgart ⁹1973, S. 178.

19 Einladung zum Fürstentag, zitiert nach Engelberg, E. (Hg.), Im Widerstreit um die Reichsgründung, Berlin 1970, S. 190.

20 Ansprache Sr. K.K. Apostolischen Majestät an die versammelten Fürsten. Nebst Entwurf einer Reformacte des Deutschen Bundes, 1863.

21 Frankfurter Journal, 15. 6. 1866.

22 Frankfurter Latern, 31. 5. 1866.

23 Augsburger Allgemeine Zeitung, 21. 7. 1866.

Lothar Gall: *Frankfurt als Sitz des Paulskirchenparlaments*

1 Verhandlungen der Stände-Versammlung des Großherzogtums Baden im Jahre 1831, 26. Heft, S. 276 ff.: Beil. z. Prot. v. 15. Oktober 1831.

2 Ebenda, 1843/44, 3. Protokollheft, S. 381 ff.

3 «Das elende Frankfurt!», charakterisierte er einmal seine Geburtsstadt: «Es ist als läge ihm daran, daß ich meinen Haß nicht vergesse und nie aufhöre es zu verachten. Nirgends, in keinem monarchischen Staate, habe ich so viele eitle Regierungssucht gefunden als dort. Und eine Zeit wie die unsere, eine Kupplerin wie die deutsche Bundesversammlung haben noch gefehlt, die Bestialität recht hervortreten zu lassen ... Der Senat kommt mir vor wie der Hahn auf alten künstlichen Turmuhren, welcher die Stunde kräht. Was die Räder und Federn der Bundesversammlung im verborgenen treiben, das kräht unser Senat für ganz Deutschland aus, daß jeder wisse, welche Zeit es ist. Eine Seele von Messing – der Ekel geht mir bis an den Hals hinauf.» «Gewiß einer der engsten, spitzesten Krähwinkel, die es in Deutschland geben mag» und zugleich, mit dem Bundestag, ein «Hauptquartier der Dummheit», heißt es an anderer Stelle: zitiert nach Estermann, A., Börne über Frankfurt, in: Ludwig Börne und Frankfurt am Main. Vorträge zur zweihundertsten Wiederkehr seines Geburtstages am 6. Mai 1986, Frankfurt a. M. 1987, S. 81 ff., hier S. 81, 91 u. 93.

4 An Jeanette Wohl, 30. Januar 1832, in: Ludwig Börne, Sämtliche Schriften, Rippmann, I. u. P. (Bearbb. u. Hgg.), Düsseldorf 1964–85. Vgl. dazu Estermann, Börne über Frankfurt (wie Anm. 3), u. Klötzer, W., Börne in seiner Vaterstadt Frankfurt, in: Ludwig Börne und Frankfurt am Main (wie Anm. 3), S. 39 ff.

5 Johann Peter Eckermann, Gespräche mit Goethe in den letzten Jahren seines Lebens, Houben, H. H. (Hg.), Wiesbaden 1975, S. 532 f.

6 Zitiert nach Valentin, V., Frankfurt am Main und die Revolution von 1848/49, Stuttgart–Berlin 1908, S. 241 f. Zu den Traditionen auch Gall, L., Frankfurt als deutsche Hauptstadt? in: Akten des 26. Deutschen Rechtshistorikertages, Simon, D. (Hg.), Frankfurt a. M. 1987, S. 1 ff.

7 Reichsgesetz über die Einführung einer provisorischen Zentralgewalt für Deutschland v. 28. Juni 1848, abgedr. in: Dokumente zur deutschen Verfassungsgeschichte, Huber, E. R. (Hg.), Bd. 1, Stuttgart 1961, S. 276.

8 Aktenstücke und Aufzeichnungen zur Geschichte der Frankfurter Nationalversammlung aus dem Nachlaß von Johann Gustav Droysen, Hübner, R. (Hg.), Berlin–Leipzig 1924, S. 55. Es handelte sich um die Paragraphen 6 und 18 des Entwurfes des sogenannten Siebzehnerausschusses.

9 So der Abgeordnete Tellkampf in einer Sitzung des Verfassungsausschusses der Nationalversammlung am 18. Dezember 1848: Aktenstücke und Aufzeichnungen (wie Anm. 8), S. 315.

10 Ebenda, S. 316.

11 Art. 1, § 71, in: Dokumente zur deutschen Verfassungsgeschichte, Huber, E. R. (Hg.), Bd. 1, Stuttgart 1961, S. 311.

12 Haym, R., Die deutsche Nationalversammlung bis zu den Septemberereignissen. Ein Bericht aus der Partei des rechten Centrum, Frankfurt a. M. 1848, S. 241.

13 Wigard, F. (Hg.), Stenographischer Bericht über die Verhandlungen der deutschen constituirenden Nationalversammlung zu Frankfurt am Main, Bd. 9, Frankfurt a. M. 1849, S. 6783.

14 Zu den entsprechenden Verhandlungen des Verfassungsausschusses am 18. Dezember 1848 vgl. Droysen (wie Anm. 8), S. 315 ff.

15 Stenographischer Bericht über die Verhandlungen der deutschen constituirenden Nationalversammlung zu Frankfurt am Main, Wigard, F. (Hg.), Bd. 7, Frankfurt a. M. 1849, S. 4873.

16 Josef von Radowitz, Nachgelassene Briefe und Aufzeichnungen zur Geschichte der Jahre 1848–1853, Möring, W. (Hg.), Stuttgart–Berlin 1922, S. 72.

17 Heyner, C., Das erste Bundesschießen in Deutschland, abgehalten zu Frankfurt a. M. im Juli 1862, Frankfurt a. M. 1862, S. 1, zitiert nach Gruppe-Kelpanides, H., Das Frankfurter Bundesschießen von 1862 – ein «nationales Verbrüderungsfest». Eine Untersuchung zu deutschen Nationalfesten zwischen 1859 und 1866, in: Hess. Blätter f. Volks- und Kulturforschung 4, 1977, S. 19 ff., hier S. 24.

18 Vgl. Lübbecke, F., Das Palais Thurn und Taxis zu Frankfurt am Main, Frankfurt a. M. 1955, S. 422 f.

19 Wiederabgedr. in: Frankfurt 1866. Eine Dokumentation aus deutschen Zeitungen, Klötzer, W. (Hg.), Frankfurt a. M. 1966, S. 174.

20 Ebenda, S. 294.

21 Schreiben des Oberbürgermeisters an Wilhelm I. v. 24. Dezember 1870 auf Beschluß des Magistrats vom 20. Dezember: Stadtarchiv Frankfurt am Main: Magistratsakten, R. 142.

22 Schreiben des Oberbürgermeisters an Bismarck vom selben Tag: Ebenda (beides im Entwurf).

23 In diesem Sinne beschloß der Magistrat der Stadt Frankfurt am 10. November 1918, einen Tag nach Ausbruch der Revolution und der Etablierung des Rats der Volksbeauftragten unter Friedrich Ebert in Berlin, auf Antrag der Linksliberalen, «noch erfüllt von der großen Überlieferung des Jahres 1848», die Reichsregierung zu bitten, «die verfassunggebende Nationalversammlung nach Frankfurt in die Paulskirche zu entbieten, deren Pforten sich vor allem auch den Abgeordneten Deutsch-Österreichs öffnen würden»: vgl. dazu Hollenberg, G., Bürgertum und Revolution in Frankfurt a. M. 1918/19, in: Blätter für deutsche Landesgeschichte 115, 1979, S. 69 ff., hier bes. S. 113, u. Rebentisch, D., Ludwig Landmann. Frankfurter Oberbürgermeister der Weimarer Republik (Frankfurter Historische Abhandlungen, Bd. 10), Frankfurt a. M. 1975, bes. S. 82 f.

Wolfgang J. Mommsen: Kaisermacht und Bürgerstolz

1 Die politischen Reden des Fürsten Bismarck, Kohl, H. (Hg.), Bd. 4, Berlin 1922, S. 441.

2 Am 6. Dezember 1870. Johannes von Miquel, Reden, Schultze, W./Thimme, F. (Hgg.), Bd. 2, Halle [2]1912, S. 54.

3 Heine, H., Briefe aus Berlin. Erstveröffentlichung 1822 im Rheinisch-Westfälischen Anzeiger.

4 Die politischen Reden des Fürsten Bismarck, Kohl, H. (Hg.), Bd. 5, Berlin 1922, S. 5.

5 Stoltenberg, G., Der deutsche Reichstag 1871–1873 (Beiträge zur Geschichte des Parlamentarismus und der Parteien, Bd. 7), Düsseldorf 1955, S. 39.

6 Herzfeld, H., Berlin als Kaiserstadt und Reichshauptstadt 1871–1945, in: Ders., Ausgewählte Aufsätze, Berlin 1962, S. 281–313, hier S. 287.

7 Mommsen, W. J., Der autoritäre Nationalstaat. Verfassung, Gesellschaft und Kultur im deutschen Kaiserreich, Frankfurt a. M. 1990, S. 275 f.

8 Kulhoff, B., Bürgerliche Selbstbehauptung im Spiegel der Kunst. Untersuchungen zur Kulturpublizistik der Rundschauzeitschriften im Kaiserreich (1871–1914), Bochum 1990, S. 199.

9 Herzfeld, H., Berlin als Kaiserstadt und Reichshauptstadt 1871–1945, Anlage 2, in: Ders., Ausgewählte Aufsätze, Berlin 1962, S. 311.

10 Die Politischen Reden des Fürsten Bismarck, Kohl, H. (Hg.), Bd. 6, Berlin 1922, S. 196 f.

11 Cullen, M. S., Der Reichstag. Die Geschichte eines Monumentes, Münsterschwarzbach 1983, S. 117.

Wolfgang Benz: Die Klassiker als Nothelfer

1 Döblin, A., Geleitwort zu dem Photoband: Bucovich, M. von Berlin, Berlin 1928, S. VII–XII.

2 Scheidemann, Ph., Memoiren eines Sozialdemokraten, Bd. 2, Dresden 1928, S. 311 f.

3 Reichsanzeiger, 12. 11. 1918, zitiert nach Malanowski, W., Novemberrevolution 1918. Die Rolle der SPD, Frankfurt a. M. 1969, S. 148.

4 Reichsanzeiger, 9. 1. 1919, zitiert nach Malanowski (wie Anm. 3), S. 167.

5 Reuter, E., Artikel, Briefe, Reden 1922–1946, Bd. 2, Reichhardt, H. J. (Bearb.), Berlin 1973, S. 208.

6 Zitiert nach Köhler, H., Berlin in der Weimarer Republik (1918–1932), in: Geschichte Berlins, Ribbe, W. (Hg.), München 1987, Bd. 2, S. 866 f.

7 Roth, J., Juden auf Wanderschaft, Berlin, in: Im Scheunenviertel. Bilder, Texte und Dokumente, Geisel, E. (Hg.), Berlin 1981, S. 76 f.

8 Harry Graf Kessler, Tagebücher 1918–1937, Pfeiffer-Belli, W. (Hg.), Frankfurt a. M. 1961, S. 326 (27. 6. 1922).

9 Zuckmayer, C., Als wär's ein Stück von mir. Horen der Freundschaft, Frankfurt a. M. 1986, S. 324.

10 Schmidt, E. R., Meine Jugend in Groß-Berlin. Triumph und Elend der Arbeiterbewegung 1918–1933, Bremen 1988, S. 112 f.

11 Kessler, H. Graf, Die Kinderhölle in Berlin, Berlin 1921, S. 5.

12 Wrobel, I., Ein Schrei aus der Not, in: Weltbühne 16, 1920, Nr. 50, S. 686.

13 Die Tagebücher von Joseph Goebbels. Sämtliche Fragmente, Fröhlich, E. (Hg.), München 1987, Teil I, Bd. 2, S. 270 (4. 11. 1932).

14 Vogelsinger, W., Nicht verloren gegangen, Mannheim 1988, S. 72 f.

Hans-Ulrich Thamer: *Triumph und Tod eines Diktators*

1 Meldungen aus dem Reich. Die geheimen Lageberichte des Sicherheitsdienstes der SS 1938–1945, Boberach, H. (Hg.), Bd. 13, Herrsching 1984, S. 5217.

2 Steinbach, P., Berlin unter dem Nationalsozialismus, in: Berlin im Europa der Neuzeit. Ein Tagungsbericht, Ribbe, W./Schmädecke, J. (Hgg.), Berlin–New York 1990, S. 317.

3 Steinbach (wie Anm. 2), S. 319.

4 Zitiert bei Winterhager, W. E., Berlin als Zentrum des deutschen Widerstandes, in: Ribbe/Schmädecke (wie Anm. 2), S. 383.

5 Helmuth James von Moltke, Briefe an Freya 1939–1945, Ruhm von Oppen, B. (Hg.), München 1988, S. 32 f.

6 Brügel, J. W./Frei, N., Berliner Tagebuch 1932–1934. Aufzeichnungen des tschechoslowakischen Diplomaten Camill Hoffmann, in: Vierteljahreshefte für Zeitgeschichte 36 (1988), S. 171.

7 Kennan, G. F., Memoiren eines Diplomaten, Stuttgart 1986, S. 116.

8 So Bethge, W., Berlins Geschichte im Überblick 1237–1987, Berlin 1987, S. 111 f., zitiert nach Winterhager Widerstandes (wie Anm. 4), S. 379.

9 So das Urteil von Herzfeld, H., Berlin auf dem Wege zur Weltstadt, in: Berlin. Zehn Kapitel seiner Geschichte, Dietrich, R. (Hg.), Berlin 1960, S. 263.

10 Die Tagebücher von Joseph Goebbels. Sämtliche Fragmente, Fröhlich, E. (Hg.), Teil I: Aufzeichnungen 1924–1941, Bd. 1, 1924–1930, München 1987, S. 586.

11 Ebenda, S. 604.

12 Diels, R., Lucifer ante portas. Es spricht der erste Chef der Gestapo, Stuttgart 1950, S. 188.

13 Francois-Poncet, A., Als Botschafter in Berlin 1931–1938, Mainz 1947, S. 271.

14 Max Kommerell. Briefe und Aufzeichnungen 1919 bis 1944, Jens, I. (Hg.), Olten/Freiburg 1967, S. 35.

15 Hitler. Reden und Proklamationen 1932–1945, Domarus, M. (Hg.), Bd. 1, München 1965, S. 765.

16 Rede Hitlers vom 10. 2. 1939, zitiert nach Hitlers Städte. Baupolitik im Dritten Reich, Dülffer, J./Thies, J./Henke, J. (Hgg.), Köln–Wien 1978, S. 297.

17 Ebenda, S. 36.

18 Smith, H. K., Feind schreibt mit. Ein amerikanischer Korrespondent erlebt Nazi-Deutschland, Berlin 1982, S. 119.

19 Lange, H., Tagebücher aus dem Zweiten Weltkrieg, Schäfer, H. D. (Hg.), Mainz 1979, S. 207.

20 Bonhoeffer, E., Licht aus altem Graun, in: Der 20. Juli. Reden zu einem Tag der deutschen Geschichte, Informationszentrum Berlin (Hg.), Bd. 1. Berlin 1984, S. 181; zitiert nach Steinbach (wie Anm. 2), S. 321.

21 Ursachen und Folgen. Vom deutschen Zusammenbruch 1918 und 1945 bis zur staatlichen Neuordnung Deutschlands in der Gegenwart. Eine Urkunden- und Dokumentensammlung zur Zeitgeschichte, Michaelis, H./Schraepler, E. (Hgg.), Bd. 23, Berlin 1976, S. 225.

Literatur

Hartmut Boockmann: Aachen

Berges, W., Das Reich ohne Hauptstadt, in: Jahrbuch für die Geschichte des Deutschen Ostens 1, 1952, S. 1–29.

Beumann, H., Grab und Thron Karls des Großen zu Aachen, in: Ebenda, Bd. 4, Düsseldorf 1967, S. 9–38.

Brühl, C., Zum Hauptstadtproblem im frühen Mittelalter, in: Festschrift für Harald Keller, Darmstadt 1963, S. 45–70.

Flach, D., Untersuchungen zur Verfassung und Verwaltung des Aachener Reichsgutes, Göttingen 1976.

Grimme, E. G., Der Aachener Domschatz (Aachener Kunstblätter 42), Düsseldorf 1972.

Heimpel, H., Hauptstädte Großdeutschlands, in: Deutsches Mittelalter, Leipzig 1941, S. 144–159.

Hugot, L., Die Pfalz Karls des Großen in Aachen, in: Ebenda, Bd. 3, Düsseldorf 1965, S. 534–572.

Kaemmerer, W., Die Aachener Pfalz Karls des Großen in Anlage und Überlieferung, in: Karl der Große. Lebenswerk und Nachleben, Bd. 1, Braunfels, W./Schramm, P. E. (Hgg.), Düsseldorf 1965, S. 322–348.

Meuthen, E., Barbarossa und Aachen, in: Rheinische Vierteljahresblätter 39, 1975, S. 420–454.

Schulte, A., Die Kaiser- und Königskrönungen zu Aachen 813–1531 (Rheinische Neujahrsblätter 3), Bonn 1924.

Peter Moraw: Die Reichsregierung reist

Althoff, G./Keller, H., Heinrich I. und Otto der Große, 2 Bde., Göttingen 1985.

Althoff, G., Huld, in: Frühmittelalterliche Studien 25, 1991, S. 259–282.

Brühl, C., Fodrum, Gistum, Servitium regis, Köln–Graz 1968.

Hauptstadt: Zentren, Residenzen, Metropolen in der deutschen Geschichte, Baumunk, B.-M./Brunn, G. (Hgg.), Köln 1989.

Haverkamp, A., Aufbruch und Gestaltung, Deutschland 1056–1273 (Neue Deutsche Geschichte, Bd. 2), München 1984.

Keller, H., Zwischen regionaler Begrenzung und universalem Horizont. Deutschland im Imperium der Salier und Staufer 1024 bis 1250, Berlin 1986 (Propyläen Geschichte Deutschlands, Bd. 2).

Martin, Th., Die Pfalzen im 13. Jahrhundert, in: Herrschaft und Stand, Fleckenstein, J. (Hg.), Göttingen 1977, S. 277–301.

Meuthen, E., Karl der Große – Barbarossa – Aachen, in: Karl der Große. Lebenswerk und Nachleben, Bd. 4, Braunfels, W./Schramm, P. E. (Hgg.), Düsseldorf 1967, S. 54–76.

Moraw, P., Das Hauptstadtproblem in der deutschen Geschichte, in: Damals 24, 1992, S. 246–271.

Müller-Mertens, E., Die Reichsstruktur im Spiegel der Herrschaftspraxis Ottos des Großen, Berlin 1980.

Nord und Süd in der deutschen Geschichte des Mittelalters, Paravicini, W. (Hg.), Sigmaringen 1990.

Opll, F., Das Itinerar Kaiser Friedrich Barbarossas (1152–1190), Wien–Köln–Graz 1978.

Petersohn, J., St. Denis – Westminster – Aachen, in: Deutsches Archiv für Erforschung des Mittelalters 31, 1975, S. 420–454.

Prinz, F., Grundlagen und Anfänge, Deutschland bis 1056 (Neue Deutsche Geschichte, Bd. 1), München 1985.

Die Salier und das Reich, Weinfurter, St. (Hg.), Sigmaringen ²1992.

Die Zeit der Staufer, 5 Bde., Stuttgart 1977–1979.

Theo Kölzer: Herrschen aus der Ferne

Benzinger, J., Invectiva in Roman. Romkritik im Mittelalter vom 9. bis zum 12. Jahrhundert, Lübeck 1968.

Cantarella, G. M., La Sicilia e i Normanni. Le fonti del mito, Bologna 1988.

Classen, P., Causa imperii. Probleme Roms in Spätantike und Mittelalter, in: Das Hauptstadtproblem in der Geschichte. Festgabe zum 90. Geburtstag von Friedrich Meinecke, Tübingen 1952, S. 225–248.

Elze, R., Die «Eiserne Krone» von Monza, in: Schramm, P. E., Herrschaftszeichen und Staatssymbolik, Bd. 2, Stuttgart 1955, S. 450–479.

Gregorovius, F., Geschichte der Stadt Rom im Mittelalter, 7 Bde. (Taschenbuch-Ausgabe dtv), München 1978; Originalausgabe 1859–1872.

Heidenreich, R./Johannes, H., Das Grabmal Theoderichs zu Ravenna, Wiesbaden 1971.

Morghen, R., L'età degli Svevi in Italia, Palermo 1974; Originalausgabe 1936.

Opll, F., Das Itinerar Kaiser Friedrich Barbarossas (1152–1190), Wien–Köln–Graz 1978.

Pavia capitale del Regno. Atti del 4° Congresso internazionale di studi sull'alto medioevo, Spoleto 1969.

Unità politica e differenze regionali nel regno di Sicilia, Fonseca, C. D./Houben, H./Vetere, B. (Hgg.), Galatina 1992.

Josef Riedmann: Die leere Mitte

Boockmann, H., Stauferzeit und spätes Mittelalter. Deutschland 1125–1517 (Das Reich und die Deutschen, Bd. 7), Berlin 1987.

Hessel, A., Jahrbücher des deutschen Reiches unter König Albrecht I. von Habsburg, München 1931.

Lechner, K., Die Babenberger. Markgrafen und Herzoge von Österreich 1976–1246 (Veröffentlichungen des Instituts für österreichische Geschichtsforschung, Bd. 23), Wien–Köln–Graz 1976.

Lhotsky, A., Geschichte Österreichs seit der Mitte des 13. Jahrhunderts (1281–1358), Wien 1967.

Lohrmann, K./Opll, F., Regesten zur Frühgeschichte von Wien (Forschungen und Beiträge zur Wiener Stadtgeschichte, Bd. 10), Wien 1981.

Martin, Th. M., Die Städtepolitik Rudolfs von Habsburg (Veröffentlichungen des Max-Planck-Instituts für Geschichte, Bd. 44), Göttingen 1976.

Moraw, P., Von offener Verfassung zu gestalteter Verdichtung. Das Reich im späten Mittelalter 1250 bis 1490 (Propyläen Geschichte Deutschlands, Bd. 3), Berlin 1985.

Ottokar-Forschungen (Jahrbuch für Landeskunde von Niederösterreich, N. F. 44/45), Wien 1979.

Redlich, O., Rudolf von Habsburg. Das deutsche Reich nach dem Untergang des alten Kaisertums, Innsbruck 1903.

Die Regesten des Kaiserreiches unter Rudolf, Adolf, Albrecht, Heinrich VII. 1273 bis 1313 (Böhmer, J. F., Regesta Imperii, Bd. VI). 1. Abteilung, Redlich, O. (Hg. neu), Innsbruck 1898; 2. Abteilung, Samanek, V. (Bearb. neu), Innsbruck 1948.

Elsbet Orth (†): München und die Reichsstädte

Balduin von Luxemburg. Erzbischof von Trier – Kurfürst des Reiches 1285–1354, Heyen, F.-J. (Hg. unter Mitw. v. Mötsch, J.), Mainz 1985.

Benker, G., Ludwig der Bayer. Ein Wittelsbacher auf dem Kaiserthron 1282–1347, München 1980.

Heimpel, H., Deutschland im späteren Mittelalter (Handbuch der deutschen Geschichte V, Just, L. [Hg. neu], Bd. 1), Konstanz 1957.

Miethke, J., Marsilius von Padua. Die politische Philosophie eines lateinischen Aristotelikers des 14. Jahrhunderts, in: Lebenslehren und Weltentwürfe im Übergang vom Mittelalter zur Neuzeit, Boockmann, H. u. a. (Hgg.), Göttingen 1989, S. 52–76.

Schmid, A., Ludwig IV. der Bayer, in: Lexikon des Mittelalters, Bd. 5, München–Zürich 1991, Sp. 2178–2181.

Schubert, E., Kurfürsten und Wahlkönigtum, in: Balduin von Luxemburg (s. o.), S. 103–117.

Schütz, A., Der Kampf Ludwigs gegen Papst Johann XXII. und die Rolle der Gelehrten am Münchner Hof, in: Wittelsbach und Bayern, Bd. I/1: Die Zeit der frühen Herzöge, Katalog München 1980, S. 388–397.

Schütz, A., Ludwig der Bayer – König und Kaiser, in: Balduin von Luxemburg (s. o.), S. 55–80.

Sternberger, D., Die Stadt und das Reich in der Verfassungslehre des Marsilius von Padua, Wiesbaden 1981, wieder in: Ders., Die Stadt als Urbild, Frankfurt a. M. 1985, S. 76–142.

Unverhau, D., Approbatio – Reprobatio. Studien zum päpstlichen Mitspracherecht bei Kaiserkrönung und Königswahl. Vom Investiturstreit bis zum ersten Prozeß gegen Ludwig IV. (Historische Studien, Bd. 424), Lübeck 1973.

Anmerkungen und Literaturverzeichnis wurden nach dem Tod der Autorin auf der Grundlage ihrer Angaben von Gundula Grebner/Christian Kleinert erstellt.

Alfred Kohler: Die entrückte Macht

Brandi, K., Kaiser Karl V. Werden und Schicksal einer Persönlichkeit und eines Weltreiches, 2 Bde., München 1937/41.

Fernández Alvarez, M. (Hg.), Corpus documental de Carlos V, 5 Bde., Salamanca 1973–1981.

Kohler, A., Karl V. (1500–1558), in: Die Kaiser der Neuzeit, 1519–1918 Schindlung, A./Ziegler, W. (Hgg.), München 1990, S. 33–54.

Ders., Das Reich im Kampf um die Hegemonie in Europa, 1521–1648 (Enzyklopädie deutscher Geschichte, Bd. 6), München 1990.

Quellen zur Geschichte Karls V., Kohler, A. (Hg.) (Ausgewählte Quellen zur deutschen Geschichte der Neuzeit, Bd. 15), Darmstadt 1990.

Rassow, P., Karl V. Der letzte Kaiser des Mittelalters (Persönlichkeit und Geschichte, Bd. 1), Göttingen 1957.

Das römisch-deutsche Reich im politischen System Karls V., Lutz, H. (Hg.), (Schriften des Historischen Kollegs. Kolloquien, Bd. 1), München–Wien 1982.

Seibt, F., Karl V. Der Kaiser und die Reformation, Berlin 1990.

Tyler, R., Kaiser Karl V., Stuttgart 1959.

Christiane Thomas: Geburt der Donaumonarchie

Neben den im einzelnen ausgewiesenen Zitaten bilden die im folgenden genannten Publikationen die Grundlage dieses Beitrages: Ihnen kann weiterführende Literatur entnommen werden.

Aichelburg, W., Kriegsschiffe auf der Donau (Militärhistorische Schriftenreihe 37), Wien 1978.

Czeike, F., Das Feuerlöschwesen in Wien, 13.–18. Jahrhundert (Wiener Schriften 18), Wien 1962.

Dreger, M., Baugeschichte der k.k. Hofburg in Wien bis zum XIX. Jahrhundert (Österreichische Kunsttopographie 14), Wien 1914.

Egger, G., Von der Renaissance zum Klassizismus, in: Geschichte der Stadt Wien, Neue Reihe, Bd. VII/3, Wien 1979, S. 3–15.

Firnhaber, F., Der Hofstaat König Ferdinands I. im Jahre 1554, in: Archiv für Kunde österreichischer Geschichtsquellen 26, 1861, S. 1–28.

Kühnel, H., Die Hofburg (Wiener Geschichtsbücher 5), Wien–Hamburg 1971.

Löcher, K., Jakob Seisenegger, Hofmaler Kaiser Ferdinands I. (Kunstwissenschaftliche Studien 31) München–Berlin 1962.

Müller, R., Wiens räumliche Entwicklung und topographische Benennungen, in: Geschichte der Stadt Wien, Bd. 4, Wien 1911, S. 238–410.

Nowotny, E., Geschichte des Wiener Hofspitals (Forschungen zur Landeskunde von Niederösterreich 23) Wien 1978.

Unterkircher, F., Vom Tode Maximilians I. bis zur Ernennung des Blotius

(1519–1575), in: Geschichte der Österreichischen Nationalbibliothek, 1. Teil, Wien 1968, S. 61–77.

Wien an der Schwelle der Neuzeit. Festgabe des Wiener Stadt- und Landesarchivs anläßlich des stadtgeschichtlichen Symposiums in Wien 1974, Kratochwill, M. (Hg.), Wien 1974.

Wien 1529. Die erste Türkenbelagerung: Katalog und Textband der 62. Sonderausstellung des Historischen Museums der Stadt Wien, 4. Oktober 1979 bis 10. Februar 1980, Wien–Köln–Graz 1979.

Achatz von Müller: Magie und Macht

Aus der schier unüberblickbaren Masse historischer und ästhetischer Literatur nenne ich die mir subjektiv hilfreichsten Werke. Sie haben dem Essay zu seiner hier gefundenen Form verholfen, so daß Einzelverweise unsinnig wären. Die wörtlich zitierten Quellen werden jedoch im einzelnen belegt.

Grundlegend für die Beschäftigung mit der bizarren Gestalt des Kaisers, seines Hofes und der diesen prägenden, von ihm aber auch selbst geprägten Kultur eines ästhetischen Alchemismus sind die folgenden Darstellungen, die allesamt in unterschiedlicher Weise den Rahmen traditioneller Biographien sprengen, ohne nun in jeder Hinsicht den Wunsch nach einer umfassenden soziokulturellen Analyse erfüllen zu können:

Evans, R. J., Rudolf and his World. A Study in Intellectual History, Oxford ²1984 (unverzichtbare, umfassende, materialreiche Darstellung).

Gindely, A., Rudolf II. und seine Zeit, Prag ²1868.

Schwarzenfeld, G. von, Rudolf II. Ein deutscher Kaiser am Vorabend des Dreißigjährigen Krieges, München ²1979.

Umfängliches Material bietet zu Geschichte, Kunst, Kultur der Katalog der Essener Ausstellung «Prag um 1600. Kunst und Kultur am Hofe Rudolfs II.» (Villa Hügel). Der gleichnamige Katalog erschien in Freren 1988.

Zur allgemeinen Geschichte:

Eberhard, W., Monarchie und Widerstand. Zur ständischen Oppositionsbildung im Herrschaftssystem Ferdinands I. in Böhmen, München 1985.

Lutz, H., Das Ringen um die deutsche Einheit und kirchliche Erneuerung. 1490–1648, Berlin 1983.

Schulze, W., Reich und Türkengefahr im späten 16. Jahrhundert, München 1978.

Zur politischen Ideengeschichte:

Bouwsma, W. J., Concordia Mundi. The Career and Thought of Guillaume Postel, Cambridge/Massachusetts 1957.

Civesky, D., Comenius' «Labyrinth of the World», in: Havard Slavic Studies I, 1953, S. 83–135.

Mesnard, P., L'Essor de la philosophie politique au XVIe siècle, Paris ²1952.

Vocelka, K., Die politische Propaganda Kaiser Rudolfs II. (1576 bis 1612), Wien 1981.

Zur Hofgeschichte:

Fürstliche Politik, Patronage und adelige Gesellschaft. Der Hof der beginnenden Neuzeit, Asch, R. (Hg.), London 1989.

Zur Geistes- und Kulturgeschichte:
Francesco, G. de, Die Macht des Charlatans, Basel 1937.
French, P., John Dee. The World of an Elizabethan Magus, London 1972.
Hocke, G. R., Die Welt als Labyrinth. Manierismus in der europäischen Kunst und Literatur, erweitert hrsg. von C. Grützmacher, Reinbek 1987.
Neher, A., Jewish Thought and the Scientific Revolution of the Sixteenth Century. David Gans (1541–1613) and his Times, Oxford 1986.
Theiberger, F., The great Rabbi Loew of Prague, London 1954/55.
Thomas, K. V., Religion and the Decline of Magic, London 1971.
Thorndyke, L., History of magic and experimental science, Bd. 5–7, New York 1941–58.
Trunz, E., Pansophie und Manierismus im Kreise Rudolfs II., in: Die österreichische Literatur. Ihr Profil von den Anfängen im Mittelalter bis ins 18. Jahrhundert 2, Graz 1986, S. 865–968.

Zur Kunst- und Kulturgeschichte:
Hier wieder zwei Ausstellungskataloge mit umfangreichem Material: 1. The Arcimboldi Effect. Transformation of the Face from the Sixteenth to the Twentieth Century, Mailand 1987 (Pal. Grassi, Venedig); 2. Hofmann, W., Zauber der Medusa. Europäische Manierismen, Wien 1987.
Da Costa Kaufmann, T., Variations of the Imperial Theme in the Age of Maximilian II. and Rudolf II., New York 1978.
Gombrich, E. H., Icones Symbolicae. Die Philosophie der Symbolik und ihr Einfluß auf die Kunst, in: Ders., Das symbolische Bild. Zur Kunst der Renaissance II, Stuttgart 1986, S. 150–232.
Schlosser, J. von, Die Kunst- und Wunderkammern der Spätrenaissance, Leipzig 1908.
Zur pluralistischen Kultur Prags vgl. den Beitrag von J. Martinek in: Acta Universitatis Carolinae. Historia Universitatis Carolinae Pragensis XXIV, I, Prag 1984, S. 7–26.
The Prague Ghetto in the Renaissance Period, Muneles, O. (Hg.), Prag 1965.

Günter Barudio: Der Große Krieg in Teutschland

Die angeführten Zitate wurden folgenden Publikationen entnommen:
Barudio, G., Gustav Adolf – der Große, Frankfurt a. M. ²1982.
Ders., Der Teutsche Krieg: 1618–1648, ²1985.
Geschichte der Stadt Mainz, Brück, A. Ph./Falck, L. (Hgg.), Düsseldorf 1972 (mehrere Autoren).
Buschmann, A., Kaiser und Reich. Klassische Texte und Dokumente zur Verfassungsgeschichte des Heiligen Römischen Reiches Teutscher Nation, München 1984 (dtv, wurde nach 1986 nicht mehr aufgelegt).
Müller, H.-D., Der schwedische Staat in Mainz, Mainz 1979.

Karl Otmar von Aretin: Das Reich kommt zur Ruhe

Fürnrohr, W., Reichsstädte und Immerwährender Reichstag, in: Reichsstädte in Franken 1, Müller, R. A. (Hg.), München 1987, S. 143–158.

Ders., Die Vertreter des habsburgischen Kaisertums auf dem Immerwährenden Reichstag, T. 1 und 2, in: Verein Oberpfalz und Regensburg 213, 1983, S. 71–139; 214, 1984, S. 71–139.

Ders., Kurbaierns Gesandter auf dem Immerwährenden Reichstag. Zur baierischen Außenpolitik 1663–1806. Göttingen 1971.

Heinisch, R. R., Der Salzburger Erzbischof Guidobald Graf Thun als kaiserlicher Prinzipalkommissar am Immerwährenden Reichstag von Regensburg, in: Berichte über den 15. Österreichischen Historikertag, Salzburg 1984, S. 116, S. 126.

Kuhn, D., Zur Frage der Reichsstandschaft in der Abtei Lorsch. Die Bemühungen des Erzstiftes Mainz um Sitz und Stimme im Reichsfürstenrat, in: Archiv für hessische Geschichte und Altertumskunde 36, 1978, S. 161–187.

Niederquell, Th., Ignaz Anton Freiherr von Otten, kurmainzischer Prinzipalgesandter und Direktor am Reichstag in Regensburg (1644–1737), in: Mainzer Zeitschrift 75, 1980, S. 115–151.

Schindling, A., Die Ausbildung des Immerwährenden Reichstags zu Regensburg, in: Festausgabe Heinz Hürten, Frankfurt 1988, S. 301–315.

Michael Stürmer: Der Glanz Preußens

Bloch, P./Grzimek W., Die Berliner Bildhauerschule im 19. Jahrhundert, Berlin 1978.

Boswell on the Grand Tour, Germany and Switzerland, 1764, Pottle, F. A. (Hg.), London 1953.

Köllmann, E., Berliner Porzellan, 2 Bde., Braunschweig 1965.

Manger, H. L., Baugeschichte von Potsdam besonders unter der Regierung Friedrichs des Zweiten, 3 Bde., Berlin 1788–1790.

Nicolai, F., Beschreibung der königlichen Residenzstädte Berlin und Potsdam, Berlin 1786.

Peschken, G./Klünner, H. W., Das Berliner Schloß – Das klassische Berlin, Berlin 1982.

Schieder, Th., Friedrich der Große. Ein Königtum der Widersprüche, Frankfurt a. M. 1983.

Stengel, W., Alte Wohnkultur in Berlin und in der Mark, Berlin 1958.

Stürmer, M., Handwerk und höfische Kultur, München 1982.

Wendland, F., Berliner Gärten und Parks, Berlin 1979.

Eckart Kleßmann: Der Flächenbrand der Revolution

Blos, W., Die Revolution zu Mainz 1792 und 1793, Nürnberg 1875.

Dumont, F., Die Mainzer Republik von 1792/93. Studien zur Revolutionierung in Rheinhessen und der Pfalz, Alzey 1982.

Grab, W., Die Revolutionspropaganda der deutschen Jakobiner, in: Archiv für Sozialgeschichte, Bd. 9, Hannover 1969.

Harpprecht, K., Georg Forster oder Die Liebe zur Welt. Eine Biographie, Reinbek 1987.

Hashagen, J., Das Rheinland und die französische Herrschaft, Bonn 1908.

Klein, K., Georg Forster in Mainz 1788–1793, Gotha 1863.

Mathy, H., Als Mainz französisch war, Mainz 1968.

Ders., Anton Joseph Dorsch (1758–1819), in: Mainzer Zeitschrift 62, 1967.

Ders., Georg Wedekind, in: Festschrift für Ludwig Petry, Wiesbaden 1968.

Ders., Felix Anton Blau (1754–1798), in: Mainzer Zeitschrift 67/68, 1972/73.

Scheel, H., Die Mainzer Republik im Spiegel der deutschen Geschichtsschreibung, in: Jahrbuch für Geschichte, Bd. 4, Berlin 1969.

Ders., Die Statuten des Mainzer Jakobinerklubs, in: Jahrbuch für Geschichte, Bd. 5, Berlin 1971.

Ders., Spitzelberichte aus dem jakobinischen Mainz, in: Jahrbuch für Geschichte, Bd. 6, Berlin 1972.

Uhlig, L., Georg Forster, Tübingen 1965.

Hans-Otto Schembs: Auf neutralem Boden

Acten des Wiener Congresses in den Jahren 1814 und 1815, Klüber, J. L. (Hg.), Erlangen 1815–1835.

Arnsberg, P., Die Geschichte der Frankfurter Juden seit der Französischen Revolution, Schembs, H.-O. (Bearb. u. vollend.), Bd. 1–3, Darmstadt 1983.

Bentfeldt, L., Der Deutsche Bund als nationales Band, 1815–1866, Göttingen 1985.

Bismarck, O. Fürst von, Die gesammelten Werke, Bd. 1–15, Berlin 1924–1935.

Bismarckbriefe 1836–1872, Kohl, H. (Hg.), Bielefeld–Leipzig ⁶1897 (erw.).

Bothe, F., Die Geschichte der Stadt Frankfurt am Main, Frankfurt a. M. ³1929 (erw.), Nachdruck ebenda 1977.

Dokumente zur deutschen Verfassungsgeschichte, Bd. 1, Deutsche Verfassungsdokumente 1803–1830, Huber, E. R. (Hg.), Stuttgart 1961.

Gall, L., Bismarck. Der weiße Revolutionär, Frankfurt a. M. 1980.

Heym, H./Klötzer, W., Frankfurt 1822 und heute, Frankfurt a. M. 1972.

Huber, E. R., Deutsche Verfassungsgeschichte seit 1789, Bd. 1, Reform und Restauration 1789–1830, Stuttgart 1957.

Frankfurt 1866. Eine Dokumentation aus deutschen Zeitungen, Klötzer, W. (Ausw. u. Einl.), Frankfurt a. M 1966.

Koch, R., Deutsche Geschichte 1825–1848. Restauration oder Vormärz, Stuttgart u. a. 1985.

Lübbecke, F., Das Palais Thurn und Taxis zu Frankfurt am Main, Frankfurt a. M. 1955.

Nipperdey, Th., Deutsche Geschichte 1800–1866. Bürgerwelt und starker Staat, München ⁴1987.

Protokolle der deutschen Bundesversammlung (nebst den loco dictaturae gedruckten Beilagen), Frankfurt a. M. 1816–1866.

Rede, welche der ältere Herr Bürgermeister zur Eröffnung der am 18ten Oktober 1816 statt gehabten feierlichen Eidesleistung eines Hochedlen Raths und Löblichen Bürgerschaft gehalten hat (Frankfurt a. M. 1816).

Schembs, H.-O., «Den besten Ruhm in Teutschland hat» – Kaiserkrönung, Deutsche Bundesversammlung und Paulskirchenparlament, in: Hauptstadt, Zentren, Residenzen, Metropolen in der deutschen Geschichte (Ausstellungskatalog), Köln 1989, S. 109–131.

Schwemer, R., Geschichte der freien Stadt Frankfurt a. M. (1814–1866), Bd. 1–3, Frankfurt a. M. 1910–1918.

Stiebel, F., Jugenderinnerungen eines alten Frankfurters, Frankfurt a. M. 1896.

Weber, E., Die Mainzer Zentraluntersuchungskommission (Studien und Quellen zur Geschichte des deutschen Verfassungsrechts Reihe A), Karlsruhe 1970.

Wienhöfer, E., Das Militärwesen des Deutschen Bundes und das Ringen zwischen Österreich und Preußen um die Vorherrschaft in Deutschland, 1815–1866 (Studien zur Militärgeschichte, Militärwissenschaft und Konfliktforschung, Bd. 1), Osnabrück 1973.

Lothar Gall: Frankfurt als Sitz des Paulskirchenparlaments

Eyck, F., Deutschlands große Hoffnung. Die Frankfurter Nationalversammlung 1848/49, München 1973.

Frankfurt am Main. Die Geschichte der Stadt in 9 Beiträgen, Frankfurter Historische Kommission (Hg.), Sigmaringen 1991.

Gall, L., Frankfurt als deutsche Hauptstadt?, in: Akten des 26. Deutschen Rechtshistorikertages, Frankfurt am Main, 22. bis 26. September 1986, Simon, D. (Hg.), Frankfurt a. M. 1987, S. 1–18.

Hauptstädte in europäischen Nationalstaaten, Schieder, Th./Brunn, G. (Hgg.), München–Wien 1983.

Das Hauptstadtproblem in der Geschichte. Festgabe zum 90. Geburtstag Friedrich Meineckes (Jahrbuch für Geschichte des Deutschen Ostens, Bd. 1), Tübingen 1952.

Koch, R., Grundlagen bürgerlicher Herrschaft. Verfassungs- und sozialgeschichtliche Studien zur bürgerlichen Gesellschaft in Frankfurt am Main (1612–1866), Wiesbaden 1983.

Kropat, W. A., Frankfurt zwischen Provinzialismus und Nationalismus. Die Eingliederung der «Freien Stadt» in den preußischen Staat (1866–1871), Frankfurt a. M. 1971.

Nipperdey, Th., Deutsche Geschichte 1800–1866. Bürgerwelt und starker Staat, München 1983.

Siemann, W., Die deutsche Revolution von 1848/49, Frankfurt a. M. 1985.

Stadelmann, R., Soziale und politische Geschichte der Revolution von 1848, München ³1973.

Valentin, V., Frankfurt am Main und die Revolution von 1848/49, Stuttgart–Berlin 1908.

Ders., Geschichte der deutschen Revolution von 1848–49, 2 Bde., Berlin 1930/31.

Wendehorst, A., Das Hauptstadtproblem in der deutschen Geschichte, in: Hauptstädte. Entstehung, Struktur und Funktion, Ders./Schneider, J. (Hgg.), Neustadt 1979, S. 83–90.

Wollstein G., Deutsche Geschichte 1848/49. Gescheiterte Revolution in Mitteleuropa, Stuttgart–Berlin–Köln–Mainz 1986.

Wolfgang J. Mommsen: Kaisermacht und Bürgerstolz

Berlin. Neun Kapitel seiner Geschichte, Dietrich, R. (Hg.), Berlin 1960.

Hauptstadt. Zentren, Residenzen, Metropolen in der deutschen Geschichte, Baumunk, B.-M./Brunn, G. (Hgg.), Bonn 1989.

Zur Geschichte des Reichskanzlerpalais und der Reichskanzlei. Festschrift zur Grundlegung des neuen Dienstgebäudes der Reichskanzlei, Ründer, H. (Hg.), Berlin 1928.

Herzfeld, H., Berlin als Kaiserstadt und Reichshauptstadt 1871–1945, in: Ders., Ausgewählte Aufsätze, Berlin 1962, S. 281–313.

Hofmeister, B., Bundesrepublik Deutschland und Berlin, I. Berlin. Die zwölf westlichen Bezirke, Darmstadt 1975.

Kuhlhoff, B., Bürgerliche Selbstbehauptung im Spiegel der Kunst. Untersuchungen zur Kulturpublizistik der Rundschauzeitschriften im Kaiserreich (1871–1914), Bochum 1991.

Masur, G., Das kaiserliche Berlin, München 1971.

Mommsen, W. J., Der autoritäre Nationalstaat. Verfassung, Gesellschaft und Kultur im deutschen Kaiserreich, Frankfurt a. M. 1990.

Ders., Das Ringen um den nationalen Staat. Die Gründung und der Ausbau des Deutschen Reiches unter Otto von Bismarck, 1850–1890, Berlin 1993.

Robolsky, H., Der Deutsche Reichstag. Geschichte seines fünfundzwanzigjährigen Bestehens 1867–1892, Berlin 1893.

Tiedemann, Ch. von, Aus sieben Jahrzehnten Erinnerungen von Christoph von Tiedemann, Leipzig 1905–1910, Bd. 2: Sechs Jahre Chef der Reichskanzlei unter dem Fürsten Bismarck, Leipzig 1909.

Wolfgang Benz: Die Klassiker als Nothelfer

Bey-Heard, F., Hauptstadt und Staatsumwälzung, Berlin 1919. Problematik und Scheitern der Rätebewegung in der Berliner Kommunalverwaltung, Stuttgart 1969.

Döblin, A., Berlin Alexanderplatz. Die Geschichte von Franz Biberkopf, Frankfurt a. M. 1975.

Engeli, Ch., Gustav Böß. Oberbürgermeister von Berlin 1921–1930, Stuttgart 1971.

Feder, E., Heute sprach ich mit… Tagebücher eines Berliner Publizisten 1926–1932, Stuttgart 1971.

Friedrich, O., Weltstadt Berlin. Größe und Untergang 1918–1933, München 1973.

Gay, P., Die Republik der Außenseiter. Geist und Kultur der Weimarer Zeit, Frankfurt a. M. 1970.

Huse, N., Neues Bauen 1918 bis 1933. Moderne Architektur in der Weimarer Republik, Berlin 1985.

Köhler, H., Berlin in der Weimarer Republik (1918–1932), in: Geschichte Berlins, Ribbe, W. (Hg.), München 1987, Bd. 2, S. 797–923.

Mendelssohn, P. de, Zeitungsstadt Berlin. Menschen und Mächte in der Geschichte der deutschen Presse, Frankfurt a. M. 1982.

Die Metropole. Industriekultur in Berlin im 20. Jahrhundert, Boberg, J./Fichter, T./Gillen, E. (Hgg.), München 1986.

Im Scheunenviertel. Bilder, Texte und Dokumente, Geisel, E. (Hg.), Berlin 1981.

Siedlungen der Zwanziger Jahre – heute. Vier Berliner Großsiedlungen 1924–1984, Huse, N. (Hg.), Berlin 1984.

Hans-Ulrich Thamer: Triumph und Tod eines Diktators

Berlin im Europa der Neuzeit. Ein Tagungsbericht, Ribbe, W./Schmädecke, J. (Hgg.), Berlin–New York 1990.

Von Berlin nach Germania. Über die Zerstörungen der Reichshauptstadt durch Albert Speers Neugestaltungsplanungen (Ausstellungskatalog), Reichhardt, H. J./Schäche, W. (Hgg.), Berlin 1985.

Bracher, K. D./Sauer, W./Schulz, G., Die nationalsozialistische Machtergreifung. Studien zur Errichtung des totalitären Herrschaftssystems in Deutschland 1933/34, 3 Bde., Frankfurt a. M. 1979.

Broszat, M., Die Machtergreifung. Der Aufstieg der NSDAP und die Zerstörung der Weimarer Republik, München 1984.

Burkert, H.-N./Matußek, K./Wippermann, W., «Machtergreifung» Berlin 1933, Berlin 1982.

Fest, J. C., Hitler. Eine Biographie, Berlin–Frankfurt a. M. 1973.

Geschichte Berlins, 2 Bde., Ribbe, W. (Hg.), München 1987.

Herrschaftsalltag im Dritten Reich. Studien und Texte, Mommsen, H./Willems, S. (Hgg.), Düsseldorf 1988.

Reichel, P., Der schöne Schein des Dritten Reiches. Faszination und Gewalt des Faschismus, München 1991.

Schäfer, H. D., Berlin im Zweiten Weltkrieg. Der Untergang der Reichshauptstadt in Augenzeugenberichten, München–Berlin 1985.

Thamer, H.-U., Verführung und Gewalt. Deutschland 1933–1945 (Die Deutschen und ihre Nation, Bd. 5), Berlin 1986.

Tuchel, J./Schattenfroh, R., Zentrale des Terrors. Prinz-Albrecht-Straße 8: Hauptquartier der Gestapo, Berlin 1987.

Der Widerstand gegen den Nationalsozialismus. Die deutsche Gesellschaft gegen Hitler, Schmädecke, J./Steinbach, P. (Hgg.), München–Zürich 1985.

Verzeichnis der Bildquellen

Die Autoren

Karl Otmar von Aretin, geb. 1923, Professor (em.) für Zeitgeschichte an der Technischen Hochschule Darmstadt und Direktor der Abteilung Universalgeschichte des Instituts für Europäische Geschichte in Mainz

Günter Barudio, geb. 1942, Dr. habil., Historiker und Publizist

Wolfgang Benz, geb. 1941, Prof. Dr., Historiker, Leiter des Zentrums für Antisemitismusforschung der Technischen Universität Berlin

Hartmut Boockmann, geb. 1934, Professor für Mittlere und Neuere Geschichte an der Universität Göttingen und der Humboldt-Universität Berlin

Lothar Gall, geb. 1936, Professor für Mittlere und Neuere Geschichte an der Universität Frankfurt a. M.

Peter Glotz, geb. 1939, Dr. phil., Mitglied des Deutschen Bundestages, Kommunikationswissenschaftler und Publizist

Alfred Grosser, geb. 1925, Studien- und Forschungsdirektor an der Fondation Nationale des Sciences Politiques und Professor am Institut d'Etudes Politiques der Universität Paris

Eckart Kleßmann, geb. 1933, Schriftsteller

Alfred Kohler, geb. 1943, Professor für Neuere Geschichte an der Universität Wien

Theo Kölzer, geb. 1949, Professor für Mittelalterliche und Neuere Geschichte an der Universität Bonn

Wolfgang J. Mommsen, geb. 1930, Professor für Neuere Geschichte an der Universität Düsseldorf, Stipendiat am Historischen Kolleg München

Peter Moraw, geb. 1935, Professor für Mittelalterliche Geschichte, Deutsche Landesgeschichte und Wirtschafts- und Sozialgeschichte an der Universität Gießen

Achatz Frhr. von Müller, geb. 1943, Professor für Mittelalterliche Geschichte an der Universität Basel

Elsbet Orth, geb. 1937, † 1991, Dr. phil., Akademische Oberrätin am Historischen Seminar der Universität Frankfurt a. M.

Josef Riedmann, geb. 1940, Professor für Mittelalterliche Geschichte an der Universität Innsbruck

Hans-Otto Schembs, geb. 1942, Historiker und Publizist

Ferdinand Seibt, geb. 1927, Professor für Mittelalterliche Geschichte an der Universität Bochum

Michael Stürmer, geb. 1938, Professor für Mittlere und Neuere Geschichte an der Universität Erlangen–Nürnberg

Hans-Ulrich Thamer, geb. 1943, Professor für Neuere und Neueste Geschichte an der Universität Münster

Christiane Thomas, geb. 1938, Hon.-Professor, Dr. phil., Archivarin am Haus- und Hofarchiv in Wien

Neue Deutsche Geschichte

Friedrich Prinz
Neue Deutsche Geschichte
Band 1: Grundlagen und Anfänge
Deutschland bis 1056
Herausgegeben von Peter Moraw,
Volker Press und Wolfgang Schieder.
1985. 443 Seiten. Broschiert

Alfred Haverkamp
Neue Deutsche Geschichte
Band 2: Aufbruch und Gestaltung
Deutschland 1056-1273
Herausgegeben von Peter Moraw,
Volker Press und Wolfgang Schieder.
1984. 359 Seiten. Broschiert

Horst Rabe
Neue Deutsche Geschichte
Band 4: Reich und Glaubensspaltung
Deutschland 1500-1600
Herausgegeben von Peter Moraw,
Volker Press und Wolfgang Schieder.
1989. 512 Seiten. Broschiert

Volker Press
Neue Deutsche Geschichte
Band 5: Kriege und Krisen
Deutschland 1600-1715
Herausgegeben von Peter Moraw,
Volker Press und Wolfgang Schieder.
1991. 551 Seiten. Broschiert

Thomas Nipperdey
Deutsche Geschichte 1866-1918
Band I: Arbeitswelt und Bürgergeist
3., durchgesehene Auflage. 1993. 885 Seiten. Leinen

Thomas Nipperdey
Deutsche Geschichte 1866-1918
Band II: Machtstaat vor der Demokratie
2., durchgesehene Auflage. 1993. 948 Seiten. Leinen

Verlag C. H. Beck München

Neue Deutsche Geschichte

Gerhard Köbler
Historisches Lexikon der deutschen Länder
Die deutschen Territorien vom Mittelalter bis zur Gegenwart
4., vollständig überarbeitete Auflage. 1992. XXXVI, 775 Seiten.
Leinen

Alexander Demandt (Hrsg.)
Deutschlands Grenzen in der Geschichte
Unter Mitarbeit von Reimer Hansen, Ilja Mieck, Josef Riedmann,
Hans-Dietrich Schultz, Helmut Wagner und Klaus Zernack
3., durchgesehene Auflage. 1993. 304 Seiten.
Leinen

Gordon Alexander Craig
Über die Deutschen
Übersetzung aus dem Englischen von Hermann Stiehl
1991. 392 Seiten. Leinen

Weitere Werke des Herausgebers:

Uwe Schultz (Hrsg.)
Das Fest
Eine Kulturgeschichte von der Antike bis zur Gegenwart
1988. 463 Seiten mit 34 Abbildungen. Gebunden

Uwe Schultz (Hrsg.)
Scheibe, Kugel, Schwarzes Loch
Die wissenschaftliche Eroberung des Kosmos
1990. 360 Seiten mit 63 Abbildungen.
Broschiert

Uwe Schultz (Hrsg.)
Mit dem Zehnten fing es an
Eine Kulturgeschichte der Steuer
3. Auflage. 1992. 297 Seiten mit 22 Abbildungen.
Leinen

Verlag C. H. Beck München